[意] 卢多维克·安东尼奥·穆拉托里 著 | 孔 莉 译

ANNALI D' ITALIA

意大利编年史
（卷一）

罗马帝国时期：1—340年

第一册

吉林出版集团股份有限公司

作者简介

卢多维克·安东尼奥·穆拉托里（Lodovico Antonio Muratori）有"现代意大利瓦鲁斯"之称，是一位天才人物，他深知时间即资本这个道理，不仅没有抱怨生命的急促与短暂，反而积极投身于无穷无尽的事业之中，用实际行动证明这个道理。穆拉托里的生活与普林尼（Plinius）叙述的老瓦鲁斯不同，他既没有在已过88岁的年纪仍坚持写作，也没有如贝蒂内利（Bettinelli）一般在90岁时写诗。穆拉托里虽没有超越平凡生命的期限，但他一生中大部分时间都投身于宗教事务之中：年轻时，他作为宗教人员履行自己的责任与义务；后来作为一名十分热心的牧师，工作到60多岁；直到生命的最后时日，他仍是教士的楷模。尽管他只从事宗教事务，但众人皆知他不仅道德高尚，还学识渊博，他的著作使人们获益匪浅、身心愉悦，出自他之手的作品可以填满一座图书馆。

1672年10月的第一天,穆拉托里幸运地出生在了维尼奥拉,这里是摩德纳人的土地,是著名建筑师巴罗茨(Barozzi)的故乡,这座城市也因此而得名。在天真烂漫的年纪里,他只有一位十分普通的拉丁文大师作为启蒙导师,为此他十分烦恼。很多思维活跃且富有天分的学者都十分厌恶文学,但穆拉托里碰巧拿到了斯古德里(Scuderi)夫人的小说,他发现竟然有比无趣的语法更有意思的书籍。这些书改变了他的思想,发散了他的思维,激起了他对阅读的极大热情。有谁会相信这样一位写出《意大利编年史》(*Annali d'Italia*)、《意大利古迹》(*Antichità Italiane*)等很多历史作品以及很多严肃又富有学术性评论文章的作家,他的文学生涯竟是从贪婪而疯狂地阅读伟大的开罗文学、杰出的巴萨文学和其他类似的文学故事开始的呢?虽然开始很重要,但最重要的是,渴望阅读和学习的火苗一旦在尚年幼的灵魂中萌生,以后的培养和引导就不会太难了;如果一开始就有其他人不小心将这火苗熄灭了,且不再去呵护它,那就麻烦了。

后来,穆拉托里在摩德纳遇到了更优秀的语法大师,还有人文大师、哲学大师,哲学(修道院独特的文化)不仅解释了什么是亚里士多德体系,还解释了什么是现代体系。当时牛顿的哲学思想还不是很有名,但是伽利略(Galilei)和托里拆利(Torricelli)的哲学理论与推理方法早已在意大利流行开来(哪个体系不想出现伽利略呢)。可以说,穆拉托里年轻时便有研究哲学的想法,刚满20岁时他就发表了一篇关于气压计升高和降低的专题论述。当时,年轻的穆拉托里在摩德纳的耶稣会学校学习,学习的主要内容是民法、教会法及道德神学。穆拉托里的父亲同许多人一样,囿于家庭的困境,将做学问视为改变人生的机遇,因此穆拉托里还从事过与法律相关的工作,但是和文学界很多杰出人物一样,他那占主导的文学天赋最终令他放弃了律师这一职业。他早期的诗歌和演说均充满自由的喜悦,然而在伦巴第的那段时间,他沉醉于那里趣味横生的文学,沉醉于当时流行的浮夸之风和那些令他迷恋的趣言妙语,而崇尚浮夸和深奥隐晦的特索罗(Tesauro)正是他的导师。但是,在一次文学论坛后,他的浮夸风格得到了修正。那次论坛的参与者包括乔瓦尼·兰戈尼(Giovanni Rangoni)侯爵及其他摩德纳思想清晰、有天资才华的人,他们均受到了启迪，得到更好的指引。即便如此，如果仔细观察会发现，即使是穆拉托里最随意的发言也流露出特索罗的风格，尤其是在隐喻的运用上。

　　穆拉托里的读本由诗人、演说家的作品改为哲学家的作品。他十分欣赏塞涅卡（Seneca）和爱比克泰德（Epictetus）。斯多葛派哲学的概念很宽泛，穆拉托里很快便意识到如果没有明确的宗教基础，狂傲的学说只是一棵妄自尊大的树，缺少坚实的根基，无法结出真正的智慧之果。研究斯多葛派的学说使他接触到了尤斯图斯·利普修斯（Justus Lipsius）——斯多葛派伟大的拥护者，斯多葛派思想的热心传播者。通常人们都会向那些受到尊崇的人学习，所以穆拉托里开始习读利普修斯关于古罗马的那些珍贵著作，开始刻苦研究世俗学问。但穆拉托里深入钻研学习时发现，很难找到书籍的复写件和希腊语的借鉴书目。而在一家修道院的贫民书店里，年轻的穆拉托里找到了在贵族宫殿中很少或从未找到的东西——大量可以自由阅读参考的书籍。通过不懈的努力，穆拉托里在很短时间内自学了希腊语。随后，穆拉托里开始研究中世纪的外交与文化，研究他所热爱的祖国的宗教知识。1693年，好运降临，穆拉托里找到了一位导师来指导他的研究，这位导师就是卡西诺修道院的院长贝内德托·巴奇尼（Benedetto Bacchini），当时在摩德纳，没有比这位导师更加优秀的人了。巴奇尼是一位博学多才的人物，有"意大利马比雍"（Mabillon）之称。如果他像马比雍一样，有一座更大的剧院并受到最具权势的君主的青睐，那么他也可能与马比雍齐名。可以自豪地说，穆拉托里和西博内·马菲（Scipione Maffei）这两位杰出人才都拥有扎实、渊博的知识，在外交与文化等领域，他们就是鼻祖。教会史、教会作家、主教会议及教皇等领域就像一片新的草原，巴奇尼带领着穆拉托里狂热而又贪婪地在这片草原上驰骋。穆拉托里每天都跟巴奇尼待在一起，不但向他请教，还把这位伟人口中讲述的所有理论视为珍宝。

　　穆拉托里已经放弃研究法律和神学，尽管从事这些方面的研究可以获得颇丰的收益，且这些收益是作为文人永远不可能得到的，但他并不在乎，他在乎的是能够投身于真正热爱的事业。在此期间，穆拉托里结识了博洛尼亚非常有教养的贵族侯爵简·乔瑟夫·奥尔西（Gian Gioseffo Orsi）及佩鲁贾主教马尔西利（Marsigli）阁下，通过他们二人，穆拉托里受卡罗·博罗密欧（Carlo Borromeo）伯爵的邀请进入了米兰著名的安波罗修图书馆（Biblioteca Ambrosiana di Milano）。对穆拉托里来说，这是在充满光辉的年轻时代特有的运气，他也因此在文学国度中崭露头角。正是那些贵族绅士将穆拉托里送给了意大利。事实证明，平民和贵族对有才能的人的赏识和培养，比皇族君主只关心的权力和财富更有助于文学的繁荣兴旺。1694年末，穆拉托里完成了法律学业。次年，他来到米兰，成为安波罗修图书馆的特邀学者，同年结束之际，他被任命为神甫。

两年后出版的《拉丁逸事》（*Anecdota Latina*）（随后希腊语版本在帕多瓦出版）是他用自己所识所知编写的第一部随笔作品。在其中的几篇论述中，穆拉托里探讨了关于基督教古物、教规及教会学识的话题，通过这些论述阐释了一些拉丁逸事。在来到米兰之前，穆拉托里对古文字还不甚了解，于是阅读了摩德纳档案馆里关于巴奇尼的羊皮纸藏书，而安波罗修图书馆内丰富而稀有的藏书，进一步完善了他在这一方面的研究。穆拉托里刚满25岁，就凭借自己的第一部作品而名声大噪，一些一流的文人雅士十分青睐、器重他，其中主要有意大利的诺丽斯（Noris）、比安奇尼（Bianchini）、齐安皮尼（Ciampini）、马亚贝齐（Magliabechi），以及来自别国的马比雍、瑞纳特（Ruinart）、蒙福孔（Montfaucon）和巴贝布鲁奇奥（Papebrochio）。穆拉托里在安波罗修图书馆中度过了整整5年，几乎独自沉浸在这些图书之中。他孜孜不倦地研究碑文、古物上的宗教和世俗学问，并试着把它们从希腊文翻译过来。同时，他也没有放松研习更为崇高的文学。他参与修建了一所名为法提克斯（Faticosi）的学院，在他的建议下，这所学院建在了博罗梅奥（Borromeo）的故乡。1699年，穆拉托里的好朋友马吉（Maggi）来到这座城市，过起了另一种生活。马吉是那个时代一位有名望的诗人（穆拉托里当时也是一位诗人），次年，即1700年，他出版了田园诗歌和其他一些诗文来纪念那段时光。

布鲁斯维克（Brunsvico）与埃斯特家族（Estensi）同属一个血统，为了弄清古意大利布鲁斯维克家族的起源，需要研究部分阿诺威（Annover）选民的家谱，正是这些研究将穆拉托里从米兰吸引回了他出生的地方。埃斯特家族的档案有些混乱。当时的埃斯特君主曾派一位德国文人前往摩德纳拜访公爵里纳尔多一世（Rinaldo I），公爵为了重新理顺这些档案，也为了讨得君主的欢心，任命穆拉托里为档案管理员和图书管理员。不久之后，穆拉托里毫无留恋地离开了米兰，离开了安波罗修图书馆。1700年末，他返回摩德纳，为亲爱的埃斯特君主服务，为此他放弃了一笔又一笔巨额财富。整整半个世纪过去了，埃斯特图书馆仍然存在，就像普鲁塔克（Plutarchus）一样，愿意为他的故乡增光添彩，而普鲁塔克的名字也闻名于整个意大利。

穆拉托里首先研究了埃斯特家族的家谱，并且费尽心力地研究埃斯特的文物和丰富的历史，发现了埃斯特家族与德国名人莱依尼奇奥（Leibnizio）的协议。因此，他确定这个负有盛名的贵族家族首先起源于意大利，而后才出现在德国和英国，这是他尽心研究的成果。尽管这些发现并不能成为实验研究的主要目的，但穆拉托里就像能干的化学家一样，需要利用实验过程中的发明与发现，所以他需要翻阅很多古代公文、编年史及很多晚期的著作，以构思一幅中世纪古意大利唯一的、宏伟的作品的蓝图。写作这部作品的最初想法是在《埃斯特古迹》的编纂过程中产生的，不过起初它只能是作为陪衬而存在。

穆拉托里围绕这些王公贵族的历史，根据最合理的判断原则，不断深入地研究，形成很多支持他们统治费拉拉（Ferrara，位于意大利东北部的一个省）科马基奥（Comacchio，意大利费拉拉省的一个市镇）的著作。这些作品首先为他向最强劲的敌人丰塔尼尼阁下做了证明，通过这些作品，他成为最有名气的科学评论家之一。另外，他还收集了1000年来所有原创作家有关意大利的作品，最终编纂了《意大利编年史》。这是迄今为止有关意大利民族历史的唯一的、最好的文集，是穆拉托里于67岁之际，仅用短短一年时间编纂而成的作品。如果不是亲眼所见，谁也不会相信这是真实发生的事情。可以这么说，穆拉托里的文笔像他的其他意大利语作品一样低调平淡、粗犷通俗，却不乏清晰、准确、自然、时而活泼的特点。毕竟，谁会要求一部巨象般的著作能像浮雕宝石一般精致炫目呢？

穆拉托里开始为庞大的历史认知架构奠定基础，几乎是为了慰藉和消遣，他发表了一篇名为《意大利完美诗歌》（*Della perfetta poesia italiana*）的专题论文，在其中解释了一个符合英国神谕思想的体系，特别是弗朗西斯·培根的哲学思想。这是比他之前微妙的语法体系更具哲学性质的体系。而在培根之后，那些充满伪哲学家气息的人，从弗朗切斯科·马里亚·扎诺蒂（Francesco Maria Zanotti）开始，一个个都显现了原形，被暴露在日光之下。如果说穆拉托里的诗歌论文是富有哲学意义的，那么他的另一篇论文——《文学界蓝图》（I primi disegni della repubblica letteraria），则是富有诗意的。在这之后，他还发表了《针对科学和艺术培养高雅品位的思考》（le Riflessioni sopra il buon gusto intorno le scienze e le arti），这可说是一幅与在威尼斯哲学领域占重要席位的学者贝尔纳多·特雷维萨诺（Bernardo Trevisano）共同打造的文学蓝图——一直以来，威尼斯哲学界首席的位置是由威尼托贵族占据的——同时也是一幅一直深深牵动科学家好奇心的蓝图。在他那些有趣的文学研究中，值得一提的还有他于不同时期创作的名人传记，其中包括薄伽丘（Petrarca）、卡斯特尔维特罗（Castelvetro）、西高尼奥（Sigonio）、塔索尼（Tassoni）、奥尔西（Orsi）侯爵等人。但这里没有必要清晰地列举出所有穆拉托里的作品，仅仅是包含必要书目的作品目录，就足以超过对他本人生平的记述，因为他实在是个多产的作家，通常情况下他可以同时写两部作品。尽管如此，他仍然担心缺乏写作素材，于是向朋友们征求写作话题，以此创作新的作品。他创作的领域既包括宗教和世俗学问、罗马和蛮族古迹，也包括神学、法律、哲学、政治等，甚至还涉及医学，如关于鼠疫治理的专题论文和热饮用葡萄酒的论述，所有这些研究他都进行过思索，付出过努力。

宗教博学构成了穆拉托里思想中的第一主体，直到临终之日，他一直专注于研究教会学，并将这些研究与其履行对国家的所有义务结合在一起。穆拉托里在米兰担任神甫期间，仍然孜孜不倦地进行着他最热爱的学习研究。后来，他带着对灵魂的热爱、生命的虔诚和伟大的爱，在摩德纳的朋波萨（Pomposa）担任神甫，不懈地履行着一个神甫的所有神圣职责，同时仍挤出时间从事他的文学事业，正如著名的皮尼奥利亚（Pignoria）一样。但是他并不满足于以身作则或是仅仅用声音教导大众，他还设法利用宗教和与习俗相关的书籍实践他所传授的美德。他不是自己一个人，而是发动很多人参与其中，所有人都积极、勤奋、热情，就好像所有人的特质都集于穆拉托里一人身上一样。如果真正的哲学是要对人类有益，那么哪个古代哲学家能够与穆拉托里相提并论呢？不用谈论那些近代窃用穆拉托里名号的人，也不用谈论那些不幸的灾祸，永远不谈论那些可悲的事情，只是为了了解这些书中的一部分。穆拉托里修行时开明、聪慧又刻苦。他熟知历任教皇，熟知基督仁爱教义中真正的宗教精神和所有基督美德的中心教义。他是创作拉丁学术作品《宗教谈判奇才》（*De ingeniorum moderatione in religionis negotio*）的神学大师，这部作品不仅在意大利广为传颂，甚至在德国和法国也声名鹊起。

随着年纪渐长，年过60后，穆拉托里难以承受教会繁重的工作，特别是布道工作，所以他放弃了本堂神甫的职位，在余下的人生时光中继续写作。在他的身上证实了西塞罗（Cicero）的名句："没有什么比晚年能继续青年时期的研究更让人感到快乐和喜悦的了。"他的作品不仅有上文提到的《意大利编年史》（*Annali d'Italia*），他晚年还创作了其他一些类别完全不同的作品。事实上，他之前早已准备写作的大部分作品，正是在其晚年发表的。在《意大利逸事》（*Cose d'Italia*）系列的最后几卷完成之前，他出版了著名的论述典籍《中世纪意大利古迹》（*Antichità italiane del medio-evo*）（最初用拉丁语书写，在生命的最后时光中，他又以意大利语总结翻译了此书）、《埃斯特古迹》（*Antichità estensi*）的第二部分、新《碑文的宝藏》（*Tesoro delle Iscrizioni*）。他的很多其他短篇作品，同样具有重要的文学地位。例如，在哲学领域，他出版了《道德哲学论》（*Filosofia morale*）、《人类理解力的力量论述》（*Forze dell'intendimento umano*）及《狂想论》（*Fantasia*）等论著，其他有关世俗历史的论著，如《奴隶与获得自由的奴隶》（*Dissertazione de' servi e liberti*）、《特拉雅诺的男孩》（*Dissertazione dei fanciulli alimentari di Trajano*）、《卡波·马尔齐奥的方尖碑》（*Dissertazione dell'obelisco di Campo Marzio*），以及一些关于宗教博学和教会学的论述与研究。这也是他文学生涯的起点，他从未停下钻研的脚步，一直到人生的终点。他的这些作品与英国主教伯内特（Burnet）、巴拉圭使团、古罗马礼拜仪式和普遍认可的宗教信仰论述所持的观点背道而驰。他抛弃了合法教义，写出了《法学之不足》（*Difetti della Giurisprudenza*），这是一本囊括绝顶智慧的小册子。穆拉托里去世前一年发表的最后一部作品《大众幸福论》（*Della Pubblica Felicità*），论述了科学的国家治理之道，是真正对人类有益的学科与艺术，也是他所有文学成果中最值得尊崇的巅峰之作。如同学识渊博的红衣主教吉尔第（Gerdil）所说，这部作品就好比天鹅临终前发出的美妙啼声，可谓登峰造极，弥足珍贵。穆拉托里在这部囊括智慧的著作中尤其对一位明君致以了赞美之词，这是因为这位君主在国家首府的大学中设立了一门道德哲学学科。穆拉托里不仅就这一方面对这位君主表示了赞美，还对他在其他领域所做的贡献给予了高度赞扬，特别是他在各个省份都设立了对公众有益的特殊职务。

　　大多数人仅仅将穆拉托里看作批判家、历史学家、文物研究家、语史学家和博学家，并不相信穆拉托里也渴望以一个哲学家自居。但如果真正实用的哲学是公正明智地（比其他人更谨慎地）对事物做出评判，是捍卫古老且有分量的真理，而不是支持新颖巧妙却毫无益处的谬论，那么很少有人比穆拉托里更像一位哲学家。作为神学家，穆拉托里与残暴血腥的誓愿做斗争，反对宗教的迷信活动，反对盲目崇拜、愚昧无知和迂腐挥霍。他的学术作品如《中庸天才》（De ingeniorum moderatione）等，令几乎所有有学之士（多为成就突出之人）爱不释手，但也有极少数人厌恶排斥，比如那些过分让步、屈从于教会领袖的人。如果他的哲学著作中有意表现出对洛克（Loke）和乌埃齐奥（Uezio）的敌意，那是对他们的赞美而非批评。起初，著名的保罗·马蒂亚·多利亚（Paolo Mattia Doria）和意大利其他名人都不支持穆拉托里的理论观点，在意大利，除了对宗教并不虔诚的佛罗伦萨医生安东尼奥·科基（Antonio Cocchi）外，穆拉托里没有其他的追随者。而实际上，就像上文提到的红衣主教吉尔第（Gerdil）后来证明的那样，洛克的哲学更多地倾向于唯物主义，就像乌埃齐奥（Uezio）去世后的哲学理论更倾向于怀疑论一样。甚至在医学领域，如果有人不赞成穆拉托里关于鼠疫来源的观点，那么都灵著名的医学教授卡罗·里卡（Carlo Richa）可以为其辩护，证明其观点的科学性。就像法国文学的两位显赫人物波舒哀（Bossuet）和费奈隆（Fenelon）一样，只有数学是穆拉托里从来不想致力研究的学科，因为他害怕当他懂得人类最晦涩的知识时，会满足于自己的认知水平。同时，他也尊重那些与他认为最有益处的其他学科不同的研究。

　　穆拉托里度过了生命中的77年后，1750年1月23日，瘫痪的残酷打击先使他双目失明，而后又危及他的生命。在完成了所有祭礼、接受了基督的救赎保佑之后，他在身为教士的侄子怀中平静地去世了。穆拉托里身材一般，体形略胖。他的面部表情生动而富有感情，既严肃又祥和。他的谈吐亲切、和气，对人文雅有礼，性格热情开朗，喜欢坦率讨喜的年轻人。另外，他纯洁、直率、谦虚、简朴、德才兼备，将基督美德与道义相结合。穆拉托里曾光荣受邀到帕多瓦（Padova）和都灵（Torino）工作，薪资优厚并且受到奥尔梅亚（Ormea）侯爵的款待，但他从未想过抛弃自己的故乡和放弃为皇族服务，为此他总是倾尽自己的一切。穆拉托里的朋友相信，在灵魂坦诚而又慷慨的教皇本笃十四世（Benedetto XIV）任教皇职位之前，如果不是因为在费拉拉和科马基奥（Comacchio）之争中创作的作品招致宫廷的不满，穆拉托里已经因为对基督教做出的杰出贡献和成为德行楷模而佩戴上了代表红衣主教的神圣配饰。他从不缺乏勇气，普通文人并不都像他一般具备这样的品质。他收到匿名信，看到以生命安危威胁他收回关于武装军队的某些言论后，平静地将匿名信扔进火堆，没有丝毫犹豫。从在摩德纳起，穆拉托里就与意大利最早的一批文人保持着联系，并且与他们成为朋友。其中，著名的侯爵西博内·马菲甚至成了他一生的朋友，尽管他们在学识方面有不同的见解。穆拉托里在生命的最后时刻，看到几乎与他同龄的马菲为意大利第一殊荣而战斗，这是一件多么美好的事情！于是穆拉托里向上天祈求，让马菲成为意大利文学界最强大、最勇敢的斗士。

序　言

卢多维克·安东尼奥·穆拉托里

1738年，当我写下《意大利古迹》(*Antichità Italiane*)第一册的序言并在米兰印刷时，我提到需要由十分熟悉古代历史且热爱真相的人编纂意大利历史。我年事已高且事务繁重，无法胜任这样一份艰苦的事业，因此我鼓励同样才华横溢的意大利文人，通过我的《意大利年代记》(*Scrittori delle cose d'Italia*)和《意大利古迹》提供的便利，继续从事这份事业。然而，《神意》(*Divina Provvidenza*)带给了我无限的生命和力量，让我决定自己来完成这份事业，即使无法达到完美，我也一定能够意志坚定地将这份事业坚持到最后。我在这里讲的不是关于天主教会的历史，因为关于这些历史，红衣主教巴罗尼奥（Baronio）已经写出了不朽的作品，为我们提供了丰富的史料。巴罗尼奥完成了这些历史的主要部分，之后由神甫安东尼奥·巴基（Antonio Pagi）补充和完善，由斯朋达诺（Spondano）、布左维奥（Bzovio）和里纳尔第（Rinaldi）续写下去。此外，还有蒂勒蒙特（Tillemont）精心记述的基督教早期历史以及弗洛里（Fleury）整理汇编的整部教会历史。在我看来，虽然这些人做的工作足以用来了解基督教历史，但如果整部作品都是由巴罗尼奥编纂而成，那一定会是一部更加卓越的传世之作。

唯一有价值的意大利民间历史应是对当前时代提出疑问并且能够从质疑中得到收获、发展的历史。毫无疑问，我们十分感恩伟大的摩德纳作家卡罗·西高尼奥（Carlo Sigonio），因为他承担了这项重任，并且把意大利民间历史记录在他的名作之中，如《西方帝国》（Occidentali Imperio）、《意大利王国》（Regno Italiae）。这些著作声名远播，并且也值得担此盛名。卡罗·西高尼奥的职业生涯始于戴克里先（Diocletianus）和马克西米安努斯（Maximianus）统治时期，并在奥地利里道夫一世（Ridolfo Ⅰ）统治时代结束。除了他，还有众多有才华的人，他们之中意大利人多于其他国家的人，他们以文学界繁荣昌盛为荣，因为有了他们，才涌现了许多奇闻逸事。如今，西高尼奥时期缺少的历史可以得到充分弥补，使意大利历史更为丰富、准确。另外，西高尼奥编写的历史取自事实，并不是从其他作家那儿搬运来的，信任他的人不会多做评论，但如今那些要求知道现代人依据什么编纂古代书籍的人，也许会误解他甚至加以责备。我再也想不到任何其他意大利通史作家，因为我知道没有任何人能够与西高尼奥相提并论。之后，蒂勒蒙特（Tillemont）持严谨的态度，开始编纂自基督时代开端至当今时代罗马皇帝的生平历史。如果他能够继续下去，那么我们将会读到一部出自他手的完整的历史，可能会打消其他人从今往后尝试编写同期历史的想法。但他只写到小狄奥多西（Theodosius Minore）和瓦伦提尼安努斯三世（Valentinianus Ⅲ）两位奥古斯都的统治时期，仅仅展示了四个半世纪的意大利历史事件，勾起了读者阅读剩余历史的欲望。因此，我编写的《民间历史》（Storia Civile）和《意大利编年史》，均起止于公元元年至1500年。我止笔于1500年，是因为读者可以轻易地向当代历史学家讨教1500年以后的历史，熟知此段历史的学者有很多。如果没有，那么我希望有人可以继承我的事业，将历史记录至今。谁知道会不会诞生或者已经诞生了某个人,他正着手编写自世界开端到我开始编写本书的这段时期的意大利历史呢?我之所以认为必须停在1500年,是因为在我编写的《埃斯特古迹》(Antichità estensi)第二部分中,已经草拟了至1738年的意大利历史,我不希望再重复一遍。

在读者开始阅读之前,我需要在这里向那些不是那么了解历史的人解释一下,他们能从这部作品中期待些什么。事实上,没有什么值得期待的。这么多世纪以来,意大利历史始终在前进,清晰又明确,历史对于相继出现在世界舞台上的皇族、人民的故事,也有足够的认知。虽然时间在推进,但过去的那些历史学家已经为我们保留了真实的历史。面对如此浩如烟海的历史,读者不一定能读到他们想读到的内容,只能有所期望。不幸的是,我们将看到意大利历史并不比其他国家的历史更加美好。残酷的古代历史,经年累月的凌辱、频繁的战争还有其他一系列灾难都带给国家和人民巨大的损失。公元3世纪,文学界在人们眼中依然享有盛誉,不过人们已开始尝试重新了解那时的历史,希望完全修正那个时代的年鉴。这段历史与公元5世纪的历史相比并不算什么,更无法与之后的历史——野蛮人占领意大利而带来的巨大灾难相提并论。

那段时间的历史是失败的,如果我们持审视的态度,就可以大胆猜测,文献所记录的历史仅是历史长河中的一小部分;如果我们不是运气好,挽救了保罗执事(Paulus Diaconus)编纂的直至公元744年的《伦巴第历史》(Storia longobardica),那么意大利历史将永藏于无尽的黑暗之中。然而,1000年以来,相似的情况再次发生,总有些历史藏于黑暗之中。假如利乌特普兰德(Luitprando)的编年史消失,假如没有法国人和德国人的帮助,那么现在的我们在保罗时期之后,就如同在沙漠中度过了3个世纪。除了丢失了自那时起的很多历史记忆,还有一些未经妥善处理的残存的历史片段摆在我们面前,展现流走的岁月,然而作者们的粗心大意或者意见不一,使我们不得不摸索着编写年代的顺序。对于这样的不幸,我们还要附加上另一种所有时代历史共有的不幸,也可以说是一种困难,那就是我们不可能得到历史的全部真相——偏袒或是厌恶的情绪常常左右着历史学家执笔的手。不同历史学家用他们的笔描绘出了发生在那个时代的战争,从这些描述中我们可以发现，死亡和俘虏的人数或增长或减少，都归功于某一次战争的胜利，在古代也是如此。作家的笔表达着对历史人物或赞美或憎恨的情绪，那些人物则或受推崇或被贬低。当历史学家开始描述发生在距离自己遥远时代的事情时，因为缺少资料或是撰写困难，缺乏对历史的关注度，有时还有蓄意的原因，他们向人们描述的历史，混杂着故事和谣言，或是夹杂着百姓和无知者愚昧、传统的认知。这些虚假的故事充斥、丰富着野蛮人时期的意大利历史，而教会的历史要远远长于世俗历史。

那么，如何在掺杂着真相和谎言的巨大仓库中找到真相呢？每个人都需要重新探索本民族的历史，但如今又有谁愿意以荣耀之心书写古老的历史呢？人们尽力学习、净化历史，历史则直截了当地给予每个人第二次选择正义的机会，赞美他人的优点，斥责他人的缺点，尽管我们无法接近真相，无法指出有关人物与事件有可能的和貌似真实的信息。我想方设法在这部作品中完成同样的事情，以履行一名真诚的作家应尽的责任。我努力让这部作品真实可靠，这样，这份艰苦的工作就变得令人愉悦起来。

但众所周知，当新的作家走进古老的历史，虽然有时作家想引导读者进入有趣的花园，但他们所看到的更多是恐怖的悬崖和丛林，这要取决于多样化的善恶原则、季节的积极或消极的影响、战争或和平、公众力量的兴与衰。即使是罗马帝国强盛时期，也会出现统治者、可耻的人类、残忍的怪物，他们仅仅是为了毁灭他人而诞生的，但最后也毁灭了自己。之后，古意大利北方地区暴乱，随之而来的是野蛮人粗鲁的劣行、疾病与灾祸。最终，战争成为意大利的家常便饭。几个世纪以来，疯狂的战争分子、归尔甫派（Guelfi）与吉伯林派（Ghibellini）激烈的斗争席卷了大多数城市。所以说，在意大利历史中，我们发现的更多是那些哀伤之事，而非愉快之事。但这些厄运并非仅发生于意大利，在其他民族的历史中，我们同样看到了相似的丑陋景象。这就是上帝造就的当今世界——苦难多于欢笑。这样每个人反而可以寻求一个更好的自己，而我们所信仰的神圣信条，会带给每个人美好的希望。我们认为历史是人生有效的导师，而我想让读者记住的事情，与历史所带来的其他益处相比并不渺小。可以说，意大利过往的历史是如此混乱与动荡，正因为如此，我们有足够的理由感恩上帝，因为他让我们在这些动荡之日存活下来，虽然没有让我们免于厄运，但至少在很长时间里，让我们免于遭受如旧世纪那般残忍与痛苦的折磨。

目　录

公元1—13年　　　奥古斯都（Augustus）/ 001

公元14—36年　　 提贝里乌斯（Tiberius）/ 030

公元37—40年　　 卡里古拉（Caligula）/ 082

公元41—53年　　 克劳狄乌斯（Claudius）/ 102

公元54—68年　　 尼禄（Nero）/ 142

公元69年　　　　 塞尔维乌斯·苏尔皮基乌斯·加尔巴
　　　　　　　　　（Servius Sulpicius Galba）/ 191

　　　　　　　　 马库斯·萨尔维乌斯·奥托（Marcus Salvius Otho）/ 191

　　　　　　　　 奥鲁斯·维特里乌斯（Aulus Vitellius）/ 191

　　　　　　　　 弗拉维乌斯·维斯帕西亚努斯（Flavius Vespasianus）/ 191

公元70—78年　　 弗拉维乌斯·维斯帕西亚努斯（Flavius Vespasianus）/ 208

公元79—80年　　 提图斯·弗拉维乌斯（Titus Flavius）/ 230

公元81—95年　　 多米提安努斯（Domitianus）/ 236

公元96—97年　　 涅尔瓦（Nerva）/ 265

公元98—116年　　图拉真（Traianus）/ 275

公元117—137年　 哈德良（Hadrianus）/ 310

第一册（公元1—137年）

年　份　公元1年　小纪纪年第四年
　　　　恺撒·奥古斯都大帝第四十五年
执政官　阿格里帕之子盖乌斯·尤利乌斯·恺撒（Gaius Iulius Caesar）与马库斯·埃米利乌斯·保卢斯（Marcus Aemilius Paulus）

尤利乌斯·恺撒（Iulius Caesar）在皇帝这样的头衔之下将帝国制引入了罗马。在过去，皇帝这个头衔的重要程度甚至超过了军队上将。在尤利乌斯·恺撒的专横执政之下，罗马共和国的自由已经面临全面崩溃。我不确定尤利乌斯·恺撒惨遭阴谋刺杀，是否可以看作为他的野心付出了代价，但我很清楚他一生中被大多数人憎恨，却在死后得到了人们的谅解与爱戴，特别是那些逐渐开始适应受一人指挥的人们。同时我也知道，若不是受到国家的压迫，自己的光荣战绩遭到贬低，那么这位君主一定满身优点，但他在古代却声名狼藉。盖乌斯·屋大维（Gaius Octavius）被恺撒收为养子，对我们来说，恺撒·奥古斯都（Caesar Augustus）这个名字更为熟悉，虽然他十分年轻，却知道如何让元老院的希望落空。名义上，他恢复了共和制，事实上，他用听命于他的军队和财富，再次征服了罗马，建立了持续几个世纪的君主政体，但最终败于蛮族的斗争与权势。奥古斯都需要一项伟大的政策来使元老院和古罗马的人民熟悉自尤利乌斯·恺撒政府起出现的新政，同时，这也是为了避免自己落得骂名。他最赏识的两个人，一个是马库斯·维普撒尼乌斯·阿格里帕（Marcus Vipsanius Agrippa）——先是他的侄女玛塞拉（Marcella）的丈夫，而后成为他的女儿大茱莉亚（Giulia）的丈夫，另一个是梅塞纳斯（Maecenas）。这二人都是见识非凡、远近闻名的人物，为了达成奥古斯都的目标，他们向他提出过许多建议。因此，奥古斯都的方法是既成为掌控罗马政局的最高统治者，又不让人觉得他有称王称帝的意图——保留了共和国的名义和形式，使之像过去一样，但他本人要持有最高权威和最高指挥权，因为古罗马人不仅不习惯接受国王或君主的称号，还常常将其视为独裁者（Dittatore，也可能含沙射影地说明其专横残暴的本质）——拥有至高无上的权势，让所有人对他单膝跪地（*Sueton., Vita August., cap. LII.*）。古罗马人不愿让他拥有这样的殊荣，因为他们一贯认为，被视作国王就意味着是市民中位居第一、最为显要之人。因此，随处可见他向元老院表现出的尊重与谦逊（*Dio. Cass., Histor.*）。为了进一步达成他的目的，他没有将所有省份都掌控在自己手中，而是让元老院选派的行省总督或其他官员管理大多数省份。同时，他还把国家的公共财政大权交给元老院，元老院拥有征税权，可以制定新的法律，行使审判权。这一切让贵族觉得，自己似乎仍然保留着旧时的荣誉与统治权。另外，在如何赢得人民的爱戴上，奥古斯都花费的心思也不少。为此，他让人民可以持续地享有公共选举投票的权利，让罗马始终保持食物富足、城市安定，通过频繁、丰富的娱乐和表演，维持人民的愉悦与快乐，并且给予人们慷慨的馈赠。最后，通过付给宫城守卫——古罗马禁军双倍的薪酬，赢得了他们的爱戴；而对于军队的其余人，也就是古罗马军团，他则采取了其他慷慨的方式来赢得他们的忠诚。

想想看，处于自由时期因人民的分裂争端而饱受磨难的罗马，竟在这时开始体味到被一人独立统治的好处，简直是不可思议啊！

与此同时，屋大维为自己留下了需要重兵驻守的省份，或许是为了更好地防范邻近的野蛮人，又或者是为了压制容易叛乱的人民，他拥有共和国的主力，也就是说，几乎所有的军队都在他的掌管中。为此，他取得了或者说自愿接受了军队最高统帅（拉丁语为imperator，该词后来被译为"皇帝"）的称号——这样的头衔在过去是授予那些取得了一定胜利的军队上将的。授予他的称号可以说是永恒的，它具有凌驾于军队之上的权威。事实上，在他之前没有任何一个公民因打了胜仗而获此尊荣，因为胜利不属于不是军队领袖的人，而这位军队领袖就是唯一的军队最高统帅。那时，保民官享受着至高无上的权力和超乎一切的特权，他们"神圣不可侵犯"，因此，如果对他们缺少尊重或者行为上冒犯到他们，就会被认为是对他们的亵渎，是犯了死罪。屋大维想要赋予自己这样的权力，他也轻易地获得了这种权力——为了能够废除他不喜欢的法律和决议，他需要这样至高无上的权力，就像有时保民官的所作所为一样。这就是所谓保民官权力（Tribunizia Podestà）。这一权力是古罗马皇帝十分看重的，也是从来不会忽略的一项特有的权力。根据普布利乌斯·科尔涅利乌斯·塔西佗（Publius Cornelius Tacitus）所说，这一词表示最高的统治（*Tacit., Annal., t. Ⅲ, cap. 56.*）。此外，罗马异教时期，宗教事务的最高权威是大祭司长，奥古斯都认为这样的身份最好留给自己，而不是落入他人之手。不过后来他与他的继任者将这个身份与他们的其他权力头衔结合了起来。最终，元老院成为阿谀奉承的谄媚者，因为它是由一群通过迎合君主利益而获取自身利益的人组成的。元老院议员们试图通过授予这样一个荣耀的头衔来恭维这位皇帝，使得他获得了近乎无上、可以与神相媲美的权力与威望。由于奥古斯都是恺撒的养子，因此他的名字中也加上了恺撒这个姓氏。后来，恺撒·奥古斯都这个名字一直作为最高权力与尊贵身份的象征，被他的继承者沿用。元老院授予恺撒·奥古斯都各种各样的其他特权，由狄奥尼·卡西乌斯（Dione Cassius）公布，最终奥古斯都被授予"国父"这样无比显赫的头衔。后来，"国父"这一头衔也被那些野心勃勃的皇帝使用，但他们似乎都配不上这样的称号。奥古斯都就这样升至权力的制高点，因为没有"国王"的称号，他可以做所有暴君能做的事情，而元老院在授予他所有的权力与尊荣之后，就不再做任何重要之事，这并不符合他的意愿与蓝图。此时，精明的皇帝因政务繁忙，有时抱怨身负沉重压力，想要卸下自己的焦虑不安，像普通人一样过完一生。他甚至在元老院提出了这个想法，但他十分清楚，元老院不会允许他冒这样的风险。事实也正是如此，元老院议员们众口一词地祈求他，甚至像是强迫他，要他继续执政，直至生命的尽头。之后，奥古斯都下定决心，十分谦逊地接受了这份重任，但同时他请求仅在未来10年承担起这份重担。10年任期结束后，他再次请辞，然后就下一个5年任期达成一致，再后来任期10年。总之，他出任皇帝并统治古罗马，仅仅是因为元老院和人民希望如此，就这样，他得意地作为古罗马世界的王，在统治生涯中度过了他的一生。奥古斯都不乏继承其荣誉与僭主统治的人，然而这份荣耀与权威在历史进程中却逐渐发展成为专制和暴政。

这一年，奥古斯都大帝统治了整个罗马，而他的权力并没有像奉承之言那般扩展至全世界。尽管如此，他仍统治着欧洲最有利的地区，以及亚细亚甚至阿非利加的许多省份。奥古斯都于盖乌斯·安东尼乌斯（Gaius Antonius）任职执政官时期，也就是公元前63年，出生于西塞罗（Cicero）。现如今，他的时代开始了，他已64岁，这一年也是他作为保民官的第二十三年，承袭爵位封公国的第四十五年。由于他的妻子利维亚（Livia）并未给他生下儿子，为了使他的家族繁荣不朽、人丁兴旺，也为了将帝国的荣耀传于其子，他不得不采取权宜之计，收养他人为子。奥古斯都有两个外孙，一个叫盖乌斯·恺撒（Gaius Caesar），另一个叫作卢基乌斯·恺撒（Lucius Caesar），他们都是马库斯·阿格里帕（Marcus Agrippa）和奥古斯都的女儿大茱莉亚（Giulia maggiore）之子。众所周知，大茱莉亚是个不知羞耻的下流女人，这段时期，她因为声名狼藉而被放逐到潘达利亚岛（Pandataria）。这两个孩子十分受奥古斯都喜爱，既是因为他们体内流淌有奥古斯都的血液，也是因为他们非常优秀，所以奥古斯都将他们两个收为养子，并且赐予他们"恺撒"的姓氏。盖乌斯在这一年得到提拔（*Noris, Cenotaph. Pisan. Diss. 2, cap. 13.*），拥有显赫的官职——执政官，在奥古斯都之后，罗马帝国很可能被交付给他。另一位执政官是卢基乌斯·埃米利乌斯·保卢斯（Lucius Aemilius Paulus），他是盖乌斯的妹妹小茱莉亚（Giulia minore）的丈夫。小茱莉亚因模仿母亲大茱莉亚的可恶行径，因而也遭受了同样的惩罚。在这段时期，盖乌斯在父亲奥古斯都的命令下来到叙利亚省（Siria/Soria）与帕提亚（Parti）作战，这是古罗马军队在当时进行的唯一一场战争。奥古斯都是一位具备远见卓识的僭主，但因他年事已高，只尽力维持帝国的和平，而不过分关注征服者无边的荣耀。就这样，在他的意愿的引领下，罗马的统治区域不断扩张。

这一年是公元元年，其所属的公历纪元被我们沿用至今。而在教会早期的几个世纪，公历纪年完全不为人所知。公历纪年在西方的推广要归功于狄奥尼修斯·伊希格斯（Dionysius Exiguus），也就是学识渊博的修士比奇罗（Picciolo），他大约于公元540年去世。后来，公历纪年的推广则要归功于著名的英国作家比德（Beda），他在公元8世纪时使用了公历纪年，比德的使用，让拉丁人逐渐熟悉了公历纪年。虽然他们二人对公元元年的看法都不准确，但是我们仍然可以将上述两位执政官执政的时期看作公元元年。因编纂出伟大的基督教会编年史而名留千古的红衣主教巴罗尼奥认为公元元年是在两年之前，即保民官奥古斯都第二十一年、奥古斯都帝国第四十三年。尽管他们都是博学的人，但这些观点都有明显的错误。这是那位杰出的红衣主教的观点：奥古斯都第四十二年，也就是公历元年3年前的12月25日，圣子降生，化为肉身，而后圣子割礼。自耶稣割礼日起，在日历中记为1月，基督教纪元第一年开始了。当然，这是不对的。对于耶稣基督诞生的年份我们是不确定的，我们仅仅知道在这一年和很久之前发生了相同的事情。此外还有其他原因，安提帕斯（Antípatros，耶稣诞生时仍健在的君王）的儿子希律（Herodes）于罗马750年，也就是奥古斯都第四十一年3月去世（*Joseph., Antiq. Judaicar., lib. 7, cap. 8. Pagius, in Critica Baron.*）。因此（*Vaillant, Idem. Pagius, Usserius, Noris, ec.*），耶稣至少应该诞生于巴罗尼奥所认为的耶稣诞生年的前一年，甚至是更早的某一年。学者认为耶稣诞生于罗马749年，即奥古斯都第四十年，这个说法颇为真实。但是这个观点仍然与某些人的观点相矛盾。几年前有人利用充分的理由，确定了耶稣诞生这个难忘事件发生的年份。但到目前为止，这个重要的历史节点还没有能够让人完全接受的确切时间。如果这个历史事件模糊不清，那就不是基督教纪元了。现如今，公元元年已经确定为这一年，尽管不乏有人认为耶稣是在下一年诞生的。上面的观点都存在一个普遍的错误，但这个错误可以理解，并无任何大问题，因此我们将这一时期称为神圣的救世主耶稣诞生的时代，或者是耶稣降世为人的时代，或是耶稣割礼的时代。很久以来，为人所引用的名称与说法层出不穷，在意大利，大多数城市采用耶稣诞生年这一说法，这些城市是自耶稣割礼日起计算年份的；而在有些城市，人们则将复活节或上一年的3月25日，或平年后的第二年，自耶稣割礼之日起，记为他们的日历开端，有的向前推了近9个月，有的则向后推了差不多4个月的时间。古时候，很多人习惯将耶稣诞生之日算作新一年的开始，随之出现了"自耶稣诞生（Nativitate Domini）起的时代"这样的说法。这样的说法运用最多，即使今天，1月的第一天仍被认为是新一年的开始。同时，在古罗马执政官的统治下，我们从执政官统治时期的第一年开始，用相同的编年顺序记录意大利历史上的主要事件。

年　份　公元2年　小纪纪年第五年
　　　　恺撒·奥古斯都大帝第四十六年
执政官　普布利乌斯·维尼修斯（Publius Vinicius）与普布利乌斯·阿尔菲努斯·瓦鲁斯（Publius Alfenus Varus）

第一位执政官的名字来自他的父亲普布利乌斯·维西尼乌斯（Publius Vicinius）或普布利乌斯·维努基乌斯（Publius Vinucius）。由于印刷错误出现了这两个名字。但无论是维西尼乌斯还是维努齐奥家族，在古罗马贵族中都不怎么知名。尽管维西尼乌斯不为人熟知，但乌尔西努斯（Ursinus）和帕拉迪诺（Palatino）存有这个家族的许多勋章。维莱利乌斯·帕特尔库鲁斯（*Vellejus Paterculus, lib. 2.*）著有《执政官P. 维尼修斯》（*P. Vinicius Consule*），在书中很多地方他都介绍了这个家族。第二位执政官是来自巴基（Pagi）的普布利乌斯·阿尔菲努斯（Publius Alfenus）。

奥古斯都的养子盖乌斯·恺撒（Gaius Caesar），一位年轻的皇子，即将继续远征叙利亚，完成他的军事重任。作家维莱利乌斯·帕特尔库鲁斯写了多篇有趣的历史文章，这些文章并未随着时间的流逝而消失，而是保存了下来。他的文章中讲道：幼发拉底河将古罗马与帕提亚两个帝国隔开，由于奥古斯都倾向于与帕提亚人维持和平的局面，所以，他授意盖乌斯与帕提亚人民的君主弗拉特（Fraate）在幼发拉底河的一座岛屿上进行会谈。盖乌斯在罗马岸边为弗拉特举办了晚宴，弗拉特则在帕提亚岸边为盖乌斯举办了晚宴。当时奥古斯都派给盖乌斯一名家庭教师，名为马库斯·洛利乌斯（Marcus Lollius）。后来，弗拉特向盖乌斯揭发了马库斯·洛利乌斯的不忠行径，不久之后（*Plinius, lib. 9, cap. 35.*），洛利乌斯死于中毒，目前我们尚不清楚他是自愿服毒还是在其他人的命令下服毒而亡的。这段时期（*Noris, Cenotaph. Pisan. Diss. 2, cap. 14.*），奥古斯都为了避免王庭之争，将盖乌斯的兄弟卢基乌斯·恺撒（Lucius Caesar）送到了西班牙。正是在这段旅途中，卢基乌斯·恺撒博得了那些地区驻地军团的爱戴。但天不遂人愿，他和他养父美好的愿望很快便落空了。卢基乌斯到达马赛（Marsilia）时生了一场大病，这一年8月，他的生命便终止了，时年18岁。狄奥尼（Dione）与塔西佗猜测，可能是奥古斯都的妻子利维亚（Livia）使用了一些小手段导致了这位年轻皇子的逝世。那么这个利维亚是个怎样的人呢？

利维亚，利维乌斯·德鲁苏斯（Livius Drusus）之女，曾是罗马最显赫的贵族之一提贝里乌斯·克劳狄乌斯·尼禄（Tiberius Claudius Nero）的第一任妻子（*Dio, Suetonius, Tacitus.*）。她懂得如何更好地编织她的人际网络，那时已经是古罗马君王的奥古斯都爱上了她，并从抛弃她的尼禄手中得到了她。奥古斯都与怀有身孕的利维亚（我们认为利维亚身怀前任丈夫的孩子）结婚了，由此我们完全可以想象奥古斯都有多么爱她。那时利维亚已经生下了提贝里乌斯（Tiberius），他后来成为罗马帝国的第二任皇帝。之后她又生下了另一个儿子，名为尼禄·克劳狄乌斯·德鲁苏斯（Nero Claudius Drusus），根据法律，这个儿子归属于父亲，因此交由他的父亲抚养。公元前9年，德鲁苏斯成为执政官，同年，他因一场意外身患重病而结束了他的一生。利维亚是一个多么高傲、多么狡猾的女人啊！真是无法用言语来形容她。即使奥古斯都是一位头脑清晰、有雄韬伟略的帝王，利维亚仍然懂得如何抓住他，引导他为自己所用。德鲁苏斯死后，利维亚将全部希望都寄托在唯一的儿子提贝里乌斯身上，因此，利维亚用尽一切办法提拔他。奥古斯都的亲信阿格里帕（Agrippa）于公元前12年去世，他同时是奥古斯都大帝的女儿大茱莉亚的丈夫。阿格里帕的第一任妻子是斯克波尼亚（Scribonia），利维亚设法让大茱莉亚与她的儿子提贝里乌斯再婚（*Sueton., in Tiber., cap. 7.*），然而提贝里乌斯对这桩婚姻并不满意，一部分原因是他不得不抛弃他深爱的妻子阿格里皮娜（Agrippina），另一部分原因是他对大茱莉亚放荡的生活和不雅的爱好并非一无所知。就这样，阿格里帕之子——那两个后来被赐予"恺撒"之姓的盖乌斯和卢基乌斯便成为提贝里乌斯的继子，但提贝里乌斯和他的母亲利维亚打心底讨厌这两个继子，因为他们是奥古斯都收养的儿子，人们猜测这两人有可能成为罗马帝国的继承人。因此，这两个年轻人和他们的继父提贝里乌斯之间便产生了一些斗争。这两个年轻人已经感受到了帝国无上的财富与权势，开始变得肆无忌惮、目中无人，同时，他们也盯上了奥古斯都内心所爱之人——提贝里乌斯的母亲利维亚。为了避免危险，提贝里乌斯选择了退出，因为他实在无法忍受妻子大茱莉亚的恶习。最终，作为惩罚，提贝里乌斯的父亲奥古斯都将大茱莉亚流放。但提贝里乌斯并未顾及母亲利维亚和父亲奥古斯都的期望，他撤到了罗迪岛（Rodi），在那里度过了7年属于自己的生活。后来，他对这种自愿流放的生活感到厌烦，并在那些闲散政客之间散布流言蜚语，在这一年，他决心借由母亲之手回归罗马。奥古斯都首先想知道的就是盖乌斯·恺撒是否希望提贝里乌斯回到罗马，因为他们之间不和早已不是什么秘密了。幸运的是，盖乌斯很高兴他的继父回到罗马。我们之前提到的洛利乌斯（Lollius），就是在提贝里乌斯和两个继子之间制造不和的人。提贝里乌斯归来后，在母亲的帮助下等待时机以推进他的雄心伟业。就这样，卢基乌斯·恺撒很快便死亡了，现在只有盖乌斯·恺撒是唯一能够阻碍提贝里乌斯继承他继父奥古斯都最高权力的人。就在这一年或第二年，在日耳曼地区开始了一场战争（*Vellejus, Historiar. lib. 2.*），关于这场战争，我们将要讲到公元5年。

年　份　公元3年　小纪纪年第六年

恺撒·奥古斯都大帝第四十七年

执政官　卢基乌斯·埃利乌斯·拉米亚（Lucius Aelius Lamia）与马库斯·塞尔维利乌斯（Marcus Servilius）

由于这段时期的历史已难以查证，所以我们缺少关于这段时期古罗马和意大利的历史记忆。也许奥古斯都也享受着一份非同寻常的宁静，在这段时期并没有发生任何在古罗马历史上产生深远影响的事件。由于洛利乌斯（Lollius）的去逝（*Tacitus, lib. 3 Annal.*），盖乌斯·恺撒在叙利亚省没有了老师，奥古斯都不希望他在如此朝气蓬勃的年纪缺乏正确的引导，于是将普布利乌斯·苏尔皮基乌斯·奎里尼乌斯（Publius Sulpicius Quirinius）派去对他进行辅导与教导。他在《路加福音》中被称为西里诺（Cirino），于前些年对犹太省的居民进行过调查。就在那个时期，我们的主耶稣基督降生了，至今我们都不确定耶稣出生于哪一年。而在这一年，盖乌斯·恺撒全身心投入对亚美尼亚的战争。次年（*Vellejus, lib. 2. Florus, lib. 4, c. 4. Tacitus, lib. 22. Ann.*），盖乌斯与帕提亚人议和，直抵阿拉伯。帕提亚撤回了在亚美尼亚的后备军，古罗马与帕提亚正式进入和平时期。但帕提亚人民并不是自愿归顺罗马人的。起初，帕提亚人民还顽强抵抗，但盖乌斯·恺撒集结所有兵力攻入帕提亚，迫使他们放下了武器。罗马人不会将一个如此遥远的国家收归为自己的行省，而是习惯于让他们自己的国王来管理，所以盖乌斯选择深受亚美尼亚人民爱戴的阿里奥巴尔扎内（Ariobarzane）做国王，但是要求他必须保证与罗马人民结成友好联盟。盖乌斯获得如此令人喜悦的成功之后并非尽享荣耀，这背后隐藏着不祥的灾祸。古罗马的阿多（Addo）和那位亚美尼亚新任国王对盖乌斯的安排并不满意，他们在亚美尼亚主要城市之一的阿塔杰拉（Artagera）发动了叛乱（*Dio, in Hist. Strabo, lib. 2, Vellejus, ut supra. Ruffus, Festus, in Breviar.*）。盖乌斯带领他所有的军团火速前往阿塔杰拉，包围了那座城市，由于太过信任叛徒阿多，盖乌斯竟与阿多约定会面。盖乌斯在读阿多给他的一份文件时，被叛徒阿多和他带来的人刺伤，伤势十分严重。阿多的这一罪行彻底激怒了罗马军团，士兵们从未如此奋勇，他们猛烈地横扫了阿塔杰拉这座城市，并攻下了它，把这座城市变为废墟，而叛徒阿多也得到了应有的惩罚。

年　份　公元4年　小纪纪年第七年
　　　　恺撒·奥古斯都大帝第四十八年
执政官　塞克斯图斯·埃利乌斯·卡图斯（Sextus Aelius Catus）与盖乌斯·森提乌斯·萨图尼努斯（Gaius Sentius Saturninus）

这位萨图尼努斯因其荣耀伟绩而闻名于古罗马历史，他于这一年成为执政官。查阅他的事迹（Usserius, Annal. Noris., Cenotaph. Pisan.），我们发现大约在奥古斯都第三十六年，也就是公元前11年，他是叙利亚省的特使，或者是副省长，也可能是总长。德尔图良（Tertullianus）在他的著作《反马吉安论》（Contro Marcione）中写道："森提乌斯·萨图尼努斯于8月份开展了一次人口普查（Census constat actos sub Augusto tunc in Judaea per Sentium Saturninum）。"这样计算，我们的主耶稣应该是于奥古斯都第三十六年或是次年诞生的。但是圣路加的著作持有与德尔图良不同的观点，从其观点中我们得知那次调查是由叙利亚省总长西里诺［Cirino，或者叫奎里尼乌斯（Quirinius）］开展的。众所周知，奥古斯都第三十八年，昆提利乌斯·瓦鲁斯（Quintilius Varus）接替萨图尼努斯管理叙利亚省，因而存在另一种很多人不知道但尚合情理的说法：因为奎里尼乌斯曾多次接管叙利亚省，所以他被赋予特殊权力——前往那里进行人口普查。与此同时，萨图尼努斯或是瓦鲁斯作为当时的行政长官也具有一般权力，管理着叙利亚省。

盖乌斯·恺撒在阿塔杰拉受伤，或许是因为伤势恶化，又或许是因为伤口未得到很好的照料，总之，盖乌斯的身体状况日渐糟糕，就快撑不住了。盖乌斯无暇继续管理叙利亚事务（Vellejus, lib. 2. Zonaras, Hist. Svetonius in Aug., c. 68.），因此，这里的官员和朝臣就打着他的旗号为非作歹，不断勒索居住在那里的人们。为了能够继续横行霸道、搜刮民脂，当奥古斯都宣召盖乌斯回意大利时，他们诱导怏怏不乐的盖乌斯回禀皇帝说不想回去，打算在闲适中度过他的余生。奥古斯都再次说迫切希望盖乌斯回到意大利，并说如果他愿意，可以在意大利闲散地度过余生，这样不仅与奥古斯都离得更近，也能更方便得到照料。最终，盖乌斯同意回到意大利。然而他的身体状况非常不好，当到达利西亚的城市里米拉时，他于这一年的2月24日去世了。盖乌斯的去世让马塞卢斯（Marcellus）欣喜若狂，马塞卢斯是奥古斯都姐姐屋大维娅（Ottavia）的儿子，也是奥古斯都最爱的侄子。因为盖乌斯的去世，奥古斯都在18个月的时间里失去了两个孩子——卢基乌斯和盖乌斯——他们都是他的外孙，后来被收为养子。这让奥古斯都的痛苦无以言表，但他依靠自己的坚强与恒心熬过了失去两个孩子的痛苦时期。然而，他的女儿——两个养子的母亲大茱莉亚行为浪荡、不知羞耻，这让奥古斯都颜面尽失。没过几年，盖乌斯和卢基乌斯的姐妹——另一位名为小茱莉亚的公主，也同她的母亲一般放荡不堪。如此不幸让奥古斯都希望自己从未成为一位父亲。

当奥古斯都的继子提贝里乌斯看到他荣华富贵道路上两个强大的绊脚石相继被除掉时，内心十分高兴。因为他的母亲利维亚·奥古斯塔（Livia Augusta）(*Tacitus, lib. 1 Annal.*)怀有巨大的野心，很多人都怀疑她是造成这两个王子去世的一部分原因。为了儿子的利益，利维亚迫不及待地想要征服奥古斯都，攻下他的心，于是向奥古斯都提出，提贝里乌斯是现在唯一有能力又优秀的能够继承帝国荣光的人。她的口才与说服力在几个月后奏效了。奥古斯都曾授予提贝里乌斯5年期保民官的职位，现在5年已经过去了，在这一年的7月27日，提贝里乌斯再次被授予同样的职位。因此，在提贝里乌斯的勋章（*Mediobarb., in Numismat.*）上可以看到有"六代保民官"（TRIB. POT. Ⅵ.）的标志。同时，奥古斯都收提贝里乌斯为养子，这无疑为提贝里乌斯继承奥古斯都的财产乃至继承罗马帝国打开了大门。这位先前名为提贝里乌斯·克劳狄乌斯·尼禄（Tiberius Claudius Nero）的人，开始自称为奥古斯都之子提贝里乌斯·恺撒（Tiberius Caesar），其他人也是如此称呼他的。维莱利乌斯·帕特尔库鲁斯（Velleius Paterculus）既是一位历史学家，也是提贝里乌斯非常要好的朋友，他为提贝里乌斯歌功颂德（*Vellejus, lib. 2. Dio, Histor., lib. 55.*）。提贝里乌斯非常懂得隐藏自己的丑陋与罪恶，只宣扬自己的优点与美德。同时，提贝里乌斯被迫收养马库斯·阿格里帕（Marcus Agrippa）为养子，马库斯是奥古斯都的女儿大茱莉亚在她的第一任丈夫马库斯·维普撒尼乌斯·阿格里帕（M. Vipsanius

Agrippa）去世之后所生。马库斯·阿格里帕既浪荡又蠢笨，加之利维亚·奥古斯塔的鼓动，提贝里乌斯打算提拔自己的亲生儿子。奥古斯都一去世，提贝里乌斯就下令将马库斯·阿格里帕放逐到了皮亚诺扎岛（Pianosa）上，并在那里夺走了他的性命。同样是在7月27日这一天，提贝里乌斯遵从奥古斯都的意愿，收养他的侄子日尔曼尼库斯（Germanicus）为养子。日尔曼尼库斯是提贝里乌斯的同胞兄弟克劳狄乌斯·德鲁苏斯（Claudius Drusus）之子，克劳狄乌斯与提贝里乌斯同为利维亚·奥古斯塔之子。但提贝里乌斯内心也不赞同收养日尔曼尼库斯，因为他有自己的儿子，名为尼禄·德鲁苏斯（Nero Drusus），是他与第一任妻子阿格里皮娜（Agrippina）所生，他对这个孩子非常疼爱。

再说奥古斯都，他向来有很多身处暗处的敌人，他们出身贵族，因为曾经不在奥古斯都统治范围内，所以历史常会唤起他们对现任古罗马君王的愤怒之情。另外，奥古斯都从众多人中脱颖而出，获得了权力，建立了他的政府，这众多人不仅包括他的对手，还包括任何有能力终结奥古斯都雄图伟略的人，他们身上肩负着子孙亲眷的仇恨。这一年，众多贵胄蓄谋针对奥古斯都发动叛乱。这场密谋的领导者是格奈乌斯·科尔涅利乌斯·齐纳·马格努斯（Gnaeus Cornelius Cinna Magnus），他是庞培（Pompeius）大帝女儿之子，对奥古斯都的厌恶已深入骨髓，既因为奥古斯都是对齐纳的祖父频繁发动战争的人的继任者，也因为奥古斯都是齐纳家族的迫害者。奥古斯都耳闻了这场阴谋，对此十分担忧，因为恐惧，即使偶有喜讯也无法使他内心平静。奥古斯都向妻子表达了自己的不安，妻子给了他一个明智的建议——不要对阴谋之人采取严厉的措施，那样只会让他们更加憎恨自己，较好的方式是对阴谋之人宽宏大量。齐纳是慷慨之人，奥古斯都预判以这样的方式将赢得齐纳和所有贵族的心。奥古斯都在证明了逆谋之人所犯罪行之后，宽恕了所有人。奥古斯都的宽厚不止于此。次年，他任命齐纳为执政官，尽管齐纳曾密谋杀害他。如此宽厚仁慈之举，不仅让奥古斯都获得了齐纳的忠心，还赢得了所有人的尊重。因此，在他的余生中，没有人再想针对奥古斯都发起叛变，这就是宽宏仁慈的成果。下面我们再来了解一下残忍与傲慢的结果。

年　份　公元5年　小纪纪年第八年

恺撒·奥古斯都大帝第四十九年

执政官　格奈乌斯·科尔涅利乌斯·齐纳·马格努斯（Gnaeus Cornelius Cinna Magnus）与卢基乌斯·瓦莱利乌斯·梅萨拉·沃卢苏斯（Lucius Valerius Messalla Volusus）

上篇中我们讲到齐纳于这一年担任执政官。还有一个人，沃卢苏斯（Volusus），他更可能姓沃莱苏斯（Volesus），因为法布莱图斯（*Fabrettus, Inscription., pag. 703.*）曾发现一则碑文上写有卢基乌斯·瓦莱利乌斯·沃莱苏斯（L. Valerius Volesus）和格奈乌斯·科尔涅利乌斯·齐纳·马格努斯（CN. Cinna Magnus Coss）。格鲁特罗（Grutero）也曾引用同一块碑文，但他写的是沃尔塞乌斯（Volseus），这是拼写的错误。法布莱图斯亲眼见过那块大理石碑，所以这位一定姓沃莱苏斯。但我想起弗尔维乌斯·乌尔西努斯（Fulvius Ursinus）和帕提努斯（Patinus）（*Patinus, Famil. Roman.*）曾颁发过一枚刻有奥古斯都形象的勋章，勋章的背面刻有沃卢苏斯·瓦莱利乌斯·梅萨拉（Volvsus Valer. Messal），这一定指的是同一位执政官或者至少是同一家族的人。

从维莱利乌斯（*Vellejus, lib. 2.*）那儿我们了解到，公元2年或公元3年，日耳曼地区发生了一场持续很久的大战。公元4年，奥古斯都收养了提贝里乌斯，并且委以军事重任，让他指挥军队作战。很多年前，提贝里乌斯曾多次获此殊荣，因此奥古斯都将其派往日耳曼地区，而随他一同前往的就是骑兵总领维莱利乌斯。提贝里乌斯压制了日耳曼族众多部落，让日耳曼部族重新归顺古罗马。提贝里乌斯以高涨的军威结束了战役，12月，重回罗马看望父母。这一年的春天，提贝里乌斯再次前往日耳曼地区。维莱利乌斯悉数描绘了提贝里乌斯在日耳曼的英勇战绩。通过他的证实，我们知道提贝里乌斯征服了大多数野蛮民族的人民，而我们甚至都不知道那些民族的名字。在众多被提贝里乌斯征服的民族之中，还有伦巴第人，他们可是最残酷、凶猛的民族。这一点很值得我们重视，因为几个世纪之后，这个民族统治了意大利。提贝里乌斯一路征战，直至达厄尔巴流域。这在过去可是前人从未敢尝试的事情。在收获的时节，提贝里乌斯取得了这场战争的胜利，他带着如此显赫荣耀的战功赶回罗马，接受父母的赞扬与人民的掌声。

大约在这段时期，或者是在去年，占有波斯的帕提亚使节来到了罗马，向奥古斯都请求封王（*Sveton., in Tiber., cap. 16., Joseph., Antiq. Judaic., lib. 18.*）。奥古斯都希望使节去日耳曼尼亚行省向提贝里乌斯·恺撒说明此事——为了让使节们尊重、爱戴他的这个养子。帕提亚人的君主弗拉特有一个十恶不赦的儿子，为了夺取统治权他杀害了自己的父亲，但他并未得到王国，还为此失去了生命。曾经，弗拉特为表忠心，将他别的儿子送往罗马做人质，在那里待了些时日。帕提亚使节向奥古斯都请求封弗拉特之子奥罗德（Orode）为皇帝，但获准后不久，奥罗德便被杀害。然后帕提亚人再次向奥古斯都请封弗拉特另一个儿子为皇帝，他就是维诺内（Venone）。维诺内继承了王位，但几年之后，他也成了这个野蛮民族的牺牲者。但我们不确定维诺内是不是在这一年回到帕提亚的。

这一年，奥古斯都做出了许多调整（*Dio, Histor. lib. 15.*）。王公贵胄艰难地下定决心让他们的女儿来到处女聚集的贞女院，因为在贵族看来，单身未婚并不是什么荣幸之事，相反，这是让人轻蔑之事。但贞女们之间也是混乱不堪，因此，必须要颁布一道法令管理这些贞女。这道法令同样适用于出身奴隶的女孩们，虽然她们之中很多人幸运地被选中，却无人能够进入贞女院。另外，薪水微薄的罗马军队也抱怨连天。奥古斯都为了激励士兵，更多的是为了赢得士兵的爱戴，使他们熬过战争之苦，如前文所述，奥古斯都希望给分派到罗马帝国各处的军团增加薪水，同时给负责守卫宫殿楼宇、守护皇帝的古罗马禁军增加薪水。此时，奥古斯都是动用私人财产来弥补这部分钱财的，但次年，他采取了一些其他方法。狄奥尼给了我们一个名册，里面登记了所有自罗马共和国以来训练有素的步兵和骑兵。根据不同情况，甚至是根据军队高兴与否，他们的薪水时涨时降。那时士兵们的工资完全超出了今天的水平。

年　　份　公元6年　小纪纪年第九年

恺撒·奥古斯都大帝第五十年

执政官　马库斯·埃米利乌斯·雷必达（Marcus Aemilius Lepidus）与卢基乌斯·阿伦提乌斯（Lucius Arruntius）

潘维尼乌斯（Panvinius）和其他一些人曾写道，在古历7月1日这天，另外两位执政官，也就是盖乌斯·阿提乌斯（Gaius Ateius）和盖乌斯·维比乌斯·卡皮托（Gaius Vibius Capito）接替了这两位执政官。但这不一定是事实。由于缺少潘维尼乌斯的碑文，我们也可以推测这两位执政官是于另一年继任的。

我们知道奥古斯都增加了士兵的薪资（*Dio, lib. 55.*），但是他的私人财产完全不够用，公库也不足，因此，他决定增加一项新的赋税，并且命令所有元老院议员陈述他们的观点。后来他想到尤利乌斯·恺撒曾想出的一个方法，之后他便颁布了一项法令：除了皇室子女、其他近亲和穷人外，其他人需缴纳遗产与合法财产的二十分之一作为赋税。尽管这项法令遭人质疑，但之后所有继任的皇帝都践行了这项法令。无疑，这项法令极大地增加了罗马人民的纳税负担。根据一般情况，如果引入一项政策十分简单，那么要取消这项政策就会极度困难。在一些古碑文中，我们有时会看到一些被收取赋税贡金的人每日都在祷告。这一年，罗马城中出现了残酷的苛税重负，人民的怨声达到了顶峰，奥古斯都为帮助贫困的城民，规定了其他津贴和费用。除此之外，奥古斯都还将古罗马角斗士、被出售的奴隶及大部分外地人驱逐出城——这部分人的总数超过了8万人。处理完这件棘手的事情之后，奥古斯都突然有了一个新的想法——取消使用为平民阶层储备的公共粮仓中的小麦，因为有时候这会影响到数以万计的人，使人们由于他的大方慷慨而忽视了农业的发展。但他并没有马上将这一想法付诸实践，因为仅仅有这样的想法就是件很危险的事情。奥古斯都在开始下令之前踌躇了很久，他希望所有犁地人能意识到需要耕种更多的土地，至少让所有商贩和人民都能意识到这一点。

这段时期，罗马常有火灾发生，这些火灾可能是由那些饥饿的人为行偷盗之事而策划的。因此，十分有远见的奥古斯都组建了由7个警卫团组成的护卫队，命名为警卫队（Vigili），负责在夜间巡逻。奥古斯都原本想不久之后就把这支警卫队取消，但他发现这支警卫队颇有用武之地，并且也确实有必要组建这样一支队伍。后来的皇帝们也延续了这支警卫队。

这一年，古罗马帝国各个省份灾祸横行，时常发生人民暴乱之事（*Dio, Histor., lib. 55.*）。在撒丁岛（Sardegna）、伊苏利亚（Isauria）以及阿非利加的杰图里亚（Getulia）地区，古罗马士兵为了钳制蛮族人也常发生战争。在日耳曼地区的战争中，提贝里乌斯·恺撒是罗马军队的首领。但从狄奥尼的记录来看，提贝里乌斯并未有何壮举，尽管奥古斯都15次获得"军队最高统帅"的头衔，提贝里乌斯4次获得该头衔，并且还因打了几场胜仗成为奥古斯都唯一的继承人。或许是前一年古罗马军队在日耳曼地区取得多次胜利让他们现在倍感荣耀，根据维莱利乌斯（*Vellejus, lib. 2.*）的记载，提贝里乌斯被委派对战马科曼尼人。马科曼尼人为数众多且骁勇无比，令人生畏，从未被战胜过，他们的皇帝美洛布多（Meroboduo）深晓如何借助权力指挥和管理军队，于是派遣大使到罗马人那里，有时做出俯身哀求之态，有时又是势均力敌之姿。他统治的地区不只扩展到了波西米亚（Boemia），甚至还到达了古罗马省份潘诺尼亚（Pannonia）和诺里克（Norico）的边界之处，距离意大利200多罗马里。提贝里乌斯准备好对抗美洛布多的时候，听说潘诺尼亚（今匈牙利地区）和达尔马提亚地区因为军官的叛乱而动员了大批军队，这引起了罗马人的恐慌，因为这些民族与的里雅斯特人结盟，很快就要进军意大利了。提贝里乌斯为了结束这场战争，竭尽所能与日耳曼人商议和平之事，这远比其他事情更为重要，因为该地紧邻帝国中心要地。维莱利乌斯统计，敌军有20万步兵、9000名骑兵。敌军屠杀古罗马的商贾百姓，或将他们抓进监狱，马其顿地区（Macedonia）早已被置于囚笼与火光之中。罗马城也充满了动荡与不安，受到惊吓的人们四处逃窜，10天之内，罗马城四周战火纷飞。为此，罗马军队多次招募新兵入伍，维莱利乌斯·帕特尔库鲁斯负责为提贝里乌斯增派援军。数目庞大的步兵与骑兵部队加入进来，提贝里乌斯被迫遣散了一部分士兵。他与潘诺尼亚的叛军作战，采取了许多措施，诸如围剿叛军，使叛军粮草匮乏。总之，叛军数量大大减少，在巴提诺河（Batino）流域，他们之中的大多数人已缴械投降。人们都说叛军的首领巴托内（Batone）不是被抓了，就是主动投降了。次年，又出现了一个达尔马提亚人巴托内带军反抗罗马人。此后，提贝里乌斯开始讨伐达尔马提亚叛军。瓦莱利乌斯·梅萨利努斯（Valerius Messalinus）是那个省的省长，他与达尔马提亚叛军作战不止一次，最终他赢得了战争的胜利。罗马军队的战果阻碍了敌军进攻意大利的企图，但直到冬天来临，他们才结束军事行动，停止破坏罗马帝国。

奥古斯都第四十一年，犹太省的代理王希律大帝（Herodes）逝世（*Joseph., Antiq. Judaic., lib. 17.*），他的儿子亚基老（Archelao）为了与安提帕（Antipa）和其他兄弟亲眷争夺继承其父亲王国的权力，快马加鞭来到罗马。亚基老被奥古斯都封为王，但是他只拥有他父亲王国一半领地的统治权，包括犹太（Giudea）、以东（Idumea）和撒马利亚（Samaria）地区。因此，他开始统治耶路撒冷（Gerusalemme）。奥古斯都许诺他为国王，并希望他以德行治天下，但结果恰恰相反，亚基老政府残暴专横。就在这一年，犹太和撒马利亚行省的长官们针对亚基老的残暴行径纷纷向奥古斯都提出了严厉指控（*Dio, lib. 55. Strabo, lib. 16.*），于是亚基老被传唤到罗马，证实了罪行后，被流放至多菲内（Delfinato）的维也纳（Vienna），同时检察官没收了他的财产和其他珍贵宝物。于是，犹太、以东和撒马利亚均归属于罗马帝国，成为帝国行省，三省统一形成了叙利亚（Siria），或者叫索里亚（Soria），由皇帝下属的官员管理。这是犹太人不久前的内心所愿，他们曾受到本国国王的严重苛待，因此希望得到帝国官员更好的对待。就这样，犹太君权结束了，正如雅各（Giacobbe）（*Genes., cap. 49, v. 10*）所预言的那样，神圣的救世主到来了。神甫巴基（Pagi）认为亚基老是于次年没落的，而狄奥尼则认为他是在这一年失去统治权的。

年　份　公元7年　小纪纪年第十年

恺撒·奥古斯都大帝第五十一年

执政官　奥鲁斯·李锡尼·涅尔瓦·西拉努斯（Aulus Licinius Nerva Sillanus）与昆图斯·凯基利乌斯·梅泰卢斯·克里提库斯·西拉努斯（Quintus Caecilius Metellus Creticus Silanus）

上述执政官中的第二位使用了西拉努斯（Silanus）的姓氏，这是专家根据史料记载的公元16年的行省总督克里提库斯·西拉努斯（Creticus Silanus）推论而来的。是否确实如此，我无从得知。根据一块西高尼奥（Sigonio）和潘维尼乌斯的古老大理石碑我们可以得知，古历7月1日，普布利乌斯·科尔涅利乌斯·伦图卢斯·西庇阿（Publius Cornelius Lentulus Scipio）和提图斯·昆提乌斯·克里斯皮努斯·瓦莱里亚努斯（Titus Quintius Crispinus Valerianus）接替了上述执政官。

达尔马提亚（Dalmazia）与潘诺尼亚（Pannonia）的战争进展缓慢，提贝里乌斯心中只想着如何让他的士兵免于危险境地，在他看来，牺牲许多士兵得来的胜利太过昂贵。但是，奥古斯都并不喜欢这样毫无意义的战略，他怀疑提贝里乌斯这样做是为了能够更为长久地拥有军队的统治权力，并不在意这场叛乱结束与否。于是，奥古斯都派去了提贝里乌斯的侄子兼养子日尔曼尼库斯·恺撒（Germanicus Caesar）率领的援军，因为日尔曼尼库斯之父克劳狄乌斯·德鲁苏斯（Claudius Drusus）英勇无比、战功赫赫，深受士兵的爱戴。奥古斯都并未派出他女儿大茱莉亚的儿子阿格里帕·恺撒（Agrippa Caesar），因为他的行为浪荡失常，我们之前提到过，他在这一年被放逐到了科西嘉岛（Corsica）附近的皮亚诺扎岛（Pianosa）。提贝里乌斯与日尔曼尼库斯在这场战役中并未受到太多影响，但两位巴托内攻打罗马驻地却损失惨重，日尔曼尼库斯重重地打击了马侧人（Mazei）和达尔马提亚（Dalmazia）的其他民族。另外，这场战役也削弱了那些野蛮民族的势力。提贝里乌斯的少将马库斯·雷必达（Marcus Lepidus）在这场战争中一路披荆斩棘，粉碎敌人的进攻，为国家争夺到了许多城池，因此获得了极高的荣誉，得到了许多胜利的赏赐。

在此之前的一年，普布利乌斯·苏尔皮基乌斯·奎里尼乌斯被奥古斯都委任为叙利亚行省的省长,他是个著名的人物,公元前12年曾任执政官。随着亚基老失去统治权,犹太被收归为古罗马的行省,归属于叙利亚省。奎里尼乌斯接到命令,赶赴犹太省没收亚基老的财产,进行人口普查,对犹太居民、对每个人进行了财产调查(*Joseph., Antiq., lib. 17.*)。公元7年,奎里尼乌斯完成了交付给他的任务,而犹太人对此怨声载道,因为在他们看来,这好比一种新型的奴隶制。因此,人民之间爆发了大规模暴乱,发生了大量杀戮、抢掠之事。这个奎里尼乌斯正是《路加福音》(*S. Lucas, in Evang., cap. 2.*)中记载的,在耶稣基督诞生之时正在犹太省奉命普查财产且被称为西里诺(Cirino)的那个奎里尼乌斯。毫无疑问,由于耶稣的诞生,以及当时希律大帝仍然在世,《福音书》的作者不能提到奎里尼乌斯在这一年所进行的财产调查。我们之前提到过,希律王于奥古斯都第四十一年,也就是公元前4年去世,因此,我们必须承认,在此之前奎里尼乌斯就在犹太省进行过一次财产调查。虽然无基督信仰的历史学家并未找到关于这件事的任何踪迹,但《福音书》的作者威望极高,足以确定事情的真相。他写道:"这是叙利亚省的第一次财产调查(*Haec descriptio prima facta est a praeside Cyrino*)。"这里用"第一次"恰当地描述了那次调查,是为了与公元7年的另外一次财产调查区别开来。也就是在公元前5年,或公元前6年、公元前7年甚至更久之前,进行了第一次财产调查,至今我们并不清楚到底是在哪一年发生的。

年　份　公元8年　小纪纪年第十一年
　　　　恺撒·奥古斯都大帝第五十二年
执政官　马库斯·福利乌斯·卡米卢斯(Marcus Furius Camillus)与塞克斯图斯·诺尼乌斯·昆提利亚努斯(Sextus Nonius Quintilianus)

这年7月1日,卢基乌斯·阿普罗尼乌斯(Lucius Apronius)和奥鲁斯·维比乌斯·哈比图斯(Aulus Vibius Habitus)接替了这两位执政官。

发动潘诺尼亚(Pannonia)和达尔马提亚(Dalmazia)叛乱的人们深陷困境(*Dio, lib. 55.*),极度贫乏,甚至沦落到吃草为生。同时,疾病肆虐,许多人因此死亡，他们又陷入极度不幸之中，因此决定与罗马人议和。但这个提议遭到了反对，因为他们中的很多人并不相信毫不留情的罗马人，也没有人敢作为使者前往罗马军队的营地。在这段时期，日尔曼尼库斯攻下了一座如堡垒般难以攻破的城市，迫使敌人投降。这个打击让巴托内无法再保持平静，于是，他带着防备前来与提贝里乌斯商谈议和之事。提贝里乌斯问他为何不断带兵发动叛乱，巴托内大胆地回答："这也是你们罗马人的过错，你们为了看管羊群，派来的不是牧羊人，也不是牧羊犬，而是实实在在的恶狼！"罗马人的暴力与不公早已不是什么奇怪的事情了，因此其他民族也试图摆脱这样的枷锁。而奥古斯都对这场战争也深感不安，苏埃托尼乌斯（Suetonius）曾证实（*Sueton., in Tiber., cap. 16.*），达尔马提亚人是罗马人自迦太基人（Cartaginesi）之后遇到的最为凶悍、危险的民族，让罗马人民饱受痛苦。根据人民的需要，提贝里乌斯也希望满足巴托内议和的愿望，于是他于前一年，又或者是在这一年来到了里米尼（Rimini），同意了巴托内议和的提议。就这样，一是因为罗马武力强盛，二是因为罗马的仁慈，潘诺尼亚和达尔马提亚人如之前一样重新归属罗马。这一年，古罗马历史上再也没有其他影响深远的事件了。

年　份　公元9年　小纪纪年第十二年
　　　　恺撒·奥古斯都大帝第五十三年
执政官　盖乌斯·庞培·萨比努斯（Gaius Pompeius Sabinus）与昆图斯·苏尔
　　　　皮基乌斯·卡梅里努斯（Quintus Sulpicius Camerinus）

这年7月1日，上述执政官被马库斯·帕比乌斯·穆提卢斯（Marcus Papius Mutilus）和昆图斯·波佩乌斯·塞昆杜斯（Quintus Poppaeus Secundus）所取代。有些人认为昆图斯·波佩乌斯·塞昆杜斯可能姓塞昆迪努斯（Secundinus），但还是塞昆杜斯这个姓氏较为可信。

在与潘诺尼亚（Pannonia）和达尔马提亚（Dalmazia）议和之后，提贝里乌斯·恺撒回到了罗马（*Idem, ibid., cap. 17. Dio, lib. 56.*），奥古斯都在城外接见了他，并为他戴上月桂花环，随后他进入罗马。为庆祝提贝里乌斯凯旋，罗马戏台上演了几出精彩绝伦的表演，奥古斯都与提贝里乌斯二人端坐在执政官的中间，元老院议员们则站于他们四周，奥古斯都向子民们介绍了他大获全胜的儿子，场面恢宏，提贝里乌斯感到荣耀之至。这时候，奥古斯都召集了罗马的骑兵，他发现已婚的骑兵远远少于单身的骑兵，于是，奥古斯都当众表扬了前者，批评了后者。狄奥尼记录了奥古斯都的发言，在他的发言之中，无论是站在个人的角度还是国家的角度，奥古斯都认为所有人都娶妻是件好事。人们应考虑多生孩子，以让古罗马贵族世家绵延不断，让共和国荣光世代相传，更重要的是为了满足战争的需要。奥古斯都严厉斥责了那些并不是因为享受单身而单身的人，因为他们仅为了可以更加自由地发泄情欲而逃避娶妻。因此，帕皮亚·朋贝雅（Papia Poppea）按照律法授予已婚及将要娶妻的男子许多特权，对于出于某些缘由不结婚娶妻的人施以惩罚。为了让人们不以在他们看来颇具名望的贞女为例，他说："当人们要效仿贞女之时，如果违反了克情节欲的法规，他们就要承受与那些贞女相同的惩罚，并且不可有怨言。"在提贝里乌斯时期，这项法律规定的惩罚力度有所减轻。

达尔马提亚（Dalmazia）的和平只维持了很短时间（Vellejus, lib. 2）。潘诺尼亚人的首领——那位刚刚煽动达尔马提亚人发动叛乱的巴托内，在抓到并且杀死了另外一位巴托内之后，继续与罗马人作战，他们想要拿下雷迪诺城（Retino），却由于一个失误遭到了沉重的打击。罗马人虽然统治了一些地区，但是因为不能很快地结束这场战争，加之叛军采取了一个诡计，罗马因此缺少了生活必需的粮草，奥古斯都再次派提贝里乌斯率领精锐的军队去平息叛乱。士兵们翘首盼望决战之日的到来，除此之外，别无所求。而提贝里乌斯害怕叛乱，不希望他的士兵们暴露于危险之中，于是他将军团分为3支，其中一支派给了西拉努斯（Silanus）[或叫作西里亚努斯（Silianus）]，另一支派给了雷必达，最后一支留给自己和侄子日尔曼尼库斯。西拉努斯和雷必达都骁勇善战，收回了曾被割让的土地的统治权。提贝里乌斯进军攻打巴托内，巴托内见形势不利，藏身于一个坚不可摧的城堡之中。那个城堡名为安德里奥城堡（Anderio），建于高耸的石峰之上，四周皆是悬崖峭壁，没有人能够想出攻破这个壁垒的方法。罗马人勇往直前，开始攀登悬崖峭壁，无畏于山顶滚落的石块，赶跑了从城堡中出来战斗的部分守卫者。罗马军队的胜利震慑了城堡中剩余的叛军，叛军很快就投降了，并且迫使阿杜巴（Arduba）及其他堡垒内的叛军缴械投降。见此情况，巴托内十分绝望，除了向提贝里乌斯请求宽恕之外，没有其他可以幸免于难的方法。巴托内被允许来到罗马军队的营地，得到了提贝里乌斯的宽恕，和平再次到来，而且比之前的和平时期更为安定。日尔曼尼库斯飞奔至罗马，带来新的捷报。提贝里乌斯紧随其后，奥古斯都在罗马的市郊接见了他，提贝里乌斯再次带着极高的殊荣进城。作为战胜潘诺尼亚的奖赏，日尔曼尼库斯被授予凯旋的徽章，提贝里乌斯被赐予一场凯旋仪式以及两张凯旋之弓，还有许多其他的荣誉与特权。但提贝里乌斯却没能享受这场凯旋仪式，因为在他归来的5天之后，罗马军队在日耳曼地区遭遇不测，近乎全军覆没，这场值得永久铭记的灾难使罗马处于巨大的哀痛之中。

正如我在上文提到的，昆提利乌斯·瓦鲁斯（Quintilius Varus）被派去管理叙利亚省（Siria），或者我们也可以称之为索里亚省（Soria）。之后他来到日耳曼尼亚行省，担任长期驻扎日耳曼尼亚行省的军团总长，管理罗马的属民，压制暴民（*Tacitus, Annal., lib. 1.*）。塔西佗提到罗马军派驻到莱茵河8个军团，而维莱利乌斯（*Vellejus, lib. 2., Dio, lib. 56.*）则认为仅派去了5个军团。那段时期，古罗马军团通常由6000步兵组成，只有其中几个军团增加了少量骑兵。因此，步兵是古罗马军队的主力。瓦鲁斯在进入叙利亚省前一无所有，在富庶的叙利亚省暴虐搜刮后，他从那里离开时已经十分富有，而叙利亚省则变得破败窘迫。瓦鲁斯认为可以在日耳曼尼亚行省采取相同的政策，因此他对待那里的人民如同对待奴隶一样，废除他们的习俗，明里暗里搜刮他们的钱财，并且希望他们完全归顺于自己，按照罗马人的方式生活。这样的管理给了日耳曼人民密谋叛乱的动机。塞吉米罗斯（Segimerus）的儿子（也有可能是兄弟）阿米尼乌斯（Arminius）是一位年轻的勇士，是日耳曼尼亚的风云人物，他已经被授予罗马公民权，甚至还获得了罗马骑士的身份，他比任何人都热爱他的民族，更希望重获自由。人们的仇恨越是增加，越是假意归顺于罗马的统治者，越是假装爱戴、信任瓦鲁斯这个人。就这样，不止一人发出了密谋对罗马发动叛乱的提议，而瓦鲁斯因信任阿米尼乌斯并未有所防范。终于日耳曼人团结一致，联合远方的日耳曼部族起兵反抗。昆提利乌斯·瓦鲁斯整合了3个步兵军团、3个辅助骑兵中队以及6支辅助步兵大队，总计2.2万余名战士，他们是古罗马帝国最为骁勇善战的人，带着无比沉重的武器装备赶赴战场与叛军对战。阿米尼乌斯和他的父亲塞吉米罗斯借口召集援军援助瓦鲁斯而请求留在后方，当罗马军队行至错杂的道路、在丛林中迷乱疲乏之时，突然遭到了日耳曼人的屠杀。这场惨绝人寰的屠杀持续了3天，罗马军队并未在那片山脉之中寻找到适合会师、列队抵抗的战地，几乎所有罗马士兵都成了暴怒的日耳曼人的受害者。瓦鲁斯和军队的长官们在多次受伤之后，为了不落入日耳曼人之手，选择了自尽。罗马军队所有的战车和军旗均落入日耳曼人的手中。塔西佗曾证实，这场战役发生在条顿堡（Teutoburgo）森林，位于今利伯郡（Lippa）的迪特麦乐（Dietmelle），靠近帕德博恩（Paderbona）和威悉河（Wessen）。

这个悲惨的消息传回罗马，所有人都难以置信并表示沉痛的哀悼。悲痛的同时，罗马人还担忧（Sueton., in August., cap. 23.）日耳曼人是否正在酝酿更大的图谋，他们是否谋划着越过莱茵河，又或者他们还想要联合高卢人攻打意大利。瓦鲁斯不是处理和平事务的合适人选，更不擅长领兵作战，正是由于他的暴虐执政，罗马才损失了如此庞大、精锐的部队，没有人比奥古斯都更为悲痛懊恼，他几个月都未曾打理发须，以头撞门，如疯子般叫喊着让瓦鲁斯还他罗马军团。自普布利乌斯·克拉苏斯（Publius Crassus）在亚细亚挫败之后，罗马人从未有过堪比这次的灾难。奥古斯都终于振作起来，防守日耳曼人的其他军团也守卫得当。此时，普布利乌斯·阿斯普雷纳斯（Publius Asprenas）正担任莱茵河畔两军总指挥官，他懂得如何利用殉国士兵激起军队的士气，在他的指挥下，奥古斯都警告高卢人，让他们归于平静，震慑日耳曼人，让他们不敢渡过莱茵河。符合参军条件的年轻人都不想入伍，奥古斯都尽全力让他们与退伍的士兵回到军队，组成了一支优秀的军团，并将其派往日耳曼地区。

这一年，50岁的诗人奥维德（Ovidius）因犯下错误而被奥古斯都下令放逐到西徐亚（Scizia）的城市托弥（Tomi），今鞑靼（Tartaria），位于本都（Pontus）地区。现在也没有人知道奥维德为什么受此处罚。根据阿波利纳里斯·希多尼乌斯（Apollinaris Sidonius）的叙述，是因为奥维德调戏了恺撒家的幼女，有的人则认为奥维德与奥古斯都的女儿大茱莉亚纠缠在一起。但这是不可能的事情，因为那位浪荡的公主已经在很多年前被她的父亲放逐，她的情人也受到了惩罚。更有可能的是浪荡公主大茱莉亚之女——小茱莉亚公主，她与母亲一样声名狼藉。还有的人认为，奥维德写了一本名为《爱的艺术》的淫秽之书，这给他带来了灾祸。无论原因是什么，奥维德的确是被放逐了。

年　份　公元10年　小纪纪年第十三年
　　　　恺撒·奥古斯都大帝第五十四年
执政官　普布利乌斯·科尔涅利乌斯·多拉贝拉（Publius Cornelius Dolabella）与盖乌斯·尤尼乌斯·西拉努斯（Gaius Iunius Silanus）

这一年7月1日，塞尔维乌斯·科尔涅利乌斯·伦图卢斯·马卢吉嫩西斯（Servius Cornelius Lentulus Maluginensis）接替上述执政官之一。

神甫佩塔维乌斯（Petavius）和帕乔（Pagio）从狄奥尼的记载（*Dio, lib. 56.*）中获悉，提贝里乌斯·恺撒在这一年献祭罗马协和神庙。历史学家狄奥尼确实提到了这件事情，但时间是在提贝里乌斯被派往日耳曼之后。不过，这次献祭更可能发生在另一年。在我看来，就像我们缺少很多其他时期的历史一样，我们也缺少狄奥尼记录的这段时期的历史。还有维莱利乌斯，虽然他预备详细记录关于提贝里乌斯的历史，但他也只是应付着记载了寥寥几笔。因此，我们对这一年和次年的古罗马历史知之甚少。但可以肯定的是，奥古斯都集结罗马一切可集结的人力，派提贝里乌斯·恺撒带军到高卢（Gallia）地区。根据苏埃托尼乌斯的记载（*Sueton., in Tib., c. 18.*），这件事情发生于本年。提贝里乌斯的侄子日尔曼尼库斯很可能也去了高卢，因为狄奥尼写道："次年他们集结军队与日耳曼作战。"提贝里乌斯在这场战争中的事迹不为人知，或许是因为没有被记录下来，但更可能是因为他在这次战争中的事迹并不重要，不值得被记录下来。维莱利乌斯让我们知道的唯一的事情是（*Vellejus, lib. 2.*）提贝里乌斯安排好了高卢的守卫部队后，便率领罗马军队跨过了莱茵河。出于对阿米尼乌斯（Arminius）侵犯意大利的担心，奥古斯都乃至罗马除了希望提贝里乌斯阻止阿米尼乌斯进攻的脚步之外，别无他愿。但提贝里乌斯做得更多，他深入日耳曼腹地，将日耳曼地区置于水火之中，无人敢对抗他的脚步。提贝里乌斯让阿米尼乌斯深感恐慌。就这样，那位历史学家、伟大的歌功颂德者，更准确地说是提贝里乌斯的阿谀奉承者——维莱利乌斯，用寥寥几笔，将罗马军队奔赴战场的事情记为在这一年发生。而根据狄奥尼的记述，这些事情也可能发生于次年。根据乌塞里乌斯（*Usserius, in Annalib.*）的记载，已故希律王的妹妹萨洛美（Salome）——亚美尼亚（Jamnia）帝国之主——于这一年逝世。在亚美尼亚有两个美丽的小城镇，那里有大量棕榈树，盛产美味的水果，萨洛美将一切留给奥古斯都的妻子利维亚继承——利维亚因丈夫而拥有至高的权力，可以轻松地从各处收获好处，每个人也都得到了她的恩赏。

年　份　　公元11年　小纪纪年第十四年

　　　　　恺撒·奥古斯都大帝第五十五年

执政官　马尼乌斯·埃米利乌斯·雷必达（Manius Aemilius Lepidus）和提图斯·斯塔提利乌斯·陶鲁斯（Titus Statilius Taurus）

有些人认为第一位执政官的名字马尼乌斯（Manius）更可能是努米乌斯（Nummius），其他人则称呼他为马库斯（Marcus）。也许只有一块有依据的碑文才能帮助我们确认这个问题。这一年7月1日，埃米利乌斯·雷必达由卢基乌斯·卡西乌斯·朗基努斯（Lucius Cassius Longinus）接任。

狄奥尼记录，在这几位执政官任职期间，提贝里乌斯和日尔曼尼库斯以行省总督的名义进入日耳曼，将那里的一部分土地收入囊中，由于无人起兵反抗，因而并未发生任何战斗。但提贝里乌斯和日尔曼尼库斯并未让日耳曼民族的所有人屈服，那些人只是因为曾受到瓦鲁斯的压迫，不想置自己于危险的境地。虽然苏埃托尼乌斯不太赞成狄奥尼的观点，但他也证实了（*Sueton., in Tiber., cap 18.*）在这次出征中，提贝里乌斯（习惯于遵照他的策略）的官员并未提出意见，他也并未做什么。苏埃托尼乌斯还补充道，他发现军队中有一种迷信的说法：虽然提贝里乌斯不喜欢在战斗中冒险碰运气，自己作战也并无困难，但是如果在前一夜，他的油灯突然自己熄灭——尽管可能是灯油没有了的原因，但提贝里乌斯与大多数人一样，总觉得这是好运的信号。古老的异教徒就是通过这样的小事情扰乱最高统帅的心绪的。有一次打了胜仗后，提贝里乌斯战战兢兢地回忆说，他差点儿就死在了一个蛮族人手里。这一年，根据维莱利乌斯·帕特尔库鲁斯的叙述（Vellejus, lib. 3.），多菲内省的维也纳（Vienna, Delfinato）庶民们出现意见分歧，因此那里突然发生了一场激烈的暴动事件，提贝里乌斯注意到维也纳是个极为繁荣的城市，并未以武力镇压，却平息了那场危险的动荡。此外，我们还从狄奥尼那儿获知，在进入日耳曼地区之后，提贝里乌斯和日尔曼尼库斯退回到了莱茵河，在那里一直待到了秋天。那段时间，他们举办了纪念奥古斯都生辰的比赛，那是一场类似骑兵对决的比赛。年末之时，他们回到了意大利。

与此同时，罗马城中开始流行占星术，奥古斯都对此进行了一些限制，并禁止进行预测死亡的占卜，但占星术还是在坊间传开了。奥古斯都还不许在所有省份的省长和其他政府官员任职期间乃至他们卸任后两个月内被授予额外的荣誉，因此，为了达到类似的示范效果，出现了很多不公正的事情。那时在博学者之间出现了一次巨大争议，他们不仅对哪一年授予提贝里乌斯"第一公民"的头衔有争议，还对哪一年提贝里乌斯享有奥古斯都保民官和行省总督的权力有争议。关于后者，提贝里乌斯被授予罗马城外所有军队的指挥权，并享有与执政官同等的权力。据此，有些文人推断出是由圣路加宣布的提贝里乌斯第十五年。这个问题很难下定论，因为那些历史学家对提贝里乌斯的受封之日看法不一，不仅关于具体是在哪一天无法统一意见（他们认为这是由古罗马元老院于8月28日宣布），就连哪一年也存在分歧。

苏埃托尼乌斯写道（Sveton., in Tiber., c. 20 e 21.）："两年之后，提贝里乌斯再次从日耳曼回到了罗马，根据元老院的律令，他被授予与奥古斯都一起管理古罗马行省的职权。"但因为维莱利乌斯·帕特尔库鲁斯写下的正好是他所处时期的奇闻逸事，并且他服役于提贝里乌斯统治时期，而苏埃托尼乌斯却生于100年之后，所以相比于苏埃托尼乌斯，维莱利乌斯的权威性更高。那么，我们从维莱利乌斯的著作中可得知（Vellejus, lib. 2.），根据奥古斯都的要求，元老院和古罗马人民授予提贝里乌斯最高执政官的头衔，授予他管理罗马各省和罗马军队（*Ut aequum ei jus in omnibus provinciis, exercitibusque esset.*）的权力。在此之后，提贝里乌斯回到了罗马。那么我们认为应该是在这一年，提贝里乌斯成为罗马帝国"第一公民"。从塔西佗（*Tacitus, Annal., lib. 1.*）的记述中我们也得到了相同的事实，他写道："提贝里乌斯被授予'第一公民'的身份（*consors Tribuniciae Potestatis adsumitur, omnesque per exercitus ostentatur*）。"似乎塔西佗在前几年就预测到了这个庄严的历史事件，但他一定认为提贝里乌斯是在军队时受封的，而不是当提贝里乌斯到达罗马时受封的。但我们十分坚信，自这一年起，由于提贝里乌斯受封升官，有的人开始以提贝里乌斯记录年份，这个主张被巴基（Pagi）神甫和其他人所采纳。

年　份　公元12年　小纪纪年第十五年
　　　　恺撒·奥古斯都大帝第五十六年
执政官　日尔曼尼库斯·恺撒（Germanicus Caesar）与盖乌斯·方泰尤斯·卡皮托（Gaius Fonteius Capito）

提贝里乌斯·尤利乌斯·日尔曼尼库斯·恺撒（Tiberius Iulius Germanicus Caesar）是提贝里乌斯·恺撒（Tiberius Caesar）的侄子兼养子，因此可以说他是奥古斯都的孙子。他在日耳曼、潘诺尼亚和达尔马提亚的战争中取得了功绩，所以在这一年，他得到了执政官的职位以及象征凯旋的荣光（*Vellejus, lib. 2.*）。这一年7月1日，日耳曼尼库斯被执政官盖乌斯·维塞利乌斯·瓦罗（Gaius Visellius Varro）接替。

这一年，同日尔曼尼库斯一起来到罗马的还有提贝里乌斯（*Sueton., in Tiber., c. 20.*）。提贝里乌斯在潘诺尼亚和达尔马提亚的战争中大获全胜，本应接受元老院为他举办的凯旋仪式，然而突如其来的战争却中断了仪式的举办。不过，由于他获此殊荣，罗马城为他举办了热烈而隆重的凯旋庆典。在经过坎皮多里奥山丘（Campidoglio）时，他从凯旋的战车上下来，跪于奥古斯都脚下，奥古斯都以盛宴欢迎他的归来。同他一起回来的人里还有巴托内，我们前面说过他是潘诺尼亚叛乱之首，被鲁弗斯·费斯图斯（Rufus Festus）称为该地的国王，但这么称呼是不正确的。提贝里乌斯对巴托内抱有深厚的感激之情，因为在潘诺尼亚战役中，当他陷入困境而被叛军包围时，巴托内慷慨地让他退至安全的地方。出于感激，提贝里乌斯赠予了巴托内很多赏赐，其中包括他在拉韦纳的驻地。据苏埃托尼乌斯记载，提贝里乌斯摆了千桌宴席宴请众人，除此之外，他还举行了集会，每人分得一个价值30银币的礼物。提贝里乌斯还于这一年修缮、供奉了协和神殿，并记录在碑文中，正如狄奥尼（Dio, lib. 56.）宣称的那样，他是以自己和已故的兄弟德鲁苏斯（Drusus）的名义进行的献祭，同时又以自己和德鲁苏斯之名供奉了卡斯托莱和波卢切神庙，在那里放置了被征服人民的遗体和战利品。有人认为此次献祭是于公元10年完成的；也有人认为是在前一年，也就是公元9年；狄奥尼坦言，在献祭之时，提贝里乌斯尚在日耳曼地区，这一年他才从那里回来，似乎不可能身处异地供奉神殿。但狄奥尼的话是带有个人主观看法的。似乎苏埃托尼乌斯的话更有权威性，他认为献祭之事发生在本年。此外，苏埃托尼乌斯是最接近这段时期的作家，而狄奥尼却不是。

尽管奥古斯都年事已高，健康状况也不稳定，但他并未停止思考如何为大众谋福利（Dio, lib. 56.）。因此，他在这一年颁布了一项针对诽谤文学的法律，下令焚烧有关书籍并惩罚了它们的作者。奥古斯都知道，被驱逐出罗马的流放者们生活十分奢靡，他们游手好闲，对罗马的美好冷嘲热讽，似乎不像是受惩罚应有的样子，于是下令流放者除了可以在离大陆50罗马里远的岛屿——库奥岛、罗迪岛、撒丁岛和莱斯波岛上逗留，其余地方不准停留，同时降低了他们的生活舒适度，限制了他们的通行权。奥古斯都由于健康状况不佳，于是派人向元老院议员表达不能与他们一同前去赴盛宴的歉意，并祈求他们不要去家中问候他，所以除了骑士们和一些庶民，来探望他的人并不是很多。最后，提贝里乌斯将日尔曼尼库斯托付给了元老院，以确保他的地位。这是他已然感到无力、将要结束人生的信号。这一年，戏剧演员和骑士们在奥古斯都广场上举行了很多场公开的比赛。日尔曼尼库斯在竞技场举办了一场大型狩猎活动，角斗士在那里杀死了200头狮子。为了纪念恺撒家族已故的盖乌斯和卢基乌斯，还供奉了利维亚拱廊。我们从苏埃托尼乌斯（Sueton., in Caligul., cap. 8.）的记载中可以得知，这一年的8月31日，盖乌斯·卡里古拉（Gaius

Caligula）出生（后来成为皇帝），他是日尔曼尼库斯·恺撒和茱莉亚·阿格里皮娜的儿子，茱莉亚·阿格里皮娜则是马库斯·阿格里帕（Marcus Agrippa）和奥古斯都的女儿大茱莉亚所生。有人认为盖乌斯·卡里古拉出生在特雷维里（Treveri），有人认为他出生在意大利安齐奥（Anzio）。这一争论的影响不大，因为苏埃托尼乌斯没有理由美化他出生的地方。

年　份　公元13年　小纪纪年第一年
　　　　恺撒·奥古斯都大帝第五十七年
执政官　盖乌斯·西里乌斯（Gaius Silius）和卢基乌斯·穆纳提乌斯·普兰库斯（Lucius Munatius Plancus）

经过10年或者5年的时间，智慧的奥古斯都作为共和国的领袖，统领军队，行使保民官和行省总督的权力，习惯于让自己的权威得到元老院和罗马人民的认可。伴随着这样恭顺与服从的行为，奥古斯都的统治几乎可以说是罗马人民对他的一种断然的让步，当他假装是大家的仆人与奴隶时，所有人都服务于他，他则继续做主人。其实他并未要求有这样的特权，但当初元老院乞求，几乎可以说是强迫他接受指挥的重担，而且从不乏让他成为领袖的暗语传言，即使没有这样的暗示，所有人也都想和他一起建功立业。随着时间的推进，奥古斯都让罗马皇帝庆祝执政5年、10年、20年和30年的风俗得以延续，每逢帝国5周年、10周年、20周年和30周年，罗马人民都通过举办盛大宴席、举办公共竞赛、举行祭祀仪式，感谢神赋予他们生命，祈求他们的余生幸福长寿，即使恶人们也是如此。在这一年（Dio, lib. 56.），奥古斯都再次将共和政府延长10年，虽然他对大家的爱戴与支持表现出抗拒，却服从了这样的要求。奥古斯都延长了提贝里乌斯保民官的权力，并允许提贝里乌斯之子德鲁苏斯在3年后，即使没有行使过大法官之职，也可以申请担任执政官。同时，因为年事已高并且健康状况不允许他再去元老院，除了极为罕见的几次之外，奥古斯都为他的20位参议员（之前是15位）谋取了元老院议员的职位，并制定了一项公共法令，即自那时起，他与上文提到的参议员、摄政执政官、他的儿子和孙子做出的任何决策均等同于整个元老院所颁布的有效决策。在这项法令生效期间，即使他由于身体不适卧病在床，仍出台了很多项适合公共政府的决议。其中一项决议是将国库征税的五分之一用来支付供养士兵的军费，罗马人民对此感到非常不满，甚至有人担心罗马会发生骚乱。奥古斯都写信给元老院，让每个人投票，从而找到其他更方便的方法来获取必需的钱财，如果没有找到其他方法，那么就让人们认识到他并无恶意。同时，他还禁止日尔曼尼库斯和德鲁苏斯提出他们的意见，因为他并不相信他们的意见符合自己的想法。不过人们仍然憎恨这项征税决议，因此奥古斯都佯装想要增加人们不动产税的重担，他毫不迟疑地派房产和土地评估员到各地去，这足以让每个人害怕遭受比赋税更多的损失，于是人们平息了下来，像往常一样，这项决议站稳了脚跟。

年　份　公元14年　小纪纪年第三年
　　　　提贝里乌斯皇帝第一年

执政官　塞克斯图斯·蓬佩奥（Sextus Pompeius）和塞克斯图斯·阿普列伊乌斯（Sextus Appuleius）

这一年，奥古斯都和提贝里乌斯一起做了一次人口调查，记录了罗马公民、居住在罗马城的居民和各省的人口状况。据格鲁特罗（Grutero）（*Gruter., Thesaur. Inscription.* 230页）所引用的古代碑文中记载，当时的人口数有417.7万。尤塞比乌斯（Eusebius）（*Euseb., in Chron.*）在他的编年史中记载人口数总计937万，可能由于誊写人员的错误，这一数字需要根据上述权威碑文所记载的数据进行更正。苏埃托尼乌斯（*Sueton., in August., cap. ult.*）和狄奥尼（*Dio, lib. 56.*）证实，奥古斯都在生命的最后时刻总结了他一生中最为难忘、值得纪念的事件，并按照顺序把这些事件雕刻成了青铜版画。这些青铜版画的其中一个副本被保存在安西拉。当时日耳曼地区的战争仍未结束，因此奥古斯都将日尔曼尼库斯派了过去。奥古斯都还决定把提贝里乌斯送到伊力里卡（Illirico），以巩固那里稳定的和平局面。奥古斯都从罗马到了那不勒斯，当地的人民邀请他参加按古希腊习俗每5年举办一次的纪念性特别比赛。

奥古斯都去了那里，却一路腹泻（早在罗马的时候他就开始出现腹泻的症状）。在出席了那场盛大的仪式之后，奥古斯都随即告辞，动身返回罗马，但他腹泻的状况加重，被迫在诺拉市（Nola）停了下来。8月19日，奥古斯都在这里平静地去世了，也就是早期罗马历法6月，后来借用他的名字将该月称为Augustus（8月），并沿用至今。奥古斯都的父亲屋大维也是在同一个地方去世的。有人怀疑（Sueton., Tacitus, Dio），是他野心勃勃的妻子利维亚用有毒的无花果杀死了他。为此，人们都说在奥古斯都生命最后的那段时间里，或者是因为他已经知道了他的继子提贝里乌斯邪恶的天赋，或者是因为他认为把女儿大茱莉亚之子阿格里帕置于妻子利维亚之子之前更为合适，所以他围绕着继承之事做出了最大的改变。他在一小部分人的陪同下，秘密地拜访了被放逐到皮亚诺扎岛的阿格里帕，并给他带去了新的希望。而根据上文提到的作者的记载，利维亚得知了这一秘密活动，从而加速了奥古斯都的死亡。奥古斯都年事已高，想要轻易到达靠近科西嘉岛的皮亚诺扎岛而不被利维亚和其他人知道是不可能的。提贝里乌斯在旅行中途被召来，及时赶到，见到了仍然在世的奥古斯都，并且同他进行了一场长时间的谈话。奥古斯都并未流露出对他的外孙阿格里帕的感情，也并未对他的儿子提贝里乌斯及其母亲表现出恶意，反而向他们表达了爱意。

总之，奥古斯都在差不多76岁时结束了他的生命，也就是距离尤利乌斯·恺撒（Iulius Caesar）死后57年5个月。无论是在古代还是在近两个世纪，这位皇帝的功绩一直是政治家和演说家争议的话题，有些人诋毁他的名声，因为他压制了罗马共和国，其他人则称赞他是创造了这片土地的最光荣的君王之一。考虑到时代的多样性，这两种舆论都有道理。原则上我们不能否认奥古斯都对他的帝国实行了暴政和残忍的罪行，但我们应该承认，他在整个政治生涯中扮演的并不是暴君的角色，而是一个因贤明的统治、非凡的自制力和极力维持并增加人民幸福感而值得大加赞扬的帝王。其实他的罪行也应该得到宽恕。因为很长一段时间以来，他发现罗马共和国因为派别斗争和滥用权势而受到损害，摇摇欲坠，因此需要建立一个更高的权威，纠正过去的混乱，让新秩序、新事物快速诞生。罗马的宁静也归功于奥古斯都，或者说是奥古斯都造就了宁静祥和的罗马。他并未以他的专制掌管整个政府，而是聪明地将君主制和共和制混合在一起，如今这种制度仍然在欧洲某些地方推行。假如奥古斯都能把这样辉煌的罗马帝国以及他对这个国家的见识和热爱一同传给他的继任者就好了。可惜，奥古斯都之后，罗马迎来了黑暗的时期。彼时人们都说，奥古斯都不应该诞生，或者不应该死去。不应该诞生，是说他为了成为一国之主，犯下无数的恶行；不应该死去，则是说他的慈爱与智慧，让他懂得了如何统治共和国，这是他的很多继任者所不具备的，这些继任者不是君王，而是暴君。奥古斯都的丰功伟绩不仅让他在生前享受了至高的荣耀，而且死后也备受尊崇。虽然有一部分是对他的阿谀奉承——这一点我们不能忽略，但更多的则是在他的统治下享受幸福的人民对他的尊敬、爱戴和感恩。但这样的荣耀最终还是被亵渎了（*Tacitus, ibidem. Dio, lib. 51. Sueton., in August., c. 59. Philo, in Legation. ad Cajum.*）。他生前就受到祭坛、神庙和教士们的供奉，而死后受到的祭拜则更多，人们进行比赛、表演来纪念他的诞辰，纪念他曾施与众人恩惠的善举。

利维亚和提贝里乌斯并没有马上将奥古斯都的死讯公之于众，而是急忙向皮亚诺扎岛下达处死奥古斯都之孙阿格里帕的命令，直到得知已经行刑后，他们才公开了奥古斯都的死讯，这就是罗马帝国在他们二人执掌下的开端。奥古斯都的遗体在地方主要行政官和骑士们庄严的护送下回到了罗马。据狄奥尼记载，提贝里乌斯之子德鲁苏斯和元老院议员们将奥古斯都的遗体火葬，举行了庄严肃穆的葬礼。当焚烧火葬时，参议员努美里乌斯·阿提库斯（Numerius Atticus）跳了起来，他发誓看到了奥古斯都的灵魂在天空中飘荡（*Sueton., in August., cap. 101. Dio, lib. 56.*），就像他曾经在罗莫洛说下的谎言一样，他用这样的方式让善良的人们相信奥古斯都成了神，或者是半人半神。葬礼之后，由元老院确认，或者更准确地说，是由元老院授予继承人提贝里乌斯·恺撒（Tiberius Caesar）他的继父奥古斯都的权力以及奥古斯都生前享有的荣誉。这时提贝里乌斯56岁，他如一只狡猾的狐狸，品性多疑，情绪暴躁，残忍冷酷，但他比任何人都知道隐藏自己的内心，并且知道掩盖自己的恶习不让别人发现，虽然他没有瞒过所有人的眼睛，但瞒过了大部分大人物和小人物。在元老院中，再也没有能够让罗马的自由站住脚的强大领袖了，所有人都阿谀奉承，一心想着自己的利益，却没有人想着大众的利益。恐惧也在此时开始蔓延，因为提贝里乌斯得到授权而一直操纵指挥着禁军军队和古罗马军团，没有人敢对他指手画脚，每个人都争着让提贝里乌斯来管制。在面见狡猾的提贝里乌斯时，人们越是不懈地赞扬他，他就越假装厌恶这些荣耀，假装不喜欢至高无上，而是想要与他的公民平等，并且夸大他要经历的巨大困难，要承受的重压之下的危险。所有这一切都是为了好好地摸清每个人的意图，然后惩罚那些在他的统治时代不支持、拥护他的人（Dio, lib. 57.）。他还担心自己的养子，也就是他的侄子日尔曼尼库斯将成为日耳曼地区古罗马军队的头领，夺走他手中的权势，因为日耳曼尼库斯深受罗马人民和士兵的爱戴。元老院议员们跪地向他祈求了很长时间，最终，他虽然没有明确地接受这一任务（Sueton., in Tiber., cap. 24.），或者说只是让人们相信他接受了这份重任，但为了在一段时间之后卸下重担，他开始公然行使帝国的权力。与此同时，维莱利乌斯·帕特尔库鲁斯（Vellejus, lib. 2.）放肆地编造着对提贝里乌斯政府伟绩的赞美与歌颂：各处一片和平，不公、强权、欺诈只隐藏在野蛮人之中，提贝里乌斯的慷慨大方惠及那些遭受灾祸与不幸的省份和城市。提贝里乌斯确实向所有地区显示了他无比的克制，并且他在日尔曼尼库斯在世时，始终像圣人一样统治着国家，因为他对日尔曼尼库斯有所畏惧。维莱利乌斯并未就此停住。提贝里乌斯选择埃利乌斯·赛扬努斯作为他的亲信大臣和顾问，就这样，在埃利乌斯的赞颂下，一切进展顺利。而提贝里乌斯是否值得赞美，我们还要随着时间的推移来对此加以判定。

当然，罗马并未因为改朝换代而发生任何骚乱或暴动，但在其他省份却不是这样的（Dio, lib. 57. Tacit., lib. 1 Annal., cap. 16 et seq.）。驻扎在潘诺尼亚的罗马部队一听说奥古斯都的死讯，就开始反抗他们的统领尤尼乌斯·布莱苏斯（Iunius Blaesus）。尤尼乌斯·布莱苏斯为此面临着生命危险，士兵们威胁要在省内发动叛乱，并且还要离开此地前往罗马。提贝里乌斯派他的儿子德鲁苏斯带领禁军士兵，并在禁军军事长官赛扬努斯的陪同下前往潘诺尼亚。叛军包围了赛扬努斯的禁军并使其中几人受伤，赛扬努斯费了很大力气才将这些叛军制伏。最终，叛军撤回并分散到了军营中。德鲁苏斯用其他借口将叛军里最凶残的人一个一个骗到营帐中，砍了他们的头颅，其他人平静了下来，叛乱也因此到了尾声。轰动一时、最危险的事件就是罗马士兵在日耳曼起兵叛乱，因为那里驻扎着日尔曼尼库斯·恺撒统领的古罗马军团最为精锐的士兵，当时日耳曼尼库斯正在高卢进行人口普查，也就是进行人员调查。出于相同的原因，他的军队的一部分士兵也发起了叛乱。因此，日尔曼尼库斯奔回那里，因为他深受爱戴，具备许多值得称赞的品质，士兵们认为他比提贝里乌斯更有能力，想要推举他为皇帝。因为叔父提贝里乌斯收他为养子，他坚决不想失去提贝里乌斯的信任，当看到自己不能以其他方式从暴怒的要求中解脱时，他拔出剑意欲自刎。这一行为阻止了那些叛乱之人。然后他假装提贝里乌斯来信，说是提贝里乌斯下令赠予士兵们双倍于奥古斯都定下的标准薪酬，用这样慷慨的承诺以及优待照顾老兵的行为安抚了他们。但士兵们迟迟没有得到许诺的薪酬，与此同时，提贝里乌斯的使节到了，于是士兵们再次发起暴乱，几乎要将使节们杀死，因为他们害怕日尔曼尼库斯会取消他的承诺。士兵们带走了他当时怀孕的妻子阿格里皮娜和他的小儿子盖乌斯（Gaius）——又被称为卡里古拉（Caligula），因此再也无法强求更多的好处了。于是日耳曼尼库斯决定整顿军队，让他们重新尽其职责。为了防止士兵们闲着无事策划其他叛乱，日耳曼尼库斯带领他们前往敌方领土，在那里他们集中心思和力量，以获取丰厚的战利品。毫无疑问的是，如果日耳曼尼库斯愿意，他会是奥古斯都大帝，因为他拥有那支强有力的军队的爱戴以及罗马的民心。但他的美德胜过雄心。提贝里乌斯给他和他的妻子阿格里皮娜写了封非常亲切的信，表示对他们的感谢（*Dio, lib. 57. Tacitus, Annal., lib. 1, c. 56.*），还在元老院给予他们赞扬，并给予日耳曼尼库斯行省总督之职。这一切看似结束了。然而，提贝里乌斯的内心却无比厌恶日耳曼尼库斯，他一直担心有一天军队对他的拥护爱戴会转移到日耳曼尼库斯身上，从而危害到自己的利益（*Tacitus, Annal., lib. 1, c. 57.*）。这一年快要结束的时候，因不知羞耻的放荡行为而被放逐到雷焦卡拉布里亚（Reggio di Calabria）的奥古斯都之女、提贝里乌斯之妻大茱莉亚尽管没有被下令快速处决，但也在艰难困苦中十分痛苦地死去了。奥古斯都还因为塞姆普罗尼乌斯·格拉古（Sempronius Gracchus）与上文的大茱莉亚有不正当的关系而将他放逐到了阿非利加的切尔西那岛（Cersina），在那儿他已经度过了14年，也在这一年被杀死了。

年　　份　　公元15年　小纪纪年第三年

提贝里乌斯皇帝第二年

执政官　提贝里乌斯之子德鲁苏斯·恺撒（Drusus Caesar）和盖乌斯·诺尔巴努斯·弗拉库斯（Gaius Norbanus Flaccus）

这一年提贝里乌斯在执政中表现出的专注、节制和谦虚看起来相当不错（*Dio, lib. 57. Suetonius, in Tiber., cap. 26.*）。他不希望皇帝的头衔加到他的名字之前；他对于敢称呼他为僭主的人极为愤怒，但允许士兵们称呼他为imperadore（军队最高统帅，后被译为"皇帝"）。正如我所说的，这样的名字当时仅仅代表军队的大将军。他不允许元老院称呼他"国父"这样光荣的名字，或许是因为他憎恨谄媚奉承，或许是因为他内心知道他永远配不上这个名字。元老院低三下四地乞求他接受这个头衔，他有次致信元老院（*Sueton., ibid., cap. 67*），坚定地说道："如果有一天发生不幸，你们怀疑我的好意、怀疑我对你们的真诚（如果发生这样的事情，我宁愿以死来阻止、改变你们的观点），国父这个头衔不会为我带来任何荣誉，它只是你们用来评判我（不恰当地给了我）的一个我并不认同的姓氏的枷锁。"尽管他通过继承获得了奥古斯都的头衔，但他只有在给国王写信的时候才使用这个头衔作为署名，除此之外，他不会用奥古斯都来自称，不过如果读到或听到别人这么称呼自己时，他并不介意。因此，那个时候关于提贝里乌斯的碑文和纪念章中经常可以看到这个头衔。"恺撒"的名字是来自家族的，有时他会使用"日耳曼征服者"这个姓氏来纪念自己在日耳曼地区取得的胜利。另外，他还具有"元老院第一公民"的称号，"元老院第一公民"就是元老院议员中的第一位。因此，他习惯说自己是"自己奴隶们的主人、士兵们的统帅和第一罗马公民"。出于同样的原因，他禁止任何人如同为奥古斯都所做的那样为他建造神庙，也不想要教士、祭司。后来，他逐渐允许亚细亚的城市为他建庙朝拜，但在西班牙和其他国家，这仍然是不被允许的。如果有人想要为他修建雕像，或者展出他的画像，不可以未经他的许可就去做。一般情况下，与神的名义无关时才能得到他的许可，但也只是用于家庭装饰。除此之外，他拒绝了其他类似表示对他尊敬的行为，特别是那些彰显他备受爱戴的事情。他带着很少的随从在城市中散步，也不希望受到贵族们的恭维。他不仅尊重名门望族，尊重下等人群，而且服务他的奴隶人数也很合理。当时在元老院和法庭的审判中，他并没有夸夸其谈，而是让别人自由地发表他们的观点——如果别人的观点与他相反，他也不会因此感到愤怒。他从不会不听取由他选拔出的参议员的建议而做出任何决策。他急切地取消了人民的苛捐杂税并且阻止了政府官员的巧取豪夺。那些政府官员巧取豪夺以增加税收，又或者像埃及的省长所为（上交的钱比他通常挣的还要多）。他对官员们说："羊需要剪毛，却不可取下它们的羊皮。"总之，提贝里乌斯拥有成为最佳君王和光荣的皇帝的头脑，尽管他看起来似乎十分糟糕，正如我们所看到的，但他的目的和意图占据了上风，超过了他的邪恶（*Dio, lib. 57. Tacitus, Annal., lib. 1, cap. 16. Sueton., in Tiber., cap. 50.*）。他的母亲利维亚·奥古斯塔富有而虚荣，盛气凌人，在罗马大为风光。她几乎做尽了所有事，甚至是一些极端之事，为的是让她的儿子成为皇帝，然后她就能仰仗着儿子继续行使特权了。但是提贝里乌斯对她的爱与奥古斯都对她的爱截然不同。提贝里乌斯尽可能地让利维亚保持低调，不允许谄媚的参议员称之以那些让她骄傲自大的荣誉头衔。有时他会对利维亚说："妇女不方便参政。"虽然有时提贝里乌斯会按她的建议行事，以她来访问为荣。提贝里乌斯去拜访利维亚时只停留很短的时间，为的是不受她控制。随着时间的推移，提贝里乌斯做了更多事，如同我们见到的那样。

同时，年轻的日尔曼尼库斯·恺撒正指挥着日耳曼军队。尽管他远离罗马，但作为对他在那场战争中获胜的奖励，提贝里乌斯还是授予他凯旋的仪式，并于次年举行（*Tacitus, Annal., lib. 1, cap. 9*）。战争还在日耳曼持续进行时，那里的两位首领阿米尼乌斯（Arminius）和塞盖斯塔（Segesta）却发生了争端，后来阿米尼乌斯强行占有了塞盖斯塔的女儿，虽然当时她已许配给另一个人，但阿米尼乌斯不顾她父亲的反对而娶她为妻。后来，日尔曼尼库斯和特使奥鲁斯·塞西纳（Aulus Caecina）分别统领一支军队进军卡蒂（Catti）并在卡蒂人民（如今的阿西尼人）间发动战争，最终侵占了他们的国家。阿米尼乌斯针对他的岳父塞盖斯塔发动了一场兵变，塞盖斯塔发现自己被包围后，派儿子赛基蒙多（Segimundus）到日耳曼求助。罗马人赶往援助，围攻者溃败，塞盖斯塔被解救了出来，他的女儿怀着阿米尼乌斯的孩子，连同其他贵族妇女一起被带走了。这件事情以及阿米尼乌斯的呼救，使得他在切鲁西（Cherusci）的叔父因古霍梅鲁斯（Inguinomerus）为他拿起武器准备战斗。接着是两场战役。在第一场战役中，阿米尼乌斯的战绩糟糕；在第二场战役中，塞西纳（Cecina）和他的部队费了好大力气才获得平安，但军队损伤惨重。就在那时，日尔曼尼库斯的妻子阿格里皮娜初露雄心。对于上文提到的不幸，流传着这样一种说法：日耳曼人带着敌意踏过高卢，阻碍了这位英勇的女人，她没有破坏莱茵河上的桥梁，就如同那些城民希望的那样。她亲自指挥，亲切地迎接在战役中受到重创归来的军队，让伤员得到救治，并且向丢失了衣服的人们捐赠衣物。阿格里皮娜的行动被报告给了提贝里乌斯，提贝里乌斯讨厌阿格里皮娜的出身且对她不信任，于是在元老院表达对她的不满，发表了难以入耳的言论——一个女人篡夺了将军和特使的职务，并且指责她有着更高的目标，即让她的丈夫和儿子卡里古拉——也不乏受欢迎的赛扬努斯（Sejanus）大量煽动人们对提贝里乌斯的忌妒之心。利维亚·奥古斯塔也不太喜欢日尔曼尼库斯，对他的妻子更加憎恶，正如女人之间通常发生的事情那样。后来，由普布利乌斯·维特里乌斯（Publius Vitellius）统领的两支军团陷入了溺水的巨大险境。塞盖斯塔的兄弟——塞吉米罗斯（Segimerus）和他的儿子向罗马人投降了，就这样，幸运的事情一点点发生，战役于这一年迎来了尾声。

就在这一年，提贝里乌斯正式支付了奥古斯都对罗马人民所许下的丰厚遗产。似乎这一事件是由一篇犀利的讽刺短文引发的。文章描述了一个轻佻之人在穿过广场时看到一具被送去埋葬的尸体，他便凑近死者耳边，低声说了几句话，或者是假装说了一些话。后来，朋友们询问他时，他回答说他是请死者提醒奥古斯都，其遗产承诺至今尚未兑现呢。密探们立即向提贝里乌斯报告了这一消息，于是他迅速支付了这笔遗产，并于不久后处死了那篇讽刺短文的作者，声称这样就能尽快将这个世界的消息带给奥古斯都了。

年　份　公元16年　小纪纪年第四年
提贝里乌斯皇帝第三年

执政官　提图斯·斯塔提利乌斯·西塞纳·陶鲁斯（Titus Statilius Sisenna Taurus）和卢基乌斯·斯克里波尼乌斯·利博（Lucius Scribonius Libo）

关于这两位执政官中的第一位，也就是斯塔提利乌斯（Statilius），我添加了名字提图斯（Titus），这个名字是我从法布莱图斯的一则碑文上找到的（*Fabrettus, Inscript., pag. 701.*）。潘维尼乌斯也这样写过。关于第二位，也就是利博（Libo），据上述碑文和诗人奥维德（Ovidius）所述（*Ovidius, lib. 4, Ep. 9 Trist*），他于该年7月1日被普布利乌斯·庞波尼乌斯·格雷奇努斯（Publius Pomponius Graecinus）接替。

在日耳曼尼亚（*Tacitus, Annal., lib. 2, cap. 9 et seq.*）的威悉河处，由日尔曼尼库斯统领的罗马人和由阿米尼乌斯领导的日耳曼人展开了两场战斗，最后罗马人取得了胜利。日尔曼尼库斯在巴达维亚岛（Batavia，如今的荷兰）准备了大大小小上千个木制兵器，从大洋那面袭击日耳曼军，最后装配了大量步兵，带着若干骑兵，划桨扬帆，驶入了日耳曼。当时日尔曼尼库斯本人也在舰队中。然而，由于一场突如其来的暴风雨，整个军队遭受了巨大损失，大量武器、战马和行装都淹没在海里。当日耳曼人因为罗马人的凶恶险境而相信自己取得了胜利时，日尔曼尼库斯却派盖乌斯·西里乌斯（Gaius Silius）带着3万步兵和3000匹战马对战日耳曼人，这为罗马人赢得了声誉，而罗马人这样恐怖的举措也让日耳曼人开始倾向于和平解决战事。如果提贝里乌斯没有屡次用书信将日耳曼尼库斯召回罗马，授予他执政官职位，还有已经授予他的凯旋仪式，日尔曼尼库斯本可以对那场战争发动最后一次进攻。出于忌妒和警惕的原因，提贝里乌斯极力施压，要把日尔曼尼库斯从那些军团中踢出，因为士兵们对这位亲切的将军无比爱戴，所以他总是害怕出现对自己不利的局势。日尔曼尼库斯已意识到了叔父的目的，于是他开始了意大利之旅，可能是在这一年年末，他到达了罗马。

这一年，提贝里乌斯（*Dio, lib. 57.*）在元老院控告年轻的执政官卢基乌斯·斯克里波尼乌斯·利博（Lucius Scribonius Libo），说他的行为与执政官相悖，这几乎就是提贝里乌斯编造的罪名。最终，利伯内选择在宣判死刑之前自杀。提贝里乌斯已经开始借由只言片语的反动言论或针对政府和他个人的暴动来审判一些杰出的人士。在登上王权宝座之前，他总是坚持认为，"在一座自由的城市中，每个人都应享受言论自由，应按照自己喜好而思考"。然而，在他成为皇帝之后，他便将这一崇高的原则抛诸脑后。有一天他在元老院说："如果开始承认对那些反君主或反元老院言论者的指控，那么起诉的人会越来越多，因为任何人都有敌人，都急于控诉敌人的罪行。"这些混乱恰恰是在他的执政下发生的。

这段时间在罗马很流行占卜和巫术（Dio, ibidem.）。提贝里乌斯也很热衷于占卜，便将一个占卜之人留在家中，每天都要从占卜之人那儿听到当天会发生什么。当他发现自己被那个占卜之人戏弄时，立即下令处死了那个人，同时还残害了其他所有的预言捏造者。因为当时还没有施行关于处罚这些骗子的法令，于是，作为惩罚，任何因占卜或巫术原因被控告的罗马居民都被驱逐出境。同时，他还严令禁止任何人穿丝绸长袍，因为欧洲并不生产丝绸，丝绸长袍的花费巨大；金花瓶也被禁止使用，除非是用于祭祀；带有黄金装饰的银制花瓶也不允许使用。提贝里乌斯使用恩纽斯（Ennius）和普劳图斯（Plautus）的古词汇，因此使得拉丁语不再纯正。在一项法令中出现了一个非拉丁语单词，提贝里乌斯对此颇为困惑，想要听一听最博学的语法学家的观点，而鉴于这个单词是被伟大的博士兼君主——提贝里乌斯所使用，因此几乎所有的语法学家都宣称这个单词是正确的。有一个叫马塞卢斯（Marcellus）的人说道："伟大的恺撒赋予人们罗马公民的身份，但还未创造语言。"这句话给了提贝里乌斯当头一棒，令他十分难过，不过他仍像往常一样很好地隐藏了自己这一情绪。他还禁止百人队队长在元老院用古希腊语言做证，虽然他在元老院已经听见了很多用古希腊语谈论的事件缘由，有时他也使用相同的语言进行审问。

年　份　公元17年　小纪纪年第五年
　　　　提贝里乌斯皇帝第四年

执政官　盖乌斯·凯基利乌斯·鲁弗斯（Gaius Caecilius Rufus）和卢基乌斯·庞波尼乌斯·弗拉库斯·格雷奇努斯（Lucius Pomponius Flaccus Graecinus）

两位执政官中的第一位在塔西佗的年鉴中被称为凯利乌斯（Caelius），在狄奥尼的年鉴中则被称为凯基利乌斯（Caecilius）。学者之间对于这个名字一直有争论。我坚信我发现的一块大理石上所记录的内容，大理石上刻着"执政官盖乌斯·凯基利乌斯·鲁弗斯、卢基乌斯·庞波尼乌斯·弗拉库斯（C. CAECILIUS RVFUS, L. POMPONIUS FLACCUS COSS）"。

在前一年，东方各国之间发生了各种动乱，各国国王均通过某种方式而从属于罗马帝国（Tacitus, Annal., lib. 2, cap. 1. Joseph., Antiq. Judaic., lib. 16, cap. 3.）。正如我们讲到的，奥古斯都授予帕提亚·沃诺内（Parti Vonone）国王的身份，但随着时间的推移，那些野蛮人开始轻视他，后来开始憎恨他，并且开始密谋推翻他。王室阿塔巴诺（Artabano）身上虽然流淌着在早先的战乱中战败的古阿萨其迪（Arsacidi）人的血液，但他最终击败了沃诺内。战败的沃诺内逃到了亚美尼亚（Armenia），但那里的人民并不太支持他成为国王，因为亚美尼亚人中拥护阿塔巴诺的政党占据多数，沃诺内只得带着大量珍宝撤退到安塔基亚（Antiochia）。在那里，叙利亚的行省总督克里提库斯·西拉努斯（Creticus Silanus）看中了沃诺内这块金子，于是很热情地接待了他，允许他以国王自居，但同时又命守卫严格看护他。沃诺内多次写信给提贝里乌斯祈求帮助，然而提贝里乌斯并不想与帕提亚人发生冲突，因为他们是一支不容易被罗马人吓倒的民族，并且多次给罗马人带来困扰。罗马人的分支卡帕多细亚（Cappadocia）的国王阿凯拉奥（Archelao）曾借机策划叛乱，现在也请求提贝里乌斯的帮助。但提贝里乌斯憎恨他，因为当提贝里乌斯像被放逐一样住在罗迪时，阿凯拉奥途经那里时并没有去拜访他以表示尊重，却与他的敌人盖乌斯·恺撒会面，并表示出了极大的尊敬。阿凯拉奥在统治了他的人民50年之后，来到了罗马，并且在元老院受到了指控。他为这次的奔忙而焦虑，不久之后，不知是自然原因还是因为其他人推波助澜，他结束了自己的生命。卡帕多细亚降为省，提贝里乌斯指派了一名官员进行管理。

在那段时间里，科马基亚（Comagene）皇帝安提奥克（Antioco）和奇里乞亚（Cilicia）皇帝菲罗帕多来（Filopatore）也去世了，他们的人民之间发生了巨大的骚动，其中一部分人想要新立一位国王，另一部分人则希望由罗马政府来统治。同时，索里亚人和犹太人也对大量苛捐杂税有所抱怨，要求减轻赋税。这对提贝里乌斯来说是个十分难得的机会，他可以让令他讨厌的侄子日尔曼尼库斯·恺撒远离罗马，并假借荣誉之名将他驱赶到危险的国家。因此，提贝里乌斯在元老院提出，除了日耳曼尼库斯以外，再也没有人能够让东方混乱的局面重归有序。日尔曼尼库斯在5月26日已经取得了胜利，这次远征又赋予他在沿海所有省份极大的权威。但提贝里乌斯为了让日尔曼尼库斯在那些地区有敌对势力，从索里亚招来了为人凶狠并且与日尔曼尼库斯算不上朋友的克里提库斯·西拉努斯（*Tacit., Annal., lib. 2, cap. 43.*），并将其派到及耐奥·卡普尼奥·皮索政府。与西拉努斯一同前往的还有他受过教育的妻子普兰希娜（Plancina），她深受利维亚·奥古斯塔的信任，因此她成为日尔曼尼库斯的妻子阿格里皮娜的头领。此外，提贝里乌斯还想让他的儿子德鲁苏斯·恺撒（Drusus Caesar）放弃罗马清闲奢华的生活，去伊力里卡（Illirico）处理战争事务。但当德鲁苏斯·恺撒到达伊力里卡的时候，由于不归属罗马的日耳曼人之间发生了内战，他被迫前往日耳曼。那时，自由推行者阿米尼乌斯和已经得到皇帝头衔的玛罗布多（Maroboduo）之间爆发了激烈的争吵，进而爆发了激烈的战斗。玛罗布多因其军队人员大规模叛变而撤退到马可曼尼地区，因此人们认为阿米尼乌斯是获胜者（*Dio, Strabo, Eusebius, in Chron.*）。德鲁苏斯去到那里，表面上是想让他们议和。

这一年一场剧烈的地震摧毁了亚细亚的12座城市，其中包括一些十分著名的城市，如艾菲所（Efeso）、萨尔迪（Sardi）、菲拉德尔菲亚（Filadelfia）。提贝里乌斯在罗马供奉了许多神庙，但这些神庙是由其他人建造的——为了不使财政紧张，他不喜欢建造，也不喜欢留下宏伟的纪念性建筑。在阿非利加，努米底亚人（Numidi）和毛利人（Mori）因塔克法利纳特（Tacfarinate）的煽动而起义。福利乌斯·卡米卢斯（Furius Camillus）是那些省份的行省总督，尽管他只指挥着一个军团和少数辅助部队，他还是向着大批起义的人进军，并且打得他们落荒而逃。由于这次胜利，福利乌斯·卡米卢斯赢得了元老院的凯旋勋章（Hieron., in Chron.）。在这一年的下半年，诗人奥维德（Ovidius）在位于黑海海滨的城市托弥（Tomi）去世，那里也是他被奥古斯都放逐的地方。另外，我认为这一年也是帕多瓦著名罗马历史学家提图斯·利维乌斯（Titus Livius）生命的最后一年。

年　份　公元18年　小纪纪年第六年
　　　　提贝里乌斯皇帝第五年
执政官　克劳狄乌斯·提贝里乌斯·尼禄（Claudius Tiberius Nero）第三次，日尔曼尼库斯·恺撒第二次

提贝里乌斯只获得执政官职位几天，卢基乌斯·塞乌斯·图贝罗（Lucius Seius Tubero）就接替他继任。后来，7月，盖乌斯·鲁贝利乌斯·布兰杜斯（Gaius Rubellius Blandus）在日耳曼受封任职。根据我发现的大理石证物（Thes. Novus Inscript.301页第二段），我在鲁贝利乌斯前加上了名字盖乌斯。但我们可以质疑他是不是在这一年任职执政官的。

日尔曼尼库斯当时在埃皮罗（Epiro）的城市尼科波利（Nicopoli），他身穿执政官的紫色长袍（Tacitus, Annal，第二卷第五十四章），参观了希腊的城市和雅典的大部分地区，所到之处皆受到了无上的尊重。他又经过拜占庭和黑海，最终进入亚细亚，到达雷斯波斯（Lesbo），那里是他的妻子阿格里皮娜诞下茱莉亚·里维拉（Giulia Livilla）的地方。同时，提贝里乌斯派格奈乌斯·皮索（Gnaeus Piso）前往叙利亚省任行省总督，日尔曼尼库斯也到达了日耳曼罗迪岛（Rodi）。日尔曼尼库斯对格奈乌斯·皮索这个人的坏心眼并不陌生，尽管他知道皮索曾经冒着生命危险，顶着猛烈的暴风雨，为他送去了一些头盔而救了他，但这并没有使他心里安定下来。皮索刚在罗迪岛（Rodi）停留了一天，之后便去了叙利亚省，在那里他通过关怀和礼物得到了军团的爱戴，特别是他给官兵们留有自由，让他们做所有自己

喜欢的事情。他的妻子普兰希娜（Plancina）并没有打算四处散播日尔曼尼库斯和阿格里皮娜的坏话。日尔曼尼库斯去了亚美尼亚（Armenia），并且在那里罢免了阿塔巴诺（Artabano）的儿子奥罗德（Orode），之后，提出让波莱莫内（Polemone）的儿子泽诺内（Zenone）成为本都（Pontus）的国王。他还任命了卡帕多细亚省（Cappadocia）和科马基亚省（Comagene）的长官，并减轻这些省份的税负，然后他继续前往叙利亚省。行省总督皮索比以往更加傲慢与蛮横，而日尔曼尼库斯则尽量忍耐他的无理与侮辱，没有人不知道他们之间的较量。帕提亚（Parti）国王阿塔巴诺（Artabano）的使者前来拜访日尔曼尼库斯，以求延续友谊和联盟。他们的要求之一是不允许已经被废黜的帕提亚国王沃诺内在叙利亚省逗留。日尔曼尼库斯派沃诺内前往奇里乞亚（Cilicia）的城市庞培乔波利（Pompejopoli），并不是为了满足阿塔巴诺的要求，而是为了激怒皮索，皮索的妻子普兰希娜因曾收到来自沃诺内的礼物和仆人而对他加以保护。到这里，狄奥尼并未对这段历史有过多记载，对于这一年罗马的史实，我们也没有更多可以知道的了。

年　份　公元19年　小纪纪年第七年
　　　　提贝里乌斯皇帝第六年
执政官　马库斯·尤尼乌斯·西拉努斯（Marcus Iunius Silanus）和卢基乌斯·诺尔巴努斯·巴尔布斯（Lucius Norbanus Balbus）

这一年，日尔曼尼库斯·恺撒出于对那些文明古迹的好奇而来到埃及游玩（*Tacitus, Ann*，第一卷第五十九章），并且来到了努比亚（Nubia）的边境，对所有情况加以询问。为了赢得那里人民的好感，他降低了小麦的价格，并且在亚历山大里亚市（Alessandria）公开穿着希腊服饰，因为在那里希腊民族和他们的语言占主导（*Sueton., in Tiber*，第五十二章）。众所周知，提贝里乌斯不赞成改变穿着，更不赞成未经他的允许而进入饱受饥荒折磨的亚历山大里亚市。然后，日尔曼尼库斯回到了叙利亚省，发现他对军队和城市所下的全部命令都被皮索撤回了。因此，当他们因矛盾爆发了强烈冲突之时，皮索决心离开叙利亚省，但是，日尔曼尼库斯刚到达安塔基亚（Antiochia）就患上了疾病，于是他在此停留，直到他的病情有所好转，然后他退回到了塞琉西亚（Seleucia）。日尔曼尼库斯的病症日渐加重，传言说因为皮索和他的妻子普兰希娜施展了妖术，不幸的王子会逐渐走向死亡。由于发现了各种让人信服的妖术，于是人们相信了这一说法。总之，日尔曼尼库斯在34岁时去世了，留下了巨大的疑团——他是自然死亡，还是被皮索和他的妻子普兰希娜迫害致死，或者是被提贝里乌斯秘密下令处死？人们普遍认为是最后一个原因。悲痛无法言喻，失去这样一位慷慨而宽宏大量的王子，不仅是古罗马人民和古罗马帝国所有省的痛楚，也是亚细亚国王的痛楚。日耳曼尼库斯天资聪颖、灵魂高洁，对待敌人英勇精明（Dio, in Excerptis，第五十七部），对待国民温和宽厚，他位高权重却从不傲慢，待人以敬意，生活中更像是一位普通人而非王子。如我们所见，他拒绝了军权，只为不失去提贝里乌斯的信任。从未见过他过分苛责手下的官员，他也从未做出不当之举而偏离德行。更重要的是，无论是他的叔父（也是他的养父）提贝里乌斯对他做的所有恶行，还是他被人所熟知的不幸，他都没有出言证明自己的行为。所以，除了提贝里乌斯本人，他深受所有人的爱戴。正是因为大家知道他的叔父憎恶他，所以反而更加爱戴他。令人吃惊的是，即使日尔曼尼库斯能够阻碍提贝里乌斯的亲生儿子德鲁苏斯继承权力，他也始终真诚地如同对待亲兄弟般爱着德鲁苏斯。没有了日尔曼尼库斯的罗马损失惨重，但更重要的是，提贝里乌斯从对日耳曼尼库斯的恐惧与担忧中解脱出来，开始横行暴虐，最终走上了残忍、专制的暴君之路。日尔曼尼库斯留下了3个儿子——尼禄（Nero）、德鲁苏斯（Drusus）和盖乌斯·卡里古拉（Gaius Caligula）和3个女儿，即之后成为尼禄·奥古斯都（Nero Augustus）母亲的小阿格里皮娜（Agrippina minore）、德鲁西拉（Drusilla）和里维拉（Livilla）。而他们的母亲阿格里皮娜是阿格里帕和奥古斯都之女大茱莉亚的女儿，是与她的母亲完全不同的女人，她以贞洁之名被人熟知，并且表现出了刚毅英勇的气概。现在，她更加需要保持坚定，她没有了慷慨的配偶，带着年幼的儿子，利维亚又憎恨她，或许提贝里乌斯也有点儿憎恨她。很多人建议她不要回罗马，而她的想法却完全相反，因为她强烈地想要向皮索和普兰希娜报仇，他们是造成她不幸的凶手。这一年年末，阿格里皮娜带着丈夫的骨灰和孩子们，扬帆启程奔赴罗马。

格奈乌斯·森提乌斯·萨图尼努斯（Gnaeus Sentius Saturninus）代替皮索被任命为叙利亚的副行政长官，但皮索听到了日尔曼尼库斯的死讯后举办了盛大的宴会，随后便带着很多马车和精锐兵力出发，决心恢复他的政府，并且在必要时使用武力。他占领了一座城堡，但萨图尼努斯在那里用大量兵力包围了他，他同意让步，与此同时被召回罗马。

表面上看，德鲁苏斯·恺撒（Drusus Caesar）前往日耳曼地区是为了安抚阿米尼乌斯与玛罗布多。在收到他精明的父亲的其他文件后，他做了相反的事情——火上浇油，使敌人自我消耗。之后玛罗布多因被他的亲信抛弃，转而向提贝里乌斯求助，提贝里乌斯提供给他拉韦纳（Ravenna）的住所，他一直在那里等待着斯维亚家族的改革。18年后，他已经十分苍老，却仍未见到任何改革，于是就这样结束了他一生的事业。而阿米尼乌斯在日耳曼英勇地捍卫了他的祖国的自由不受罗马人的侵害，但之后他自己却想要剥夺祖国的自由，因此这一年被他的亲信杀死，年仅37岁。

根据奥古斯都的法令，在罗马已经禁止举行埃及宗教的仪式和活动，但他也知道，尽管有法律存在，宗教仪式仍然在流传。那些虚伪的教士犯下了罪恶，他们欺骗了智慧而高贵的罗马女人波琳娜（Paolina），将她卖给迷恋她的年轻人德西乌斯·蒙杜斯（Decius Mundus），并且让她相信虚伪的阿努比斯神（Anubi）爱上了她。因为历史学家朱塞佩（Giuseppe，即犹太人弗拉维乌斯·约瑟夫斯）广为讲述这段故事（*Joseph., Antiq*，第十八卷第四章），所以提贝里乌斯让元老院将崇拜伊西斯、奥西里斯和埃及其他神的人逐出意大利（*Tacit*，第二卷第八十五章）。另外，提贝里乌斯还下令拆除伊西斯神庙，并将其雕像扔进台伯河。那时大量犹太人居住在罗马，某些犹太族的骗子和信仰犹太宗教的罗马贵妇弗维娅（Fulvia）为了装饰神庙，将送往耶路撒冷（Gerusalemme）的那些黄金和华丽的服饰挪为己用，因此，相同的不幸也降临到了犹太人身上（*Sueton., in Tiber*，第三十六章）。执政官们挑选了4000个年轻的获得自由的犹太族奴隶的后代，强行将他们征召入伍，将他们派遣至撒丁岛，与岛上的小偷和杀人犯作战，这样就不必担心这些人死在那里会被认为是邪恶不幸的。剩余的犹太人被驱逐出罗马，分散到了各个省份。在那段时间，被维比乌斯·弗朗托（Vibius Fronto）俘获的帕提亚（Parti）国王想逃出奇里乞亚（Cilicia），被一名士兵发现了。罗马人口众多，浮夸奢华，贵妇们下流的言语行为日渐增多，而信奉异教的虚伪的人对这些毫无畏惧。为了管束控制这样的情况（Sueton., in Tiber，第三十五章），根据法令，犯下罪行的罗马骑士的女儿、孙女和寡妇们都被公开流放，以示惩罚。

年　份　公元20年　小纪纪年第八年
　　　　提贝里乌斯皇帝第七年

执政官　马库斯·瓦莱利乌斯·梅萨拉（Marcus Valerius Messalla）和马库斯·奥勒留斯·科塔（Marcus Aurelius Cotta）

提贝里乌斯和元老院下令为日尔曼尼库斯举办了盛大的纪念礼（Tacitus，第三卷第一章），民众也以各种方式表达了他们的悲痛。这一年，随着日耳曼尼库斯的妻子阿格里皮娜的到来，民众又重新举办起了哀悼活动。阿格里皮娜在科孚（Corfù）停留了几日之后，又来到了布林迪西（Brindisi）。当时已回到罗马的德鲁苏斯·恺撒带着已故的日尔曼尼库斯的儿子们，与阿格里皮娜在泰拉齐纳（Terracina）会面。无数人和军队一路奔赴布林迪西，民众的呼吸声急促而强烈，而棺木的出现更是引起了民众的哭泣。一路上，地方官员和人民都争先恐后地向日耳曼尼库斯的骨灰致敬。执政官、元老院及大多数人民泪如雨下，等着骨灰的到来，随后日耳曼尼库斯的骨灰被安置在了奥古斯都的陵墓之中（Ibidem，第九章）。接着皮索带着他的妻子到达了罗马，同过去一样骄傲，但由于民众将日尔曼尼库斯之死归罪于他和他的妻子普兰希娜，因此他们并未延迟向元老院的控诉人陈述自己的观点。就连这个坏男人也不乏为他辩护的人，并且很难证实这些指控，因为情况就是如此。提贝里乌斯十分清楚人民的议论与抱怨，因此他在这宗悬案中表现得从容自然，始终表现出一副因失去养子而忧虑的样子和一副想要得到公道的样子，但同时他又不希望被告皮索被调查。有人认为赛扬努斯秘密地保护了皮索，因此皮索才得以不执行提贝里乌斯对他下的命令。但是，如果上述罪行被证实，对日尔曼尼库斯所犯下的其他罪行和对他的侮辱则被民众知悉，这些使皮索十分担忧，更何况罗马的民众高声呼喊抵制他，威胁说，当他逃脱且免于元老院议员审判时便对他动手。于是他败给了忧虑，背叛了自己，选择了自杀，提贝里乌斯为此深受困扰。皮索的妻子普兰希娜归顺了利维亚·奥古斯塔，听从了利维亚的建议，继续平静地生活。她的儿子马库斯·皮索被赐予12.5万钱币的资产，剩余的被征收，他本人被放逐。

与此同时，阿非利加再次兴起战事，而塔克法利纳特（Tacfarinate）比以往更为强劲。为了已经赶跑的一队罗马人，他气愤地授予卢基乌斯·阿普罗尼乌斯担任那些地区的行省总督，但卢基乌斯暴虐地对待逃犯。这就是卢基乌斯仅有的500名老兵英勇地与塔克法利纳特军队战斗的原因，但他的军队还是被击溃了。

已故的日尔曼尼库斯的长子尼禄到了可以结婚的年龄（*Sueton., in Tiber*，第二十九章），提贝里乌斯将他儿子德鲁苏斯之女茱莉亚（Giulia）许配给尼禄做妻子，这使罗马人民十分喜悦。但是，这一举措也招致了不少非议，因为提贝里乌斯已经为他最喜欢的埃利乌斯·赛扬努斯（Aelius Sejanus）的女儿与自己的儿子订下婚约，也就是日后有望成为皇帝的德鲁苏斯。在所有人看来，王族的尊贵被这一行为打破了，因为赛扬努斯的父亲属于骑士，但即使这样，他与德鲁苏斯之间也不存在差异，奥古斯都家族的后裔与利维亚家族的后裔不分伯仲。赛扬努斯因为深得提贝里乌斯之心而受人憎恨，他渴望能够飞得更高，得到最高的权力，却没有间接通过通婚来实现，因为年轻的德鲁苏斯自那时起没过几天就去坎帕尼亚了。尼禄向空中抛出了一片绒毛做游戏（*Sueton., in Claudius*，第二十七章），当绒毛落下时张开了嘴，却并没有被噎到，不存在如苏埃托尼乌斯所说的，他死于赛扬努斯的诡计。

年　份　　公元21年　小纪纪年第九年
　　　　　提贝里乌斯皇帝第八年

执政官　克劳狄乌斯·提贝里乌斯·尼禄·奥古斯都（Claudius Tiberius Nero Augustus）第四次和其子德鲁苏斯·恺撒（Drusus Caesar）第二次

苏埃托尼乌斯向我们保证（Sueton., in Tib., 第二十六章），为了不辜负儿子而担任了执政官的提贝里乌斯，自那时起任职三个月后放弃了执政官职位，至今也不知道是否有人接替他担任执政官。

据狄奥尼记录（Dio，第五十七卷），很可能结束执政官任期的提贝里乌斯在年底回到了罗马。事实上，这一年春天来临之际，提贝里乌斯感到或者说是他假装身体略有不适，想要换个环境，然后便去了坎帕尼亚。有人认为，他这样做是为了把所有执政官的荣誉留给儿子，另有一些人则认为，是因为提贝里乌斯的母亲利维亚·奥古斯塔的野心特别令人厌烦，她指手画脚地想要分享提贝里乌斯的政权，而这是提贝里乌斯所不能忍受的，所以提贝里乌斯开始厌烦留在罗马。因此，自那时起，提贝里乌斯有意筹划着离开罗马，如同我们看到的后来发生的那样。同年，阿非利加也被塔克法利纳特搅乱（Tacit，第三卷第三十五章），为此，赛扬努斯的叔叔尤尼乌斯·布莱苏斯（Iunius Blaesus）被派去解决争端。这一年，塞维鲁斯·塞西纳（Severus Caecina）在元老院试图改革罗马人古老的纪律——这些纪律规定不允许各省长官带他们的妻子赴任。但德鲁苏斯执政官和大部分元老院议员持有相反的看法。让丈夫撇下妻子，任她们随心所欲是十分危险的，因为当时罗马堕落败坏的风气非常差。任何罪犯和逃亡的奴隶躲在皇帝的画像和雕塑下都是安全的，而对罪犯的包庇造成了罪行增加和罪犯免刑的现象。德鲁苏斯开始尝试让一些逃避罪责的贵族为他们犯下的罪行接受应有的惩罚，并且因此赢得了广泛的赞誉。

在色雷斯（Tracia），当地的一些暴民发起了起义，甚至围攻了菲利普利（Filippopoli）。德鲁苏斯不得不派普布利乌斯·维莱利乌斯（Publius Velleius）前去镇压，可能就是这位普布利乌斯·维莱利乌斯给我们留下了关于这一段历史的记述，用词华丽优雅，还带点儿谄媚奉承的笔调。驱散那些暴民并没有花费太多力气。这一年，高卢也发生了暴乱。特雷维里人尤利乌斯·弗洛鲁斯（Iulius Florus）、埃杜伊人中尤利乌斯·萨克罗维尔（Iulius Sacrovir）成为在多个城市引发动乱的主要人物，这些城市因罗马人对其施加的重税和为支付这些税而产生的债务而感到不满。弗洛鲁斯很快就被罗马将领维塞利乌斯·瓦罗（Visellius Varro）和盖乌斯·西里乌斯（Gaius Silius）追得无处可逃，最终选择自杀，为这些地区的战乱画上了句号。难以征服的是萨克罗维尔，他率领大约4万名武装士兵占领了埃杜伊的省会欧坦（Autun）。在与西里乌斯的一场战役中，萨克罗维尔虽然险胜，却元气大损。

这一年，那一时期著名的诗人、罗马骑士盖乌斯·卢托里乌斯·普里斯库斯（Gaius Lutorius Priscus）被传唤至法庭接受审判。普里斯库斯才华横溢，曾创作了一首纪念日尔曼尼库斯的赞颂诗。此时，患病的德鲁苏斯·恺撒怀疑自己时日不多了，因此让普里斯库斯也为他准备一首纪念他的赞颂诗。后来德鲁苏斯痊愈了，但是普里斯库斯不希望自己辛苦努力的成果得不到赏识和称赞，便在一次罗马贵妇集会上念了这首诗。这足以让元老院给他定罪了，普里斯库斯立即被处以死刑。那些元老院的人现如今就是一群卑鄙的奉承者和奴隶（*Dio, lib. 57. Tacitus, lib. 3, cap. 50.*）。提贝里乌斯很痛心，不是因为他们给普里斯库斯判了死刑，而是因为元老院的人没有通知他就执行了判决。为此，提贝里乌斯制定了一条法律，规定从那以后，没有皇帝的许可，不能再发布或执行元老院做出的死刑判决，假如皇帝不在的话，也要等到10天以后皇帝得知消息后再实施。狄奥多西大帝（Theodosius il Grande）后来将这一期限延长至30天，既适用于皇帝直接治罪的人，也适用于元老院的判决。

年　份　公元22年　小纪纪年第十年
　　　　提贝里乌斯皇帝第九年
执政官　昆图斯·哈特里乌斯·阿格里帕（Quintus Haterius Agrippa）与盖乌斯·苏尔皮基乌斯·加尔巴（Gaius Sulpicius Galba）

对于这位叫加尔巴的执政官，我无法准确地说他是后来罗马帝国第六任皇帝加尔巴（Galba）的父亲还是兄弟。据苏埃托尼乌斯声称（*Sueton., in Galba*，第三章），他是加尔巴皇帝的父亲，后来苏埃托尼乌斯又补充说，盖乌斯与加尔巴是兄弟,因为没能从提贝里乌斯皇帝那里谋得行省总督的职位而于公元36年自杀。同年7月1日,上述执政官被马库斯·科西乌斯·涅尔瓦(Marcus Cocceius Nerva)(据说是后来罗马帝国第十二任皇帝涅尔瓦的祖父)和盖乌斯·维比乌斯·鲁菲努斯(Gaius Vibius Rufinus)接任。

此时,罗马城内婚礼、宴席的奢靡之风盛行,罗马市其他长官对于奥古斯都皇帝以及之前的统治者制定的那一套抑制物价上涨的法令和条例视而不见。因此,元老院提议通过适度消费来整治混乱的社会秩序。但是提贝里乌斯随后在一封信中指出实施这种做法的种种困难,彻底摧毁了元老院的美好愿景。塔西佗指出,这种挥霍浪费的现象一直持续到罗马帝国第十任皇帝维斯帕西亚努斯(Vespasianus)上任之时,在维斯帕西亚努斯的统治下,罗马人才开始践行节俭,但并不是因为颁布了什么法令或下达了什么君主诫令,而是因为当时皇帝本人也是这样做的,历来统治者树立的榜样既能整治民俗风情,也能使其偏离正常的轨道。

就在这一年,提贝里乌斯再次写信给元老院,为他的儿子德鲁苏斯·恺撒请求保民官权力,为的是以这种方式将其留在身边,培养成他的继位者。元老院马上批准了这一请求,并准备给德鲁苏斯授予荣誉勋章,但对于授予勋章的提议,提贝里乌斯并未同意。德鲁苏斯的纪念章中有关于这一权力的相关文字。

这一年,参议院对亚欧希腊城市内的避难所开始了漫长而乏味的审查,因为那里的所有庙宇几乎都成了逃亡的奴隶、债务人和任何涉嫌死刑的罪犯逃脱处罚的藏身地。需要提及的是,那些城市会给这些人提供一些优待,虽然大多数情况下并不存在所谓庇护权,但至少过度消费之风已没那么盛行了。与此同时,利维亚·奥古斯塔患了重病,并最终同意了让她的儿子提贝里乌斯来看望她的要求。参议员们则竭尽全力地竞相举行公共游行,以表示对利维亚身体健康的关心,并希望以此种方式安抚麻木的神灵。参议员们这种阿谀奉承尽显卑鄙之心,令提贝里乌斯十分反感,以至于在离开元老院前他重复地说:"噢,这些趋向于奴隶的人啊!"他也不喜欢众人极力表现出对母亲的敬重,因为他怕这会进一步激发母亲那种至高无上感和统治的欲望。

与此同时，阿非利加的动乱仍在继续。反叛的塔克法利纳特极其傲慢，他派自己的使节去往提贝里乌斯那里时，吩咐他们以发动战争作为威胁，为他和他的军队在罗马帝国争取一块领地。提贝里乌斯因这个放肆的请求而大发雷霆，下令行省总督布莱苏斯（Blaesus）收买反叛盟军，以趁机捉拿那个莽撞之人。布莱苏斯为此次任务付出了很大努力，最终逮捕了塔克法利纳特的一个兄弟。虽然布莱苏斯的这份功绩没那么显要，但由于他是提贝里乌斯的亲信赛扬努斯的舅舅，提贝里乌斯还是授予了他无上的荣耀。

　　这一年，阿西尼乌斯·加卢斯（Asinius Gallus）和维普萨尼亚（Vipsania）的儿子阿西尼乌斯·萨洛尼努斯（Asinius Saloninus）去世，虽然他的母亲维普萨尼亚遭到了提贝里乌斯·奥古斯都的排斥、疏远，但他毕竟是德鲁苏斯·恺撒同母异父的兄弟。

年　份　　公元23年　小纪纪年第十一年
　　　　　提贝里乌斯皇帝第十年
执政官　　盖乌斯·阿西尼乌斯·波利奥（Gaius Asinius Pollio）与卢基乌斯·安
　　　　　提斯提乌斯·维图斯（Lucius Antistius Vetus，也叫Vecchio）

　　尽管作家们通常将盖乌斯（Gaius）这个名字赋予安提斯提乌斯·维图斯（Antistius Vetus），但我还是根据我的文集（*Thesaurus Novus Inscript., pag. 301, n. 4.*）中有关碑文的记述而称其为卢基乌斯（Lucius），碑文上写道："Q. IUNIUS BLASIUS, L. ANTISTIUS VETUS."由此也可以得知，7月1日，阿西尼乌斯·波利奥（Asinius Pollio）被昆图斯·尤尼乌斯·布莱苏斯（Quintus Iunius Blaesus）接替，这个布莱苏斯就是我们之前所说的被派往阿非利加收买反叛盟军的统领。阿西尼乌斯·波利奥有可能是不久前死去的阿西尼乌斯·萨洛尼努斯（Asinius Saloninus）的哥哥。

　　这一年年初，提贝里乌斯唯一的、可以继任皇帝位子的儿子德鲁苏斯·恺撒因长久以来的疾病去世了（*Tacitus, lib. 4, c. 8.*）。有传言说是埃利乌斯·赛扬努斯给他下了慢性毒药才导致了他的死亡。塔西佗和狄奥尼对此事十分确信。德鲁苏斯是个很容易动怒的年轻人，他无法接受赛扬努斯在父亲那里享受过度的优待，一天，二人发生了激烈的争执，德鲁苏斯扇了赛扬努斯一耳光。在塔西佗看来，此事没有那么真实可信，与德鲁苏斯发生争执之人并不是提贝里乌斯跟前的赛扬努斯。狄奥尼也是这样认为的。赛扬努斯一直暗地里渴望进入帝国内部，而德鲁苏斯对他愿望的实现构成了巨大的阻碍，这次受到的侮辱让他开始研究将德鲁苏斯从世界上除掉的方法。于是他开始了密谋策划，引诱德鲁苏斯的妻子——同时也是已故的日尔曼尼库斯·恺撒的妹妹茱莉亚·利维拉做出不贞行为。事后，赛扬努斯很容易就以婚姻与帝国作为承诺，说服她参与到毒杀丈夫的阴谋中。赛扬努斯选择了一个最亲密的宦官利多（Liddo）来做投毒这件事，他给了利多一种毒药，让其自然地混在给德鲁苏斯治病的药中。当时人们并不知道这件事背后的邪恶操纵者是谁，8年之后，在赛扬努斯倒台时，他的妻子阿皮卡塔（Apicata）坦白了一切，真相这才浮出水面。尽管提贝里乌斯失去了自己的儿子，但心怀恶意之人仍然怀疑提贝里乌斯是下毒的共犯和密谋者，因为德鲁苏斯就曾经想过毒杀他的父亲。就连塔西佗，尽管他倾向抹黑提贝里乌斯的所有行为，但也不敢轻信如此不切实际的谣言。至于其他的罗马人民，因为本身对德鲁苏斯并无多少爱戴之意，所以并没有为他的死而感到痛苦伤心。德鲁苏斯留下了3个年幼的孩子，但他们一个接一个地夭折了，如此帝国的继任者就开始指向了日尔曼尼库斯的孩子。德鲁苏斯的葬礼办得十分隆重，但为了不让痛苦加深，提贝里乌斯不允许人们来跟他哀悼。没过多长时间，伊利奥（Ilio）也就是特洛伊（Troja）的使节前来罗马（*Sueton., in Tiber., cap. 52.*），向提贝里乌斯表达了对其丧子的惋惜和遗憾，提贝里乌斯嘲弄地回复："我也对1200年前被杀死的赫克托尔（Ettore）表示哀悼。"

  提贝里乌斯先前表现出优良的品质，并且治国有方（*Dio, lib. 57.*）。但是自从日尔曼尼库斯过世后，他就开始走向腐败堕落。德鲁苏斯死后，他的德行则变得越来越坏，而野心勃勃、居心叵测的恶人赛扬努斯则令他变得更加恶毒——赛扬努斯的目标是等待时机成为统治国家的僭主。提贝里乌斯将日尔曼尼库斯的儿子，也是他收养的孙子举荐给元老院，他们会是赛扬努斯实现目标路上的绊脚石，然而赛扬努斯并不能将他们也毒杀，因为他们恪守节操的母亲阿格里皮娜将他们照顾得非常好。于是赛扬努斯开始煽动提贝里乌斯，增加他对日耳曼尼库斯儿子的憎恶，激发利维亚对阿格里皮娜的恶意。假如贵族中有任何人会对他走向飞黄腾达之路构成威胁，他就以各种借口跟提贝里乌斯说他们的坏话，用各种罪名将他们控告并加以残害。当时的一些人，以及之后的许许多多的人，都因此牺牲了（*Tacitus, lib. 4, cap. 14.*）。

有时候，一些装腔作势之人，或者说是伪君子，过分猥琐下流，在背后说某些罗马妇女的污言秽语，或者找机会争吵。提贝里乌斯将他们赶出了罗马，并禁止他们在意大利活动。对于牺牲的有功勋者，提贝里乌斯会为他们竖立雕像。在这一年发生了一件离谱的事——提贝里乌斯为赛扬努斯打造了一尊青铜雕像，置于公共剧院里。国王做出的典范被其他人效仿，之后出现了很多类似的举动。每个人都知道赛扬努斯是获得财富、办成事务的关键人物，于是到处都能听到对赛扬努斯的赞美之词，他住处的前厅总是挤满了贵族，就连执政官也经常去拜访他，如果没有经过他之手，什么都得不到。据说，这一年提贝里乌斯做了一件愚蠢的事。罗马一座宏伟的拱廊由于支柱倾斜得太过厉害而面临倒塌的危险（*Dio, lib. 57.*），一个杰出的建筑师用绞车和其他器械将拱廊恢复到了原本的位置。提贝里乌斯对此非常吃惊，他付了钱给建筑师，之后却把他逐出了罗马。一天，建筑师回来请求提贝里乌斯开恩，并说他可以做出一些功绩来，于是将一个玻璃花瓶扔到了地上，然后将其收集起来证明他具有修理复原的本事。但提贝里乌斯将他处死了，没人知道究竟是出于什么原因他要下这样一个疯狂残忍的判决。普林尼更清楚地记述道（*Plinius, lib. 36, cap. 26.*）："那种玻璃像锡纸一样柔韧易弯。"然而，尽管很多人都这么说，但明智者不太相信这样的话。

年　份　公元24年　小纪纪年第十二年

提贝里乌斯皇帝第十一年

执政官　塞尔维乌斯·科尔涅利乌斯·凯瑟古斯（Servius Cornelius Cethegus）

与卢基乌斯·维塞里乌斯·瓦罗（Lucius Visellius Varro）

即使提贝里乌斯没有向元老院要求确认他的最高权威（Dio, lib. 57.），他也已手握重权统治了罗马10年之久，就像奥古斯都曾使用的手段一样。提贝里乌斯不久前也有段时间未被赋予最高权威，但不管怎样，人们还是通过各种各样的公共娱乐和节日庆典隆重庆祝提贝里乌斯帝国10周年。教皇和教士们为提贝里乌斯的身体健康许愿祈福，同时也加上了已故的日尔曼尼库斯之子尼禄和德鲁苏斯，忌妒的提贝里乌斯对此不太高兴，他想知道他们这么做是因为尼禄和德鲁苏斯的母亲阿格里皮娜向他们如此恳求，还是受到了她的威胁。他不想把二人留在身边，于是将他们调走了。在元老院方面，他解释说他不想激发或增加年轻人的优越感，这是谁都不愿看到的。赛扬努斯也一直在提贝里乌斯耳边说些让其恐慌之言，他重复说着罗马已经分裂成不同的派别，其中一派以阿格里皮娜的名字命名，因此一定要防止混乱局面的发生。

这一年，塔克法利纳特在阿非利加挑起的战争也结束了。普布利乌斯·多拉贝拉（Publius Dolabella）任当时各省的行省总督，虽然驻扎在当地的第九军队被召回了意大利，他还是尽其所能地召集了一些罗马士兵，向努米底亚人发动了袭击。最终，塔克法利纳特的队伍死伤惨重，被杀者中也包括塔克法利纳特本人。塔克法利纳特死后，人民之间又恢复了平静。在那次袭击中，多拉贝拉得到了托勒密（Tolomeo）的帮助，托勒密是毛里塔尼亚（Mauritania）国王朱巴（Giuba）的儿子。这次胜利的荣耀本应属于获胜的行省总督多拉贝拉，他也对此提出了请求，但他最后并没有获得这份荣耀，因为赛扬努斯不愿看到他与他的叔叔布莱苏斯（Blaesus），也就是多拉贝拉的前任总督，共享同样的赞誉——虽然布莱苏斯也获得了那项奖赏，但他的事迹却相对较少。提贝里乌斯为表达对托勒密援手相助的感激，送给他一根象牙权杖和一件刺绣长袍作为礼物。

提贝里乌斯于这一年迫害了几个贵族人士，其实他们并没有犯什么罪，只不过表示了对日尔曼尼库斯及其子的爱戴。国王变得越来越残忍，公众对他的憎恨也与日俱增，于是涌现了越来越多的密探。人们也会倾听那些控告者的言论，但对其内容持怀疑态度。在布林迪西街区（Brindisi），有一个叫提图斯·科尔蒂修斯（Titus Cortisius）的人——曾经是古罗马禁军——发动了一场奴隶起义。人们唯恐会爆发一场镇压奴隶起义的战争，但是在提贝里乌斯和警卫长库尔提乌斯·卢布斯（Curtius Lupus）的指挥下，一支军团迅速将起义的火苗扑灭了。学者们认为（*Noris, Cenotaph. Pisan., Dissert. 2, cap. 16. Blanch., in Anastas. Schelestratus et alii.*），在这一年，瓦莱利乌斯·格拉图斯（Valerius Gratus）结束了他在犹太（Giudea）的统治，于是提贝里乌斯将庞提乌斯·皮拉图斯（Pontius Pilatus）派过去任那里的地方财政与行政长官，此人在《福音书》中也有提及。

年　份　公元25年　小纪纪年第十三年
　　　　提贝里乌斯皇帝第十二年

执政官　马库斯·阿西尼乌斯·阿格里帕（Marcus Asinius Agrippa）与科苏斯·科尔涅利乌斯·伦图卢斯（Cossus Cornelius Lentulus）

科苏斯被认为是科尔涅利乌斯·伦图卢斯家族中一个特殊的名字。

这一年，在残忍的提贝里乌斯和赛扬努斯的统治下，罗马人民又面临着新一轮的不幸（*Tacitus, lib. 4, cap. 34.*）。当时罗马最富才华的人物之一克雷穆提乌斯·科尔杜斯（Cremutius Cordus），曾经编纂了一部记述自恺撒与庞培内战时期开始、直到奥古斯都大帝统治时期的历史年册（*Dio, lib. 57.*）。奥古斯都大帝读过之后，作为一名明智谨慎的君主，他并没有觉得有什么被冒犯的地方。但或许是因为克雷穆提乌斯的什么言论令赛扬努斯对其十分反感，所以在他的那本史册中找到了一些非常严重的可指摘之处。克雷穆提乌斯赞颂恺撒的谋杀者布鲁图斯（Brutus）和卡西乌斯（Cassius），并称卡西乌斯为"最后一位罗马公民"。他虽然没有诽谤恺撒和奥古斯都，但也没有对他们大加赞扬。因此，他被元老院控告，提贝里乌斯神情愤怒，认为这是对他的轻蔑。克雷穆提乌斯拿出提图斯·利维乌斯（Titus Livius）和先前其他作家和历史学家的例子为自己辩护，但回到家后，他为自己生活在这样一个暴政统治之下而深感遗憾，于是将自己饿死。他的手稿被判一律烧毁，但是他的女儿玛西亚（Marcia）保留了一本副本，直到提贝里乌斯死后才将其公之于世。恰是因为书的作者所遭受的迫害，这本书受到了公众的热烈追捧，只可惜后来随着时间的流逝而再无处可寻。塔西佗认为，那些位高权重之人因治理不当，不想让他们的恶行被记录下来传给后人，于是想方设法要销毁证据。但是上帝允许这样的历史传承下来，这也是为了在当今时代惩戒那些滥用权势而损害人民利益的人。

这一年，西奇切尼人（Ciziceni）被剥夺了以自己的法律和行政官自治的特权，因为他们没有建成献给奥古斯都大帝的神殿，并且还囚禁了几个罗马市民。那段时期，西班牙的几个城市也开始对提贝里乌斯阿谀奉承，派自己的使节过去请求提贝里乌斯允许他们在自己的城市为他和他的母亲利维亚·奥古斯塔修建神庙，因为他先前已允许亚细亚的城市这样做。塔西佗在此给了提贝里乌斯最积极的评价（*Tacitus, loc. cit.*），说提贝里乌斯拿出曾在元老院给出的解释，拒绝他们为自己修建神庙，他希望人们把他当作一个普通人。对提贝里乌斯来说，只要对他心怀爱戴与尊重，在元老院议员的心中为其建立一座神庙就足够了。

此时赛扬努斯的野心愈加膨胀，这一年，他甚至胆大妄为，恳求娶茱莉亚·利维拉（Giulia Livilla）为妻，她曾是奥古斯都的养子盖乌斯·恺撒生前的妻子，后来又嫁给了德鲁苏斯·恺撒，因此她也是提贝里乌斯的儿媳。尽管提贝里乌斯对赛扬努斯过分宠爱，但这次并未答应他的请求。这打乱了赛扬努斯的计划，并让他不满足于自己既得的万贯财富。但是他并没有就此罢手，而是又筹划了其他的阴谋，我们在下一年就会看到。

一些学者相信（*Pagius, in Critic. Baron., Stampa et alii.*）圣路加（Sanctus Luca）所说的，这一年是圣约翰·巴蒂斯塔（Sanctus Giovanni Batista）开始布道游说的提贝里乌斯帝国第十五年。这是从公元11年8月底开始算的，因为那一年提贝里乌斯被授予保民官权力，在奥古斯都帝国内被封为"第一公民"。

年　份　公元26年　小纪纪年第十四年

提贝里乌斯皇帝第十三年

执政官　盖乌斯·卡尔维西乌斯·萨比努斯（Gaius Calvisius Sabinus）与格奈乌斯·科尔涅利乌斯·伦图卢斯·盖图利库斯（Gnaeus Cornelius Lentulus Gaetulicus）

这两位执政官于这一年7月1日被昆图斯·马尔基乌斯·巴里亚（Quintus Marcius Barea）和提图斯·鲁斯提乌斯·努米乌斯·加卢斯（Titus Rustius Nummius Gallus）接替。有人认为不应该将科尔涅利乌斯的名字加上伦图卢斯·盖图利库斯。但可以肯定的是，伦图卢斯家族习惯于从属于科尔涅利乌斯家族，正如在奥西诺、帕提努斯和安东尼乌斯·奥古斯丁（Antonius Augustinus）论著中所见的一样。

这一年，一些色雷斯（Tracia）人发动了起义战争，因为他们不同意罗马人在他们的国家征兵，同时也拒绝服从国王雷梅塔尔切（Remetalce）的命令。波佩乌斯·萨比努斯（Poppeus Sabinus）受命召集所有的军队前去镇压色雷斯人的起义，由于饥渴交加，色雷斯人无力反抗，他们中的一部分人被杀死，剩下的人四散溃逃。萨比努斯因为这场胜利而被授予凯旋的荣耀。与此同时，由于已逝的日尔曼尼库斯的妻子阿格里皮娜的表妹克劳迪娅·普拉克拉（也叫贝拉）被提贝里乌斯治了罪，二人之间的矛盾愈演愈烈。阿格里皮娜高声向提贝里乌斯请求让她再嫁一个丈夫，但提贝里乌斯害怕她在政府的势力增加，因而不允许她再嫁。后来，罗马城内发生了一场亚细亚城市使节们之间的激烈争吵，他们互相争夺建造奥古斯都神庙的光荣权利。最后，元老院决定让士麦那市（Smirna）建造这一神庙。这一年，提贝里乌斯借着为朱庇特神在卡波亚市（Capoa）和为奥古斯都在诺拉市（Nola，奥古斯都去世的地方）建造神殿，退隐到坎帕尼亚（Campania）。他的真实想法是不再返回罗马，他也是这样做的，因而所有人都开始揣测他这次退隐的动机。有人认为这是赛扬努斯的计谋和建议，他想要独揽罗马政务大权，于是向提贝里乌斯极力描绘周遭的不便与烦扰，让皇帝身陷于众多的拜访、诉求和审判中，使得皇帝想要在孤独中寻求宁静；有些人认为他离开是因为无法再忍受他母亲利维亚的野心，她一直觉得自己有和提贝里乌斯一样做一国之主的能力，这一点提贝里乌斯无法容忍，但也没有禁止她这样做，反而认为这样的统治力是她的天赋；还有人认为提贝里乌斯做这样的决定只是源于他那臭名昭著的色欲冲动，他已沉迷于色欲很长一段时间，并且现在比以前更甚，但他是私下偷偷地满足自己的欲望，而一个隐居的地方再合适不过。据说，提贝里乌斯个子很高，但身材消瘦，秃头，脸上有些许伤口，大部分被药膏覆盖着。有人认为这是他下流之举的结果，因为那段时期梅毒仍然会对那些沉迷于妓女的人施加惩罚，尽管这样的情况很少见。提贝里乌斯耻于以这样丑陋的形象在公众前露面，这在一些人看来已经充分解释了他逃离群体社会的原因。事实上，在他母亲和赛扬努斯死后，他也仍然远离了罗马，尽管有时候一些无知的人会取笑他，散布他即将隆重回归的谣言。提贝里乌斯不想带过多的朝臣隐居，其中留在他身边的人包括赛扬努斯和科西乌斯·涅尔瓦（Cocceius Nerva）。科西欧是精通法律的著名人物，很可能是后来的皇帝内尔瓦的祖父。提贝里乌斯退隐的决定给罗马人提供了一个散布无休止谣言的理由。他对此并不是一无所知，因此处死了其中一些人，可能还包括无辜者。这一举动让其他人学会更加谨慎地评价、指责暴君的行为。

年　份　公元27年　小纪纪年第十五年
　　　　提贝里乌斯皇帝第十四年
执政官　马库斯·李锡尼·克拉苏斯（Marcus Licinius Crassus）与卢基乌斯·卡尔普尔尼乌斯·皮索（Lucius Calpurnius Piso）

这两位执政官中的第一位在雷奈修斯（Reinesius）提到的碑文（*Reinesius, Inscription. Class.* Ⅶ*, n. 10, 18.*）中被叫作马库斯·克拉苏斯·弗鲁吉（Marcvs Crassvs Frvgi）。我将这些碑文（我先前没有发现它们已经被发表了）加在了我的文集里，一直等到斯皮尼奥（Sponio）将其进行对比，才弄清楚这位执政官的真实姓氏。

这一年，提贝里乌斯在风光宜人的卡普里岛上定居下来，这里距索伦托市（Surrento）6000罗马步远，距大陆3000罗马步远，没有港口，只能乘小船到达。

这就是他隐居的地方，在这里他可以随心所欲地继续做淫秽下流之事。人们不知道他带去了几个护卫。但非常奇怪的是，一个皇帝竟然在这样一个小岛上居住了10年，丝毫不畏惧有海盗或者憎恨他的人伤害他。或许是因为礁石的阻碍让人很难到达那里，他才如此放心。在提贝里乌斯抵达卡普里岛几天后，一个渔夫穿过礁石上了岛屿（Sueton., in Tiber., cap. 60.），他向皇帝展示了一条美丽的鲻鱼，鲻鱼在当时是十分昂贵的鱼。提贝里乌斯因为他穿过了那条难走的路进到岛上而非常气愤，于是用那条鱼剐蹭他的脸，他运气好，没有落得更惨的下场。

与此同时，赛扬努斯仍然不懈地激发提贝里乌斯对已逝的日尔曼尼库斯的妻子阿格里皮娜及她的长子尼禄（Nero）的敌意与仇恨（此尼禄与后来的尼禄皇帝不是同一人）。显然，这位年轻的王子由于是提贝里乌斯收养的孙子，应该继承帝国的皇位。于是觊觎皇位的赛扬努斯紧紧地盯着尼禄，并暗中派了几个人打着友谊的幌子令尼禄膨胀得意，告诫他要展示更多的才能，这是罗马人民和军队的愿望。这个鲁莽轻率的年轻人有时候会不经意说出一些本不该说的话，所有这些先是被报告给了赛扬努斯，后来，或许中间还有点儿添油加醋，这些话也传到了提贝里乌斯的耳朵里，因而增加了提贝里乌斯对他的疑心。阿格里皮娜的宫殿里被安排了几个士兵看守，为的是得知谁是与她来往和交谈之人，这都是引起轩然大波和埋下未来祸根的致命信号。

这一年还发生了一件令人难以置信、十分悲恸的事情，历史上几乎没有几件事可以与这件事相提并论（Tacitus, lib. 2 Annal., c. 62. Sueton., in Tiber., c. 40.）。在菲登尼亚市（Fidene）——一个离罗马只有5000罗马步远的城市，有一个叫阿提利乌斯（Atilius）的人，他出身解放奴隶世系，也不是很富有，产生了一个想法：他想建造一座木制的巨型露天圆形剧场，以供人们观赏角斗士表演。因为那时候没有娱乐活动，而罗马人民又非常渴望有像这样的娱乐消遣活动。剧场建成后，表演那天，从罗马各地来了很多人，但是那座木制剧场缺乏坚实的根基，连接得也不牢固，就在表演到最精彩的时候，整个圆形剧场倒塌了，2万人从剧场上摔落被困，另有3万多人以不同的方式受了伤，或者胳膊断了，或是腿折了，还有其他相似的伤势，人们大喊大叫，呼求上帝。罗马人民的仁慈还是值得重视的，他们在家中接待了所有不幸者，分给他们食物和药物，这让人想起了古人的优良传统——他们会在战争后如此对待受伤的士兵。阿提利乌斯因为自己做的蠢事而受到了惩罚——被流放。自那以后，罗马颁布了一条法令，规定只有拥有40万钱币并且比赛用的圆形剧场得到专业建筑师批准的人，方可主办角斗士比赛。在这次不幸之后，罗马又发生了一场严重的火灾，烧毁了凯利乌斯山（Caelius）上几乎所有的房屋。提贝里乌斯得知这样惨重的损失后，立马慷慨相助，给受难之人极大的金钱援助。此举为他赢得了荣誉，元老院也对他十分感激。

年　份　公元28年　小纪纪年第一年
　　　　提贝里乌斯皇帝第十五年
执政官　阿庇乌斯·尤利乌斯·西拉努斯（Appius Iulius Silanus）与西里乌斯·涅尔瓦（Silius Nerva）

这一年，著名骑士提丢斯·萨比努斯（Titius Sabinus）的垮台在罗马引起了巨大的轰动和同情（*Tacitus, lib. 4, c. 68. Dio, lib. 58.*）。提丢斯·萨比努斯曾深受日尔曼尼库斯家族的喜爱，常去阿格里皮娜的住处，陪伴她到公共场合。得知这一情况后，赛扬努斯给萨比努斯设下一个圈套，命令拉提尼奥·拉提亚里斯（Latinus vLatiaris）与萨比努斯成为朋友。一开始拉提亚里斯对于阿格里皮娜所受的折磨，对于提贝里乌斯对她和她的儿子施加的虐待，表示极大的同情，试图以友好的言辞打动萨比努斯。萨比努斯听后诺抑制不住泪水，开始倾诉赛扬努斯的冷酷残忍和盛气凌人，并表示也不能容忍同样如此的提贝里乌斯。这样的诉说使他们之间的关系变得亲密起来。一天，拉提亚里斯把毫无防备之心的萨比努斯叫到他的家里，告知他日尔曼尼库斯的儿子即将面临不幸。在隔壁的房间里，3个可恶的元老院议员听到了一切，还听到了萨比努斯说提贝里乌斯和赛扬努斯的坏话。元老院马上控告了萨比努斯，将其囚禁起来。在这一年神圣的第一天，萨比努斯被施加了酷刑。这一做法使得每一个使用过同样欺骗手段的人感到恐惧。自那时起，每个人在谈论政府的时候都极度小心谨慎，不去听别人的谈话，对自己的朋友也不再信任，甚至怀疑隔墙有耳。萨比努斯的尸体被扔到了台伯河里,他的一只狗,曾跟着他一起到监狱里,发现主人死了,也跳进了河里。普林尼谈论过（Plinius, lib. 8, c. 40.）这只狗的忠诚,但是他认为这只狗是属于萨比努斯一个奴隶的,由于这个奴隶跟萨比努斯一起被判了死刑,所以那只狗才跟着跳下了河。

这一年,奥古斯都的外孙女、大茱莉亚的女儿小茱莉亚去世。她被认为和她母亲一样有通奸行为,被皇帝放逐到一座岛上,在那里她得到了利维亚·奥古斯塔的扶助,生活了20年,为她的罪过赎了罪。

那段时期,弗里斯兰人（Frisia）因无法忍受向他们征收越来越多的赋税而起兵造反。日耳曼国的副司法长官卢基乌斯·阿普罗尼乌斯带着一支精锐的军队前往镇压他们,但他妄想在那个被水覆盖、到处是水沟的地方剿灭他们,在经过多次交战后,大约1300名士兵死在了那里,弗里斯兰人赢得了胜利,阿普罗尼乌斯只能落荒而逃。提贝里乌斯因再次经历战败而难过,然而出于政治目的与恐惧,他没有再派将领到那里。把庞大军队的指挥权交到别人手里令人十分担忧焦虑,于是元老院提出请求,希望提贝里乌斯和赛扬努斯能返回罗马。事实上,他们回到了坎帕尼亚,于是元老院的人赶去了那里,众多贵族和平民也纷纷前往,但之后几乎所有人都快快不乐地回来了,要么是因为赛扬努斯太过目中无人,要么是因为皇帝不愿听从他们的话。

这一年,提贝里乌斯将日尔曼尼库斯和阿格里皮娜的女儿——也叫阿格里皮娜（Agrippina minore,此人多为后世所记）,许配给了格奈乌斯·多米提乌斯·阿赫诺巴布斯（Gnaeus Domitius Ahenobarbus）。后来,他们的儿子尼禄（Nero）诞生,他是所有皇帝之中的怪物。这个格奈乌斯·多米提乌斯·阿赫诺巴布斯原先就是奥古斯都家族的亲戚,因为他的祖母奥塔维亚（Ottavia）是奥古斯都的妹妹。苏埃托尼乌斯在谈到他的时候（Suet., in Neron., c. 5. Dio, in Neron.）,使我们确信他是万恶的渊薮。如果知道儿子会成为那样一个皇帝,多米提乌斯绝不想做他的父亲,然而这一点并不令我们吃惊。多米提乌斯自己也说过,他和阿格里皮娜只会生出邪恶的、对公众有害的孩子。或许应该这样认为,这个小阿格里皮娜与她的母亲完全不同,她在年轻时就有了一些邪恶的观念。

年　份　公元29年　小纪纪年第二年

圣彼得教皇第一年

提贝里乌斯皇帝第十六年

执政官　卢基乌斯·鲁贝利乌斯·杰米努斯（Lucius Rubellius Geminus）与盖乌斯·鲁菲乌斯·杰米努斯（Gaius Rufius Geminus）

这一年7月1日，这两位执政官被其他执政官接替。有人认为继任者是昆图斯·庞波尼乌斯二世（Quintus Pomponius Secondo）和马库斯·桑奎尼乌斯·马克西穆斯（Marcus Sanquinius Maximus）。但红衣主教诺丽斯（Noris）有更多证据证明继任者是奥鲁斯·普劳齐乌斯（Aulus Plautius）和卢基乌斯·诺尼乌斯·阿斯普雷纳斯（Lucius Nonius Asprenas）。当然他的说法也值得怀疑，在委派替任的执政官时，这些推举优秀执政官的人也会弄错。潘维尼乌斯就是一个例子。

在这两位姓杰米努斯的执政官的治理时期，一些学者曾认为并且现在也这样认为：我们神圣的救世主耶稣受难就发生在这一时期。这是无可置疑的观点，因为有浩如烟海的史料支撑，还被很多教皇认可。如果是这样，那我们就可以将这一年定为圣彼得教皇（Sanctus Petrus Apostolo）的第一年。在下一世纪负有盛名的作家德尔图良（Tertullianus）清楚地写道（*Tertull. contra Jud., c. 8.*）："上帝在提贝里乌斯·恺撒的统治下，在执政官鲁贝利乌斯·杰米努斯和鲁菲乌斯·杰米努斯的治理下饱受痛苦（*Sub Tiberius Caesare, Consulibus Rubellius Geminus et Rufius Geminus*）。拉克坦提乌斯（Lactantius）、哲罗姆（Hieronymus）、奥古斯丁（Augustinus）、塞维鲁斯·苏尔皮基乌斯（Severus Sulpicius）及金嘴狄翁（Dio Chrysostomos）等人也是这样认为的。"其他人在接下来的几年报告了我们神圣宗教史上一件非常值得铭记的事件。我所在的学院并不会对此议论更多，尤其是虽然博学者与天才们做出了很多努力，但也只能将事情研究到这个地步，这样一个隐晦的问题永远无法弄清楚。对我们来说，把事件弄清楚就足够了，时间的不确定并不是那么重要。利维亚一直活到这一年，身为奥古斯都的妻子，也是提贝里乌斯的母亲（*Tacitus, lib. 5, c. 1.*），她在塔西佗的著作和其他碑文中也被叫作茱莉亚，因为她曾被奥古斯都收养。利维亚高龄去世，留下了一个具有雄心壮志的女人形象，她会用自己的聪明才智满足自己的雄心,同时她还懂得通过爱抚和顺从赢得丈夫奥古斯都的心。凭借这些策略,她将自己的儿子提贝里乌斯送上皇帝的宝座,虽然提贝里乌斯并不喜爱他这位母亲,但不管怎样,在她在世的时候,提贝里乌斯很尊重她,赛扬努斯也惧怕她。在提贝里乌斯隐居卡普里之前(Sueton., in Tiber., c. 51.),他与母亲之间产生了一些嫌隙,因为利维亚不断要求儿子将她推荐的一个人任命为法官,提贝里乌斯虽然回应她会这么做,但很显然他是受到母亲的逼迫才答应了她的要求。他向利维亚表示了强烈的不满,利维亚恼羞成怒,当面指责他无礼的举止简直令人无法容忍。她还补充说,关于这一点奥古斯都也是这样认为的,说到这里,她拿出一封保留已久的奥古斯都写的信,信中奥古斯都抱怨她儿子的行为举止尖酸刻薄、粗俗无礼。提贝里乌斯对此满怀厌恶,有些人甚至将他离开罗马退隐的原因归于这件事。事实上,在利维亚最后一次患病时,提贝里乌斯没有去看望她,在得知她去世的消息后,他也是拖了很久才返回罗马,利维亚的尸体被送去埋葬时已经腐烂了。元老院那些阿谀奉承者为纪念利维亚给她封了很多荣誉,提贝里乌斯削减了其中一部分,还特意下令不准将利维亚奉为神明(尽管后来在克劳狄乌斯一世帝国时期她又被授予了这一神圣的荣誉),让人相信这是利维亚命令这么做的。提贝里乌斯也不愿意执行利维亚留下的遗嘱,后来还残害了所有与她亲近之人,甚至是那些负责料理她葬礼的人。

提贝里乌斯在每一个亲人去世后都会变得比之前更加恶毒残暴,这一点在他母亲死后再次得到证实。在此之前,利维亚的权威在一定程度上遏制了提贝里乌斯的恶毒本性,也遏制了赛扬努斯的野心和邪恶,因此她应该被授予荣耀,因为她挽救了很多人的生命。不久之后,提贝里乌斯给元老院写了一封极其冷酷生硬的信,在信中他详细列举了已逝的日尔曼尼库斯的妻子阿格里皮娜和她的长子尼禄的罪行,严厉批判他们不仅抛弃节操、策划阴谋,还对他本人极其傲慢和充满恶意。古罗马平民们十分爱戴阿格里皮娜和尼禄,发觉这两人都身处危险之中,便举着他们二人的肖像来到元老院,呼喊着"那是一封虚伪的信",是要忤逆先帝的意愿将他们治罪。与提贝里乌斯意愿相悖的元老院议员向元老院提出请求,要求提贝里乌斯出席审判,其他人都心怀恐惧、不敢出声,只有尤尼乌斯·鲁斯提库斯(Iunius Rusticus）站出来——尽管他是提贝里乌斯的忠诚跟随者之一，建议将决议推迟，以更好地明白国王的意图。提贝里乌斯认为自己受到了冒犯，不仅仅是因为决议推迟，更多的是因为人民有如此激烈的反应，这使他比以往更加坚定自己的意图，于是他将阿格里皮娜放逐到潘塔利亚岛（Pandataria）上（*Sueton., in Tiber., cap. 53.*），该岛正对着泰拉奇纳市（Terracina）和加埃塔市（Gaeta）。据说阿格里皮娜不知克制，说了一些侮辱提贝里乌斯的话，于是提贝里乌斯下令让一个百夫长狠狠地揍她，并挖掉了她的一只眼睛。她的两个儿子——尼禄和德鲁苏斯，尽管他们是提贝里乌斯收养的孙子，也被他宣告为敌人。尼禄被放逐到蓬扎岛（Ponza），而德鲁苏斯被关押在皇宫的地下室里，这两个不幸的人最终的结局如何，我们往后便会知晓。

年　份　公元30年　小纪纪年第三年
　　　　圣彼得教皇第二年
　　　　提贝里乌斯皇帝第十七年
执政官　卢基乌斯·卡西乌斯·朗基努斯（Lucius Cassius Longinus）与马库斯·维尼修斯（Marcus Vinicius）

上述执政官于这一年7月1日被盖乌斯·卡西乌斯·朗基努斯（Gaius Cassius Longinus）和卢基乌斯·奈维乌斯·苏尔迪努斯（Lucius Naevius Surdinus）接替。对于罗马的历史我们所知甚少，一方面是因为塔西佗所记的很多相关片段已经丢失，另一方面是因为狄奥尼记载的这段时期的史料也很少，或者因为很多史料惨遭岁月的侵蚀而损毁。多亏了提贝里乌斯，还值得一说的是，上述那两位常任执政官——卢基乌斯·卡西乌斯（Lucius Cassius）和马库斯·维尼修斯（Marcus Vinicius），自那时起3年后，提贝里乌斯将日尔曼尼库斯的两个女儿嫁给了他们做妻子，许配给卡西乌斯的是茱莉亚·德鲁西拉（Giulia Drusilla），而许配给维尼修斯的是利维拉（Livilla）。

这一年，阿西尼乌斯·加卢斯（Asinius Gallus）去世，他是奥古斯都时期著名人物阿西尼乌斯·波利奥（Asinius Pollio）的儿子。为了迎娶奥古斯都的女儿大茱莉亚,提贝里乌斯不得不抛弃他的第一任妻子维普萨尼亚·阿格里皮娜(Vipsania Agrippina)——阿格里帕(Agrippa)的女儿,当时已经怀了德鲁苏斯。后来维普萨尼亚又嫁给了上述阿西尼乌斯·加卢斯,并且与他生了几个孩子,因此,他们就成了德鲁苏斯·恺撒的同母异父的兄弟,其中一个还被提拔为执政官。但是,据塔西佗所言,提贝里乌斯一直因那场再婚而对阿西尼乌斯·加卢斯冷眼相待,甚至迁怒于他(*Dio, in Excerptis Vales.*),因为提贝里乌斯观察到阿西尼乌斯对赛扬努斯十分殷勤,还到处高声宣扬,或许他认为赛扬努斯有一天会成为罗马的皇帝,又或者他想在赛扬努斯那里寻找支持以对抗提贝里乌斯的暴力。元老院要派一些使节到提贝里乌斯那里,阿西尼乌斯通过协商成为其中一员,他受到了提贝里乌斯的热情相迎,并被邀请一同吃饭,饭桌上他们高兴地举杯敬酒。就在他纵酒作乐之时,元老院收到一封提贝里乌斯的控告信,上面是他随意臆想出来的几条罪名,元老院给阿西尼乌斯判了罪,并立即派一名法官将他捉拿入狱。听到审判的消息时,提贝里乌斯假装很吃惊,劝诫阿西尼乌斯好好待着,不要像他希望的那样自杀,他将阿西尼乌斯带到罗马,下令看护他直到他返回城市,但提贝里乌斯再也没有回来过。阿西尼乌斯没有仆人,每天会有人给他送来足够的食物以保证他不会饿死,除了与送饭的人说几句话,他再也没有可以交谈的对象,在这巨大的痛苦之中他日渐憔悴,最终不知是饥饿还是别的什么原因,正如塔西佗所证实的,阿西尼乌斯于公元33年去世。尤塞比乌斯(*Euseb., in Chron.*)将阿西尼乌斯的死放在提贝里乌斯第一年,这一说法不值得采用。这一时期还有学识渊博的非凡人物西里亚科(Siriaco)被判了死刑,不是因为别的什么罪名,只是因为他是阿西尼乌斯的朋友。

恰恰是在这一年,维莱利乌斯·帕特尔库鲁斯完成了他的历史著作,其中大部分现已丢失,他将它献给这一年的执政官之一马库斯·维尼修斯。不过,滥用自己的文笔为提贝里乌斯和赛扬努斯歌功颂德是不值得的。他们不道德的行为有目共睹,那些虚情假意的恭维让我们更加相信当时的元老院和罗马贵族有着怎样奴颜婢膝的习性。

从狄奥尼那里我们得知,随着赛扬努斯的权威越来越高,他也越来越骄傲自大,人们出于害怕或是恭维,越来越多地在公共场合或私底下向他表示尊重和敬仰。在罗马的每一个地方几乎都有为他竖立的雕像（Dio, lib. 58.）。元老院甚至还宣布庆祝他的诞辰。而且元老院、骑军、平民护民官还有营造司，不再仅仅给提贝里乌斯派使节，还单独派使节给赛扬努斯。在供奉异教众神以保佑提贝里乌斯身体健康的祭祀中，人们将赛扬努斯也列在其中，因此可以听到大人小孩为二人许愿祈福，但过去这是皇帝才享有的仪式。狡猾的提贝里乌斯虽然当时身处臭名昭著的卡普里妓院，但也没有漏过任何消息，他将自己的一切想法隐藏起来，却在心中酝酿着下一步该做的事。

年　份　公元31年　小纪纪年第四年
　　　　圣彼得教皇第三年
　　　　提贝里乌斯皇帝第十八年
执政官　提贝里乌斯·奥古斯都第五次，卢基乌斯·埃利乌斯·赛扬努斯

提贝里乌斯和赛扬努斯没有担任多长时间的执政官。据红衣主教诺丽斯所说（Norisius, Epist. Cens.），在一则碑文上显示，他们于这一年5月1日被福斯图斯·科尔涅利乌斯·苏拉（Faustus Cornelius Sulla）和塞斯提迪乌斯·卡图利努斯（Sestidius Catullinus）接替。在我的另一部论著（Thesaurus Novus Inscription., pag. 302, num. 4.）中也提及了他们的名字，但我有这样的疑惑：塞科斯提迪乌斯（SEXTEIDIVS）这个名字也可能指的是塞科斯·提迪乌斯（Sex Teidius），因为我没有找到关于塞斯提迪乌斯（Sestidius）家族的任何痕迹，只找到了提迪亚家族的相关记述。这两位执政官其中之一于7月1日被卢基乌斯·富尔基尼乌斯·特里奥（Lucius Fulcinus Trio）接替，另一位则于10月1日被普布利乌斯·梅姆密乌斯·雷古鲁斯（Publius Memmius Regulus）接替，富尔基尼乌斯·特里奥是赛扬努斯的朋友，而梅姆密乌斯·雷古鲁斯则不是。

提贝里乌斯密切关注着他的宠臣赛扬努斯的一举一动，如今他已后悔曾经如此提拔他。他已经觉察到赛扬努斯加快了请愿的步伐，而赛扬努斯并没有告知他，除非是赛扬努斯想让他知道的事。通过削弱敌人的势力，赛扬努斯赢得越来越多盟友

和门客的支持，似乎他向皇帝的宝座迈进了一大步。在很多场合下，元老院和人民已经将他与提贝里乌斯同等看待。提贝里乌斯深知自己不仅不受罗马人民爱戴，反而被他们憎恶，他们对自己怀有的深深的恐惧，可能会在某个时刻突然爆发，对自己进行打击。我们从朱塞佩（Giuseppe）那里得知（*Joseph., Antiquit. Judaic., lib. 18.*），日尔曼尼库斯和克劳狄乌斯（Claudius，后来成为罗马皇帝）的母亲安东尼娅（Antonia）派了她最信任的仆人帕兰特（Pallante）去卡普里岛，将赛扬努斯联合禁军和元老院议员以及获解放的奴隶策划的阴谋告知提贝里乌斯，让他意识到自己身处的险境。但是如何击垮这样一个已经拥有强大的权势又野心勃勃、胆大妄为的人呢？狡猾的老狐狸提贝里乌斯所采取的方法是这样的：他表面上看起来越来越赞赏、喜爱赛扬努斯，并且不断授予他新的荣誉，以便更轻易地引他上当受骗。为了更大限度地封赏赛扬努斯，提贝里乌斯将他任命为这一年的执政官，与自己一起执政。提贝里乌斯甚至还写了封推荐信，向元老院推荐他这位忠诚的大臣。有人可能会问，为什么提贝里乌斯不在卡普里就将赛扬努斯杀死？为什么为了击垮赛扬努斯，提贝里乌斯却要将他升为执政官？将他升至这样一个显要的职位，不仅会增加他的财富，还会增加他的权威和势力。我是这么认为的，不管是在卡普里还是在罗马，提贝里乌斯都没有想过要迫害赛扬努斯，因为他当时是禁军总督，也就是皇室禁卫军的总指挥，这意味着他在罗马拥有一支由10万精锐士兵组成的军队。当提贝里乌斯想要受到执政官和元老院议员的敬重时，他就在他们面前摆出禁卫军这个筹码。但实际上连他自己也对禁卫军有所畏惧，因为他们是由赛扬努斯领导的，只听从赛扬努斯的指挥，在卡普里的时候提贝里乌斯就曾被禁军包围过。因此，让赛扬努斯担任执政官，派他回罗马，可以使他远离自己，这样提贝里乌斯就可以免去他禁军总督的职务，将它授予奈维乌斯·塞尔托里乌斯·马克罗（Naevius Sertorius Macro）。

没过几个月，提贝里乌斯就撤去了赛扬努斯执政官的职位，同时哄骗他说会授予他更显要的职位和更大的奖赏（*Dio, lib. 58.*），也就是授予他保民官权力（获此权力的人可以确定是皇帝的继任者），并且许配他出自恺撒世系的妻子——很可能是日尔曼尼库斯的女儿茱莉亚·利维拉（Giulia Livilla）。因此赛扬努斯卸去执政官的职务之后，立即请求返回卡普里，以继续在那里做主宰者，但提贝里乌斯没有让他回来，他要使赛扬努斯明白，同时也到处散播这样的说法——不久后他也想返回罗马。接下来的几个月，提贝里乌斯一会儿假装生病，一会儿又称身体好转，总是有消息传出他正准备着返回罗马的旅程。他有时赞颂赛扬努斯，有时又批评他。在他的考虑之下，他给予赛扬努斯的一些朋友以恩惠，而另一些同样是赛扬努斯朋友的人却因各种理由被虐待。这一切都是为了通过密探秘密地收集元老院和人民的看法和倾向。没过多久，看见赛扬努斯没有返回卡普里，也观察到提贝里乌斯对他的喜爱越来越少的迹象，很多人开始委婉而礼貌地疏远赛扬努斯，赛扬努斯在人民中的信誉度也大大降低。但是赛扬努斯并没有觉察到提贝里乌斯疏远他的意图，因为当时提贝里乌斯还授予了他和他的儿子大祭司的荣耀，因此他没有想着做出什么举动。后来，他也为没有在担任执政官时期做出任何行动而十分后悔。尽管如此，他还是怀有一些不安与疑虑。很奇怪的是，当提贝里乌斯写信告知元老院尼禄（Nero，日尔曼尼库斯与阿格里皮娜的长子，也就是提贝里乌斯过继的孙子）的死讯时，赛扬努斯没有像以往一样说出任何赞美之词。我们之前已经讲过，这个不幸的王子被放逐到蓬扎岛上，在这一年结束了生命。有人说他是饿死的，也有人说因为刽子手意欲在房间里掐死他，于是他自尽而死。可以确定的是，他也是提贝里乌斯残忍暴行的受害者。

现在提贝里乌斯已经得到充分的消息，元老院和人民对赛扬努斯的喜爱已经不如以前，他想要给赛扬努斯最后一击，但是又对结果的不确定性有所畏惧。在10月18日的前一夜，已经被秘密宣布为禁军总督的马克罗现身罗马，他接到指令来此进行一场谈判，也就是与执政官之一梅姆密乌斯·雷古鲁斯商定事务，因为另一位执政官富尔基尼乌斯·特里奥是赛扬努斯的人。第二天早晨，马克罗去了阿波罗神庙，这里是元老院议员聚集的场所，赛扬努斯恰好也在那里，马克罗还没进门，就被赛扬努斯问到是否有给他的信。听到没有信给自己，赛扬努斯顿时阴了脸，但马克罗对此并没有理会，而是跟赛扬努斯说给他带来了保民官权力，然后轻松愉悦地坐到了元老院席间。与此同时，马克罗叫来了禁军士兵，他们中的一些人曾经一直效忠和守卫赛扬努斯，马克罗给他们出示了任职禁军总督的诏书，然后派了格拉西诺·拉科尼（Gracino Lacone）指挥的警卫团代替禁军守卫神庙。格拉西诺·拉科尼早已知晓这一秘密，他到了那里，拿出一封提贝里乌斯写的信，在信中，提贝里乌斯没有一直不停地说些对抗赛扬努斯的言论，而是谈论了一些不同的内容。他先对赛扬努斯加以抱怨，然后回到其他事务上，最后又开始说赛扬努斯的坏话，说赛扬努斯杀死了提贝里乌斯非常信任的两个元老院议员，并认为赛扬努斯受到了很好的保护。提贝里乌斯并没有强调让元老院给赛扬努斯判死刑，因为他害怕会激起赛扬努斯那方人的骚乱。听了信的内容后，元老院大部分人因思绪混乱而出神，因为他们本来准备给赛扬努斯致祝贺称赞之词，庆祝他即将被授予保民官权力。赛扬努斯本人也感到备受侮辱和打击，他一动不动，一言不发（如果他当时发表一些讲话，或许这件事就这么过去了），显得呆滞麻木，执政官梅姆密乌斯·雷古鲁斯叫了他三次，他都没有动，因为他向来习惯于指挥别人，而不是听从别人。后来，拉科尼带着一队警卫进来，将赛扬努斯包围并关押入狱。禁军没有采取任何行动，因为马克罗制止了他们，跟他们解释这是皇帝的意愿，并且向他们承诺会奉令给予他们奖赏。然而，平民们因看见那个曾经傲慢自大的赛扬努斯锒铛入狱而骚动不已，不断做出一些愤慨的行为，之前他们不能忤逆对抗赛扬努斯（*Tacitus, lib. 6, c. 25.*），如今他们将为赛扬努斯竖立的雕像全部推倒。还是在10月18日这一天，元老院议员聚集在协和神殿，看到禁军保持平静，并且清楚了人民的意愿后，他们判处赛扬努斯死刑，并且立即执行。赛扬努斯的尸体被扔下楼梯，群众朝他的尸体发泄，并将其分割，三天后，人们将其扔到台伯河内。赛扬努斯的两个孩子——一个儿子和一个女儿，也被元老院下令处死。赛扬努斯的妻子阿皮卡塔尽管没有被判刑，但她在写下了丈夫与德鲁苏斯·恺撒的妻子利维拉的背叛之事后自尽身亡。

卡普里岛上的提贝里乌斯因担忧这精心策划的计谋不能成功而惴惴不安。他已经下令，为了能够尽快地得知消息，在位于罗马和卡普里之间最高的地点释放信号。10月18日那天，他登上岛上最高的礁石，在那里等待喜讯。另外，他还准备了一些小船，以防有需要的话，他可以乘船安全地撤退到他的军队所在地。有记载说，提贝里乌斯曾给马克罗下令，一旦罗马发生任何激烈的叛乱，就将日尔曼尼库斯的儿子德鲁苏斯从监狱里释放出来，介绍给元老院和人民，并宣布他为罗马的皇帝。赛扬努斯的悲剧造成了骚乱事件，令元老院和罗马贵族惶恐不已，躁动的人民群众对于任何与赛扬努斯亲近之人，只要落入他们的手中，就将其处死。愤怒的禁卫军也开始烧杀抢掠。之后还开始了对一些元老院议员和贵族的上诉，因为他们被认为是赛扬努斯的偏袒者。许多人被判有罪，有的被处以死刑，有的被流放，有的则选择自己结束生命。到处都是控诉者，人们重新提起了之前的诉讼和判刑，惩罚那些曾受赛扬努斯恣惠的人。可以肯定的是，元老院对赛扬努斯说出的众多阿谀奉承之词，以及无下限地授予他至高的荣耀，是令他骄傲得忘乎所以、腐败堕落的一个很重要的原因。因此元老院颁布法令，宣布以后授予他人荣誉要节制有度，除了以国王的名义，谁都不可以对任何人起誓担保。尽管如此，元老院除了金钱赏赐外，还是想授予马克罗大法官之职，授予拉科尼警官之职，但是二人以近期的例子为教训，不愿接受任何东西。身处卡普里岛的提贝里乌斯因赛扬努斯的死而喜出望外，这一绝妙的策略教会他，想要幸运地取得成功，就不能轻易相信任何元老院推崇的或由他们派来的议员和骑士。之前为他服务过的执政官雷古鲁斯被遣返，连见他一面都不行。很多人以为，提贝里乌斯摆脱了桎梏，摆脱了邪恶的官员，摆脱了赛扬努斯的怀疑之后，开始了贤明的统治。他们大错特错了，提贝里乌斯变得比以前更加暴虐猖狂。因为有赛扬努斯妻子做证，提贝里乌斯如今已经知道了谋害他儿子德鲁苏斯的真凶，他用了非常严厉的手段对付他们，而第一个受到惩罚的就是利维拉，因为她任由赛扬努斯颠倒心智并背叛了自己的丈夫。狄奥尼从其他人那里获知（*Dio, lib. 58.*），因感谢她的母亲安东尼娅和克劳狄乌斯（后来成为皇帝），提贝里乌斯才没有判她死刑，但是，有可能是她的母亲最后导致她饿死的。

年　份　公元32年　小纪纪年第五年

圣彼得教皇第四年

提贝里乌斯皇帝第十九年

执政官　格奈乌斯·多米提乌斯·阿赫诺巴布斯（Gnaeus Domitius Ahenobarbus）与马库斯·福利乌斯·卡米卢斯·斯克里波尼亚努斯（Marcus Furius Camillus Scribonianus）

第一位执政官是日尔曼尼库斯的女儿小阿格里皮娜的丈夫，我之前讲过，他们的儿子尼禄后来成了罗马皇帝。第二位执政官在任职期间去世，由奥鲁斯·维特里乌斯（Aulus Vitellius）接替。在这两位执政官执政期间，马库斯·萨尔维乌斯·奥托（Marcus Salvius Otho）出生了，他是后任的皇帝之一。但不知道为什么苏埃托尼乌斯在写作时（Suetonius, in Vitellius, cap. 2.）称卡米卢斯·阿伦提乌斯（Camillus Arruntius）是多米提乌斯·阿赫诺巴布斯（Domitius Ahenobarbus）的同事。在伊达修斯（Idacius）和库斯皮尼亚努斯（Cuspinianus）的著作中也能找到同样的说法。或许他是接替维特里乌斯的执政官，又或者是维特里乌斯接替了他。

这一年，提贝里乌斯有意停止了对赛扬努斯朋友的上诉和判罚，并允许一些人哀悼赛扬努斯，这似乎是件好事（Dio, lib. 58.）。但这宽容的微光没有持续多久，提贝里乌斯又开始了比以前更加残忍的迫害，他以乱伦和弑父母罪控诉那些不感恩他赦免的人，将他们判处死刑。因此，公众对他的憎恨与日俱增，甚至对每个人来说，假如能够吃他的肉，那一定是一道美味的菜。对于提贝里乌斯的畏惧也使元老院的奉承之风盛行。过去有这样的惯例，在1月1日，一个人念提贝里乌斯下的指令并发誓会遵守它，其他人要附和赞同。据说，每个人都要怀着满腔的敬意与热忱念那段誓词。此外，为了让提贝里乌斯明白他的生命对于元老院有多么珍贵，元老院颁布法令，让提贝里乌斯选择在他看来有能力的元老院议员，并且派20个议员带剑给他做护卫，专门在他进入元老院的时候保护他。提贝里乌斯觉得这条法令荒唐至极——尽管对元老院表示感谢，但是没有批准，因为他知道元老院有多么憎恨他，他还不至于疯狂到愿意让这样的武装护卫围在他身边。从那时起，提贝里乌斯开始花更多精力调和与禁卫军的关系，以便在必要时可以利用他们对抗元老院。尤尼乌斯·加利奥（Iunius Gallio）提议，元老院应向完成民兵任期的人授予特权。提贝里乌斯不喜欢军人被迫承担义务，因而将加利奥逐出意大利，但想到加利奥会经过莱斯博斯岛（Lesbo），在那里他一定过得很舒适，于是又将他召回，让他接受行政长官护卫的严刑拷打。

据塔西佗和狄奥尼所述（Tacitus, Annal., lib. 6, cap. 2. Dio, ibid.），这一年有许多贵族因曾是赛扬努斯的朋友而被起诉，其中包括拉提尼奥·拉提亚里斯（Latinus vLatiaris）。我们之前讲过，他背叛了提丢斯·萨比努斯（Titius Sabinus），这是导致他死亡的原因。在被控诉者中，很神奇的是马库斯·特伦提乌斯（Marcus Terentius）逃脱了处罚。马库斯·特伦提乌斯的罪行仅仅是曾经是赛扬努斯的朋友，他坦白地承认了这一事实，并非常勇敢地不为自己辩解，以此表示他这样做是出于对提贝里乌斯的敬意，如果连提贝里乌斯这样一个明智的君主都上当受骗，给予了那些不值得的人以众多恩惠，那么掉入同样陷阱的下级们也应该得到宽恕。不应该只关注赛扬努斯在世的最后一日，而应该看他掌权的那16年，在那段时间，不想死的人就必须学会如何讨好他、与他亲近。不过，那些想要惩罚赛扬努斯的追捧者的人，同时也想谴责提贝里乌斯。提贝里乌斯当然对此心怀芥蒂。

人们普遍认为提贝里乌斯于这一年返回了罗马（Tacitus, ibidem. Sueton., in Tib., c. 72.）。提贝里乌斯先从卡普里来到坎帕尼亚，再到台伯河，在这里乘船抵达位于罗马的海战庄园（Orti della Naumachia），如今在此地可以看到圣人科斯马和达米亚诺的修道院。为防止人们接近提贝里乌斯，河岸边上排列着护卫。提贝里乌斯没有进入城市，不久就回到了卡普里，没有人知道他这样做的动机。塔西佗也想不出原因，认为除非是他的恶习将他吸引回那里，以便能够将他猥琐之举散发的恶臭隐藏在岛上的礁石之后。对于塔西佗和苏埃托尼乌斯来说，并不难散播关于提贝里乌斯臭名昭著、欲望可鄙的言论，但这个自然是不允许公开提及的。提贝里乌斯在他卡普里的妓院中践行并发明了各种最肮脏的淫荡手段（Sueton., cap. 43.），让纯洁保守的人听了感到十分可怕。对此，我不再赘述了。

或许我们对一位罗马皇帝沦落到这种地步不应感到惊讶，因为当时的罗马人只认识那些与他们同样淫乱的神灵，而且提贝里乌斯本人对那些神灵毫不重视且无所畏惧。只有雷声使提贝里乌斯害怕，每当听到雷声，他都会跑去戴上他的皇帝桂冠，认为那些树叶也受雷电的尊重。

这一年，罗马总督卢基乌斯·皮索（Lucius Piso）去世，他任职20年，备受赞誉。为了纪念他的功绩，元老院给他举办了公共葬礼。提贝里乌斯任命卢基乌斯·埃利乌斯·拉米亚（Lucius Aelius Lamia）接替卢基乌斯·皮索的职位，但是在下一年他也不幸去世。这一年，卡西乌斯·塞维鲁斯（Cassius Severus）也去世了，他是一位享有盛誉的演说家，但总是发表一些讽刺之言，还经常践踏著名人物的名声。因这一不良特性，他被奥古斯都大帝流放到克里特岛（Creta），后来被转移到塞里福斯岛（Serifo），在那里，他生活在极度贫困之中，连一块遮挡身体隐私部位的布都没有。

年　份　公元33年　小纪纪年第六年
　　　　圣彼得教皇第五年
　　　　提贝里乌斯皇帝第二十年
执政官　卢基乌斯·苏尔皮基乌斯·加尔巴（Lucius Sulpicius Galba）与卢基乌斯·科尔涅利乌斯·苏拉·费利克斯（Lucius Cornelius Sulla Felix）

第一位执政官加尔巴的名字是卢基乌斯，这在红衣主教诺丽斯发表的碑文中有过记载，在我的文集（*Thesaur. Nov. Inscription., p. 303, n. 1.*）中也有提及。而根据另一篇《格鲁特罗宝藏》（*Tesoro di Grutero*）里的碑文所述，他的名字是"塞尔维乌斯"（Servius），这是由古文字缩写而来，并不是有些人认为的那样是"塞尔吉乌斯"（Sergius）。不过也可以怀疑《格鲁特罗宝藏》中的碑文将"卢基乌斯"这个名字改成了"塞尔维乌斯"，因为众所周知，加尔巴皇帝——这一年的执政官——曾经被叫作塞尔维乌斯·加尔巴（Servius Galba）。但是苏埃托尼乌斯清楚地写道（*Sueton., in Galba, cap. 4.*）："直到他成为皇帝之前，他叫作卢基乌斯，而不是后来的名字塞尔维乌斯（*Lucium pro Servio usque ad tempus imperii usurpavit*）。"这证明了诺丽斯的碑文多少是合理的，其他名字就站不住脚了。塔西佗和狄奥尼在称呼执政官加尔巴时，赋予了他成为皇帝时使用的那个名字，但他们没有注意到苏埃托尼乌斯关注的方面。这一年7月1日，加尔巴被卢基乌斯·萨尔维乌斯·奥托（Lucius Salvius Otho）接替，一些人认为他是提贝里乌斯·奥古斯都的儿子，因为他跟提贝里乌斯长得很像。在前一年，这位执政官的儿子奥托（Otho）诞生，后来成为在任几个月的皇帝。

这一年，因为对元老院不信任，提贝里乌斯告知议员们（Tacitus, Annal., lib. 6.）他不久后将返回罗马，他在信中请求在他进入元老院的时候，允许禁军总指挥马克罗同一些军队长官和百夫长一起陪着他。很快元老院就宣布他想带多少人同行都可以。此时，日尔曼尼库斯的儿子，同时也是提贝里乌斯过继的孙子德鲁苏斯和他的母亲阿格里皮娜仍然被关在监狱里。提贝里乌斯多次将这两个不幸的人从一个地方转移到另一个地方，他们一直被枷锁禁锢着关在一个封锁严实的轿子里（Suetonius, in Tiber., cap. 64.），由护卫看守。因为沿途不断有群众跑来试图放走那可怜的王子，提贝里乌斯必须予以震慑。这一年，提贝里乌斯的愤怒达到了极点，他将德鲁苏斯活活饿死。后来阿格里皮娜也结束了她的生命，不知道是因为她自己拒绝进食，还是因为没有给她食物（Dio, lib. 58.）。他们的尸体没有被带到奥古斯都陵墓，而是被秘密地埋葬了，谁也不知道地点在哪里。日尔曼尼库斯是受人爱戴的王子，整个罗马都为日尔曼尼库斯家族这样令人怜悯的结局而满怀悲痛和哀悼，但这悲伤只能存在于人们心中。元老院还要为提贝里乌斯告知他们阿格里皮娜的死讯而表示感激，虽然提贝里乌斯一直宣称阿格里皮娜是敌人和淫妇，然而她无上的忠贞众所周知。此外，元老院还要宣布阿格里皮娜是在赛扬努斯被杀的那天死的，也就是10月18日。自那时起，人们就开始在那一天供奉朱庇特神，为二人的死亡表示感谢。

日尔曼尼库斯的儿子中存活于世的仅剩盖乌斯·卡里古拉（Gaius Caligula）（Tacit., lib. 6, cap. 20.），他是个品行极其恶劣的年轻人，但深受提贝里乌斯的喜爱。卡里古拉懂得假装谦逊以掩饰他凶残的本性，他从不为他母亲和兄弟的流放和死亡发表一句遗憾或悲哀的话语，他获得恩准可以陪提贝里乌斯一同前往卡普里，在那里他尽力让自己的穿着打扮和提贝里乌斯相似，模仿提贝里乌斯说话和做事的方式，后来他成了皇帝。演说家帕西埃努斯（Passienus）说："没有比他更出色的仆从，也没有比他更差的君主。"这一年，经过提贝里乌斯的批准，卡里古拉与马库斯·西拉努斯（Marcus Silanus）的女儿克劳迪娅［Claudia，也可能叫克劳迪拉（Claudilla）］结婚。

与此同时，在提贝里乌斯令人憎恶的统治之下，罗马盛行起告密与控诉，这些密探和控告者中一部分是自愿的，另一部分是受到了皇帝的煽动。大部分情况下，只要有人控告了，就会进行判罚。元老院里的控诉册子接连不断，其中很多是提贝里乌斯发来的，他正在元老院的帮助下实施报复，正在通过处死被判有罪者和没收他们的财产滋养他的贪婪本性。这一年，依然有几个贵族遭遇了和之前一样的不幸，他们大部分是元老院议员，其中很多人是一步一步地被夺去生命的，以致各省政府无法再采取措施进行管理（*Tacitus, ibid., cap. 49. Dio, eod. lib. 58.*）。在这一年发生的所有值得铭记的不公事件中，值得一提的是提贝里乌斯对塞克斯图斯·马里乌斯（Sextus Marius）的控诉。很长时间以来，马里乌斯都是提贝里乌斯的朋友，在皇帝的帮助下，他成了西班牙最富有的豪门绅士。马里乌斯有一个非常漂亮的女儿，因为害怕提贝里乌斯会像往常对待其他人那样侮辱了女儿，马里乌斯将她带到了一个安全的地方。提贝里乌斯从密探那里得知此消息后，以乱伦罪控告了他们，将他们的尸体扔到了塔尔皮亚悬崖下，并将马里乌斯的财产全部据为己有。塔西佗还讲述了很多这一年发生的类似的残忍事件，似乎提贝里乌斯的残暴本性永远无法满足。然而，让很多人感到奇怪的是，提贝里乌斯在某一天处死了所有的密探和控告者，并且下令禁止所有的军队人员再做这种可鄙的事情，但是他却允许元老院议员和骑士这样做。可以确信的是，尽管看起来提贝里乌斯是在反对这种邪恶的手段，但他却在利用同样恶毒的手段对付公众。同时，高利贷在罗马无限制地滋长起来，因此元老院收到无数控诉债务人的案件。此外，对于那些私藏金银珍宝而使国库空虚的控诉也不在少数。那时关于提贝里乌斯，还有一件奇事。提贝里乌斯在共和国银行放了一大笔黄金和白银，以借给那些有需要的人，并提供了适当的安全保障，3年内不用付利息。此举赢得众人的好评，但依然没能减少人们对暴君的憎恨。据塔西佗和塞涅卡（*Seneca, epist. 81.*）证实，罗马总督埃利乌斯·拉米亚（Aelius Lamia）死后，由科苏斯（Cossus）继任该职。当时著名的法学顾问马库斯·科西乌斯·涅尔瓦（Marcus Cocceius Nerva），也是提贝里乌斯的顾问之一，作为一个正直的人，因无法再忍受皇帝的恶毒与不公，选择绝食而死来获得解脱。为了改变他做出的决定，让他继续活着，提贝里乌斯曾向他恳求过多次，想知道他这样做的原因。

年　份　公元34年　小纪纪年第七年
　　　　圣彼得教皇第六年
　　　　提贝里乌斯皇帝第二十一年
执政官　保卢斯·法比乌斯·佩尔西库斯（Paulus Fabius Persicus）与卢基乌斯·维特里乌斯（Lucius Vitellius）

据说，这两位常任执政官于这一年7月1日被另外两位执政官接替（*Dio, lib. 58.*），但是他们的名字已经不可考。这是因为后两位执政官在庆祝提贝里乌斯帝国20周年的时候，向众神祈愿下一个10年统治期，就像奥古斯都时期的惯例一样。妒忌心强的提贝里乌斯不想只统治罗马10年，也不是20年，而是只要他愿意，就一直统治下去。他觉得他们是想让他意识到，他的权力取决于元老院的意愿，于是他控诉了这两位执政官并将他们治罪，可能还立即处死了他们。这位佩尔西库斯极有可能就是塞涅卡在他的著作中（*Seneca, de benefic., lib. 2, cap. 21.*）提及的那个声名狼藉的人。但据塔西佗所述，这一年许许多多等级低下的人被屠杀，没有哪件事比这件事更能引起轰动了。狄奥尼将上述祈愿和无辜的罪名归到前两位常任执政官身上，然而，我们从苏埃托尼乌斯那里得知（*Sueton., in Vitellius, c. 2.*），这一年的执政官卢基乌斯·维特里乌斯（Lucius Vitellius）——后来的皇帝奥鲁斯·维特里乌斯（Aulus Vitellius，罗马帝国第八任皇帝）的父亲，在结束了执政官的任职后，开始掌管叙利亚，在那里生活了很多年。从塞涅卡的记述（*Seneca, lib. 2 et 4 de Benefic.*）中我们得知，法比乌斯·佩尔西库斯（Fabius Persicus）也同样幸存下来。不过对于补任执政官的说法，狄奥尼叙述的事实可能存在一些可疑之处。

这一年也不乏一些悲惨的事件，因为提贝里乌斯的残忍暴虐和禁军总督马克罗的傲慢自大，许多著名人士被判罪并被处死。马克罗也开始滥用他的权威和皇帝对他的优待（*Dio, lib. 58. Tacit., lib. 4, cap. 19.*），效仿赛扬努斯的手段，但是更加隐蔽。庞波尼乌斯·拉别奥（Pomponius Labeo）在默西亚省（Mesia）做了8年的大法官之后，被控告贪污，他被切断了血管后死去，他的妻子也惨遭同样的酷刑。马库斯（Marcus），也就是马默尔库斯·埃米利乌斯·斯卡乌鲁斯（Mamercus Aemilius Scaurus）也曾在政府部门任职，尽管他行为可耻，却没有因管理不善而受到控告。马克罗很厌恶他，找到了一个可以击垮他的方法——马克罗向提贝里乌斯介绍了斯卡乌鲁斯创作的一个悲剧，名叫《阿特柔斯》（*Atreus*），在这部戏剧中，除了谈论谋杀父母罪，还谈论了一个人被劝诫要容忍统治者疯狂的言行，马克罗就是要让提贝里乌斯相信，这是在借他人的名字说他的坏话。凭这一条罪名足以控诉斯卡乌鲁斯了，斯卡乌鲁斯没有等到判罪就自尽了，没过多久他的妻子也自尽而死。当时罗马人面对不公的判决往往会自我了断，因为被判罪者的尸体是不允许埋葬的，他们的财产也会被没收，而通过避免判刑，他们可以被埋葬，由于遗嘱的存在，他们的财产可以留给继承人。在被控诉的人中还有伦图卢斯·盖图利库斯（Lentulus Gaetulicus），他曾经是公元26年的执政官。他没有其他的罪名，除了曾经计划将女儿嫁给赛扬努斯。盖图利库斯这个人品质优良，他在日耳曼地区指挥军队的时候，士兵们都因他亲切的举止而非常爱戴他。据说，他大胆地给提贝里乌斯写了一封信，说他不是为了自己的选举提拔，而是出于自己的意愿想要与赛扬努斯结为亲家。但是，他设法与赛扬努斯那个卑鄙的人结好是大错特错，没有人比提贝里乌斯与赛扬努斯更要好，因此这构不成一项理由使这个普遍的过错对于他就是无罪的，而对于其他人却是有罪的。而提贝里乌斯想到迫害手里有兵权的人是件危险的事，有可能会引起造反，因此他再三考虑是否要终止这一计划。但他控告了控告伦图卢斯·盖图利库斯的阿布迪乌斯·鲁弗斯（Abudius Rufus），并将其流放了。

这一年，希腊有一个年轻人（*Dio, lib. 58.*）自称是日尔曼尼库斯的儿子德鲁苏斯，他在那些地区找到很多拥护者，如果再能成功通过索里亚，那么那里的军队很可能会加入他的队伍。但是，他被马其顿地区的庞培·萨比努斯（Pompeius Sabinus）捉拿了，押送到了提贝里乌斯那里。塔西佗写道（*Tacit., lib. 5, c. 10.*）："这件事发生在3年前，当时德鲁苏斯还活着，被囚禁在监狱里。"如果是真的，有可能就是这件事直接推动了他的死亡。塔西佗还写道："这一年在埃及，消失了几个世纪的凤凰鸟重现，这是一个十分神奇的物种。"如今人们已不再相信类似的神话，但普林尼和狄奥尼在两年之后也记述了关于这只鸟的发现，它自那时起再也没有复活过。

年　份　公元35年　小纪纪年第八年
　　　　圣彼得教皇第七年
　　　　提贝里乌斯皇帝第二十二年
执政官　盖乌斯·克斯提乌斯·加卢斯（Gaius Cestius Gallus）与马库斯·塞尔维利乌斯·莫里亚诺（Marcus Servilius Moniano）

这一年，盖乌斯·卡里古拉（Gaius Caligula）与马库斯·西拉努斯（Marcus Silanus）的女儿克劳迪拉（Claudilla）的婚礼在安齐奥（Anzo）隆重举办（*Dio, lib. 58.*）。提贝里乌斯也参加了婚礼，但即使在这样的场合下，他仍然不愿意在罗马露面，因为他不喜欢亲眼看见行刑的血腥场面——在罗马，他继续对任何与赛扬努斯有密切交往的人实施迫害，似乎对此永不满足。至此，富尔基尼乌斯·特里奥也惨遭不幸，他是赛扬努斯垮台那年的执政官，很多人都认为他很受赛扬努斯的青睐，如今他也即将面临判刑。但特里奥已经预料到了这种结局，他写了一封遗嘱后亲手了结了自己的生命。在遗嘱中，他说尽了侮辱提贝里乌斯和马克罗还有宫廷里的那些奴隶的话，他的子嗣们不敢公开这样的内容。提贝里乌斯知道了此事，想把这封遗嘱拿来在元老院念，以显示他受人侮辱，从而赢得人们的赞誉，反正他不在乎自己声名狼藉，也没有觉得自己通过赛扬努斯做的那些不公正的事有什么问题，他很清楚这些事情对公众来说并不陌生。可以肯定的是，提贝里乌斯从不隐藏那些诽谤控诉他的册子，大概是他把那些羞辱当作对他的称赞。塔西佗（*Tacitus, lib. 6, c. 38.*）和狄奥尼还列举了其他诽谤控诉提贝里乌斯的元老院议员和贵族，他们要么是自尽而死，要么是被刽子手杀死。其中值得提及的是庞培·萨比努斯（Pompeius

Sabinus），我们前面讲过，在执政官任期结束后，他先后统治了马其顿行省（Macedonia）、亚该亚行省（Acaia）和两个默西亚行省（Mesie）长达24年，通过自尽避免了被判刑。那段时期，提贝里乌斯暂居在罗马附近，以便能够更方便地得知其残暴指令执行的结果（*Tacitus, l. 6, c. 31. Dio, lib. 58.*）。

就是在那个时候，帕提亚一些贵族瞒着他们的国王阿塔巴诺（Artabano）秘密地来到罗马，向提贝里乌斯询问弗拉特（Fraate）——前任国王的儿子。由于提贝里乌斯年事已高，并且厌恶战争，许多人对罗马军队的敬重和畏惧减少了，阿塔巴诺也因此变得越发盛气凌人。罗马人曾封泽诺内［Zenone，或者叫阿塔西亚（Artassia）］为亚美尼亚的国王，在他去世后，阿塔巴诺占领了那个王国，并让他的一个儿子阿尔萨斯（Arsace）做那里的国王，后来他攻袭了卡帕多细亚省（Cappadocia），甚至还威胁罗马人。因为过度狂妄自大，很多人都对他怀有敌意，他便借机让他们去找提贝里乌斯求助。于是，弗拉特被派到索里亚，希望帕提亚人能够站在他这一边，但是由于他并没有急着赶去那里，阿塔巴诺便有时间来进行防备，弗拉特最终患疾病而死。提贝里乌斯没有因此而放手不管亚美尼亚的事，他任命卢基乌斯·维特里乌斯（Lucius Vitellius，维特里乌斯皇帝的父亲）为地中海东部沿岸诸国的罗马军队的将军，同时还动员了伊比利亚（Iberia）国王和萨尔玛提亚（Sarmati）国王对抗阿塔巴诺。他们贿赂了阿尔萨斯的大臣，杀死了阿尔萨斯。伊比利亚的部队在国王法拉斯曼（Farasmane）的指挥下进入亚美尼亚国内，占领了王国的首都——阿塔萨塔（Artasata）。于是，阿塔巴诺派他另一个儿子奥罗德（Orode）率领部分军队（*Joseph., Antiq. Judaicarum, lib. 18, c. 6.*）前去对抗法拉斯曼。帕提亚人尽管人数不占上风，但还是决心进行战斗，最后要么是奥罗德被杀死了，要么是他受伤的消息后来被传成了死讯，总之，法拉斯曼赢得了战争的胜利，他将亚美尼亚授予他的弟弟米特里达特（Mitridate）。后来，阿塔巴诺又发起了第二次战争，但依然处于劣势。与此同时，得知卢基乌斯·维特里乌斯已经完全抛弃了亚美尼亚，正带着罗马军队准备通过幼发拉底河（Eufrate）进入美索不达米亚（Mesopotamia）时，阿塔巴诺连忙撤退以保卫自己的国家。当时，幼发拉底河是罗马帝国与帕提亚帝国，也就是波斯帝国之间的边界。

年　份　公元36年　小纪纪年第九年

圣彼得教皇第八年

提贝里乌斯皇帝第二十三年

执政官　塞克斯图斯·帕比尼乌斯·阿伦尼乌斯（Sextus Papinius Allenius）与昆图斯·普拉提乌斯（Quintus Plautius）

目前，尚不清楚卢基乌斯·维特里乌斯是不是在幼发拉底河上架起了一座桥，率领罗马军队于这一年或前年进入美索不达米亚。但可以肯定的是，他进入美索不达米亚时，发现帕提亚大主教对国王阿塔巴诺没有丝毫敬意（*Tacitus, lib. 6, c. 42.*），他们的军队与罗马人联起手来对抗阿塔巴诺。与维特里乌斯一起的还有提里达提斯（Tiridates），他是已故国王弗拉特的亲戚。看到帕提亚人如此精心布置来支持他，在维特里乌斯的建议下，他踏上了通往塞琉西亚（Seleucia）的路，这座强大的城市向他敞开了大门，并为他举行了盛大的庆祝活动。阿塔巴诺看到自己被子民抛弃，落荒而逃。维特里乌斯热衷于向那里的人们夸赞罗马的强盛，相信这个王国在提里达提斯手里是可靠的，于是他带领军队回到了索里亚。提里达提斯在帕提亚帝国的首都泰西封（Ctesifonte）完成了加冕。如果他能秉承国王的使命，尽国王之职，寻访整个国家，增加人民效忠的信心和决心，那么整个王国都将是他的。然而，他却忙于围攻阿塔巴诺藏匿珍宝和妓女的城堡，一些有名的人或出于对提里达提斯的畏惧，或出于对他青睐的大臣阿巴达吉斯（Abdagese）的忌妒，没有参加加冕仪式，而是去见了阿塔巴诺，希望帮助他重登王座。阿塔巴诺已隐居在伊卡尼亚（Ircania），过着贫困的生活，靠打猎谋生。他一开始以为这些人是来杀自己的，确认他们无此意图后，他与斯基泰人（Sciti）联手，发现毫不费力地就使人们重新归顺于自己，他的力量重新膨胀，开始带兵直指塞琉西亚。提里达提斯拿不定主意是否要迎击阿塔巴诺，这时一些毫无价值的意见占了上风，其中第一个就是提里达提斯。阿塔巴诺很轻易地就夺回了部分国土，提里达提斯撤退到索里亚，希望罗马军队能助他一臂之力以夺回丧失的国土。维特里乌斯不愿费心其他事务，在与阿塔巴诺碰面时，他变得比以前更加骄傲自大，差点儿在罗马境内发动战争。一个真实可信的说法是，他在这个时候给提贝里乌斯写了一封极具挑衅性的信（*Sueton., in*

Tiber. cap. 66.)，信中他毫不客气地指责提贝里乌斯的残忍和他可耻的性欲与懒惰，告诫他即将为公众对他的仇恨付出代价。

这一年，罗马惨遭两次灾害：一次是台伯河水泛滥，城市里的许多地方都必须乘船出行；另一次是一场火灾，大火烧掉了阿文提诺山（Aventino）的大部分房屋和马克西穆斯赛场（Circo Maximus）一半的建筑（*Tacitus, lib. 6, cap. 45. Dio, lib. 58.*）。提贝里乌斯这个时候似乎忘记了他天生的吝啬，拿出足量的黄金帮助那些遇难的人。除此之外，提贝里乌斯非常喜欢储存和增长自己的财富，不知除了奥古斯都神殿和庞培剧院，他还留下过什么非凡的建造。如果相信苏埃托尼乌斯所说的话，就连奥古斯都神殿和庞培剧院，提贝里乌斯都没有修缮过。提贝里乌斯继续施行对贵族的控诉和残忍行径。盖乌斯·加尔巴（Gaius Galba，曾任执政官，是后任皇帝的兄弟）、两个布莱苏斯（Blaesus）家族的人，还有埃米莉·莱皮达（Aemilia Lepida）都在刽子手行刑之前自尽而死。被控诉的罗马骑士维布伦努斯·阿格里帕（Vibulenus Agrippa）当着元老院的面服下戒指上带的毒药，之后奄奄一息地倒在地上，被拖去了监狱，在那里很快被勒死了，他的财产被占有。提格兰（Tigrane），曾是亚美尼亚的国王（*Tacitus, lib. 6, c. 40. Joseph., Antiquit. Judaic., lib. 18.*），也是犹太行省希律大帝的孙子，当时被控诉并被监禁在罗马，最终也死在了公共大臣的手里。当时他的弟弟阿格里帕也在罗马，他与提贝里乌斯过继的孙子卡里古拉的关系非常密切，就像亲兄弟一样。据历史学家朱塞佩（Giuseppe）记述，有一天，两个人在一辆马车上消遣，阿格里帕为了讨好卡里古拉便对他说："是时候让提贝里乌斯那个老头给你让位了，这样罗马就能重归祥和。"这些话让阿格里帕的奴隶、充当车夫的尤提库斯（Eutychus）听见了。尤提库斯因偷了主人家的东西而被送到了提贝里乌斯所在的卡普里岛，用锁链拴在监狱里，但是当时没有审问他。阿格里帕还做了很多愚蠢的事情。提贝里乌斯在这一年9月现身图斯克罗（Tuscolo，现今弗拉斯卡蒂省，靠近罗马），他叫来尤提库斯，当着阿格里帕的面，尤提库斯揭露了那天听到的所有内容。提贝里乌斯立即命禁军总督马克罗捉拿阿格里帕，阿格里帕甚至没有机会否认，也没有机会为那件可耻的事恳求饶恕。阿格里帕在监狱里一直待到提贝里乌斯死去才被释放，这个我们之后会讲到（*Dio, lib. 58.*）。

迷信的罗马人相信特拉苏卢斯（Trasullus）关于提贝里乌斯这一年将会死亡的预言（*Tacit., lib. 6, cap. 21.*）。特拉苏卢斯是提贝里乌斯最青睐的占卜师和预言家，因为这位皇帝非常热衷占星术，占星术是一种充满虚荣和诡计的艺术，连特拉苏卢斯自己也在别处谴责这种艺术。尽管如此，塔西佗、苏埃托尼乌斯和狄奥尼都写过，提贝里乌斯通过占星术向加尔巴宣称他的统治时期很短，宣称他的孙子小提贝里乌斯会被卡里古拉下令处死，并且他还知道每一天会发生什么。提贝里乌斯被流放到罗迪岛（Rodi）时，对这种艺术进行了深入的研究，因为那段时期迦勒底人到处传播这种占卜术。很多占卜师来到罗迪岛上，提贝里乌斯将他们引到一座高高的礁石上，让他们猜测他的过去和预测他的未来。提贝里乌斯由一个强壮的奴隶陪同，如果占卜师没有猜出来，就会在不知情的情况下被奴隶推到海里。特拉苏卢斯也来到了那里，被提贝里乌斯带到那座悬崖峭壁上，他向提贝里乌斯预言了帝国的情况，但提贝里乌斯还让特拉苏卢斯说出他出生的年月，特拉苏卢斯没有猜对，战战兢兢地坦白说并不知晓，但他很清楚自己的死期马上就要来临。提贝里乌斯得知了帝国的好消息，也明白了自己身处险境，于是拥抱了他，后来便一直将他留在宫廷里。

年　份　公元37年　小纪纪年第十年
　　　　圣彼得教皇第九年
　　　　卡里古拉皇帝第一年
执政官　格奈乌斯·阿切罗尼乌斯·普罗库卢斯（Gnaeus Acerronius Proculus）
　　　　与盖乌斯·佩特罗尼乌斯·庞提乌斯·尼格里努斯（Gaius Petronius Pontius Nigrinus）

我给第二位执政官加上了名字佩特罗尼乌斯（Petronius），这是因为在法布莱图斯记述的一篇碑文（*Fabret., Inscript., p. 674.*）中写道"执政官格奈乌斯·阿切罗尼乌斯·普罗库卢斯、盖乌斯·佩特罗尼乌斯·庞提乌斯·尼格里努斯（CN. ACERRONIUS PROCVLUS, C. PETRONIUS PONTIUS NIGRINUS COS）"。另外，苏埃托尼乌斯（*Suet., in Tiber., c. 73.*）使用的是"尼格鲁斯"（Nigrus）这个名字而非"尼格里努斯"（Nigrinus），就像我发表的一篇碑文（*Thesaurus Novus Inscription., p. 303, n. 2.*）中使用的称呼一样。这两位执政官一直任职到这一年7月1日。之后我们再讲是谁接替了他们。

这一年的头几个月，罗马城内对贵族人士的控诉依旧持续着，由于没有提贝里乌斯的控诉信，于是大家认为这是禁军总督马克罗在背后操纵，他在效仿赛扬努斯的行径，或许比其更甚。被控诉的人中包括杰出人物卢基乌斯·阿伦提乌斯（Lucius Arruntius），他曾任执政官，他的朋友们无法阻止他自尽，但他割断血管后并没有立即死去，他过去受赛扬努斯的殴打，现在受马克罗的鞭笞，他声称像他这样的老头儿不应该再活着了，特别是他也不指望在提贝里乌斯的后继者时期能过得好一点，相反，他的生活将更加悲惨，因为他将处于马克罗的管理之下。事实也的确如此。

与此同时，提贝里乌斯在罗马周边地区停留了数月，却从未有踏进罗马的念头，或许是他不信任罗马人，或许是几个骗子向他诉说了一旦返回罗马会发生的不幸，又或者是他不想那么多人关注他那无耻下流的生活，最终他决定返回卡普里岛。到现在，即使他已78岁，即使他沉迷于美色，他的身体依然健壮，走起路来腰杆笔直。他也不愿意吃药，而是自己给自己诊断看病。他常说男人到了30岁，就不再需要医生告诉你哪些东西对身体有益、哪些东西对身体有害。但是，他后来患了一种慢性疾病，这令他十分吃惊。当时他刚抵达阿斯特拉河（Astura）（*Sueton., in Tiber., c. 72.*），直到著名的米塞诺（Miseno）港口（*Dio, lib. 58. Tacitus, lib. 6, c. 50.*），他便无法再继续旅程了，那里总是可以掩藏他的邪恶。此外，他也不像以前一样跟朋友们设宴纵乐了。提贝里乌斯因为占卜师特拉苏卢斯不久前去世而沮丧不已，因为特拉苏卢斯曾经跟他预言他还有10年的生命，所以他把死亡看成一件很遥远的事情。大家都认为特拉苏卢斯是出于善意而拿那个预言嘲讽他，这样让提贝里乌斯相信他还能活很长时间，他就不会急着杀害他列表里的那些贵族了。这个机智的权宜之计的确挽救了很多人的生命，许多人已经被治罪了，然而在被判刑之后留给他们剩下的最后10天中，突然传来了提贝里乌斯去世的消息。

虽然提贝里乌斯出于虚伪作风，一直假装自己的身体状况良好，但他的身体却因疾病一天不如一天，最后只能在别墅和卢库鲁斯（Lucullus）的宫殿里休养。杰出医生卡里库（Caricle）深受提贝里乌斯青睐——不仅是为了从他那里得到药物，也为了向他询问建议。他在与提贝里乌斯告别时非常熟练地为他把了下脉，意识到提贝里乌斯的死期将近。他将此事告知马克罗，马克罗立即开始准备让卡里古拉继任皇位。当时奥古斯都皇系有三个后嗣活着，但是只有卡里古拉有能力继任提贝里乌斯的皇帝之位，他是日尔曼尼库斯的儿子，生于公元12年，由于提贝里乌斯收养他的父亲日尔曼尼库斯为养子，因此他也就成了提贝里乌斯合法的孙子。但是卡里古拉生性残暴，甚至还有些躁狂，提贝里乌斯很轻易就觉察出了这一点。有一天，卡里古拉嘲笑罗马历史上的著名人物苏拉（Sulla），提贝里乌斯对他说："依我看来，你兼备了苏拉所有的恶习与缺点，却不具备他任何的美德。"另一位皇子是提贝里乌斯·杰梅卢斯（Tiberius Gemellus），他是提贝里乌斯的亲生儿子德鲁苏斯之子，他被赋予这样的名字是因为他的母亲利维拉（Livilla）同时生出了他和另一个双胞胎兄弟。但那时他才刚满17岁，还没有能力统治这样一个庞大的帝国。第三位皇子是提贝里乌斯·克劳狄乌斯（Tiberius Claudius），他是日尔曼尼库斯的弟弟，尽管正值壮年，但没有什么头脑，也不为罗马人知晓。作家们就提贝里乌斯选了谁做他的继任者而产生了分歧。历史学家朱塞佩（Giuseppe）讲述了这样一件有点儿像神话传说的事情（*Joseph., Antiquit. Judaic., lib. 18.*）：提贝里乌斯不确定该选哪个孙子做继任者，于是做了这样一个随机的决定，第二天早晨谁先来他的房间就选谁，而这个先到的是卡里古拉。小提贝里乌斯后来向卡里古拉寻求依靠，尽管有占卜预言卡里古拉会将他杀死。其他人（*Dio, lib. 58.*）说提贝里乌斯没有考虑他的亲孙子，因为他母亲利维拉的丑事被揭发后，他怀疑小提贝里乌斯并非德鲁苏斯的亲生儿子。然而，似乎大家更同意斐洛（*Philo, de Legation. Sueton., in Tiber., c. 76.*）、苏埃托尼乌斯和狄奥尼的说法："提贝里乌斯在他的两封遗嘱中将卡里古拉和小提贝里乌斯一同立为继承人。"

与此同时，盖乌斯·卡里古拉为确保能抓住时机，不断向马克罗献殷勤，因为当时马克罗是非常有权势的官员，而且还是禁军总督，统领着10万名令整个罗马恐惧的精良士兵。卡里古拉还忙着不停地讨好马克罗的妻子恩尼亚·内维亚（Ennia Nevia），据说他们之间有着不正当的关系，但马克罗并没有为此而惩罚他，因为似乎这样罗马帝国更容易落入他之手，所以他也在为了某些东西而尽力赢得卡里古拉的好感。马克罗总是在提贝里乌斯面前赞美卡里古拉，宽恕卡里古拉的缺点，以至于有一天提贝里乌斯责备他过于依附卡里古拉，说自己已经意识到他正在为追赶东边的太阳而抛弃西边的太阳。提贝里乌斯的身体变得越来越差（*Dio, lib. 58. Tacitus, lib. 6, c. 50. Sueton. in Tiber., c. 73.*），他也感到身体变得虚弱无力。这一年3月16日，他感到一阵剧烈的虚弱感，几乎奄奄一息，于是被认为死去了。卡里古拉从宫殿里出来，朝臣们蜂拥而来向他祝贺。就在这时，宫廷里出来一个人，报告说提贝里乌斯已经恢复了意识，要求进食。所有人都震惊不已，低着头，声音渐渐弱了下去。卡里古拉一句话也说不出，跟个死人一般去找马克罗。但马克罗丝毫不感到惊恐，很快就找到了方法安抚受到惊吓的卡里古拉。作家们并没有告诉我们提贝里乌斯究竟是怎么离开人世的。苏埃托尼乌斯引用了塞涅卡所写的："提贝里乌斯感到身体极度不适，但他的家人对他置之不理，就像很多其他无亲无故的君主死去的例子一样，他叫人来，没有人回应他，他从床上起来，刚走了几步就摔倒了，然后死去了。"其他人说，是卡里古拉给他下了一种慢性毒药把他谋杀了。还有人认为是马克罗以给他暖身体为由，往他身上盖了很多衣物，最后使他窒息而死；又或者是马克罗不给他食物吃，他被饿死了。还有一种说法，说是卡里古拉（*Sueton., in Gaius, cap. 12.*）见提贝里乌斯不愿自己了结生命，于是亲手将他掐死了，又或者是用一个枕头捂住了他的嘴，让他永远说不出话来。不管是哪种说法，提贝里乌斯于3月16日这一天死去了。狄奥尼写的是在26日这一天。究竟是16日还是26日，缺少可以佐证的文本。就这样，这位皇帝去世了，他具有伟大的天赋，却用它干尽了邪恶之事，他只有在奥古斯都和他的侄子兼养子日尔曼尼库斯在世的时候，出于畏惧而恪守本分；他是个十分出色的伪装者，先是表现出一些虚假的美德，但后来就沦陷于各种恶习；他遭众人谴责，既因为他的无耻好色，但更多是因为他的残忍和不公，除了他自己没有人爱他，后来他被称作"幸福的普里阿摩斯"（felice Priamus），因为他是在见证了所有的亲人死去之后去世的。

盖乌斯·卡里古拉立刻将提贝里乌斯去世的消息告知元老院，并要求他们授予提贝里乌斯神圣的荣耀。但提贝里乌斯太遭人憎恨了，罗马人民得知这个消息后高兴得欢呼雀跃，他们激动万分，咒骂着要将有关于提贝里乌斯的所有记忆撕裂，并高喊着将他的尸体扔到台伯河里。面对这样的躁动，元老院只好暂停授予提贝里乌斯荣誉的决议，盖乌斯后来来到罗马，再也没有谈过这件事。提贝里乌斯的尸体被运到了罗马，并按照当时的惯例予以焚烧，其后的葬礼办得极其朴素。盖乌斯做了墓前致辞，然而其中很少有献给提贝里乌斯的赞词，更多的是赞颂奥古斯都和他的父亲日尔曼尼库斯的。之前我们说过，日尔曼尼库斯因他崇高的美德而深受罗马人民爱戴，而盖乌斯是他的儿子，因此也受到爱戴，并且他那时还没有向别人暴露出他那无数的恶习与缺点，如果有所暴露的话，也只是在少数人面前。提贝里乌斯的亲孙子提贝里乌斯·杰梅卢斯因为每个人都憎恶他的祖父而受到憎恶。不过，对于盖乌斯来说，让自己成为皇帝这件事被认可和承认并不难，让元老院废除提贝里乌斯的遗嘱——关于授予盖乌斯·卡里古拉和提贝里乌斯·杰梅卢斯同等的治理国家权力——也不难。据苏埃托尼乌斯证实（*Sueton., in Caj., cap. 14. Dio, lib. 59.*），尽管盖乌斯没有立马使用前两位奥古斯都皇帝的头衔，他依然享有第一公民称号，并且有权威和自由做任何事。整个罗马都满怀仰慕和喜悦地看着盖乌斯会以怎样非凡卓越的方式开始他的统治，并没有想过很多统治者晚期和早期的情景是不同的。盖乌斯一直被人们以"卡里古拉"这个绰号称呼，这源于他少年时在日耳曼地区的军队里，他的父亲日尔曼尼库斯让他穿成普通士兵的样子，脚踩着古罗马士兵穿的凉鞋（Caliga），从那以后，他就在军队里使用这个绰号。成为皇帝之后，他认为这个绰号具有侮辱性，因此历史学家们大多称他盖乌斯（Gaius），因此盖乌斯这个名字一开始便广为人知。这是我们从苏埃托尼乌斯和狄奥尼那里得知的，因为塔西佗关于这个无比邪恶的君主和他后继者统治前几年的书籍已经被销毁了。盖乌斯执行了提贝里乌斯所有的遗嘱，甚至还完成了利维亚·奥古斯塔在她的遗嘱中下令做的事，她那忘恩负义的儿子提贝里乌斯从未想过执行她的遗嘱。他立即给予禁卫军团以优待，向他们支付提贝里乌斯留给他们的所有军费，还出于慷慨又增加了同等金额的另一笔军费。他还支付了罗马人民一大笔提贝里乌斯下令捐赠的钱，并且每个人又多给了60钱，这在过去他还穿着成年长袍时是没有能力支付的。此外，他还分发了15钱的贷券用以延期。最后，他给罗马的其他士兵每人支付了500银币，给另外的夜间守卫、意大利以外的军队和小城市的其他士兵每人支付了300银币。

  某天，他向元老院说了一堆甜言蜜语，告诉他们在接触了提贝里乌斯的所有恶习之后，希望元老院可以单独指挥和掌权，他会尽他所有的努力做到最好，并称呼自己是他们的孩子和学生。他召回流放者，释放了所有囚犯，其中包括昆图斯·庞波尼乌斯（Quintus Pomponius）——他卸任执政官后在监狱中悲惨地度过了7年。盖乌斯还废除了所有的刑事审判，烧掉了提贝里乌斯留下的控诉册子。早期的这些举动为盖乌斯赢得了赞誉，因为人们相信他会信守诺言，相信他是心口一致的。很快他希望元老院可以解雇执政官普罗库卢斯（Proculus）和尼格里努斯（Nigrinus），把执政官的位子授予他，但是他下令那两位执政官可以按之前的规定继续任职直到7月1日，那时候再宣布他为执政官，并且他很愿意让他的叔叔提贝里乌斯·克劳狄乌斯做他的同事。提贝里乌斯·克劳狄乌斯此前因身心发展不健全一直身份卑微，只接受过骑士的任命。在一些纪念勋章中，盖乌斯被称为"盖乌斯·恺撒·奥古斯都·日尔曼尼库斯"（CAJVS CAESAR AVGVSTVS GERMANICVS），在另一些勋章中又加上了"神圣的奥古斯都后裔"（DIVI AVGVSTI PRONEPOS）。他继续表现他对亲人们的极大爱意，授予他的祖母、日尔曼尼库斯的母亲安东尼娅（Antonia）以奥古斯塔和奥古斯都所属女祭司的头衔，并授予他的姐妹维斯塔贞女（Vestali）的特权。对于提贝里乌斯的亲孙子提贝里乌斯·杰梅卢斯，盖乌斯封他为"青春王子"（Principe della Gioventù），并且收养他为自己的儿子。他还亲自去了潘塔利亚岛（Pandataria）和蓬扎岛（Ponza）找寻他母亲阿格里皮娜和哥哥尼禄的骨灰，并带回罗马，举办了盛大的葬礼，最后将骨灰放置在奥古斯都陵墓里。为了纪念他们，还规定每年都要举行殡葬仪式和节目表演。盖乌斯很快又想起了他那个亲爱的朋友——犹太省希律大帝的孙子阿格里帕（Agrippa），他那时仍然被关押在监狱里（*Joseph., Antiq. Jud., lib. 18. Dio, lib 59.*），于是盖乌斯下令罗马总督将他从监狱里转移到他之前住的地方，没过几天，盖乌斯就把阿格里帕带到跟前，为他换了身衣服，戴上王冠，宣布他为国王，将他不久前去世的叔叔菲利普（Filippo）掌管的四分省（Tetrarchia）授予他，并增加了里萨尼亚省（Lisania），使得犹太省跟以前一样直接受罗马的管辖。盖乌斯还将科马基亚（Comagene）王国归还给了安条克（Antioco），并附赠了沿海的西里西亚省（Cilicia）。另外，使盖乌斯获得赞誉的还有他将那些拿自己的身体做下流交易的年轻人赶出罗马的举措，他差点儿将他们扔进台伯河。他下令人们可以搜索并公开阅读提图斯·拉比埃努斯（Titus Labienus）、科尔杜斯·克雷穆提乌斯（Cordus Cremutius）和卡西乌斯·塞维鲁斯（Cassius Severus）那些被查禁的故事书。他还将司法裁判权交给地方长官，且不用向他申诉。他又免去了意大利各省对于所有拍卖的东西要缴纳的100钱赋税。提贝里乌斯统治时期，因为他总是心情阴郁，公共娱乐、游戏和表演都变得十分稀少。盖乌斯立马恢复了所有的娱乐活动，这样娱乐项目大量增加。所有这些举措都使盖乌斯获得了人民的一致好评与赞誉（*Sueton., in Gaius, cap. 17. Dio, lib. 59.*）。在担任执政官两个月后，他拒绝让提贝里乌斯指定的两个执政官继任。无人知晓他们的名字。皮吉奥（Pighio）猜测可能是提贝里乌斯·维尼修斯·夸德拉图斯（Tiberius Vinicius Quadratus）和昆图斯·库尔提乌斯·鲁弗斯（Quintus Curtius Rufus）。毋庸置疑，现在罗马呈现出与之前残暴的统治完全不同的美好面貌，整个罗马都因盖乌斯·卡里古拉这些令人称赞的行为而呈现出一派祥和，罗马人民因为这样巨大的改变而欣喜不已。

但是这种祥和的局面没有维持多久，下一年，帕提亚的国王阿塔巴诺（Artabano）出现了，他过去十分憎恨提贝里乌斯，听到他死去的消息非常高兴，立马发出了一份和平条约。狄奥尼记述，阿塔巴诺努力与盖乌斯交好。但据苏埃托尼乌斯和朱塞佩·埃布雷奥讲述，是索里亚总督维特里乌斯（Vitellius）在盖乌斯的命令下拟定的那份条约。事实上，之后阿塔巴诺和维特里乌斯在幼发拉底河的一座桥上进行了一次重要的面谈，双方以对罗马人有利的条件缔结了和平协定。

年　份　公元38年　小纪纪年第十一年

圣彼得教皇第十年

卡里古拉皇帝第二年

执政官　马库斯·阿奎利乌斯·尤利安努斯（Marcus Aquilius Iulianus）与普布利乌斯·诺尼乌斯·阿斯普雷纳斯（Publius Nonius Asprenas）

到目前为止，我们已经看到在前一年仁慈宽厚的盖乌斯·卡里古拉做出了令人意想不到的巨大改变。下面我会继续讲述当时发生的事情和这一年发生的事情（*Dio, lib. 59.*）。10月份的时候，这位新皇帝得了一场严重的大病，让他怀疑自己命不久矣（*Philo, in Legatione ad Cajum.*），于是他开始过起了骄奢淫逸的生活，沉迷于宴会、纵乐与美色。他一康复，情绪就回到了以前，变化无常，他开始被各种事情激怒而大发脾气，就好像他的疾病对他的精神也造成了某些损害一样。从那以后，他的行为开始转变，原本饱受残暴的提贝里乌斯虐待的罗马，此时在这位更加狠毒的君主统治下，几乎变成了一处灾难之地。罗马人民发了疯似的希望盖乌斯能战胜疾病，因为他在统治一开始做了那么多光荣的事情，每个人都认为公众的幸福在于维持他的身体健康。有两个人，一个是知名人士普布利乌斯·阿弗拉尼乌斯·波蒂提乌斯（Publius Afranius Potitius），另一个是骑士阿塔尼乌斯·塞昆杜斯（Atanius Secundus），他们立下誓言，一个要献出自己的生命以换取卡里古拉的健康，另一个甘愿与角斗士战斗，只要卡里古拉能痊愈，不惜置自己于死亡的危险之中。盖乌斯痊愈后，整个城市都洋溢着无法言说的喜悦，但很快人们就发现情况并不像他们想象的那样。盖乌斯做出的第一件轰动全城的不公之举就是强迫提贝里乌斯·杰梅卢斯自杀。提贝里乌斯·杰梅卢斯是提贝里乌斯·奥古斯都唯一合法的亲孙子，也是他收养的儿子，过去盖乌斯极其谨慎小心，不允许任何人夺走皇帝这个亲孙子的性命。作为做出这一残忍之举的借口，盖乌斯表示他已经证实，小提贝里乌斯得知他生病非常高兴，盼望着他死掉。此外，他还十分蛮横无理，要求曾经发誓救他性命的那两个人兑现诺言，以表明自己发的不是伪誓。

这一年，盖乌斯也做了一些令人民中意的事情（*Dio, lib. 59.*）。他归还了平民在人民大会中选举地方长官的权利——这项权利在提贝里乌斯时期只限于元老院议员，然而并没有取得多大效果；下令公开共和国的收入和花费支出——这一规章在提贝里乌斯统治时期被废除。由于骑士的地位大大降低，他通过授予他们城市贵族的头衔来恢复他们的地位，前提是亲缘关系良好，并且足够富有，同时还授予他们一些特权。通过元老院颁布的法令，他封索赫姆斯（Sohaemus）为阿拉伯伊图塔（Arabia Iturea）的国王，将小亚美尼亚及后来部分阿拉伯地区授予科蒂斯（Cotys）。他还将色雷斯（Tracia）的一部分地区授予里米特尔（Rimetalce），将本都（Pontus）授予波利蒙（Polemone，波利蒙国王的儿子），以这样的方式对那些遥远的地区行使裁判管辖权，同时让那些王国忠诚于罗马帝国。除此之外，他做的其他事情，性质和以前就不太一样了。我们之前说过，多亏了禁军总督马克罗，盖乌斯才当上皇帝。马克罗这个人除了恶毒外，还敢于直言不讳地跟盖乌斯讲话（*Philo, in Legatione ad Cajum.*），或许是想阻止他践行他那邪恶的本性，而盖乌斯不希望再有任何人凌驾于他之上，因此在向马克罗许诺让其统治埃及后，他对马克罗的态度从轻蔑变为将其处死的决绝。马克罗在刽子手行刑之前先行自尽了，他的妻子恩尼亚·内维亚（Ennia Nevia）不久之后也自尽身亡。据说，恩尼亚·内维亚与卡里古拉之间有过不正当的关系。每个人都觉得卡里古拉对他们这样忘恩负义太过恶毒，认为皇帝加给他们阿谀奉承者的罪名与他们不太相称，因为他自己也具有同样的罪行。马库斯·尤尼乌斯·西拉努斯（Marcus Iunius Silanus）是盖乌斯的岳父，曾担任执政官，是一位声名显赫的名门贵族，也是在提贝里乌斯统治时期第一个在元老院发表自己看法的人。他的女儿朱妮娅·克劳迪拉（Giunia Claudilla）在卡里古拉还没成为皇帝之前就嫁给了他，后来，据狄奥尼证实（*Dio, lib. 59.*），她被卡里古拉抛弃了。塔西佗（*Dio, lib. 59. Tacit., Annal., lib. 6, c. 46.*）说她不久就去世了，可能死于分娩。盖乌斯多次侮辱西拉努斯，最后由于他残暴的统治，西拉努斯选择了自尽。狄奥尼在前一年谈论过这件事。我们从塔西佗（*Tacitus, in Vita Agricolae.*）和塞涅卡那里还得知，卡里古拉原本想将控告西拉努斯这项任务交给尤利乌斯·格雷奇努斯（Iulius Graecinus）。格雷奇努斯是一位非常正直的元老院议员，写过几部关于农业的书，普林尼也提到过这些书，他也是尤利乌斯·阿古利可拉（Iulius Agricola）的父亲，阿古利可拉的传记为塔西佗所作。格雷奇努斯宽厚地饶恕了西拉努斯，由于这一善良之举，卡里古拉将格雷奇努斯判处了死刑。据塞涅卡讲述（*Seneca, de Benefic., lib. 2, c. 21.*），格雷奇努斯没钱庆祝公共竞赛，法比乌斯·佩尔西库斯（Fabius Persicus）就给他送去了一大笔钱，他很可能是公元34年的执政官，是个声名狼藉的人。格雷奇努斯拒绝了这笔钱，佩尔西库斯为此而谴责他，格雷奇努斯这么回应朋友："您是想要我接受某个人的钱，然后令我连跟他同坐一张桌子都感到羞耻吗？"

这段时期，很容易看出罗马异教风俗有多么腐化堕落。卡里古拉也留下了一些下流可耻的例子（*Sueton., in Gaius, cap. 24.*）。卡里古拉的三个亲妹妹——德鲁西拉（Drusilla）、阿格里皮娜（Agrippina）和利维拉（Livilla），要么还是处女，要么已嫁人，都遭到过卡里古拉的侵犯。在所有妹妹中，他最爱德鲁西拉，在她年轻的时候就夺走了她的贞节。德鲁西拉后来嫁给了执政官卢基乌斯·卡西乌斯·朗基努斯（Lucius Cassius Longinus），卡里古拉却将德鲁西拉抢了过来，将她留在身边，像对待妻子一样对待她。不知道为什么，狄奥尼（*Dio, lib. 59.*）说德鲁西拉是马库斯·雷必达的妻子（或许是第二次婚姻），然而他也发现了哥哥和妹妹的苟且之事。就是在这一年，德鲁西拉不幸去世，很有可能是在7月末，卡里古拉简直像疯了一样，变得荒唐怪诞。在庄严的葬礼和公共祷告之后，他给德鲁西拉授予利维亚·奥古斯塔的荣耀，并奉她为神，为她修建神庙。卑鄙的元老院议员利维乌斯·杰米努斯（Livius Geminus）发誓说看到德鲁西拉升了天，为此，卡里古拉给了他丰厚的赏赐。塞涅卡也讥笑这件事。后来，卡里古拉像疯子似的突然离开罗马，去了坎帕尼亚，一直到达锡拉库萨市（Siracusa），然后又急急忙忙地返回罗马，胡子也不刮，头发也不剪。卡里古拉简直疯狂到了极点，因两个截然相反的动机或理由，他不知道处死了多少人。其中，一个理由是人们为德鲁西拉的死而伤心，就好像为一个成为神的人痛哭流涕是一种巨大的罪过；另一个理由是有人在哀悼德鲁西拉的那段时间举办宴席、舞会，就好像是为她的死而高兴。谁能猜到这个暴躁如疯子似的卡里古拉都会因为什么动怒呢？然而其他人认为卡里古拉只是找这样的理由吞食被判罪者的财富——不管是正当且有理由的，还是不正当且没有理由的，因为这个疯子在前几个月挥霍无度，通过赠送和娱乐消遣花光了吝啬的提贝里乌斯积攒下来的财富。发现自己越来越憔悴，卡里古拉开始使用各种暴力，要么是公开征收赋税，要么是私底下处死富有的无辜者，占有他们的财富来满足他那贪婪的欲望。当没有其他的控诉理由时，他就以参与了他父母与哥哥的死为控告罪名。

这位皇帝做的另一件荒唐之事或许发生在前一年，狄奥尼对其有所叙述（*Dio, lib. 59. Sueton., in Gaius, cap. 25.*）。卡里古拉受邀出席盖乌斯·卡尔普尔尼乌斯·皮索（Gaius Calpurnius Piso）和莉维亚·奥雷斯蒂利亚［Livia Orestilla，或者叫科妮莉亚（Cornelia）］的婚礼，他一看见美丽的新娘就迷恋上了她，于是对皮索说："你不会想要碰我的妻子吧。"当即将新娘带回了宫殿，几天后又将她抛弃，直到两年后得知她与她的第一任丈夫有联系，他便将二人都流放了。当时卡里古拉听说曾任执政官的盖乌斯·梅姆密乌斯·雷古鲁斯的妻子洛丽亚·保琳娜（Lollia Paolina）的祖母有着绝世的美貌，不知怎的又听说保琳娜的美貌不输她祖母，于是在德鲁西拉去世没几天就强娶保琳娜为妻，并且强迫她的丈夫收养她为女儿。没多久，卡里古拉就抛弃了她，并下令不准她与其他男人有染。后来，卡里古拉又娶了塞索尼娅·米洛尼亚（Cesonia Milonia）。米洛尼亚是个非常懂得如何让男人爱上她的女人，当时她已与前夫有了3个女儿，而卡里古拉就是在她分娩另一个女儿时将她娶为妻子，卡里古拉认为这是他的女儿，于是给她取名茱莉亚·德鲁西拉（Giulia Drusilla）。狄奥尼认为这个孩子是一个月后出生的，卡里古拉和米洛尼亚也是在下一年结婚的（*Dio, lib. 59.*）。与此同时，卡里古拉疯狂地热衷于杀戮，将别人的死亡视作令人愉悦的消遣，角斗士之间的致命游戏是他最喜欢的娱乐活动。他还诱使贵族们在剧场里战斗以至割喉而死，即使这是违反法律的。他不满足于看两个人之间的决斗，还想看几队人马拼死相搏。有一天，他让26名罗马骑士相斗，看到他们血流满地的场景时竟高兴得拍案叫好。有时候在缺少角斗士的情况下，他就抓来平民充数，为了不让平民喊叫，就将其舌头割掉，然后逼迫其与猛兽搏斗。就这样，卡里古拉变得日益残暴，甚至疯狂无比，为了看各种表演，他挥霍了大笔金钱，甚至将房子推倒来修建新的圆形剧场。

据说，这一年（*Philo, in Flacc. Joseph., in Antiq. Judaic. Eusebius, et alii.*），地中海东部沿岸诸国开始对抗迫害基督教义的犹太人。对抗这个民族的起义一开始在埃及爆发，有成千上万的犹太人生活在这个富庶的省份，亚历山大里亚

（Alessandria）的人民在国王阿格里帕抵达这座城市时掀起了叛乱，他们之中很多人被残忍地对待、折磨、杀害，他们的房子和仓库被洗劫一空，人民陷入了巨大的痛苦之中。这段历史在很多著作中都有详细的记述，包括斐洛（Philo）的《反对弗拉库斯》(*Contro Flaccus*)、巴罗尼奥主教（Baronio）的《基督教编年史》(*Annali Ecclesiastici*)和乌塞里乌斯（Usserius）等人的作品。在这里，我就不再详细叙述了。

年　份　公元39年　小纪纪年第十二年
　　　　圣彼得教皇第十一年
　　　　卡里古拉皇帝第三年
执政官　盖乌斯·恺撒·卡里古拉·奥古斯都第二次，卢基乌斯·阿普罗尼乌斯·凯西安努斯（Lucius Apronius Caesianus）

卡里古拉仅仅在1月当了一个月的执政官（*Sueton., in Gaius, cap. 17.*）。据狄奥尼所述（*Dio, lib. 59.*），2月1日，他将执政官的位子让给了马库斯·桑奎尼乌斯·马克西穆斯（Marcus Sanquinius Maximus），这个人之前就曾担任过一届执政官。狄奥尼还证实，阿普罗尼乌斯·凯西安努斯（Apronius Caesianus）任执政官直到6月底，据说7月1日格奈乌斯·多米提乌斯·科尔布罗（Gnaeus Domitius Corbulo）接替了他的位子。斯达巴主教（*Stampa, Continuat. Fastor. Sigonius et alii.*）和其他人都没有提到继任的执政官。但狄奥尼写道："卡里古拉因为后来替任的执政官没有通告为他的诞辰庆祝，而是隆重庆祝了奥古斯都大帝战胜马库斯·安东尼乌斯（Marcus Antonius）——这两个日子是在同一天，于是他怪罪于执政官，将他们降级并摔断了他们的权力束棒。"这是何等的侮辱，致使其中一个执政官后来自尽。随后多米提乌斯·阿非利加努斯（Domitius Africanus）继任执政官。据苏埃托尼乌斯所述（*Sueton., in Gaius, c. 8.*），盖乌斯·卡里古拉出生于8月31日，在那一天也发生了执政官的轮换，而卡里古拉推选的执政官多米提乌斯·阿非利加努斯一直任职到这年年底（原拉丁语为：*Domitium Afrum Collegam Cajus ipse sibi re, verbo Populus ele-*

git.)。根据塔西佗的描述（*Tacitus, Annal., lib. 3, cap. 33, et lib. 4, c. 52.*），可以肯定的是，多米提乌斯·科尔布罗与多米提乌斯·阿非利加努斯是两个截然不同的人。狄奥尼也谈论过这两个人，说多米提乌斯·科尔布罗是经过一些选拔流程才获得执政官位子的，后来多米提乌斯·阿非利加努斯也成为执政官。不过唯一不太确定的是，究竟哪一位执政官被剥夺了生命，因为据塔西佗的《编年史》（*Tacitus, Annal., lib. Ⅱ, cap. 18.*）所述，似乎桑奎尼乌斯·马克西穆斯和多米提乌斯·科尔布罗都又活了几年。

这一年，盖乌斯剥夺了人民参加公民大会的权利，因为伴随着一系列阴谋诡计，他将这一权利归还给了元老院。他还出于其他各种理由对人民群众动怒，也知道自己被人民所憎恨。看见观看演出的人很少，且不止一次听到他们对密探和控告者发出抗议，他便将这些人一一杀死。他对待贵族与富人更加残忍，总是能轻易地找出各种借口控告他们，并将他们判刑，这样他就能将他们的财产据为己有。狄奥尼说，元老院议员卡尔维西乌斯·萨比努斯（Calvisius Sabinus）、大法官普里斯库斯（Priscus）还有其他人，听到卡里古拉颂扬提贝里乌斯并威胁所有人而十分震惊，恐惧不已，因此从那时起人们就开始奉承卡里古拉，对他高度赞扬。我们刚才提到的执政官多米提乌斯·阿非利加努斯十分精明谨慎，懂得如何避开不幸，他为卡里古拉建造了一座雕像，在碑文中写道，"奥古斯都大帝于27岁二度当选执政官"，以为这样可以为自己赢得奖赏。但是卡里古拉曲解了这句话的意思，觉得这是对他的一种责备，因为他这个年纪，也因为法律规定，他无法在如此短的时间里获此荣耀。另外，考虑到多米提乌斯是公认的雄辩家，他的演讲十分考究，内容丰富，于是卡里古拉意欲在元老院控诉他。警觉的多米提乌斯停止了他那"冗长乏味"的演说，也没有为自己辩护，仅仅表现出被盖乌斯演讲的力量和美丽所深深折服，向他指出所有最精彩的段落并对他大加赞扬。后来在要求为自己辩护时，多米提乌斯说被这样一个强有力的演说打败，除了恳求仁慈宽厚的皇帝他什么也做不了，说着，他便跪倒在卡里古拉脚下，祈求饶恕。盖乌斯为打败了这样一个声名远扬的演说家而自鸣得意，于是饶恕了多米提乌斯，并推举他为执政官。

除了与日俱增的残忍，卡里古拉也变得越来越疯狂，越来越挥霍无度，将大量钱财投到演出节目上（*Sueton., in Gaius, cap. 54. Dio, lib. 59.*）。他有时会驾车在竞技场里与平民赛跑，一旦有人和马跑到他前面，他就将其治罪。他有一匹十分钟爱的马，取名因西塔图（Incitato）。他带着这匹马到餐桌上，用金瓶给它喂食，用大葡萄酒金杯为它饮水。据说，他还许诺有一天要立这匹马为执政官，如果他能活得再久一点，可能他真的就这么做了，不过这有可能只是一个玩笑。对这个疯狂的皇帝来说，仅仅是在陆地上骑马并不算一件光荣之事，他想让罗马人看看，他也有胆量在海上骑马。于是他命人在拜亚市（Baja）和波佐洛市（Pozzuolo）之间的海域中建造了一座桥，桥长三罗马里半，上面建有一些房屋，用以储备淡水。此桥是通过将两艘货船用锚固定在岸边修建而成，这两艘货船也是从远处而来（*Sueton., in Gaius, c. 19.*）。这一耗资巨大的工程后来造成了罗马和整个意大利的饥荒。

为了建造这座耗资巨大的桥梁，有一天，卡里古拉骑上一匹骏马，穿戴上据说是亚历山大大帝的铠甲，披上一件用黄金珍宝装饰的外衣，腰间佩带着一把剑，头戴月桂王冠，率领全部宫廷成员从拜亚市向波佐洛市进军，就好像是在攻袭一支敌军，后来在那座城市休息，就好像是因战斗而感到疲惫一样。第二天，他坐上一辆由优质战马牵引的战车，前面是帕提亚的人质之一达里奥（Dario），后面跟着穿着华丽的宫廷成员和几列禁卫军，他们重新穿过了那座桥。桥的中间有一座法庭，卡里古拉在那里发表了激昂的演说，就好像是为逃脱了危险、打了胜仗而夸奖士兵们一样，其实是为他踏上了大海从而征服了大海而感到自豪。他与宫廷成员在桥上纵酒作乐，其他人则在各个船上纵情畅饮，这样度过了剩下的白天和黑夜，整座桥还有附近的山丘都被火把、烟火和其他光亮照亮，整个地区灯火通明，黑夜如白昼。在推杯换盏中，因兴奋使然，也出于娱乐，很多人被扔到了海里，卡里古拉自己也扔了许多人入海，其中有些人不幸溺死了。后来，盛大的宴会结束了，卡里古拉自夸是位英勇的皇帝，甚至能够震慑大海、征服大海。这项浩大工程耗费的巨资使得后来日益憔悴的皇帝想方设法通过各种途径聚敛钱财，尤其是通过控诉那些有钱人的方式聚敛钱财。其中的受害者包括著名的哲学家卢基乌斯·阿内乌斯·塞涅卡（Lucius Annaeus Seneca），他被认为是罗马最博学的人，曾在元老院当着卡里古拉的面掷地有声地谈论一桩案件，卡里古拉对此十分不满，可能是因为塞涅卡有意维护那桩案件，也可能是因为他不喜欢看见有人比他更具有雄辩力。于是，他降罪于塞涅卡，但是后来从宫廷一个小妇人那里得知塞涅卡患有肺结核，将命不久矣的消息后，卡里古拉决定放过他，没有将他处死。

接下来，卡里古拉突然以结束与日耳曼人永无止歇的战争为借口，做出了前往高卢的决定，实际上他是去罗马各省收缴战利品的。同时，在做出征服大海的壮烈之举后，他想让那些蛮族见识到他的厉害和无上的权势。他应该是在这一年最后几个月启程的。据说他聚集了20万名士兵，也有人说是25万。不过，可以肯定的是，他召集了大批军事力量进攻日耳曼地区。然而这排场浩大的军事准备最终却以滑稽收场。卡里古拉坐在马车上，行驶在狭窄的道路上，他们刚跨过莱茵河，就被告知如果日耳曼人来袭击罗马人，将会引起混乱。因为只有这一条窄路，卡里古拉就跳上马，急急忙忙地回到莱茵河桥上，他发现载货车阻挡了自己的路，于是叫人用肩扛着他过去，因为他觉得只有莱茵河这道屏障在眼前时才是安全的，才能抵挡住日耳曼人的袭击。在这次荒唐的转移途中，他叫护卫中的几个日耳曼人藏在莱茵河那里假装是敌人来犯，有一天午餐时，他假装收到日耳曼人侵犯的消息，于是跳了起来，率领军队冲向那些假想的日耳曼军队，他们到达一片树林后，把这天剩下的时间用来砍树，以制造日耳曼人被他赶走的战争景象，他同时鼓励军队要容忍，以期下次能打一场更漂亮的仗。与此同时，他给元老院写了一些紧急的信，那时候罗马正在到处进行宴会和各种娱乐活动，然而他却身处战争的危险之中。这段时期，大不列颠国的一位王子阿迪米尼奥（Adminio）带着很少的人来投奔卡里古拉，他被父亲赶出大不列颠国，想要寻求卡里古拉的保护。就好像已征服了大不列颠一样，卡里古拉马上派信使送信到罗马，并给他们下令，只有当元老院议员们聚集在战神庙（Tempio di Marte）时才能现身，并且一定要把信交到执政官手里。他还宣布自己第七次当选皇帝，就好像他打过几次胜仗似的，然而日耳曼人都还没有试过罗马的剑是否锋利呢！这些就是这位滑稽的皇帝所谓英勇与征服，所有人都拿这些当笑话，尤其是日耳曼人，他们早就意识到这位皇帝的虚荣和怯懦，对他并没有过多担忧。卡里古拉这些可笑的"英勇之举"具体发生在什么时间，古代作家们并没有详细指出。

之后这位皇帝又开始对高卢进行闻所未闻的勒索。他不满足于那些城市的代表给他带来的礼物，于是找各种借口处死那些市镇里最富有的人，之后侵占他们的土地，然后卖给其他人，人们并不想买这些土地，却要被迫支付远高于其本身价值的钱财。有一天在游戏的时候，有人告知卡里古拉钱不够了，他立马叫人拿来高卢市的财产地籍册，命令处死其中拥有最多财产的人，转而对其他游戏者说："你们玩游戏所得甚少，而我玩游戏可以挣得600万。"尽管他拿出一大笔钱赠送给军队，也撤销了很多官员的职位，但还有非常多的人没有得到应有的晋升。他还用各种奇怪的理由处死了很多士兵，其中尤其值得一提的是两位非常重要的地方长官。一位是罗马显要贵族格奈乌斯·伦图卢斯·盖图利库斯（Gnaeus Lentulus Gaetulicus），他曾掌管日耳曼军队长达10年。狄奥尼认为，因为他赢得了士兵们的爱戴，这在卡里古拉看来是极大的罪过，于是将他处死了。不过很有可能是他参与了马库斯·埃米利乌斯·雷必达策划的反皇帝的阴谋而被控诉了。我不知道这是真是假，苏埃托尼乌斯认为这是真的。当时盖乌斯带着他的两个妹妹小阿格里皮娜和利维拉一同旅行，她们二人受到哥哥下流的爱慕，同时还与其他人有染。雷必达是他们的亲戚，是奥古斯都的孙子，也是他们的母亲阿格里皮娜（Agrippina maggiore）的姐姐茱莉亚（Giulia minore）之子，后来成为他们的姐妹德鲁西拉的丈夫。他们之间原本由亲缘维系的亲密关系很轻易就在一场无耻的交易中恶化，这在追随虚伪肮脏信仰的异教徒中并不罕见。阿格里皮娜和利维拉都很憎恶她们的哥哥，特别是阿格里皮娜，她野心勃勃，想取得皇后之位，于是教唆三个人一起对抗卡里古拉，同时许诺雷必达让他继承皇位。这一阴谋被发现后，雷必达被处死了，阿格里皮娜和利维拉被流放到蓬扎岛，盖乌斯还强迫阿格里皮娜用骨灰盒装着她那忠实的朋友的骨灰并将其带回罗马。他后来写信给元老院讲述他逃过这危险的一劫，并往罗马寄去一些密函，证明他们的生活有多么下流无耻，以及他们联合起来策划阴谋的事情，另外还寄去了三把用来杀他的匕首，下令将它们献祭给复仇者战神（Sueton., in Gaius, cap. 39.）。从那时起，卡里古拉将妹妹们在罗马的所有装饰品、家具、奴隶以及获得自由的奴隶通通运来高卢，以其惯常的下流手段将这一切高价出售。他很快命人将皇宫里所有漂亮珍贵的器物都从罗马运来，为此不得不动用所有的马车载着这些器物穿过公共街道，这给人民造成了巨大损失，也引发了群众的怨言。所有东西仍旧是在高卢以极其昂贵的价格拍卖，他还想把一些不值钱的东西也卖出高价，并在每个家具上放置了一些字条，上面写着"这件家具是我父亲的，另一件是我爷爷和我母亲的；这件是马库斯·安东尼乌斯（Marcus Antonius）在埃及时用过的；这个是奥古斯都大帝在一场胜利中赢来的"等类似的话。所有敛来的钱他又很快挥霍掉，用于为士兵支付军饷和赠品，以及他明年回归里昂（Lione）前的几个演出节目上。

年　份　公元40年　小纪纪年第十三年
　　　　圣彼得教皇第十二年
　　　　卡里古拉皇帝第四年
执政官　盖乌斯·恺撒·卡里古拉·奥古斯都第三次

这一年一开始只有盖乌斯·卡里古拉任执政官，倒不是因为他没有指定其他的执政官，据苏埃托尼乌斯与狄奥尼（Sueton., in Gaius, cap. 17. Dio, lib. 59.）所说，因为被指定的执政官于去年最后一天去世了，所以还没有时间采取其他措施。元老院议员们发现自己当时不在罗马真是一件错误的事情，尽管在执政官离任和缺席的情况下这个职位是属于元老院的，但大法官当时也没有试图召集元老院。尽管如此，他们还是于1月1日登上了坎皮多里奥山丘（Campidoglio），举行了祭祀活动。他们把卡里古拉的席位也放在了神庙里供奉，还给卡里古拉进献礼品——就好像他在场一样。这项仪式是由奥古斯都大帝引入的，以证明元老院对皇帝的爱戴，提贝里乌斯将这项仪式废除，而卡里古拉贪得无厌，又将其恢复。元老院议员们那天唯一可做的事就是给予皇帝无尽的赞美，并祝愿他的统治繁荣昌盛。在接下来的几天里，他们做着同样的事，直到消息传来，说卡里古拉抵达里昂之后已于1月12日辞去了执政官的职位。于是就产生了另外两位执政官来接替这一光荣的职位。狄奥尼没有讲述这两位执政官的情况。根据一些学者的猜测，他们可能是卢基乌斯·格利乌斯·波布利科拉（Lucius Gellius Poblicola）和马库斯·科西乌斯·涅尔瓦（Marcus

Cocceius Nerva），但尚存在一些疑问。同时，其他学者还认为，在7月1日，塞克斯图斯·尤利乌斯·塞莱尔（Sextus Iulius Celere）和塞克斯图斯·诺尼乌斯·昆提利亚努斯（Sextus Nonius Quintilianus）接替了他们。

正如我之前提到过的，卡里古拉于1月1日来到了里昂（Sueton., in Gaius, cap. 20.），很有可能是为了庆祝他再次当选执政官，并在这里举办了盛大的庆祝表演活动。苏埃托尼乌斯与狄奥尼提及过此事。表演节目虽然多种多样，但一定不会缺少的是希腊语和拉丁语演讲比赛。这个比赛项目通常是在那座城市的奥古斯都雕像下进行的，输的人要支付奖金给获胜者，还要写一篇文章献给他们。假如获胜者不喜欢他们的创作，他们如果不想被门徒为难或者跳入附近的河中，就必须用舌头或海绵擦掉他们的文字。盖乌斯在里昂的时候，毛里塔尼亚（Mauritania）与努米底亚（Numidia）的前任国王朱巴（Giuba）的儿子托勒密国王（Tolomeo）也来到了那里，他也是卡里古拉的堂哥。托勒密受到了卡里古拉的热情款待，但是后来，有可能是托勒密进入剧院时穿着太过华丽耀眼而引起了卡里古拉的妒忌，又或者是卡里古拉听说他有很多财富想据为己有，总之，卡里古拉将托勒密流放，后来（有可能是在流放途中）还非常狠毒地将他杀死了。这样不公的处置引起了托勒密的子民们造反对抗罗马帝国。亚美尼亚的国王米特里达特（Mitridate）也在同一时期被卡里古拉流放，但没有被杀死。卡里古拉在回到意大利之前，想要通过一个非凡的举动来圆满完成他诸多的光荣事业（*Dio, lib. 59. Sueton., cap. 46. Aurelius Victor de Caesarib.*）。他下令所有军队带着大量装备和军事器械驻扎在海岸边，他则乘着一艘战船渡海到那里。每个人都以为他要向大不列颠国开战，或许他也有这个想法——卡里古拉登上船，坐在另一个王座上，下令所有军队准备战斗，同时吹响号角，放出信号，仿佛一场激烈的战斗即将来临。但事实上一个敌人也看不见。后来，他突然命令士兵们在海岸上捡拾尽可能多的海螺和贝壳，装在他们的头盔和胸前的衣襟里，称这些是要带回罗马并放置在坎皮多里奥山的战利品。为了纪念他这一伟大的"胜利"，他让人在这里修建了另一座塔。在启程离开高卢之前，他还产生了一个想法，他回想起很多年前曾攻击过他父亲日尔曼尼库斯和年幼的自己的日耳曼军团，想把他们全都切成碎片。他的顾问们极力劝说才使他放弃了这一疯狂而残忍的想法，但是他们不能阻止他坚持想要对军团实行"十一抽杀"的残酷报复。他将军团的士兵们聚集起来，命他们放下武器，之后命令骑兵将士兵们包围起来，士兵们中很多人疑心会受到凌辱，于是跑去拿起武器，卡里古拉意识到这样做的危险，便很快离开了那里，加紧了返回意大利的行程。

卡里古拉满怀着恶意对抗元老院，元老院议员们因不知该如何与这样一个古怪疯狂的皇帝相处而感到不知所措（Sueton., in Caligula, cap. 49.）。如果他们为他那所谓日耳曼胜利和大不列颠胜利而授予他非凡的荣誉，他们会害怕一些不好的事情发生，因为他会觉得他们是在嘲笑他；但如果他们不授予他任何荣誉，或者荣誉太少不合他的意愿，后果他们同样承受不起。卡里古拉虽然曾说过不愿意接受任何荣誉，然而从那以后他再也没说过这样的话，相反，他一直抱怨元老院剥夺了原本属于他的荣誉。元老院派使节与他会面，敦促他返回罗马。"我会回去的，会回去的，并且是拿着这个。"他回答道，手里握着一把剑。他还让整个罗马都知道他要回来了，但仅仅是为了那些希望他回来的人，也就是骑士阶级和人民，因为他本人已不视自己为罗马公民，也不再作为元老院之首了。他也不愿意让元老院的人来迎接他。他于8月31日满载荣誉进入罗马，这天正好是他的诞辰，为了显摆，他还带着他手上仅有的那几个逃跑的日耳曼囚犯，还有一群身材高大的人，他们是在高卢找来的人，被剪了头发，穿成日耳曼人的样子。他还带着那些在对抗大不列颠国的可笑战役中使用的头盔（Dio, lib. 59.）。他还在这种场合下从朱利亚教堂的高处往下扔了很多金子和银子，许多人在哄抢中丧命。他对于庆祝凯旋的欢迎仪式十分满意。在这隆重的仪式过后，他下令处死了卡西乌斯·贝图利努斯（Cassius Betulinus），并让他的父亲在一旁观看这残忍的行刑场景，因为他胆敢向卡里古拉请求饶他儿子一命。后来因为一场事故，他跟元老院达成了和解。当时，普罗多吉内（Protogene）初入元老院，所有元老院议员都来跟他表达祝贺，并根据习俗触摸他的手。斯克里波尼乌斯·普罗库卢斯（Scribonius Proculus）也来问候他，普罗多吉内作为卡里古拉残忍暴行的执行者，恶狠狠地瞪着他说："你还敢来跟我问候，你不是非常憎恨皇帝吗？"于是，其他议员也开始痛斥这个不幸者，就像对待一个公共怪物和敌人一样，他们每个人都用身上带着的写字的尖笔朝他投掷，以致他倒地身亡，他的尸体被撕成碎片拖到了城外。紧接着元老院宣布（*Dio, in Excerptis Valesianis.*）皇帝为最高法官，具有最高审判权，任何人都不得接近他，并派了护卫在他身边。同时，他们还安排士兵守在他的雕像旁边。元老院的这些举动让卡里古拉温顺下来，元老院议员们也比以往更加奉承卡里古拉，有的称他为英雄，有的称他为神，卡里古拉非常高兴，但这些只会让他更加疯狂。很长一段时间以来，卡里古拉自认为自己不是一个普通的凡人，热烈地追求神的荣誉。他之前就下令在亚细亚城市米利都（Mileto）建造一座纪念自己的神庙，还在罗马建造了另一座神庙，来给这一可笑的神烧香的人很多，其中大部分是亚历山大利诺家族（Alessandrini）的人。因为犹太人只信奉唯一的真正的神，他们不愿做这种亵渎神灵的事，为此他们受了很多罪罚，不过卡里古拉没有将他们赶尽杀绝，这真的是一个奇迹。据狄奥尼所述，盖乌斯为他这种虚荣的神明论做出的疯狂之举数不胜数。一开始，他把自己视作半神，并打扮成大力神赫拉克勒斯（Hercules）、酒神巴克科斯（Bacchus）和其他类似半神的样子。后来他将自己视作上帝——可与朱庇特相匹敌的主神。一天，看见他穿着朱庇特的衣服坐在王座上，一个高卢的补鞋匠忍不住笑了起来，盖乌斯觉察到后将他叫了过来，并问那个补鞋匠他是什么神，补鞋匠非常诚实地回答说："一个过头的疯子。"照惯例，盖乌斯会杀光整个元老院，然而他却没有处死这个补鞋匠，因为比起大人物的直言不讳，他更能忍受平民的鲁莽。卢基乌斯·维特里乌斯（Lucius Vitellius，另一位皇帝的父亲）为了挽救自己的生命采取的方法是这样的：他原本在索里亚做行省总督，因驱逐了帕提亚国王阿塔巴诺（Artabano）而赢得了不少荣誉，这一年，他被盖乌斯叫来罗马。而盖乌斯一方面出于对他所得荣耀的忌妒，另一方面出于对这样一个慷慨之人的忌惮，早就计划着将他处死。维特里乌斯觉察到危险之后（*Sueton., in Vitellius, cap. 2.*），采取了拍马屁和装傻的策略。他穿着一身破旧的衣服，头戴纱巾，出现在卡里古拉面前，就像人们对不真实的神灵所做的那样，他跪倒在卡里古拉脚下泪如雨下，说其他人都不能原谅他，只有像卡里古拉这样的神灵才能宽恕他，并承诺如果能得到卡里古拉的恩典，就为他献祭。卡里古拉不仅饶恕了他，还从那时起将他视为自己最重要的朋友之一。维特里乌斯发现拍马屁竟如此有用，于是在克劳狄乌斯·奥古斯都（Claudius

Augustus）统治时期继续使用这种无耻下流的奉承之术。卡里古拉在罗马还做出了其他疯狂残忍之举，狄奥尼和苏埃托尼乌斯对此都有所记述，我们甚至都无法描述这个脾气古怪的人有多么善变：今天想要这个，明天又想要相反的东西；对同一个人一会儿喜爱一会儿憎恶；既慷慨，又吝啬；既敢于藐视神灵，又因雷声而吓得像兔子一样；有时会饶恕一些严重的过错，而有时又会因一个小小的罪名而把人处以死刑……他的性格让他的大脑神经错乱得不止一点半点。据说，他的妻子塞索尼娅（Cesonia）给他喝了种迷药才使他如此驯服。后来她在丈夫的爱抚之中感到一些不妙，因为卡里古拉一边亲吻着她的脖子，一边在她耳边多次说："噢，多美丽的脖子呀，只要我愿意，就能立刻把它砍掉！"卡里古拉尤其恪守这样的惯例，如果哪个大人物没有向他显示无上的爱戴，他就会杀死他，嘴边总是挂着悲剧诗人阿克提乌姆（Actium）的话："他们有多爱戴我就有多憎恨我，只需要让他们害怕我（Oderint, dum metuant. Mi odiino quanto vogliono, purchè mi temano.）。"提贝里乌斯也使用过类似暴虐的格言（Sueton., in Tiber., cap. 59.）。

年　份　公元41年　小纪纪年第十四年
　　　　圣彼得教皇第十三年
　　　　德鲁苏斯之子提贝里乌斯·克劳狄乌斯皇帝第一年
执政官　盖乌斯·恺撒·卡里古拉·奥古斯都第三次当选与格奈乌斯·森提乌斯·萨图尼努斯（Gnaeus Sentius Saturninus）

卡里古拉于这一年第四次任执政官，并于1月7日辞去了这一职位。苏埃托尼乌斯补充说（Suet., in Gaius, cap. 17.），他两次连任执政官之职，因为他在前一年也任职过执政官。根据帕吉斯（Pagi, Pagius, Dissert. Hypatic.）和其他人所说，虽然说是"二次"，但苏埃托尼乌斯应该写"三次"，因为卡里古拉在公元39年也担任过执政官。据狄奥尼（Dio, lib. 59.）所述，应该是同一天即1月7日，昆图斯·庞波尼乌斯·塞昆杜斯（Quintus Pomponius Secundus）接替卡里古拉，并于这月24日正式上任，这一天也是卡里古拉被谋杀的日子。朱塞佩也证实（Joseph., Antiquit. Judaic., *lib. 19, c. 1.*），克劳狄乌斯皇帝上位时，森提乌斯·萨图尼努斯与庞波尼乌斯·塞昆杜斯为当时的执政官。《卡西奥多鲁斯年鉴》（*Fasti di Cassiodorus*）中记述，这一年的执政官是塞昆杜斯与维努斯图斯（Venustus）；潘维尼乌斯和其他人则认为，维努斯图斯是于7月1日接替的萨图尼努斯。比安奇尼（*Blanchin., in Anast.*）主教很难相信持这一观点的人，于是在编纂新历史年册时，由于无法确切地找到这一年的执政官，就没有对其进行记述。

在卡里古拉皇帝的统治之下，罗马人民近乎绝望，他几乎一半疯狂一半暴躁，特别是他将怒气全撒在了贵族身上，他向人民征收巨额赋税，并且派士兵而不是平常的官员去收税。他洗劫了希腊的每一座神庙（*Joseph., Antiquit. Judaic., lib. 19, cap. 1.*），掠走其中所有珍贵的画作和雕塑。他甚至还允许奴隶在法庭上控告他们的主人（这是闻所未闻的事），他的叔叔克劳狄乌斯就有一次因被他的奴隶波卢切（Polluce）控告而有生命危险，于是他不得不在元老院为自己辩护。卡里古拉几乎每天都会做出一系列疯狂之举，完全超出了常人的理智，也完全不是一个皇帝应有的作为。为此，所有人都叹息不已，有的人唏嘘于他过去的报复手段之残忍，有的人则为混乱的现状而焦躁不已，还有的人担心未来情况会更加糟糕。所有人都渴望着整个国家能摆脱这个野兽的控制，但是没有一个人敢说这种话。禁卫军，也就是习惯于使用武力的庞大护卫队，因卡里古拉对他们十分慷慨而对他爱戴不已，因此没有人有勇气威胁他的生命。尽管如此，还是有一些人出于对生活得越发悲惨的人民的关怀与怜悯，开始策划一些阴谋。其中最勇敢的人物要数卡西乌斯·切利亚（Cassius Cherea）与马库斯·阿尼乌斯·米努西亚努斯（Marcus Annius Minucianus）。切利亚是禁军军团的上级军官之一，他是一个十分正直廉洁的人，因而特别憎恨卡里古拉的一切残忍暴行和疯狂之举，他还非常谨慎小心，在每次的大行动中尤其如此。卡里古拉因切利亚不太爱说话，说话时声音也很小而嘲笑他像个女流之辈，还经常讥讽他在房事中也是个无能之人，甚至每一次切利亚为护卫军求取名字时，要么是被卡里古拉授予普利亚波（Priapo）或丘比特（Cupido）的名字，要么就是维纳斯（Venere）和其他类似的人物名字。这令切利亚觉得受到了极大的冒犯。不过，对他来说很幸运的是，卡里古拉认为他的那些优点和长处并没有什么价值。据说，切利亚那时得到这样一个预言：卡里古拉会被一个叫卡西乌斯的人杀死，就像尤利乌斯·恺撒一样。于是，切利亚将卡西乌斯·朗基努斯（Cassius Longinus）召回罗马，卡西乌斯是亚细亚的行省总督（*Dio, lib. 59. Suetonius, in Gaius, cap 57.*），也是刺杀恺撒之人卡西乌斯的后代。这次他接到了刺杀卡里古拉的命令，但是并没有成功。切利亚又找来科尔涅利乌斯·萨比努斯（Cornelius Sabinus）。萨比努斯也是禁军军官，两人与罗马第一贵族阿尼乌斯·米努西亚努斯推心置腹，阿尼乌斯·米努西亚努斯因自身稀有的美德而受所有人的爱戴，却不受卡里古拉待见，就因为他曾是马库斯·雷必达亲密的朋友。朱塞佩写道："这个米努西亚努斯的妻子是卡里古拉的妹妹。"我们从前文已知，茱莉亚嫁给了执政官马库斯·维尼修斯（Marcus Vinicius）。狄奥尼也谈到过一个叫维尼西亚努斯（Vinicianus）的人，他一直希望能进入帝国内部。不过，也有可能这个米努西亚努斯其实就是维尼西亚努斯，或者是维尼修斯，之所以名字不同，大概是一些文献的错误罢了。米努西亚努斯不仅准备着进行这样一场刺杀活动，而且比任何人都要急切渴望。卡里古拉的自由奴隶卡利斯托（Callisto）也加入了他们，私底下还秘密地与皇帝的叔叔来往。另外，高卢的富人瓦莱利乌斯·亚细亚提库斯（Valerius Asiaticus）也是他们的同伙。刺杀卡里古拉的时间选在了1月21日及之后的三天，这几天会举行敬献给皇帝的庆典表演。卡里古拉原本想在庆典结束后出发去埃及，以让那里的人民也更好地认识一下自己。在庆祝活动的前三天，切利亚一直没有找到机会实施计划，由于担心有人会泄露刺杀计划，切利亚再也按捺不住，决定在1月24日采取行动。

那天早晨，卡里古拉表现出从未有过的高兴与和蔼，他在新建造的圆形剧场里观看表演，向观众分发水果，自己也开心地在公众间吃吃喝喝，并赠予他周围的人礼物，特别是给了执政官庞波尼乌斯·塞昆杜斯很多礼物，塞昆杜斯坐在卡里古拉脚下，时不时做出亲吻他的殷勤之举。由于早餐过于丰盛，卡里古拉吃得过饱，以至于不需要吃午饭了，假如这一天他没从位子上挪开，刺杀计划将会泡汤。后来，米努西亚努斯与阿斯普雷纳斯还有其他同谋的朝臣，还是成功地让卡里古拉在正午后离开一两个小时去趟卫生间，然后回来继续午餐。到了宫殿，卡里古拉没有径直朝等待他的那些人走去，而是转变方向去见了几位来自亚细亚和希腊名门世家的年轻人（*Suet., in Gaius, c. 58. Dio, lib. 59. Joseph., Antiq., lib. 59.*），他们特意来到这里，只为在舞台上唱歌献舞。到了一个狭窄的地方时，切利亚来到他面前，向他询问护卫军的名字。卡里古拉还是像往常一样嘲笑他，切利亚却突然拔出剑刺向了他的头部，卡里古拉大吃一惊，甚至都没有机会喊救命。科尔涅利乌斯·萨比努斯也给了他一击，割掉了他一块颌骨，其他人又刺了他30下，将他杀死了。这样的场景不可能没有一点动静，首先是担架员抬着皇家担架赶到现场，后来日耳曼护卫也来了，开始对有罪者和无辜者拳打脚踢。在这场混乱中，不幸丧生的有普布利乌斯·诺尼乌斯·阿斯普雷纳斯（Publius Nonius Asprenas，公元38年的执政官）、诺尔巴努斯（Norbanus）和安特尤斯（Anteius），三人都是元老院议员。卡里古拉的尸体在第二天晚上被运到了拉米亚花园，焚烧了一半，就被匆匆埋了起来，因为害怕人们会将他的尸体撕得粉碎。切利亚派了一个叫尤利乌斯·卢布斯（Iulius Lupus）的百夫长或是禁军总长到卡里古拉的妻子塞索尼娅的房间，将她与她的女儿茱莉亚残杀，卡里古拉十分疼爱他这个小女儿，甚至疯狂到宣称她是朱庇特的女儿。这就是盖乌斯·卡里古拉的结局，一个蔑视人类和神学法则的人应有的结局，而当他意识到自己并非神而只是一个可悲的凡人时，一切都已经晚了。随后，人们推倒了所有他的雕像，将他的名字从碑文中抹去，并如对待一个公共的敌人一般唾弃与他有关的所有事情。

卡里古拉死去的消息传到了圆形剧场，所有人都十分震惊，而大部分人听到这个消息都高兴得欢呼鼓舞，然而因为有禁卫军拔剑出鞘并包围了整个剧场，人们费了很大的力气才阻止他们伤害那些无辜之人以为死去的皇帝复仇。执政官森提乌斯·萨图尼努斯与庞波尼乌斯·塞昆杜斯，立刻于混乱之中派了3支服从城市管控的禁军军团去镇压那些禁卫军。后来元老院在坎皮多里奥山上聚集，一些禁军士兵跑到那里高声请求寻找刺杀者。然而，元老院中的首席议员之一瓦莱利乌斯·亚细亚提库斯从阳台上探出头来，大声地喊："如果是我杀的他，上帝也会高兴的！"这句话让禁军士兵们倍感沮丧，只好返回。元老院开始讨论接下来该如何做。据历史学家朱塞佩所述，执政官萨图尼努斯进行了一场激昂的演说，抱怨在提贝里乌斯和卡里古拉这两位残暴的君主以及人民的杀手的统治下所遭受的种种苦难，最后总结，说需要弥补长期以来被之前的君主压迫的自由。但是他并没有为这一重要决议采取什么必要措施，因此没过多久，这一愿景就变得空洞而没有价值了。

提贝里乌斯·克劳狄乌斯·德鲁苏斯·日尔曼尼库斯（Tiberius Claudius Drusus Germanicus），在罗马皇帝中以克劳狄乌斯的名字而广为熟知，他是尼禄·克劳狄乌斯·德鲁苏斯（Nero Claudius Drusus）的儿子，日尔曼尼库斯·恺撒的弟弟，因此也是卡里古拉的叔叔。他是一个没有什么见识又非常胆小的人，尽管他学过"七艺"（指语法、修辞、逻辑、算数、几何、天文和音乐），但还是让人觉得呆头呆脑的，因此他受到了很多人的蔑视和嘲笑。或许他也并不仅仅是表现出来的样子。别人的蔑视和嘲笑给他带来了幸运，使得他在提贝里乌斯和卡里古拉时期保住了性命，提贝里乌斯和卡里古拉见他如此愚钝无能，对他没有半点忧心，也没有想过要将他处死。提贝里乌斯一直让他担任骑士，他的侄子卡里古拉尽管后来有几次试图杀死他，但最后还是提拔他做了元老院的议员，甚至还让他坐上执政官的位子。当刺杀者扑向卡里古拉的时候，克劳狄乌斯就在卡里古拉身边或不远的地方。他当时吓坏了，赶紧跑到一块幕布后躲藏起来，他听到人们来来往往的喧闹声，目睹了阿斯普雷纳斯和其他人被砍掉脑袋的场景（*Suet., in Claudius, cap. 10. Dio, lib. 60. Joseph., Antiq., lib. 19.*）。一个叫格拉图斯（Gratus）的士兵路过，发现了他露出的双脚。他原本以为他也会被杀死，于是屈膝跪下向士兵请求饶命，但是士兵认出他以后，不仅对他热情百般，还尊称他为"我的陛下"。那名士兵带他到同伴面前，当时他们正在讨论当下应做之事，由于回想起他的哥哥日尔曼尼库斯——他曾受众人的爱戴，于是，所有人都聚集过来接受他为皇帝。就这样，他们让他坐在一个担架上，用肩膀扛着将他带到了禁军城堡，但克劳狄乌斯却害怕得瑟瑟发抖，人民看到他被这样抬着，以为这是要将他处死，都很同情他。克劳狄乌斯一整个晚上都待在禁军守卫的住处，元老院传召他也不去。1月25日这天，由于元老院内部出现意见分歧，似乎无法再继续和支持过去的自由国体。另外，元老院中也不乏建议选举新任国王的党派。

克劳狄乌斯天生的怯懦让他迟疑了很久是否要接受这样庞大的帝国，很多次他都准备着拒绝这一任命，或者完全服从于元老院的意愿。历史学家朱塞佩证实说，当时犹太省的国王阿格里帕身处罗马，埋葬了被杀死的卡里古拉后，秘密地去见了克劳狄乌斯，并鼓励犹豫不定的克劳狄乌斯接受皇帝之位。最终，克劳狄乌斯得到士兵们的认可而同意了，因为他许诺给他们所有人一大笔钱作为礼物，于是士兵们普遍称他为皇帝。这就是成为皇帝的第一步——被军队选举，这是统治罗马帝国的先决条件。我们还会看到很多其他继任者采取这一方法——从士兵那里收买帝国从而登上王位的例子。

如今元老院已得知禁卫军与克劳狄乌斯之间的事情，局面变得更加复杂，议员们一方面渴望恢复自由，另一方面又害怕无法实现，于是叫来阿格里帕国王，打算采用他的手段。阿格里帕这个具有两面性的人，穿得光鲜亮丽、带着一身香气出现在元老院，假装什么也不知道，还询问克劳狄乌斯的下落。元老院将目前的状况告知他，并询问他的意见，他对元老院试图重振共和国的愿景大加赞赏，并表现出准备为他们效劳的决心。但同时，他也在众人间传播恐惧，显示出与禁军对抗的危险，最后表示希望能委派职位给克劳狄乌斯，这样就可以劝诫他停止动用武力。这一提议被元老院接受了，元老院还委派了平民护民官，阿格里帕则前去找克劳狄乌斯，将这一消息公之于众。后来，在一次理论中，阿格里帕向克劳狄乌斯透露出元老院的弱势与犹豫，敦促他把握局势，用强有力的手握好手中的缰绳。因此，尽管有行政长官提议罢免他的职务，但为了可以从元老院手中接过皇帝之位，克劳狄乌斯态度坚定，承诺会好好治理国家。元老院得到这样的回答后并没有退让，他们拿战争来威胁克劳狄乌斯，克劳狄乌斯对此表现得很害怕。1月25日这天就这样过去了。与此同时，一切事情都在悄然改变着。很大一部分人开始高喊想要一位皇帝，还列举了几个皇帝人选。到26日这天，元老院中很多议员妥协了，甚至连元老院都没有去。更糟糕的是，在这之前一直听命于切利亚和萨比努斯的4支军团突然转变了立场，成为克劳狄乌斯一派。还有巡警、角斗士和其他城内士兵也纷纷支持克劳狄乌斯，以致元老院的议员们就像在一座孤岛上，最后，尽管是被迫的，他们还是颁布了决议立克劳狄乌斯为皇帝。于是，所有人都赶去禁军的住处向克劳狄乌斯问候，但是这些人却遭到了禁军的残暴对待，一些人挨了揍，一些人受了伤，就连执政官之一的庞波尼乌斯·塞昆杜斯也差点儿有生命危险，克劳狄乌斯与阿格里帕出来调解，才安抚了禁军。

克劳狄乌斯在元老院的簇拥和军队的护送下神气十足地来到了神庙，为他荣登帝位而向神灵表示感谢，之后就去了宫殿。当时，他并没有做出什么悲惨的事，除了由于政令而不得不下令处死几个卡里古拉的谋杀者，而谋杀者的首领卡西乌斯·切利亚勇敢地接受了这一判刑。克劳狄乌斯本想赦免科尔涅利乌斯·萨比努斯，并让他继续担任他的职务，然而萨比努斯在切利亚死后无法独活，自己了结了生命。克劳狄乌斯在获得了"恺撒·奥古斯都"的封号，以及大祭司长头衔和保民官权力后，发现他与前任皇帝提贝里乌斯非常不同，他被叫作"德鲁苏斯之子"或者是"提贝里乌斯之子"，而提贝里乌斯却被尊称为"奥古斯都之子"。在纪念勋章中（*Mediobarbus, Numism. Imper. Goltzius, Patinus et alii.*），提贝里乌斯的名字写的仅仅是"提庇留乌斯·恺撒"（TIBERIVS CAESAR），而克劳狄乌斯的名字则被写作"提庇留乌斯·克劳狄乌斯·恺撒"（TIBERIVS CLAVDIVS CAESAR）。克劳狄乌斯不习惯将"皇帝"的称号置于名字前，而是习惯于将其置于名字后面。如今，他也像前两任恶毒的皇帝一样，在统治初期让罗马呈现出欣欣向荣的样子。他做出了一系列光荣之举，其中最著名的是他赦免了所有曾试图让罗马重回自由国体并排斥他的那些人，他没有再翻过去那些旧账，反而将那些当时表现得最积极、热心的人提拔到高位。如果克劳狄乌斯像提贝里乌斯或卡里古拉一样品性残暴，那他们可就遭殃了！此外，他也没有对那些私下里侮辱冒犯他的人实施报复，只是在他们犯了其他罪行时才对他们予以处罚。

卡里古拉被刺杀的消息传到了日耳曼地区，很多人都劝苏尔皮基乌斯·加尔巴（Sulpicius Galba）——日耳曼军队的总指挥，登上皇帝之位，但加尔巴并不愿意这样做，因为他更看重所获得的荣誉而非野心。如之前提到的，克劳狄乌斯视加尔巴为他最好的朋友之一，他不像提贝里乌斯和卡里古拉一样，惯于将任何他们认为有可能会继承皇位的人通通杀死。加尔巴于前一年赢得了一项功绩，当时卡里古拉刚从高卢离开，日耳曼人就攻袭了罗马一些省份，加尔巴骁勇善战，很快就驱逐了日耳曼人，因此他受到卡里古拉的嘉奖，不过这个君王也因他获得的荣誉而对他心生忌妒。这一年，加尔巴还战胜了日耳曼地区的卡蒂人民，因此，克劳狄乌斯因为此次胜利和普布利乌斯·加比尼乌斯（Publius Gabinius）叙述的另一场对抗卡奇人（Cauci）的胜利而被二次任命为军队最高指挥。克劳狄乌斯天生内向怯懦，从他目睹侄子卡里古拉被刺杀时的表现就可以证实这一点，正因为如此，他有一个月不敢踏进元老院。任何人，只有被提前邀请，并被检查过没有携带刀具或其他武器，才能见克劳狄乌斯，否则，就算是女人和小孩，也不能靠近他。去参加宴席的时候，他总是让几个护卫守在他桌边；想要看望几个病患时，他会先让人把房间和床仔细搜查一遍，以确保没有武器藏匿。此外，为了赢得人民的爱戴，克劳狄乌斯废除了或至少是大幅限制了过去授予每个人的控告有意叛君之徒的权利（Sueton., in Claudius, cap. 3. Dio, lib. 60.），还召回了那些因此项罪名而被控告流放的人，并恢复了他们的自由，当然这也得到了元老院的许可。他废除了卡里古拉征收的赋税，停止了每年的礼品进献，将卡里古拉和提贝里乌斯从他人那里掠夺剥削的财产返还给原主人，还将卡里古拉从其他城市搜刮来运到罗马的雕塑和名画归还给了各个城市。他特别憎恨奴隶包括获得解放的奴隶，因为他们在先前混乱的统治下反抗他们的主人。克劳狄乌斯处死了其中大部分人，强迫他们在圆形剧场中与野兽搏斗。克劳狄乌斯非常谦逊，他不喜欢给自己建造神庙，也不愿意给自己竖立雕像，其他非凡的荣誉他既不想自己获得，也不想他的孩子和妻子获得。他有两个女儿：一个是安东尼娅（Antonia），是克劳狄乌斯与已逝的第二任妻子埃里亚·佩蒂娜（Elia Petina）所生，她于这一年嫁给了尼奥·庞培（Gnaeus Pompeius）；另一个是奥塔维亚（Ottavia），是由现任妻子瓦莱里娅·梅萨利纳（Valeria Messalina）所生，她原本被许配给卢基乌斯·西拉努斯（Lucius Silanus），后来嫁给了极其残暴的皇帝尼禄。梅萨利纳于这一年生了一个儿子，后来以不列塔尼库斯·恺撒（Britannicus Caesar）这个名字而闻名。克劳狄乌斯对待元老院议员非常礼貌友好，会去看望生病的议员，还会出席他们的私人宴会。他尤其尊重执政官，当执政官们来观看表演，或者是来到法庭与他谈话时，他会像普通民众一样站起来与他们互相问候。他生活得很节俭，不知疲倦地伸张正义，并且也十分重视让其他人也这样做。他对罗马帝国附属国的国王们非常慷慨,将阿格里帕祖父希律大帝拥有的所有王国都授予了阿格里帕,并把哈尔基斯国(Calcide)授予了他的兄弟希律王,同时赋予了他们二人入席元老院的权力,以及其他一些荣誉。他将科马基亚(Comagene)王国归还给了安条克(Antioco),释放了亚美尼亚的国王米特里达特(Mitridate),并归还了他的王国。他还将被卡里古拉放逐到蓬扎岛的阿格里皮娜和利维拉召回了罗马。总之,克劳狄乌斯一开始做出了很多值得称赞的举动,这为他赢得了人民的爱戴,并使每个人惊叹于这个过去被认为无能愚笨的人现在竟改头换面,既懂得如此恰如其分地修正前任皇帝造成的无数混乱局面,又懂得带着慈爱和公正进行公共管理。

年　份　公元42年　小纪纪年第十五年
　　　　圣彼得教皇第十四年
　　　　德鲁苏斯之子提贝里乌斯·克劳狄乌斯皇帝第二年
执政官　提贝里乌斯·克劳狄乌斯·日尔曼尼库斯·奥古斯都第二次,盖乌斯·塞西纳·拉尔古斯(Gaius Caecina Largus)

克劳狄乌斯·奥古斯都于2月最后一天卸去了执政官之职,无人知晓他将执政官的位子让给了谁。有人认为,盖乌斯·维比乌斯·克里斯普斯(Gaius Vibius Crispus)接替了他,但这只是猜测。

1月1日这天(*Dio, lib. 60.*),执政官克劳狄乌斯·奥古斯都让元老院议员们发誓会遵守奥古斯都制定的法律,包括他自己,但是他没有要求,也不允许对他制定的法律做类似的宣誓。早前,毛里塔尼亚(Mauritania)人民就因卡里古拉处死了他们的国王托勒密(Tolomeo)而造反。这一年,苏埃托尼乌斯·保利努斯(Suetonius Paulinus)打败了他们,并一直深入阿特拉斯山(Atlante),洗劫了那些村镇。后来奥西狄乌斯·盖塔(Osidius Geta)又打败了他们两次,使得他们缴械投降,彻底归顺了罗马。克劳狄乌斯因为这些胜利第三次获得军队最高指挥的称号——胜利的功绩通常授予罗马军队的最高军官(这样的人当时被叫作军队最高指挥),而不是下级军官。

这一年（*Sueton., in Claudius, cap. 20.*），罗马遭遇了极为严重的饥荒，克劳狄乌斯·奥古斯都履行他的职责，尽力供给粮食。因为罗马附近没有港口，又正值冬季，船只不能运送粮食到城市，于是克劳狄乌斯开始构思一个计划，这是一项十分宏伟的工程，对克劳狄乌斯来说则是一件更加荣光的事，因为尤利乌斯·恺撒也有过同样的想法，但因为成本巨大、实施困难而放弃了。克劳狄乌斯命人在台伯河河口，即奥斯提亚市（Ostia）对岸挖掘了一个非常广阔、深入内陆的港口，港口外两侧则深入大海，整个港口用大理石装饰，并建造了高高的灯塔。被传召负责此次建造工程的建筑师们以为克劳狄乌斯听到巨额花费的数目后一定会大吃一惊，没想到克劳狄乌斯却更加想实施这一工程，最后他非常光荣地以他的名义完成了这一宏伟项目。这个港口的名字保留至今，但已不是当年建造的那个港口了。普林尼眼见为证（*Plinius, lib. 9, c. 6.*），说是在建造这一宏伟工程的时候，突然出现了一只身形巨大的海怪，为了捉住它，需要给它送上禁军士兵和各种船只，其中一艘船被它的鼻孔掷到水下，沉入海底。克劳狄乌斯还于这一年制定了很多有用且完备的法律，其中包括命令年初当选的各省省长和官员整个3月必须待在各自的省份里，而不能像往常一样在罗马停留很长时间，而且当选者也不必像往常一样在元老院致谢。克劳狄乌斯说不是他们要感谢他，而是他要感谢他们，因为他们帮助他分担君主的重担，与他合作以更好地管理人民。克劳狄乌斯还向他们许诺，如果他们能出色地完成自己的工作，就会授予他们无边的荣耀。

克劳狄乌斯凭他不太聪明的头脑本不会成为一个邪恶的君主，因为他总是心怀善意，喜欢精致美好的事物，此外，他也不傲慢自大，不奢侈浪费。一开始，他总会听取博学者的建议，因而很少会犯错（*Dio, lib. 60.*）。但是后来他开始变得邪恶起来，一方面是因为他生性胆小，遭受了很多不公的对待，另一方面是因为他的妻子梅萨利纳是世界上最不知羞耻的女人，她和她最喜爱的自由奴隶纳尔西索（Narciso），还有其他宫廷里的恶人利用克劳狄乌斯的无知愚笨，让他做出了很多与他身份不匹配的决议，尤其还是对公众不公的决议。令人感到奇怪的是，克劳狄乌斯一边胆小得像个充满恐惧的兔子，一边又喜欢观看角斗士的可怕表演，看人与野兽搏斗，最后被撕得粉碎，被生吞活剥。还有一件十分可笑的事，他叫人移走了圆形剧场里的奥古斯都雕像，说是为了不让它目睹这么多的屠杀，不能每次都将它遮住，但奥古斯都在世的时候可是经常看这种屠杀的场面，并以此为乐趣呢。正是因为克劳狄乌斯习惯了血腥的场面，后来才能够从容地下达不公的判决，屠杀其他人。他卑鄙的妻子和邪恶的宫廷人员将他一步步推入了恶毒的深渊。他做出的第一个引起轰动的不公道行为就是处死了阿庇乌斯（Appius），也就是盖乌斯·西拉努斯（Gaius Silanus），西拉努斯是罗马最德高望重的元老院议员之一，克劳狄乌斯自己也很敬重和爱戴他，因为（*Sueton., in Claudius, cap. 29. Seneca, in Apocol.*）他娶了梅萨利纳的母亲多米蒂亚·莱皮达（Domizia Lepida），因而就成了梅萨利纳的继父。克劳狄乌斯原本将他与梅萨利纳的女儿奥塔维亚（Ottavia）许配给卢基乌斯·西拉努斯（Lucius Silanus），据说，这个卢基乌斯·西拉努斯可能是阿庇乌斯·西拉努斯与他的第一任妻子、奥古斯都的外孙女小茱莉亚所生。然而，如此紧密的亲缘关系并没有阻止无耻下流的梅萨利纳试图与阿庇乌斯·西拉努斯通奸。阿庇乌斯没有同意，在梅萨利纳看来这就是个滔天大罪，为了惩罚他，她便与仆人纳尔西索使用了下面这一诡计（*Suet., ibid., cap. 87. Dio, lib. 60.*）。一天早晨，克劳狄乌斯正与妻子在床上睡觉，纳尔西索进入他们的房间后，做出大惊失色、浑身颤抖的样子，随后向克劳狄乌斯讲述，说他梦见皇帝被阿庇乌斯·西拉努斯亲手刺杀。梅萨利纳立时跳起来，神色夸张地说她前几夜也多次惊恐地梦见这样可怕的场面。就在这时，门口传来了敲门声，正是阿庇乌斯·西拉努斯——梅萨利纳和纳尔西索设法让他同意在这个时间来的。不需要其他证据了，原本就如麦垛一般的怀疑此刻对于克劳狄乌斯来说，就像一座大山重重压着他，他立即下令将阿庇乌斯处死。克劳狄乌斯将这一好消息带到了元老院，就好像是从危险中解脱出来一样，他还十分感谢仆人纳尔西索，说他连做梦也如此关心主人的生命安危。梅萨利纳和纳尔西索还做出其他类似的令人怀疑和恐惧的煽动之举，使得提贝里乌斯·克劳狄乌斯骤然暴怒，之后下令处死了无辜者。有时候（简直是愚蠢），在处死某个人后，克劳狄乌斯犹如从梦中醒来一般，询问事情的原委，以为那个人还活着，当他得知是自己下令处死那个人时，又深表遗憾，但这对于死者来说已无济于事了。

人们认为西拉努斯死得很冤，认为克劳狄乌斯的愚蠢有可能使他做出其他类似的错事，于是暗中引发了一场对抗克劳狄乌斯的谋划，其实更多的是因为很多人仍然抱有重建共和国自由国体的愿望，他们觉得在这样一个生性胆小的皇帝统治下完成这一计划并不是很难（*Sueton., in Claudius, cap. 13. Dio, lib. 60.*）。阿尼乌斯·维尼西亚努斯（Annius Vinicianus），或者叫米努西亚努斯（Minucianus），是这场谋划的最早发动者之一，作为卡里古拉刺杀阴谋的主要负责人之一，他先前还被元老院推举继任皇帝之位，但他一直对自己没有信心。这样一个庞大的计划没有军事力量是无法完成的，因为克劳狄乌斯被禁卫军和其他驻扎在罗马的军队严密防护着——克劳狄乌斯除了付给他们正常的薪水，每年还会送他们一份大礼以取悦他们。于是策划者就转向了福利乌斯·卡米卢斯·斯克里波尼亚努斯（Furius Camillus Scribonianus），他统领着达尔马提亚（Dalmazia）的几支军队，参与谋划的其他负责人向他承诺，如果他带军来罗马，会向他提供援助。福利乌斯·卡米卢斯就这样被卷入了这件事，他借口让罗马人民重返古时的权威，使军队发誓会效忠于他。他们又写了一封充满侮辱挑衅的信给克劳狄乌斯，威胁他如果不放弃皇帝之位，就会让他灾难不断。受到这样的威胁，克劳狄乌斯几乎就要服从了，但一场事故将他从威胁中解脱了出来。福利乌斯·卡米卢斯给出了军队进攻的信号，但军旗被卡在土里很难拔出来。当时的罗马人是世界上最迷信的人，他们对什么都迷信，甚至会将最微不足道的小事也理解为不祥的预兆。就这样，士兵们相信这是上帝在有意阻止这个计划的进行。福利乌斯·卡米卢斯非常沮丧，逃到了达尔马提亚的一座岛上，在那里（*Tacit., Historiar. lib. 2, cap. 75.*）他被一个名叫沃拉基纽斯（Volaginius）的普通士兵刺杀而最终死在了妻子朱妮娅（Giunia）的怀里，而那个士兵因此得到克劳狄乌斯的奖赏，被提拔为军队的高级军官。因为这场叛乱，克劳狄乌斯在罗马进行了大规模的搜查，以找到同谋者，一些人被处以死刑，一些人被逼自尽身亡，其中就有上面所说的维尼西亚努斯，或者叫米努西亚努斯，还有不少的罗马市民、骑士，甚至元老院议员也都被严刑拷打。同时，克劳狄乌斯还给予了奴隶控告主人的许可，尽管他于去年才刚废除这一规定。总而言之，整个罗马充斥着叹息，弥漫着恐惧。那些形单影只的人要么向梅萨利纳和宫廷人员寻求保护，要么就只能离开。

福利乌斯·卡米卢斯有个叫加莱苏斯（Galaesus）的仆人非常勇敢，他被纳尔西索在元老院审问，如果他的主人成了皇帝，他会做什么，他回答说："我会跟往常一样站在他身后，一句话也不说。"曾任执政官的塞西纳·佩图斯（Caecina Paetus）由于与福利乌斯·卡米卢斯家的人联了姻，在这个时候（*Plinius junior, lib. 3, cap. 16.*）也被捉住，乘船被带到了罗马。佩图斯的妻子阿丽亚（Arria）是个刚强坚毅的女人，被拒绝登船陪同丈夫，于是她划着一艘小船跟在后面，到达罗马后，她就去找了梅萨利纳，请求她的饶恕。发现福利乌斯·卡米卢斯的妻子朱妮娅与她在一起，梅萨利纳责备朱妮娅为何在丈夫死后仍然活着。阿丽亚靠着梅萨利纳的怜悯本可以活下来，而且还能获得优待，但是她坚持没有了丈夫她也不想独活。看见丈夫如此犹豫与绝望，阿丽亚拿起一把匕首刺向了自己，然后将匕首给了丈夫，说服他也做了同样的事。阿丽亚的这一举动被普林尼在他的一篇诗文中大加赞颂，并被狄奥尼称颂，因为罗马人在那个辉煌的时期有着这样的错误观念，就好像杀死一个无辜者是有正当理由的，而能够忍受巨大的灾难反而不那么光荣了。

在福利乌斯·卡米卢斯死后，后来的奥托大帝（Otho）的父亲卢基乌斯·奥托（Lucius Otho）被派去掌管达尔马提亚，也就是伊力里卡（Illirico），苏埃托尼乌斯在他的著作中谈到过这个人（*Sueton., in Othone, cap. 1.*）。他十分严厉，捉住了那几个刺杀卡米卢斯的普通士兵，问他们为什么要杀死卡米卢斯，他们说后悔支持卡米卢斯，因知道克劳狄乌斯与他为敌，于是擅作主张，违反纪律，在他不留神的时候杀死了他。他们其中一些人还被克劳狄乌斯提拔到更高的军职。之后卢基乌斯·奥托将他们杀死了。卢基乌斯·奥托在罗马人民中获得了声誉，却失去了克劳狄乌斯对他的好感，为了弥补这一局面，不久后他揭发了一个骑士意欲刺杀皇帝的阴谋。

年　份　公元43年　小纪纪年第一年

圣彼得教皇第十五年

德鲁苏斯之子提贝里乌斯·克劳狄乌斯皇帝第三年

执政官　提贝里乌斯·克劳狄乌斯·奥古斯都第三次，卢基乌斯·维特里乌斯（Lucius Vitellius）第二次

克劳狄乌斯第三次任执政官只做了不到两个月的时间（*Sueton., in Claudius, cap. 14.*）。有人认为，普布利乌斯·瓦莱利乌斯·亚细亚提库斯（Publius Valerius Asiaticus）于3月1日接替了他，这个普布利乌斯·瓦莱利乌斯·亚细亚提库斯就是同谋参与击垮卡里古拉的那个人，但这是一个不确切的观点。执政官维特里乌斯就是我们之前说过的叙利亚的行省总督，他的儿子维特里乌斯（Vitellius）后来成为罗马帝国的皇帝。在卡里古拉统治时期，维特里乌斯通过拍马屁得以自保，到克劳狄乌斯这里，他依然沿用这种奉承的手段。7月1日，一些学者判断，上述执政官被昆图斯·库尔提乌斯·鲁弗斯（Quintus Curtius Rufus）与维普撒尼乌斯·莱纳斯（Vipsanius Laenas）接替。他们对于补任执政官的猜想是合理的，但仅仅是猜想而已。

当时的罗马有非常多的假期（*Dio, lib. 60.*），甚至一年的大部分时间都被假期填满，人们便不再召开公共审判了。克劳狄乌斯为此将假期减少到一个合适的数目。对于那些通过不法手段从卡里古拉那里谋得职位的官员，克劳狄乌斯罢免了他们的任职，将职位授予值得的人。利西亚省（Licia）的人民曾发动暴乱，杀死了很多罗马人，于是克劳狄乌斯废除了他们的自由权利，将利西亚省归到潘菲利亚省（Panfilia）之下管辖。克劳狄乌斯还剥夺了一个罗马人的公民身份，因为那人不认识拉丁语，其他人也因各种过错而被剥夺了公民权利，然后克劳狄乌斯又由着性子将公民权利赋予很多人。然而更多的人却通过贿赂梅萨利纳和宫廷受宠的仆人来为自己求得公民身份，以至于那时人们说，罗马公民的身份在过去作为极高的特权而十分昂贵，现如今却变得十分廉价，用一片碎玻璃的价钱就能买到。梅萨利纳和宫廷仆人不仅贩卖公民身份，还出售军队和政府官职，进行非法交易，甚至从出售粮食及其他生活必需品中获取丰厚的利润。他们的要价越来越高，于是克劳狄乌斯就有必

要在马齐奥广场向人民宣布征收赋税的决定。

与此同时,梅萨利纳越来越厚颜无耻,她丝毫不顾及丈夫,做出更加淫荡下流之事(*Juvenalis, Satyra 6. Dio, lib. 60. Sueton. in Claud., cap. 26.*)。留意到此事的人开始散播关于她的流言蜚语,尤维纳利斯(Iuvenalis)写过这样一个谣言,不知是真是假:"夜晚,梅萨利纳将熟睡的丈夫扔在床上,然后乔装打扮去往公共妓院,她不仅不满足于自己淫荡下流,还强迫其他贵族妇女也如此。她把她们叫来妓院,做出出卖自己节操的行为,甚至还当着她们丈夫的面。对于愿意接受的人,梅萨利纳会赏给她们荣誉和地位,而对于不愿从事这样可耻之事的人,她会设置圈套将她们判罪处死,同时还想方设法不让她那愚笨的丈夫知道她有多么肮脏下贱。"因此,克劳狄乌斯几乎是唯一不知晓梅萨利纳这些无耻行为的人,甚至有时候还会很愚蠢地配合她疯狂的想法,其中就包括对著名喜剧演员穆奈斯托雷(Mnestore)的迫害。如野兽般饥渴的梅萨利纳爱上了穆奈斯托雷,但无论是恳求还是威胁,穆奈斯托雷都不顺从她,因为穆奈斯托雷深知那样做的危险。于是梅萨利纳向克劳狄乌斯抱怨说穆奈斯托雷看不起她,不愿服从她的命令。愚蠢的克劳狄乌斯将穆奈斯托雷叫来,命令他无论梅萨利纳叫他做什么,他都要服从。这一年,梅萨利纳还设法杀死了恺撒家族的两位公主(*Seneca, in Apocol. Suetonius, in Claudius, cap. 29.*),一位是提贝里乌斯之子德鲁苏斯·恺撒的女儿茱莉亚,另一位是卡里古拉和小阿格里皮娜的妹妹利维拉,小阿格里皮娜后来成为克劳狄乌斯的妻子。因为她们二人想要跟梅萨利纳比美貌和权势,她们对梅萨利纳也十分不友好,利维拉还经常独自找克劳狄乌斯谈话。梅萨利纳没有给她们机会为自己辩护就处死了她们,一个被剑刺死,另一个被活活饿死。著名的哲学家塞涅卡(Seneca)因为是利维拉的朋友而被流放到科西嘉岛(Corsica),后来他写了一篇讽刺诗,为死去的克劳狄乌斯报仇,这篇讽刺诗保留至今。

直到现在,大不列颠岛,即如今的英国,仍然没有屈服于罗马人的压迫。尽管贺拉提乌斯(Horatius)在他的著作中(*Horatius, Odar., lib. 3, I.*)似乎指出奥古斯都大帝曾战胜了那群人,塞尔维乌斯(Servius)也清楚地说明了此事(*ervius, in Virgil., Georg. 3.*),然而斯特拉波(Strabo)却说这是根本不存在的事(*Strab.,* lib. 2.）。不过可以肯定的是，在克劳狄乌斯时期，大不列颠人民仍然生活在他们自己的国王统治之下，并不隶属于罗马。由于罗马没有归还一些逃兵（Sueton., in Claud., cap. 17. Dio, lib. 60.），大不列颠人与罗马人之间的和谐关系开始出现裂缝。有个叫贝里库斯（Bericus）的逃兵被大不列颠赶了出来，于是投奔元老院议员奥鲁斯·普劳齐乌斯（Aulus Plautius）——当时日耳曼地区的下级总督和行政长官，贝里库斯使他相信征服大不列颠岛并不是件难事。克劳狄乌斯听到这个提议后，很想赢得一场胜利，于是就同意了进军大不列颠。普劳齐乌斯发现人们都抗拒从军，不愿离开大陆去一个未知的国家，甚至不想挪动一下。于是克劳狄乌斯将纳尔西索派往那里，纳尔西索仗着主人的宠爱而骄傲自满，竟登上普劳齐乌斯的法庭向士兵们发表演说，所有人都愤怒不已，开始高喊"欢迎农神节"，因为在这个节日里，仆人们会穿上主人的衣服，扮成主人的样子。人们根本不想听纳尔西索讲话，高举旗帜跟在普劳齐乌斯后面，乘着事先备好的船，在大不列颠登陆了。大不列颠人没有想到罗马人会突然来袭，因为事先完全没有准备，也没有相互联合，他们只好四散而逃，藏在树林和沼泽地里。跟普劳齐乌斯一起的还有维斯帕西亚努斯（Vespasianus），他后来成为罗马皇帝。这两位英勇的军官征服了大不列颠直到泰晤士河的部分领土。普劳齐乌斯不敢跨河，他给克劳狄乌斯写了一封信说明战争的情况，以及他和维斯帕西亚努斯分别奴役了哪些人，还有当盖乌斯·西狄乌斯·盖塔（Gaius Sidius Geta）被敌人包围险些被擒的时候，他是怎样击溃敌军的。克劳狄乌斯做出亲自前往那里的决定——这有可能是他之前就做的决定，也有可能是在收到信后做的决定，于是将罗马的管理权交给当时的执政官卢基乌斯·维特里乌斯，然后很有可能是在夏天登船起航，从奥斯提亚市（Ostia）出发驶向马赛市（Marsiglia）。航程一开始就遭遇了可怕的暴风雨，后来部分经由陆路，部分经由海路，克劳狄乌斯到达了大洋，最终抵达军队露营驻扎的泰晤士河畔。克劳狄乌斯率军跨过河，击溃了前来阻止他越河的大不列颠人，并侵占了卡马洛杜诺市（Camaloduno）的奇诺贝利诺宫（Cinobellino）。这是狄奥尼写的（Dio, lib. 60.）。苏埃托尼乌斯（Sueton., in Claudius, cap. 17.）却说克劳狄乌斯没有打过任何仗。可以肯定的是，在两三次战役之后，克劳狄乌斯再次获得了"军队最高统帅"的称号,这个称号寓意取得了新的胜利。塔西佗(*Tacitus, in Vita Agricolae, cap. 13.*)也声称克劳狄乌斯征服了大不列颠国的很多地区,并让那里的一些国王归顺于他;而苏埃托尼乌斯(*Sueton., in Vesp., cap. 4.*)则肯定地说,维斯帕西亚努斯在那次远征中,先是在普劳齐乌斯统领下,后是在克劳狄乌斯统领下,与大不列颠军队交战整整30次,征服了其中两个十分强大的民族,占领了20座城市和维希特岛(Vicht)。克劳狄乌斯在那些地区没有停留很长时间,在收缴了被占领国家居民的武器之后,他让普劳齐乌斯率军统治那里,自己则踏上了返回罗马的旅程。克劳狄乌斯来回一共花了6个月的时间。我们从塞涅卡(*Seneca, in Apocol.*)和塔西佗(*Tacitus, Annal., lib. 14, c. 31.*)那里得知,在大不列颠国修建了一座献给克劳狄乌斯皇帝的神庙,他的这一远征举动使得罗马军队于后来的数年进一步在那座广阔的岛上进行扩张。在克劳狄乌斯抵达罗马之前,他的两个女婿格奈乌斯·庞培(Gnaeus Pompeius)和卢基乌斯·西拉努斯(Lucius Silanus)就先带着战争胜利的消息返回了罗马。元老院宣布授予克劳狄乌斯凯旋庆祝仪式,并授予他的小儿子克劳狄乌斯·提贝里乌斯·日尔曼尼库斯同样的荣耀,赐予克劳狄乌斯"不列塔尼库斯"(Britannicus)的封号,同时规定明年举办纪念他的庆祝活动,还建造了两座凯旋门,一座位于罗马,另一座位于高卢海岸——克劳狄乌斯就是从那儿入海航行到达大不列颠的。另外,元老院尽管没有授予克劳狄乌斯的妻子梅萨利纳"奥古斯塔"的封号,但他们授予她公众集会上第一的位置(这似乎有点儿奇怪),以及能够乘坐单人马车出行、观看公共表演的权力——这是只有神甫和女祭司才享有的特权。同时,他们还发布公告,凡是拥有印着可恶的卡里古拉头像铜币的人,都要将铜币带到造币厂进行熔化。梅萨利纳立即用这些青铜为她的情人穆奈斯托雷打造了几座雕像。

年　份　公元44年　小纪纪年第二年

圣彼得教皇第十六年

德鲁苏斯之子提贝里乌斯·克劳狄乌斯皇帝第四年

执政官　卢基乌斯·昆提乌斯·克里斯皮努斯（Lucius Quintius Crispinus）第二次，马库斯·斯塔提利乌斯·陶鲁斯（Marcus Statilius Taurus）

红衣主教诺丽斯（Noris）从格鲁特罗（Grutero）的碑文中得知，斯塔提利乌斯·陶鲁斯的名字是马库斯。而另一篇现存于罗马坎皮多里奥博物馆的碑文——在我发表的作品（*Thesaurus Novus Inscription., pag. 304, num. 3.*）中有提到，上面写着"执政官马尼乌斯·埃米利乌斯·雷必达，提图斯·斯塔提利乌斯·陶鲁斯（MANIUS AEMILIUS LEPIDUS, T. STATILIUS TAURUS COS）"。如果这篇碑文指的是这一年，那么可以推断，执政官克里斯皮努斯去世或者离职以后，由马尼乌斯·埃米利乌斯·雷必达继任他的职位。还有人认为，斯塔里奥·陶鲁斯的名字实际上是提图斯（Titus）而非马库斯。

克劳狄乌斯皇帝从大不列颠回到了意大利，据普林尼（*Plin., lib. 3, cap. 16.*）所述，他于波河一个叫作瓦特雷诺（Vatreno）的河口登船，那艘船极其庞大，更像是一座宫殿而非一艘船。克劳狄乌斯以胜利者姿态进到罗马城内，人们用惯常的凯旋之礼欢迎他，场面极其隆重和盛大，各省的行政长官及一些流放者也得到许可参加凯旋之礼。狄奥尼记载（*Dio, lib. 60.*），克劳狄乌斯登上坎皮多里奥山，屈膝跪下，两边站着他的两个女婿，然后将凯旋的赠礼慷慨地分发给了在远征中陪伴他的执政官，和那些反风尚的元老院议员。之后，在两座剧院里进行了竞演，包括赛马、狩猎、格斗和年轻士兵的操舞。

克劳狄乌斯于这一年做出的其他值得称赞之举，在狄奥尼的著作中有简略的记述。提贝里乌斯曾经将希腊省和马其顿省从元老院手里夺来，委派自己的官员管理那里。克劳狄乌斯将这两个省份归还给了元老院，并重新在他们中间选举行省总督。他还将公共国库从大法官手里收回，让财政官重新执掌国库，就像古时候那样。马库斯·尤利乌斯·科提乌斯（Marcus Iulius Cottius）当时管理着阿尔卑斯山一个美丽的世袭公国，这条山脉将意大利与高卢分开，因此也被叫作科提乌斯阿尔卑斯山。克劳狄乌斯加强了对那里的统治。据狄奥尼证实，克劳狄乌斯还授予了科提乌斯国王的头衔，他说："这是过去从未有过的事。"在著名的苏萨拱门上，有一句碑文被马菲（Maffei）侯爵发表在他的著作中（*Scipio Maffei, Diplomat.*），在我的作品（*Thesaurus Novus Inscription., pag. 1095.*）中也有提及，这句碑文写道："唐诺的儿子与继任者马库斯·尤利乌斯·科提乌斯成为国王（M. IVLIVS REGIS DONNI FILIVS COTTIVS）。"这句碑文是献给奥古斯都大帝的。不过似乎那时候还没有开始使用"国王"这个头衔，奥古斯都大帝征服了那些地区之后，将它们交给唐诺（Donno）国王的儿子尤利乌斯管辖，但是没有国王的称号，直到克劳狄乌斯将这一头衔重新授予他的儿子也有可能是孙子马库斯·尤利乌斯·科提乌斯。罗迪岛（Rodi）的居民将一些可能是被判了死刑的罗马人钉在十字架上。由于这一酷刑非常不光彩，而罗马公民享有特权是美誉远扬的，于是克劳狄乌斯剥夺了罗迪岛人的自由，限制他们继续依靠自己的法律和官员进行自治。后来在公元53年，他又将这一自治权还给了他们。这一年，犹太省的国王希律·阿格里帕（Herodes Agrippa）去世，当时他身处恺撒利亚（Caesara）（*Joseph., Antiq. Judaic., lib. 19.*）。据说，克劳狄乌斯原本想让希律王的儿子阿格里帕继任王位，但他那些宫廷仆人的意见占据了上风，他就将犹太省的统治权交给了罗马骑士库斯皮乌斯·法杜斯（Cuspius Fadus）。就这样，耶路撒冷立即受到罗马行政官的统治，再次失去了自己的国王。

年　份　公元45年　小纪纪年第三年
　　　　圣彼得教皇第十七年
　　　　德鲁苏斯之子提贝里乌斯·克劳狄乌斯皇帝第五年
执政官　马库斯·维尼修斯（Marcus Vinicius）第二次，陶鲁斯·斯塔提利乌斯·科尔维努斯（Taurus Statilius Corvinus）

根据红衣主教诺丽斯的看法，这两位应该是这一年的执政官，并且他认为陶鲁斯是斯塔提利乌斯的名字。不过这个值得怀疑，因为在弗列贡的一部著作里（*Phlegon., de Mirabilib., cap. 6.*）提到过罗马发生的一件事，说当时在任的执政官是马库斯·维尼修斯（Marcus Vinicius）与提图斯·斯塔提利乌斯·陶鲁斯（Titus Statilius Taurus），陶鲁斯是作为姓氏出现的。在前一年我们提到过一块碑文，上面写着"执政官马尼乌斯·埃米利乌斯·雷必达，提图斯·斯塔提利乌斯·陶鲁斯（MANIUS AEMILIUS LEPIDUS, T. STATILIUS TAURUS COS）"，我一直没有弄清楚这两位执政官是属于哪一年的。不过可以肯定的是，这个提图斯·斯塔提利乌斯·陶鲁斯不是这一年的执政官，也不是过去哪一年的执政官，因为历任执政官的名字应该在古罗马历书中都有提及，因而那一年的斯塔提利乌斯与这一年的执政官不是同一人。潘维尼乌斯与其他学者认为，上述执政官应该是由马库斯·克鲁维乌斯·鲁弗斯（Marcus Cluvius Rufus）与庞培·西尔瓦努斯（Pompeius Silvanus）继任，这是从朱塞佩记述的一封关于克劳狄乌斯的诏书（*Joseph., lib. 19.*）中得出的，诏书作于6月末，记录了克劳狄乌斯第五次获得保民官权力。此外，尽管到目前为止，很多才华横溢的文学家对历史做过很多研究，但我们仍不能说已解决了执政官历书里分散于各处的疑团，仍然有很多不确定和不完美之处。

现如今，罗马到处可见或大理石或青铜的人物雕像（*Dio, lib. 60.*）和版画，因为人人都可以放置，这使得这一本应留给功绩卓著之人的荣誉变得大众化而失去价值了。克劳狄乌斯搬走了其中的大部分雕像，保留了那些正在建造或翻新的工程，并下令自那以后没有元老院的许可，任何人都不准展示他的肖像，以此激励人们建功立业来增强罗马的影响力。克劳狄乌斯放逐了一个省的行政长官，因为他被认为收受了礼品贿赂，所以克劳狄乌斯将他在政府赚取的一切通通没收了。克劳狄乌斯还发布了一条敕令，任何人在各省任职结束后不得马上将这一职位授予另一人——这是被立过很多次的法令，这样，在这期间有意对这些人发起诉讼的人就可以将一切坦白。他还禁止官员们任职结束后去朝拜其他国家，他希望所有人都来罗马进行我们今天所说的工作汇报。

这一年，克劳狄乌斯花了很多钱举办公共竞演以供人民消遣娱乐，对于普通平民来说，不仅可以免费领取公共粮食，每个人还可以获赠300钱的补贴，有些人甚至可以拿到1250钱的财政收入。这一年，在他的诞辰之日（*Sueton., in Claudius, cap. 2.*），也就是8月1日这天（克劳狄乌斯于公元前10年的这一天降生在里昂），发生了日食。克劳狄乌斯几天前就对公众发出警告，只为让人们明白，那只是行星运动的一个必要的现象，不要认为那是什么不好的预兆——当时的罗马人十分迷信，惯于在其他事情中将这样的现象看作不太吉利的预兆。从一些勋章（*Mediobarbus, Numismat. Imperator.*）中我们可以看出，克劳狄乌斯在去年和今年都获得了"军队最高统帅"的称号，现已是第十次获此封号。这标志着他在大不列颠指挥作战时应该是取得了一些战绩的，然而历史上并没有留下相关记述。

年　份　公元46年　小纪纪年第四年

　　　　圣彼得教皇第十八年

　　　　德鲁苏斯之子提贝里乌斯·克劳狄乌斯皇帝第六年

执政官　普布利乌斯·瓦莱利乌斯·亚细亚提库斯（Publius Valerius Asiaticus）
　　　　第二次，马库斯·尤尼乌斯·西拉努斯（Marcus Iunius Silanus）

　　瓦莱利乌斯·亚细亚提库斯第二次被任命为执政官，他在前几年作为补任执政官而获此殊荣，但至今都无法确定具体是哪一年。据潘维尼乌斯（*Panvinius, in Fast. Consularibus.*）与其他人所说的，上述两位执政官于这一年7月1日被普布利乌斯·苏伊卢斯·鲁弗斯（Publius Suillus Rufus）和普布利乌斯·奥斯托留斯·斯卡普拉（Publius Ostorius Scapula）接替。我们可以找到一些证据证明这两位确实曾被任命为执政官，但无法确定在这一年。执政官马库斯·尤尼乌斯·西拉努斯是克劳狄乌斯皇帝的女婿卢基乌斯（Lucius）的兄弟（*Dio, lib. 60.*）。亚细亚提库斯是克劳狄乌斯指定的执政官，他本可以任职一年，然而他自愿放弃了，他的这一决定让罗马人民议论纷纷。其他一些执政官也是这样做的，因为举办马戏表演所需要的花费都是由执政官负担的，但他们没有足够的金钱，而且这项花费后来涨得越来越过分，执政官只好放弃这一职位。因此，以这个理由卸任是合情合理的。但这不是亚细亚提库斯离任的原因，因为他当时是罗马帝国最富有的贵族之一，他在家乡高卢拥有无尽的财富与地租收入。他给出的理由是为了避免其他人因他二次当选执政官而心生忌妒，但如果是这样，那就不要接受这个任职，连6个月的执政官也不要当。他自愿离职也为他招来了小气吝啬的坏名声。下一年我们就会看到他拥有那些宝贵财富而给他带来的恶果。

这一年，著名人物马库斯·维尼修斯（Marcus Vinicius）惨遭不幸。维尼修斯是卡里古拉的妹妹茱莉亚·利维拉的丈夫，梅萨利纳设法杀死了他的妻子利维拉之后，也预谋除掉他。据说，梅萨利纳对维尼修斯抱有一些下流的想法，然而正直的维尼修斯拒绝了她，于是她非常巧妙地给他下了一种毒，将他谋杀。后来准许公众在他死后为他举办葬礼，这在当时是一种无上的荣誉。

阿格里皮娜（Agrippina）在成为提贝里乌斯·奥古斯都的妻子之前就生下了阿西尼乌斯·波利奥（Asinius Pollio），因此他也是提贝里乌斯之子德鲁苏斯·恺撒同母异父的兄弟。这一年，波利奥脑子里突然生出成为皇帝的愿望，于是，他开始进行一些密谋策划，不幸的是，克劳狄乌斯很快就知道了他的企图。每个人都以为他会被处死，但克劳狄乌斯只是将他流放，可能是因为他没有为这个伟大的计划拉帮结派，也没有聚敛钱财，又或者是因为克劳狄乌斯把他当疯子看待——波利奥身材矮小，面庞扭曲，所有人都嘲笑他，坐在皇位上的克劳狄乌斯没有必要害怕他。克劳狄乌斯这一宽容之举为他赢得了公众的称赞，此外，他还做出了很多其他正义热心的事情，既是为了能够有效治理，更多的是为了公正。与此同时，到处可以听见关于他的抱怨和窃窃私语，因为他总是被他的妻子梅萨利纳和那些他宠爱的仆人牵着鼻子走，就好像他不再是主人，而是他们的奴隶一样。这一年，卡里古拉统治时期高卢的行政长官萨比努斯（Sabinus）因数次持械抢劫，做出不道德之事而被判与角斗士搏斗（这一刑罚在当时仍在使用）。克劳狄乌斯希望，其他人更加希望，这个可恶的人可以就此丧命，像大多数时候发生的那样。但是梅萨利纳想利用萨比努斯满足她那无法克制的性欲，于是为他请求宽恕，克劳狄乌斯竟没有反对。另外，人们私下议论更多的是当时著名的演员穆奈斯托雷，因为他不在剧院表演了。他舞跳得很好，人们因为他的表演艺术而非常喜爱他，但梅萨利纳却是因为他长得俊秀而喜爱他。人们因失去这样一个有天赋的演员而难过，特别是知晓他不再演出的原因后更加难过了。就连离罗马很远的人都知道这件事情，然而善良的克劳狄乌斯却对此一无所知，他在他的宫殿里该感到多么羞辱啊！仅有尤塞比乌斯写过（Eusebius, in Chronico et in Excerptis.），大概是在这一时期，色雷斯（Tracia）的国王雷梅塔尔切（Rematalce）被他的妻子所杀，之后克劳狄乌斯将这一国家变为罗马的行省，并派自己的官员前去管理。

年　份　公元47年　小纪纪年第五年
圣彼得教皇第十九年
德鲁苏斯之子提贝里乌斯·克劳狄乌斯皇帝第七年
执政官　提贝里乌斯·克劳狄乌斯·奥古斯都·日尔曼尼库斯第四次，卢基乌斯·维特里乌斯（Lucius Vitellius）第三次

据苏埃托尼乌斯所述（Suetonius, in Claudius, cap. 4.），与卢基乌斯·维特里乌斯共任这一年执政官的原本不是克劳狄乌斯·奥古斯都。另一位于1月初任职的执政官，我们不知晓他的名字，但他不久就去世了，于是克劳狄乌斯才继任了执政官之位。此处提到的维特里乌斯正是曾经的索里亚行省总督，以及维特里乌斯皇帝的父亲。他所享有的荣誉都源于他的阿谀奉承。

根据瓦罗（Varro）的推算，这一年是罗马建城第八百周年（Suetonius, in Claudius, cap. 21. Tacitus, lib. 11, cap. 11.），于是克劳狄乌斯为人民举办了世纪庆典，这种庆典每100年才会举办一次。但是从1300年开始，庆祝活动改成了罗马50周年庆典，只有100年过去后才能够更新，后来这种庆典就变成了在不同年份都会进行庆祝。距奥古斯都举办这一庆典仅过去64年，一些参加过那次庆典的人仍然健在，还有一些曾经跳过舞的喜剧演员也仍生存于世，其中包括普林尼（Plinius, lib. 7, cap. 48. Zosimus lib. 1.）记载的斯特凡尼奥内（Stefanione）。当宣读公告的人邀请人民参加庆典，说他们即将看到的是一个前无古人、后无来者的表演时，所有人都对克劳狄乌斯这笔花费大笑不已。这个时候执政官维特里乌斯又向克劳狄乌斯献媚，有人听到他对克劳狄乌斯说，祝愿他能举办多次这样的庆典。出席庆典的还有皇帝的儿子——上文提到的不列塔尼库斯（Britannicus），以及年轻的卢基乌斯·多米提乌斯（Lucius Domizio），而多米提乌斯就是后来的尼禄（Nero）皇帝。可以看出，人民

更倾向于年轻的多米提乌斯，因为他是阿格里皮娜（Agrippina minore）公主的儿子，而阿格里皮娜深受人民爱戴，不仅仅是因为她是备受敬重的日尔曼尼库斯的女儿，还因为大家看到她被梅萨利纳迫害。

这一年，克劳狄乌斯继续做出了一些值得赞颂的事情（Dio, lib. 60.）。当时，每个罗马贵族身边为其服务的奴隶数量惊人（Sueton., in Claudius, cap. 25.），当这些不幸的奴隶生病时，他们的主人就要花很多钱，为了减少花费，他们就将奴隶赶出家门，送到台伯河的岛上，让他们在那里得到埃斯库拉庇乌斯（Esculapio，古希腊罗马神话中的医神）的治疗，其实是想以这种方式将这些奴隶饿死在那里。克劳狄乌斯颁布了一条法令，被主人赶出门的奴隶意味着获得了自由，他们不必再回去服务。如果有人不是想赶走他们，而是企图杀死他们，那么这一行为就可以被视为谋杀而被起诉。另外，如果下层人民被告发是因为有可能威胁到主人的生命，没有人可以说，"报复一只跳蚤和一头野兽是不一样的"。他还下令，对主人忘恩负义的奴隶必须回去继续做他们的奴隶。这一法律之后一直有效。克劳狄乌斯撤去了元老院的一些议员，因为他们很贫困，无法有尊严地守住那个位子。事实上，他们很多人对此心怀感激。高卢人索尔迪尼乌斯（Sordinius）是个十分富有的人，能够有尊严地在元老院立足，克劳狄乌斯得知他已离开罗马去了迦太基（Cartagine）时说："我需要用金玉枷锁让他留在罗马。"于是将索尔迪尼乌斯召回来，任命他为元老院议员。当时有一些人起诉律师向客户收取高额佣金，元老院准备下令禁止律师收取任何款项，而克劳狄乌斯希望律师们只收取一小部分费用。

克劳狄乌斯的这些行为给他带来了赞誉，但他同时也受到更多的谴责，因为他被妻子梅萨利纳怂恿，在这一年处死了很多有名望的人物。克劳狄乌斯已将他的女儿安东尼娅（Antonia）嫁给了格奈乌斯·庞培·马格努斯（Gnaeus Pompeius Magnus），但是梅萨利纳非常讨厌这两个人，于是编造了一些流言蜚语陷害庞培，说他有意刺杀克劳狄乌斯，于是克劳狄乌斯砍了他的脑袋。此外，克劳狄乌斯还以各种可耻的恶习贬低那些出身贵族阶层的人，对于贵族的迫害至今也没有停止。他还处死了庞培的父母克拉苏斯·弗鲁吉（Crassus Frugi）与斯克利波尼娅（Scribonia），尽管据塞涅卡证实（Seneca, in Apocol.），克拉苏斯也是一个愚笨的人，就像克劳狄乌斯一样，或许也有机会做皇帝。安东尼娅后来嫁给了梅萨利纳的弟弟科尔涅利乌斯·苏拉·福斯图斯（Cornelius Sulla Faustus）。对于瓦莱利乌斯·亚细亚提库斯（Valerius Asiaticus），我们之前讲过他两次担任执政官，他在高卢无边的财富最终成为他彻底垮台的原因（*Tacitus, Annal., lib. Ⅱ, cap. 1.*）。梅萨利纳一直觊觎亚细亚提库斯的财富，特别是很渴望吞占他那个漂亮的卢库鲁斯（Lucullus）庄园。亚细亚提库斯决定回到高卢，这时梅萨利纳编造了很多他的可疑之处和罪行，让克劳狄乌斯相信他此行回去是要煽动日耳曼地区的军队起兵造反，于是他被控告，被戴上枷锁从巴哈市（Baja）带来。亚细亚提库斯极力为自己辩护，说自己根本不认识那些污蔑他的证人。他们先是叫来了一个士兵，士兵声称参与了这场阴谋的策划，被问到是否认识亚细亚提库斯，他回答道："当然。"让他指出亚细亚提库斯时，他知道亚细亚提库斯是个秃子，看了一眼所有的在场者后，就指了一个秃子，但那个人不是亚细亚提库斯。所有的听众都忍不住大笑起来，审讯就这样结束了。克劳狄乌斯本已打算赦免亚细亚提库斯，判他无罪，然而无耻的执政官维特里乌斯受梅萨利纳的指使来到克劳狄乌斯的房间，眼含泪水地表示对亚细亚提库斯的深切同情，然后假装受亚细亚提库斯所托，来恳求克劳狄乌斯让他自己选择被处死的方式。愚蠢的皇帝没有进行其他查证，就认为亚细亚提库斯是受到良心的谴责不想再活了，于是就同意了这一请求。亚细亚提库斯被割断血管而死，梅萨利纳为此很高兴，但这并不能满足她的贪婪与野心，后来她用类似的方式夺走了庞培娅（Poppea）的性命。庞培娅是西庇阿（Scipio）的妻子，被认为是当时最美丽的女人，也是后来尼禄皇帝之妻庞培娅的母亲。克劳狄乌斯对她的死毫不知晓。塔西佗还讲到过其他被以同样的方式杀害的人，而狄奥尼对这段历史的讲述比较少。这一年（*Tacitus, Annal., lib. II, cap. 14. Suetonius in Claud., cap. 41.*），克劳狄乌斯通过在拉丁字母表中增加了3个字母而使他的名字在语法界永垂不朽。其中一个字母是倒着写的"F"，代表辅音"V"。然而在他死后，他创造的这些字母也随之消逝。

这一年，东方国家发生了一些变革。帕提亚的国王阿塔巴诺被刺杀后，他的两个儿子一直在用武力争夺国家的所有权。克劳狄乌斯利用这个机会派伊比利亚

（Iberia）国王法拉斯曼（Farasmane）的弟弟米特里达特（Mitridate）前去收复被帕提亚占领的亚美尼亚国。实际上，米特里达特不仅占领了该地，还得到了罗马人民的支持。日耳曼地区则仍然战争不断。曾指挥日耳曼地区罗马军队的桑奎尼乌斯（Sanquinius）死后，格奈乌斯·多米提乌斯·科尔布罗（Gnaeus Domitius Corbulo）被派去继任他的位子，后来成为当时罗马最英勇善战的将军。在科尔布罗到达那里之前，卡奇人（Cauci）入侵并洗劫了高卢的海岸城市。科尔布罗成为军队首领后，马上制伏了那些卡奇人，并让几年前造反的弗里斯兰（Frisia）人民也归顺于他。随后，他以过去的军队纪律整肃罗马军队。如果不是克劳狄乌斯给他写信让他渡过莱茵河，不要去攻打那些蛮族人，他有可能做出更大的功绩。科尔布罗虽然服从了克劳狄乌斯的指令，但是感叹："过去的将军可真幸福啊！"克劳狄乌斯后来授予科尔布罗庆贺凯旋的仪式。奥鲁斯·普劳齐乌斯（Aulus Plautius）也来到了罗马，他参与了大不列颠之战，克劳狄乌斯也授予了他凯旋典礼的荣耀，人们称之为小凯旋仪式。当时已经开始将真正的凯旋仪式只留给皇帝，因为皇帝是罗马军队的最高统帅，任何他的下级军官打了胜仗，都会将胜利的荣耀归于皇帝。

年　份　公元48年　小纪纪年第六年
　　　　圣彼得教皇第二十年
　　　　德鲁苏斯之子提贝里乌斯·克劳狄乌斯皇帝第八年
执政官　奥鲁斯·维特里乌斯（Aulus Vitellius）与昆图斯·维普撒尼乌斯·波布利科拉（Quintus Vipsanius Poblicola）

　　第一位执政官维特里乌斯成为后来的罗马皇帝。苏埃托尼乌斯证实（*Sueton., in Vitellius, cap. 3.*），奥鲁斯·维特里乌斯于7月1日被他的弟弟卢基乌斯·维特里乌斯接替，他们的父亲卢基乌斯·维特里乌斯是当时宫廷里最会拍马屁的人。

　　这一年，元老院（*Tacitus, Annal., lib. II, cap 23.*）选举了一些新的议员接替那些死去的议员，这引起了很大的争议，因为高卢的人民也要求参与罗马帝国至高荣誉的竞选。这遭到很多人的反对，但克劳狄乌斯的意见占据了上风，他引证了大多数人的例子，认为不应该剥夺高卢人民这一权利，因为这对公众有益，对罗马的繁荣有益。作为监察员，克劳狄乌斯也制定了一些优质规定，其中包括清除元老院一些声名狼藉的人，克劳狄乌斯以令人愿意接受的方式使那些人明白，如果他们请求隐退，那就可以获准。执政官维普撒尼乌斯提议授给克劳狄乌斯"元老院之父"的头衔，克劳狄乌斯知道这只是一个奉承之举，因而拒绝了。克劳狄乌斯还于这一年与老卢基乌斯·维特里乌斯一起进行了5年人口普查，即对所有的罗马市民进行调查。这里的罗马市民不仅仅指原罗马居民，还包括很多来到罗马的外乡人，以及成千上万服务于罗马富人家的奴隶。没有一个古代作家给我们指出当时罗马的人口数量，罗马在那段时期或许比现在的巴黎和伦敦要大很多。有一篇碑文对罗马人口总数有所记述，但尤斯图斯·利普修斯认为（*Lipsius, in Notis ad Tacit. lib. 40.*）这一碑文非常不可信。因此对于罗马市民，应该理解为所有的自由人——既享有罗马的公民身份，也享有各省的公民身份。由于这一特权，人口普查的范围扩大到整个罗马帝国，正如接下来的时期发生的那样。这样的市民在上述的人口调查中记录有6 944 000人。

克劳狄乌斯的妻子梅萨利纳已经过分得不知廉耻与胆大妄为。这一年，她想做一件不得了的事，一件她认为非常艰难需要付出很大努力的事。人们不理解这样不知羞耻的女人与愚蠢呆滞的丈夫是如何生活在一起这么久的，尤其她丈夫还是一位皇帝。塔西佗（*Tacit., Annal., lib. 11, cap. 26.*）坦言，这件事情就像神话般令人难以置信，苏埃托尼乌斯（*Sueton., in Claudius, cap. 26.*）和狄奥尼（*Dio, lib. 60.*）都确认了这件事的可靠性。这个皇后疯狂地爱上了年轻的盖乌斯·西里乌斯（Gaius Silius），不仅因为他的贵族身份，更因为他外表极其漂亮。克劳狄乌斯已经指定他担任下一年的执政官。对梅萨利纳来说，仅仅与这个年轻人保持不正当的关系还不够，她还要与他结婚，尽管克劳狄乌斯仍在世，也没有与她离婚。据说，当时克劳狄乌斯正在奥斯提亚市（Ostia）处理公共配给粮的事务，梅萨利纳假称自己身体不舒服，待在了罗马。然后她非常隆重地进行婚姻合同的撰写，里面包括所有惯常的条款，她将皇宫内所有珍贵的物品都赠送给了西里乌斯，完成了婚礼祭祀仪式，并举办了盛大的宴席。后来，当着元老院议员们的面，当着所有士兵和人民的面，克劳狄乌斯得知了梅萨利纳所做的一切（*Tacitus, Annal., lib. 11, cap. 30.*）。然而十分不可思议的是，梅萨利纳诱使克劳狄乌斯认可了这一行为。苏埃托尼乌斯说，梅萨利纳让克劳狄乌斯相信这只是一个玩笑，能帮他远离占卜师们在他身上预言的危险，让危险转移到西里乌斯这个假冒的皇帝身上。这个故事太不合理了，很难使人相信它的真实性。很有可能这是民间的一个流言，人们通常会在一些真实事件中加入一些虚假的信息。不管怎样，整个罗马都在谈论梅萨利纳这一胆大的行为，只有克劳狄乌斯什么也不知道，因为他周围全是宫廷人员，所有人都害怕惹怒梅萨利纳，给自己招致不幸，甚至丧命，因此他们经常联合在一起行事。梅萨利纳让西里乌斯成为她的丈夫后，还想让他成为皇帝，这给公众和宫廷都造成了极大的冲击，也会让那些被克劳狄乌斯宠爱的自由奴隶垮台。梅萨利纳处死了宫廷中最有权势的人波利比乌斯（Polibius）（*Dio, in Excerptis Valesianis.*），其他人开始害怕会遭遇同样的不幸，因此，最强势的三个自由奴隶卡利斯托（Callisto）、帕兰特（Pallante）和纳尔西索（Narciso）决定让受骗的克劳狄乌斯知道事情的真相。但是卡利斯托和帕兰特对这一意图立场不太坚定，害怕梅萨利纳去找克劳狄乌斯谈话——她很懂得如何掩饰真相，让克劳狄乌斯的怒气一瞬间烟消云散。只有纳尔西索始终坚定立场，但是他也不敢张口说第一句话，于是就让克劳狄乌斯的几个妓女向皇帝揭露了一切，不仅包括梅萨利纳现在的无耻下流，还包括她过去源于极度的淫荡和残忍做出的一切丑事。震惊的克劳狄乌斯马上召来了纳尔西索，纳尔西索先是请求饶恕，说明了一直以来对这些事情保持沉默的原因，承认了错误，然后又揭发了梅萨利纳其他不忠的行为。粮食管理总长图拉尼乌斯（Turranius）与禁军总督卢修斯·盖塔（Lusius Geta）也被召来证明此事，指出克劳狄乌斯现在面临着失去生命和帝国的危险，他们劝说克劳狄乌斯面对西里乌斯和梅萨利纳这样野心勃勃的计划，需要采取强有力的措施，且不要再听信他那叛徒妻子的任何辩解和谄媚话语。克劳狄乌斯对此震惊不已，时不时地询问他是否还是皇帝，西里乌斯是否还在做着这丑恶的勾当。

10月是葡萄的收获期，也是酒神巴克斯节（*Tacitus, lib. II, cap. 31.*），梅萨利纳在节日上纵情享乐，比以往更加欢欣，她扮作酒神的女追随者迈那得斯（Menadi），而西里乌斯则扮作酒神巴克斯。这一消息传到了克劳狄乌斯耳朵里，他已知晓梅萨利纳的所有丑事，即将赶回罗马处置梅萨利纳。梅萨利纳将希望寄托在能够与克劳狄乌斯谈话上，她相信这次也能和过去很多次一样，还能够安抚愣头愣脑的丈夫。这恰恰是精明的纳尔西索想让他的主人离开的原因。为此，他请求那天可以代表卢修斯·盖塔行使护卫军的指挥权，同时他还获得了与皇帝一起乘车前往罗马的许可。一同前行的还有卢基乌斯·维特里乌斯与普布利乌斯·塞西纳·拉尔古斯（Publius Caecina Largus），他们没有说一句支持或对抗梅萨利纳的话，因为他们对克劳狄乌斯十分不稳定和软弱的性格没有太大把握。与此同时，梅萨利纳带上孩子不列塔尼库斯和奥塔维亚，还有最年老的女祭司维比迪亚，只带了三个随从，步行走到奥斯提亚门，然后登上一辆在那里偶然发现的非常破旧的马车，没有任何人怜悯她了，她只能去找她的丈夫。当克劳狄乌斯到达时，梅萨利纳开始喊叫，希望他能听听自己的话。与此同时，纳尔西索驾驶着马车，高声夸大着西里乌斯与梅萨利纳那些蛮横无理的言行，并将婚礼中的用具摆在克劳狄乌斯跟前。在进入罗马时，不列塔尼库斯和奥塔维亚想要将头探出马车，纳尔西索命令护卫把他们带到远处，但是女祭司受人敬重，享有特权，因而他无法阻止维比迪亚靠近克劳狄乌斯。维比迪亚提出请求，在未听梅萨利纳发言之前不能治她的罪。克劳狄乌斯承诺会按她的请求来。纳尔西索非常机灵地带克劳狄乌斯去了西里乌斯家里，以让他亲眼见到所有从宫殿搬到那里的珍贵家具，看到这些，克劳狄乌斯顿时心生怒火。然后，纳尔西索又带他去了禁卫军那里，禁卫军们已经提前被告知应该说些什么。此时克劳狄乌斯内心恐惧与羞耻交加，几乎一句话也说不出来，士兵们高声询问要捉拿的罪犯的名字和惩罚项目。西里乌斯是第一个勇敢地接受死刑的人，随后是维提乌斯·瓦伦斯（Vettius Valens）、庞培·乌尔比库斯（Pompeius Urbicus）和其他的贵族，他们都曾与梅萨利纳有染。对于演员穆奈斯托雷，克劳狄乌斯想起他是服从于自己的命令，因此心软了，打算饶恕了他，但是他身边的仆人让他改变了心意。只有苏伊利乌斯·凯索尼努斯（Suilius Caesoninus）与普拉提乌斯·拉特拉努斯（Plautius Lateranus）逃脱了处罚，后者是因为他叔叔奥鲁斯·普拉提乌斯（Aulus Plautius）

的功劳才获得赦免。此时，梅萨利纳隐居到卢库鲁斯庄园，既心怀希望，又满腔怒火，她希望这次也可以平息风波。克劳狄乌斯非常平静地回到宫殿，坐在桌前，喝了几杯葡萄酒，之后下令通知梅萨利纳明日过来，他要听听她怎么说。纳尔西索对这个命令有些迷惑，不过他还是从桌下起身，就好像是要去传达这个命令一样，他向百夫长和护卫军官下达了一个完全不同的命令——立即将梅萨利纳带去处死，因为这是皇帝的意愿。梅萨利纳躺在地上，她的母亲莱皮达（Lepida）在一旁守着，试图用手阻拦那些审判执行者。他们到达时，梅萨利纳用颤抖的手打了他们几下，但军官的手肯定是更有力的，他们随即将她处决了。梅萨利纳死去的消息立即传到了克劳狄乌斯那里，他没有询问她是自杀还是死于他人之手，而是叫人拿来酒，平静地完成了宴席。接下来的几天，人们既看不到克劳狄乌斯的愤怒，也看不到仇恨，他既不高兴，也不难过，却可以看到纳尔西索和其他控告者欢欣鼓舞，可以看到梅萨利纳的孩子们满面悲伤。为了使克劳狄乌斯尽快忘掉梅萨利纳，元老院下令撤去了所有公共场合和私人场所中的梅萨利纳肖像。而为了奖赏纳尔西索做出的努力，元老院将他提拔为国家财政官。

年　份　　公元49年　小纪纪年第七年
　　　　　圣彼得教皇第二十一年
　　　　　德鲁苏斯之子提贝里乌斯·克劳狄乌斯皇帝第九年
执政官　　奥鲁斯·庞培·朗基努斯（Aulus Pompeius Longinus）与加卢斯·昆图斯·韦拉尼乌斯（Gallus Quintus Veranius）

关于第一位执政官是姓朗基努斯（Longinus）还是朗基尼亚努斯（Longinianus），是存在争议的。在一块现存于坎皮多里奥博物馆的大理石（*Thesaurus Novus Inscription., p. 304.*）碎片上写着"执政官昆图斯·韦拉尼乌斯，奥鲁斯·庞培·加卢斯（Q. VERANIUS, A. POMPEIUS GALLUS COS）"。不过可以肯定的是，他的名字是奥鲁斯，而不是迄今一直认为的盖乌斯。有证据称，这一年5月1日，卢基乌斯·梅姆密乌斯·波利奥（Lucius Memmius Pollio）与昆图斯·阿利乌斯·马克西穆斯（Quintus

Allius Maximus）接替了这两位执政官。

如今克劳狄乌斯·奥古斯都成了鳏夫，据说他不想再结婚（*Sueton., in Claudius, cap. 26.*），他也跟禁卫军声明不想再娶妻，因为他在之前的婚姻中感受到了太多不幸，如果他再另娶他人，恐怕会死在她们的手中。但他这一主张很快就崩塌了。罗马所有贵族女人都精心打扮，为了征服克劳狄乌斯这一块软石头，她们竭力展示自己所有天生的与修饰的美貌，使用各种伎俩为自己博得更多关注度，因为她们知道克劳狄乌斯是个面对美色把持不住的人（*Sueton., in Claudio, cap. 33.*）。所有贵妇中有三个女人最惹人注目：第一个是洛丽亚·保琳娜（Lollia Paolina），她是以前的执政官马库斯·洛利乌斯（Marcus Lollius）的女儿，洛利乌斯为了他的女儿巴结讨好卡利斯托（Callisto）——克劳狄乌斯最宠爱的仆人之一。第二个女人是图贝罗尼（Tuberoni）家族的艾丽娅·佩蒂娜（Elia Petina），她的父亲是以前的执政官塞克斯图斯·埃利奥·佩图斯（Sextus Aelius Paetus），事实上，她是克劳狄乌斯成为皇帝之前的妻子（*Idem, cap. 26.*），因为一点无足轻重的原因而被克劳狄乌斯抛弃了。宫廷中有权势的仆人纳尔西索还为她辩护。第三个女人是茱莉亚·阿格里皮娜（Giulia Agrippina），她是克劳狄乌斯的哥哥日尔曼尼库斯之女，之前非常不幸地被卡里古拉流放，后来还遭到梅萨利纳的迫害。为了让自己占据优势，她与帕兰特（Pallante）相勾结，帕兰特也是在克劳狄乌斯心中很有分量的一个仆人。尽管阿格里皮娜结了两次婚，第一次是20年前与格奈乌斯·多米提乌斯·阿赫诺巴布斯（Gnaeus Domitius Ahenobarbus），生下了卢基乌斯·多米提乌斯·阿赫诺巴布斯（Lucius Domitius Ahenobarbus），即后来的尼禄皇帝；后来她又嫁给了克里斯普斯·帕西埃努斯（Crispus Passienus），为了能尽快占有帕西埃努斯留给她的财产，她将其杀死了。虽然阿格里皮娜已经过了青春的年龄，但她仍然光彩照人，风韵犹存。此外，她还很擅长使用诡计和阿谀谄媚，由于克劳狄乌斯是她的叔父，她因此享有特权，可以经常看望他，但她举止非常亲密，使得克劳狄乌斯掉入了圈套。因此，去年他们就策划好了婚礼，直到今年，婚礼正式举办。克劳狄乌斯不可能遇到比阿格里皮娜更险恶的人了，因为谁也不知道这个女人的哪一个特点更突出，是傲慢自大、盛气凌人，还是贪得无厌。实际上，她心中最膨胀的东西是她的野心，为此她牺牲了一切。狄奥尼写道（*Dio, lib. 60.*）："有一天一个占卜师向她预言，她的儿子尼禄会成为皇帝，但她最终也会死于自己儿子之手。"她回答道："只要他能当上皇帝，就算他把我杀了也无所谓。"从那时起，她就开始寻找方法让卢基乌斯·多米提乌斯·阿赫诺巴布斯与克劳狄乌斯的女儿奥塔维亚联姻。由于奥塔维亚已经于几年前与卢基乌斯·西拉努斯（Lucius Silanus）订婚（*Tacitus, lib. 12, cap. 4.*），因此需要想方法除掉西拉努斯这一障碍，而西拉努斯是一个正直廉洁的人，没有犯过任何罪行，于是阿格里皮娜就设法编造谣言诽谤他。执政官卢基乌斯·维特里乌斯是导致西拉努斯毁灭的邪恶的中间人，他让克劳狄乌斯相信，西拉努斯与他的妹妹朱尼娅·卡尔维娜（Giunia Calvina）之间有不正当的关系。就这样，对此事一无所知的西拉努斯突然有一天被从元老院议员的位子上带到初审法庭，他与奥塔维亚的婚事也就此解除了。这是阿格里皮娜第一个非凡之举，当时她还不是克劳狄乌斯的妻子。

尽管克劳狄乌斯非常渴望与阿格里皮娜结婚，但他不敢，因为当时在罗马人看来，叔父娶自己的侄女是非法的、不被认可的事情。于是卢基乌斯·维特里乌斯这个阴谋家再次承担起了为一切做准备的任务。他在元老院公开谈论了这一事情，最终使得所有元老院议员和宫廷仆人都顺从了皇帝的意愿，宣布了这一婚姻的合法性。就在婚礼庆祝的同一天，克劳狄乌斯原本的女婿卢基乌斯·西拉努斯自尽而死。阿格里皮娜进入皇宫之后，轻而易举地就让愚笨的丈夫听命于她，并掌控了公共事务，她甚至还想与克劳狄乌斯平起平坐，一样受到元老院、外族国王与使节们的朝拜。她开始以无耻下流的手段积聚财富，一边向一些人进献谄媚之语，以让他们立她为财产继承人，一边对一些人诽谤中伤，以将他们的财产据为己有。她让自己的儿子——当时已经12岁的卢基乌斯·多米提乌斯与克劳狄乌斯的女儿奥塔维亚订婚，这场联姻是让卢基乌斯·多米提乌斯登上王位的第一步。她还将流放到科西嘉岛的著名斯多葛派哲学家卢基乌斯·阿内乌斯·塞涅卡召回罗马，让他做自己儿子的教师，希望他能把自己儿子培养成一个非凡的人物，一位伟大的皇帝，这是她一直以来的主要目标。她还为塞涅卡求得大法官之职。之后，阿格里皮娜开始对洛丽亚·保琳娜实施报复，因为保琳娜曾经为争夺克劳狄乌斯与她竞争。阿格里皮娜让克劳狄乌斯相信，据占卜师的预言和克拉里乌斯阿波罗（Apollo di Clario）神谕所示，保琳娜会对皇帝造成损害，因此，克劳狄乌斯未让保琳娜辩解就把她流放到了意大利境外，没收了她大部分财产。后来，克劳狄乌斯又派阿格里皮娜去杀死了她。阿格里皮娜还驱逐了著名的卡尔普尼亚（Calpurnia），仅仅因为有一次克劳狄乌斯无意中说她很漂亮。

这一年，克劳狄乌斯扩展了罗马的边界，或者说是罗马的管辖区域，这被视为一个光荣之举。在帕提亚人的请求下，克劳狄乌斯立梅尔达特（Meerdate）为帕提亚国的国王，然而他并没有那么幸运，还丢了罗马人的脸。色雷斯国爆发了几场战争，但因为这段历史不太重要，我就不在此提及了。如果相信奥罗修斯所说的（*Orosius, in Histor.*），克劳狄乌斯在这一年发布敕令，杀死罗马的所有犹太人，圣路加在《使徒行传》（*Actus Apostolor., c. 18, vers. 2.*）中也谈论过此事。当时罗马城内犹太人数量极多，奥罗修斯提到犹太人朱塞佩（Giuseppe）于这一年亲眼见证了这一事件，但是在如今有关犹太人朱塞佩的文献中却找不到关于这一事件的记述。此外，苏埃托尼乌斯关于克劳狄乌斯这一敕令写道："他听从耶稣基督的指示，将犹太人驱逐出罗马。"当时的犹太人里也有基督徒，可能是犹太人迫害基督徒才引起了这场暴乱。

年　份　公元50年　小纪纪年第八年
　　　　圣彼得教皇第二十二年
　　　　德鲁苏斯之子提贝里乌斯·克劳狄乌斯皇帝第十年
执政官　盖乌斯·安提斯提乌斯·维图斯（Gaius Antistius Vetus）与马库斯·苏伊利乌斯·内尔维利努斯（Marcus Suillius Nervilinus）

在这里，我将第二位执政官的姓氏写为内尔维利努斯（Nervilinus），而不是其他人写的内尔维利亚努斯（Nervilianus），因为这一执政官的姓氏在古罗马神殿博物馆一块著名的大理石上有所记述，这在比安奇尼主教（*Thesaur. Nov. veter. Inscript., T. 1.*）和我的作品（*Thes. Nov. veter. Inscript., cap. 305.*）中都有提及。

这一年，阿格里皮娜为了让儿子卢基乌斯·多米提乌斯·阿赫诺巴布斯跃居高位又做出了一个重大决定（*Tacitus, Annal., lib. 12, cap. 25. Dio, lib. 60.*）。克劳狄乌斯已经有了一个儿子，也就是不列塔尼库斯，按理说他应该会继承王位，然而克劳狄乌斯这个头脑简单的人还是被说服收养卢基乌斯·多米提乌斯为养子，于是，卢基乌斯·多米提乌斯进入克劳狄乌斯家族后，开始以尼禄·克劳狄乌斯·恺撒·德鲁苏斯·日尔曼尼库斯（Nero Claudius Caesar Drusus Germanicus）相称，正如当时为他打造的勋章（*Mediobarbus, Numism. Imp.*）上所写的那样。阿格里皮娜委托办这件事情的中间人是帕兰特（Pallante），他是克劳狄乌斯的亲信。尼禄比不列塔尼库斯大两岁，他这个收养的儿子与皇帝合法的亲生儿子同样具有"恺撒"的姓氏是不太正常的。同时，野心勃勃的阿格里皮娜也没忘记她自己，她想要获得"奥古斯塔"封号，这点很容易就实现了，下一年她又为自己争得了乘马车观看公共表演的荣誉。阿格里皮娜获得的头衔越来越高，她的权势也大大增加，但她却变得比梅萨利纳更加不知羞耻，倒不是说她也同样下流淫荡，就算她也是如此，至少她知道隐藏，她的无耻在于掠夺他人的东西，并设法杀死对她不敬的人或者那些富有的人。她一边费尽心思培养她的儿子尼禄，一边想方设法除掉她的继子，也就是不列塔尼库斯·恺撒。她利用不同的借口杀死了不列塔尼库斯身边有可能会激励他反对她的人，其中（*Dio, lib. 60.*）包括不列塔尼库斯的老师索乌斯（Sosibius）。她又将不列塔尼库斯身边的其他人安置在各自的岗位上，所有人都听命于她，以至于不幸的皇子就像一个囚犯一样被包围和监禁，连去看望他的父亲都不行。她还散播谣言，说不列塔尼库斯患了癫痫，变成了傻子（*Tacit., Annal., lib. 12, cap. 41.*），人们都知道他9岁、10岁的时候还身体强健，思维敏捷活跃。不列塔尼库斯受到如此的对待激起了每个人对他的同情，但他们却帮不了他什么。在下一年，不列塔尼库斯与尼禄打招呼时，不经意间称呼尼禄为多米提乌斯或阿赫诺巴布斯，阿格里皮娜就因为此事将不列塔尼库斯起诉，引起法庭的一片轰动。此外，她还想获得一项殊荣，即建立一片以她的名字命名的殖民地。为此，她派了数千名士兵进攻并占领了乌比（Ubii）的一座城市，从那时起，那座城市就被叫作"阿格里皮娜殖民地"（Colonia Agrippina）。阿格里皮娜正是在这里出生的，那时她的父亲日尔曼尼库斯正与日耳曼人在那个地区交战。如今尽管该地成为日耳曼地区最著名、最富庶的城市，但它仍保留着"科隆"（Colonia）的名字。

这一年，普布利乌斯·奥斯托留斯·斯卡普拉（Publius Ostorius Scapula）多次与大不列颠人交战并取得了胜利，（不知是在这一年还是在下一年）还捉拿了他们的一位国王（或者是公爵）卡拉塔科（Carattaco），以及他的妻子和孩子（*Tacitus, Annal., lib. 12, cap. 32.*）。因为他取得的功绩，元老院授予了他凯旋的荣耀，但他还没享受多久，就不幸去世了。卡拉塔科被关押着带到了罗马，但他头脑清醒，与克劳狄乌斯进行了一场谈话，展示出强有力的姿态，最终，克劳狄乌斯将他们所有人都释放了。卡拉塔科十分羡慕罗马的宏伟壮丽，他对罗马人说："真不知道为什么，你们有这么多辉煌的宫殿和舒适的住宅，却要去侵占大不列颠人那些破旧的茅舍。"大不列颠岛上的卡马洛杜诺市（Camaloduno）——其名字由卡马洛神（Camalo）而来，被选为士兵驻扎的殖民地，用来建造防御工事，抵御敌军和反叛者。在上日耳曼尼亚行省（Germania superiore），卡蒂人（Catti）整军待发，对罗马发动了一些进攻。但是卢基乌斯·庞波尼乌斯·塞昆杜斯（Lucius Pomponius Secundus）——杰出的悲剧诗人，也是当时那一地区的军队总督，制伏了那些卡蒂人，因此，他也获得了凯旋的至高荣耀。

年　份　公元51年　小纪纪年第九年
　　　　圣彼得教皇第二十三年
　　　　德鲁苏斯之子提贝里乌斯·克劳狄乌斯皇帝第十一年
执政官　提贝里乌斯·克劳狄乌斯·奥古斯都第五次，塞尔维乌斯·科尔涅利乌斯·奥尔菲图斯（Servius Cornelius Orfitus）

这一年7月1日，上述两位执政官被盖乌斯·米尼基乌斯·丰达努斯（Gaius Minicius Fundanus）与盖乌斯·维特尼乌斯·塞维鲁斯（Gaius Vettennius Severus）接替。而据苏埃托尼乌斯所述（*Sueton., in Vesp., cap. 4.*），11月1日，米尼基乌斯·丰达努斯执政官的位子又被提图斯·弗拉维乌斯·维斯帕西亚努斯（Titus

Flavius Vespasianus）替代，而维斯帕西亚努斯成为后来的罗马皇帝。这一年10月24日，维斯帕西亚努斯与妻子弗拉维娅·多米蒂利亚（Flavia Domitilla）的儿子多米提安努斯（Domitianus）诞生，他后来也成为罗马的皇帝。

尽管尼禄·恺撒（*Tacitus, Annal., lib. 12, cap. 41.*）这一年刚满14岁，但还未等他过完14岁，元老院那些奉承者就无视法律与惯例，特许他穿上了罗马成年男性穿的长袍。他刚满20岁时，就担任了执政官之职，他也因此可以参与到公共事务中，获得无上的荣誉。他还被尊称为"青年王子"，并被授予了罗马之外的执政官权力。所有这些都是他向执掌帝国迈进的重要一步。然而克劳狄乌斯与元老院都没有否决阿格里皮娜这些不合规矩的要求。由于儿子获封的诸多荣誉，阿格里皮娜想要对平民和士兵赠予礼物，并举行马戏表演来庆祝，以为儿子赢得公众的爱戴。而不列塔尼库斯却像是一个平民家的孩子一样被教养，出席一些庄严的宗教仪式也穿得像小孩一样，他的哥哥尼禄却穿得像皇帝一样神气十足。于是每个人都在议论这两位的命运最终是怎样的。阿格里皮娜发现一些百夫长和禁军军官一直同情地谈论着不列塔尼库斯悲惨的现状，于是将这些人安排到遥远的地方，或者撤掉他们的军事职务，让他们担任一些更有用的民事职务。她不信任禁军总督、护卫总指挥卢基乌斯·盖塔（Lucius Geta）与鲁弗斯·克里斯皮努斯（Rufus Crispinus），因为她认为他们支持拥护梅萨利纳与她的孩子。她还凌驾于克劳狄乌斯之上，代表他发布命令。在那两位与她不和的军官的管理下，她经常受军事纪律的制约，她认为最好只有一位军官，于是任命布鲁斯·阿弗拉尼乌斯（Burrus Afranius）做唯一的禁军总督。阿弗拉尼乌斯在军事方面非常有经验，同时他也是阿格里皮娜手下的人。禁军总督这一显要职位，在只授予一人时，就成为罗马最重要、最受敬畏的职位之一。禁卫军开始利用他们的力量谋取选举皇帝的权力，因此禁军总督一职还会拥有越来越大的权势。

这一年，罗马发生了饥荒，饥饿的游民向克劳狄乌斯哭天喊地（*Sueton., in Claudius, cap. 18.*），甚至还引发了暴乱，他们将克劳狄乌斯围堵在公共广场上，向他扔面包丁，克劳狄乌斯好不容易才从一个秘密出口逃脱，然后派士兵驱散了他们。意外的是，克劳狄乌斯对此无动于衷，没有怪罪任何人，也没有实施报复，而是不遗余力地将粮食从各个地方运来，并给予商人和运输船只特权。

年　份　公元52年　小纪纪年第十年

圣彼得教皇第二十四年

德鲁苏斯之子提贝里乌斯·克劳狄乌斯皇帝第十二年

执政官　普布利乌斯·科尔涅利乌斯·苏拉·福斯图斯（Publius Cornelius Sulla Faustus）与卢基乌斯·萨尔维乌斯·奥托·提提安努斯（Lucius Salvius Otho Titianus）

奥托大帝有一个兄长叫卢基乌斯·提提安努斯，因此有人认为这一年的执政官正是奥托大帝的兄长。一些人认为，这一年7月1日，上述两位执政官被塞尔维利乌斯·巴尔卡·塞拉努斯（Servilius Barca Seranus，塔西佗对其有所记述）和马库斯·李锡尼·克拉苏斯·穆齐阿努斯（Marcus Licinius Crassus Mucianus）接替，直到11月1日，他们也结束了任职，由卢基乌斯·科尔涅利乌斯·苏拉（Lucius Cornelius Sulla）和提图斯·弗拉维乌斯·萨比努斯·维斯帕西亚努斯（Titus Flavius Sabinus Vespasianus）接任。有人猜测弗拉维乌斯·萨比努斯有可能是后来的罗马皇帝维斯帕西亚努斯的哥哥。塔西佗与苏埃托尼乌斯则记述过萨比努斯曾担任罗马总督，只是在成为执政官之前不怎么出名（*Tacitus, Annal., cap. 52.*）。

这一年，卡米卢斯（Camillus）的儿子、曾在达尔马提亚起兵反抗克劳狄乌斯的弗里奥·斯克里波尼亚努斯（Furius Scribonianus）被驱逐出罗马。出于仁慈，克劳狄乌斯没有因此降罪于他的儿子。他是因为找占卜师测算皇帝的命运而被控告，也是因这条罪名被流放。他没过多久就死了，谁也不知道他是自然死亡还是被投毒杀死的。因为这事，元老院发布了一条针对占卜师的严格敕令，下令将占卜师不仅仅是赶出罗马，还要赶出意大利。然而这一切都是白费力气，占卜师们从一个门出去了，却从另一个门回来。同时，元老院又发布了一条法律，反对自由女人与奴隶结婚，如果有女人未经过奴隶主人的同意就与奴隶结婚，那么她也将成为奴隶；如果奴隶的主人表示许可，那么她就被当成自由奴隶对待。这一年，宫廷里的自由奴隶仆人越来越蛮横无理，克劳狄乌斯则优柔寡断，元老院议员们胆小怯懦。因为正是皇帝最宠爱的自由奴隶帕兰特（Pallante）想出了这一限制女人的措施，元老院在克劳狄乌斯的建议下，或者按照老普林尼的说法，是在阿格里皮娜的建议下，元老院除了大加称赞帕兰特对皇帝的忠诚和他为公众的利益采取的措施，还请求他接受大法官之职，并且允许他可以像骑士那样佩戴金戒指，还赠予他365 000古罗马银币。帕兰特接受了荣誉，但是拒绝接受钱财赠予，之后在碑文中写他以此为豪，说他满足于过去那种贫困的生活。实际上，在他还是奴隶的时候，他就已经拥有了超过百万的钱财，老普林尼还将其列为当时最富有的人之一。从那时起很多年，小普林尼（*Plinius, lib. 7, epistola 29.*）在阅读碑文和元老院为帕兰特立下的羞耻法令时，还是久久无法平静。卡利斯托（Callisto）与纳尔西索（Narciso）是宫廷中另外两个有权势的自由奴隶，一切事都要经阿格里皮娜与他们之手，这样他们就可以从中捞取钱财。他们有时还戏弄他们愚笨的主人（*Dio, lib. 60.*）。一天，比提尼亚省（Bitinia）的一些人来到克劳狄乌斯跟前，厉声控诉他们的行省长官尤尼乌斯·西隆（Iunius Cilo）收受贿赂，出卖正义。克劳狄乌斯不是很理解他们的意图，于是向纳尔西索询问，纳尔西索回答说："他们这是因有西隆这样的行政官而向您表示感谢。"于是克劳狄乌斯下令："那就让他再做两年那里的行政官吧。"

  前一段时间，克劳狄乌斯想到了一个工程，如果这个工程能付诸实施，那么既会给他带来无上的荣耀，也对公众非常有利。这个工程就是（*Dio, lib. 60. Suetonius, in Claudius, cap. 20. Tacitus, Annal., lib. 12, cap. 57.*）将富奇诺湖（Lago Fucino，如今被叫作塞拉诺湖，位于阿布鲁佐大区）的水抽干，然后将那块土地用于耕种和保护邻近地区免受日益严重的洪水的影响。过去，那里的马西（Marsi）人多次向奥古斯都大帝提出这一请求，但没有任何结果。克劳狄乌斯以不可思议的精力投入这一工程中，他的想法不是像一些人想的那样将湖里的水引到台伯河里，而是将水引到利里河（Liri）或是加利格里阿诺河（Garigliano）。老普林尼（*Plinius, lib. 36, cap. 15.*）在他的伟大著作中向我们描述了克劳狄乌斯这一耗资巨大的工程：整整11年，克劳狄乌斯连续派约3万名工人在那里开凿一座长3罗马里的大山，以疏通一条深不见底的从湖到河的水道。在这一项目差不多完成的时候，克劳狄乌斯为了让每个人认识到这一工程的宏伟,下令在这个湖中进行一场十分庄严的海战。他聚集了19000名(总之不会少于这个数目)帝国各地被判死刑的人,将他们分成两个海战队,手持武器,禁军和其他军队则乘小船分布在四周,以防有人逃跑。附近的河岸和山丘上挤满了前来观看表演的人,或出于好奇,或是想讨好皇帝,阿格里皮娜与克劳狄乌斯同行(*Sueton., in Claudius, cap. 21.*),两人都盛装出席。那些被判刑者向克劳狄乌斯问候,说这样他们会死的,希望能获得赦免,然而他们除了得到皇帝对他们的招呼,没有得到其他回应,因此他们不想进行战斗了。在诸多的催促与威胁下,两方战队——一个叫西西里战队,另一个叫罗迪亚诺战队,开始相互扭打,拼死搏斗。许多人被杀死了,许多人受伤了,最终活下来的人获得了赦免。之后,整个宫廷开始了一场盛大的宴席。与此同时,克劳狄乌斯命人开闸放水,湖里的水流向刚建造好的水道,但是水的冲力太大了,冲垮了河岸的多处护堤,淹没了陆地,也置克劳狄乌斯于被淹死的危险之中。克劳狄乌斯忽视了水流所具有的巨大冲力。阿格里皮娜狠狠地责备纳尔西索,怪罪他没有尽力节省开支,还将钱私吞进自己的口袋;纳尔西索也针锋相对地驳斥她,嘲讽她的傲慢无礼和野心想法。塔西佗补充说(*Tacitus, Annal., lib. 12, cap. 57.*),那些水道不够深,无法容纳河流中部更深的水系。克劳狄乌斯下令重新修建水道,然而从老普林尼的记述中可以推断出来,他还没有看到工程完成就去世了。他的后继者尼禄由于忌妒他这一荣耀,并没有修缮它,尽管后来的图拉真皇帝(Traianus)和哈德良皇帝(Hadrianus)做过一些工作,但那个湖至今依然存在着。克劳狄乌斯·奥古斯都做的另一件令人惊叹的事是完成了卡里古拉时期开始修建的引水渠,通过这个引水渠,清澈的水流经40罗马里后被引到了罗马(*Plin., lib. 36, cap. 15.*),可以直通到罗马各个山丘的顶峰,充足地供应给各家各户、鱼店、浴场、菜园,或做其他的用途。老普林尼在描述这项工程的宏伟时,向我们保证说,看见山被开凿,山谷被填平,众多拱门用以引导那庞大的水流时,你会惊叹于世界上没有比这更非凡的工程了。这项工程也耗资巨大,花费了几百万。

  塔西佗提到在这段时期安东尼乌斯·费利克斯(Antonius Felix)的傲慢无礼与邪恶手段,他被朱塞佩称作克劳狄乌斯·费利克斯(Claudius Felix)(*Joseph., Antiq.*

Judaic., lib. 2.),他原本是安东尼娅的自由奴隶,后来成为克劳狄乌斯·奥古斯都手下的仆人,克劳狄乌斯还任命他管理犹太省。据《使徒行传》(*Atti degli Apostoli*)的记载,安东尼乌斯·费利克斯将使徒圣保罗囚禁了两年。安东尼乌斯·费利克斯除了在克劳狄乌斯心中占有重要位置,他还与宫廷中最受宠爱、最有权势、最富有的自由奴隶帕兰特是兄弟,因此他在管理犹太省期间做了很多不道德的事,但并不担心会受到审判。于是,犹太省到处都是小偷和杀手,这就引起了我们之后会提到的叛乱事件。

年　份　公元53年　小纪纪年第十一年
　　　　圣彼得教皇第二十五年
　　　　德鲁苏斯之子提贝里乌斯·克劳狄乌斯皇帝第十三年
执政官　德西穆斯·尤尼乌斯·西拉努斯(Decimus Iunius Silanus)与昆图斯·哈特里乌斯·安东尼努斯(Quintus Haterius Antoninus)

这一年,尼禄·恺撒年满16岁,克劳狄乌斯的女儿奥塔维亚也处于谈婚论嫁的年龄,于是二人在这一年举办了婚礼,塔西佗如是记述(*Tacitus, Annal., lib. 12, cap. 58.*)。但是苏埃托尼乌斯(*Sueton., in Nero, cap. 7.*)将这一事件放置于两年之前,也就是公元51年克劳狄乌斯任执政官的时候,当时尼禄为他的皇帝岳父祈求身体健康,在圆形剧场举办了马戏表演和野兽搏斗。狄奥尼也认为这场婚礼是在富奇诺湖海战之前举办的。不过,我们无法确切地得知塔西佗指的是哪一年。为了让年轻的尼禄及时地表现出雄辩的口才,他的母亲阿格里皮娜和老师塞涅卡想让他为伊里奥(Ilio)或者叫特洛伊(Troja)的人民担任律师,因为当时那里的大使向元老院请求免除税收。尼禄在老师的教授下(*Sueton., in Nero, cap. 8.*),用希腊语发表了一场精彩的演说,演讲中他讲到罗马人编造的所有神话故事,包括他们起源于特洛伊与埃涅阿斯的故事,因而一些拍马屁的人称赞尼禄为茱莉亚家族的推广者。对于如此雄辩的演说、如此强有力的推理,没有什么可以否定。提贝里乌斯也曾收到过元老院用希腊语写的一封信,信中说他们与塞留科国王(Seleuco)联盟,希望能豁免特洛伊人民,因为他们是罗马人的亲戚,最终提贝里乌斯决定不拒绝特洛伊人民这一恩惠，也没有人不赞同这一判决。意大利博洛尼亚市的殖民地发生了火灾，烧毁了罗马人的房屋，于是人们向皇帝和元老院求助。同样，年轻的尼禄也担任他们的律师，发表了一场拉丁语演说，为他们争取到了25万古罗马银币的救济。罗迪市（Rodi）的人民恳求恢复之前被克劳狄乌斯剥夺的自由，尼禄为他们进行了希腊语辩护，为他们求得了他们所希望的一切。克劳狄乌斯还免除了被地震摧毁的阿帕米亚（Apamea）人民5年的税收，以及拜占庭（Bisanzio）人民5年的税收，因为他们生活状况极差。后来他还免除了科斯岛（Coo）以后所有时期的税收。

斯塔提利乌斯·陶鲁斯（Statilius Taurus，不知是叫马库斯还是提图斯）拥有一些漂亮的花园，阿格里皮娜很羡慕（*Tacitus, Annal., lib. 12, cap. 64.*），于是在他返回阿非利加担任行省总督的时候，阿格里皮娜让塔奎尼乌斯·普里斯库斯（Tarquinius Priscus）在元老院控告他，指认他参与到威胁克劳狄乌斯生命的迷信活动中。斯塔提利乌斯·陶鲁斯因这一圈套急得发疯，最终在元老院的审判下来前，自尽而死。

年　份　公元54年　小纪纪年第十二年
　　　　圣彼得教皇第二十六年
　　　　尼禄·克劳狄乌斯皇帝第一年
执政官　马库斯·阿西尼乌斯·马塞卢斯（Marcus Asinius Marcellus）与马尼乌斯·阿西利乌斯·阿维奥拉（Manius Acilius Aviola）

塔西佗写道（*Tacitus, Annal., lib. 12, cap. 64.*）："这两位执政官中的一位，同时也是一位财政官、营造司、行政长官和初审法官，没过几个月就不幸去世了。"这件事被迷信的罗马人解读为重大灾难的预兆。我们不知道是哪一位执政官去世了，也不知道谁接替了死者的职位。

多米齐亚·莱皮达（Domizia Lepida）一直对野心勃勃的阿格里皮娜心怀猜忌，她是一位十分富有、极尽奢华的女人，是阿格里皮娜第一任丈夫格奈乌斯·多米提乌斯·阿赫诺巴布斯（Gnaeus Domitius Ahenobarbus）的姐姐，安东尼娅（Antonia）是她的母亲，因而她是奥古斯都大帝的亲戚。阿格里皮娜对她也是冷眼相看，除了普通的关心外，莱皮达还会经常爱抚侄子尼禄，送给他很多礼物，以此博得他的好感。阿格里皮娜命令儿子，只要有人阻挡他成为皇帝，就让他生活得不好。塔西佗证实，莱皮达与阿格里皮娜同样厚颜无耻，尽管如此，她并不是因为这个而被攻击。蓄意谋划控诉莱皮达的罪名是她施行巫术，意欲杀死阿格里皮娜，或者是为了成为皇帝的妻子，她也没有阻止她的用人出言不逊——他们在卡拉布里亚扰乱了意大利的和平。甚至尼禄本人（*Sueton., in Nero, cap. 7.*）都被母亲强迫，出面证实他亲侄子所犯的罪行。尽管纳尔西索竭尽全力反对这一控诉，莱皮达还是受到了元老院的审判，被处以了死刑。很可能纳尔西索因看到阿格里皮娜充满野心的计划实施而感到不知所措，最后他决定，既然她想让儿子成为皇帝，那么他就全力支持不列塔尼库斯，并借此机会向克劳狄乌斯揭露了阿格里皮娜与帕兰特之间的无耻关系。此外，纳尔西索还尽自己所能为不列塔尼库斯在他父亲那里谋取利益，让克劳狄乌斯认识到把继子置于自己的亲生儿子之前是多么不合礼法，以及阿格里皮娜为达成目的所策划的阴谋（*Idem, ibid., cap. 43.*）。事实上，一些迹象已表明克劳狄乌斯可能后悔（*Dio, lib. 60.*）娶了阿格里皮娜，后悔收养她的儿子。克劳狄乌斯比之前更频繁地带着他的儿子不列塔尼库斯进出宫廷并拥抱他。一天，有人听到克劳狄乌斯说，他亲手伤害了儿子，现在要治愈他。纳尔西索也意识到了主人的倾向转变，他激励不列塔尼库斯，为他热烈庆祝。阿格里皮娜也注意到了这一切。一天，她得知关于克劳狄乌斯的一则预言——他的命运使得他总是娶无耻下流的女人为妻，然后对她们进行惩罚。她开始想办法阻止这样的事情发生。据塔西佗所述，克劳狄乌斯感到身体有些不适，去了西努萨（Sinuessa）疗养。就在这时，阿格里皮娜派纳尔西索去了坎帕尼亚，然后她从一家有名的毒药作坊里要来一种强效的毒药。这家毒药作坊名叫洛库斯塔（Locusta），很长时间以来专门为宫廷有类似需求的人提供毒药。她知道丈夫喜欢吃牛肝菌，便在其中一块牛肝菌上下了毒，然后让宦官哈洛图斯（Halotus）将其送到克劳狄乌斯面前，哈洛图斯通常会试尝一下皇帝的食物。阿格里皮娜也吃了那些牛肝菌，但是把最好的那块留给了丈夫。克劳狄乌斯像喝醉了一样（他经常如此）被从餐桌前带到床上（*Tacitus, Annal., lib. 12, cap. 67.*），大惊失色的阿格里皮娜叫来了她信任的医生色诺芬（Senofonte），以催克劳狄乌斯呕吐为借口，让色诺芬将事先准备好的浸了另一种猛烈毒药的羽毛伸入他的喉咙。夜晚，克劳狄乌斯渐渐失去了知觉，大约在10月13日黎明的时候，他死去了。从苏埃托尼乌斯的记述（*Sueton., in Claud., cap. 43.*）可知，关于克劳狄乌斯的死有不同的说法，但一致认为他是死于毒药。不确定的是他死亡的地点，他更像是死在罗马。苏埃托尼乌斯认为克劳狄乌斯死于10月13日，狄奥尼也同意他的说法。但是塔西佗却认为克劳狄乌斯死于10月13日之前，因为他的死讯被隐瞒了。与此同时，在罗马城里，人们还在为克劳狄乌斯的身体健康向神灵祷告。阿格里皮娜还叫来戏剧演员，就好像是克劳狄乌斯想要叫他们来供自己消遣娱乐一样。她还散播消息称，克劳狄乌斯的不适正在好转。所有这一切都是为了留出时间准备，让尼禄继承皇位。此外，阿格里皮娜还表现出失去丈夫的巨大悲痛，对不列塔尼库斯和他的姐姐安东尼娅、奥塔维亚充满了柔情，为了不让他们离开自己的房间，她将护卫军安置在各处，看守他们。

准备好需要的一切后，10月13日正午，宫殿大门敞开（*Tacitus, Annal., lib. 12, cap. 69.*），尼禄从中走出来，禁军总督布鲁斯（Burrus）——阿格里皮娜的手下，早已与她串通一气——陪伴在他身边。他被介绍给护卫军团，士兵们热烈欢呼，随后他上了马轿，被带到罗马禁卫军所在的驻地，很多人惊讶于没有看见不列塔尼库斯与他同行。塔西佗没有记述这一片段，他认为克劳狄乌斯死于西努萨，经过很长的路程才从那座城市回到罗马。之后，尼禄向禁卫军发表讲话，承诺会赠予他们不低于从克劳狄乌斯那里得到的报酬，在欢呼声中他被所有人推举为皇帝。元老院也很快做出同样的事，因为军队拥有推举皇帝的权力，元老院没有办法抵抗军队的势力、忤逆军队的意愿。之后，元老院授予了克劳狄乌斯在奥古斯都大帝去世时被授予的同样的荣誉，将他神化，并为他举办了隆重的葬礼。在葬礼上，阿格里皮娜的耀眼程度可与她的曾祖母利维亚·奥古斯塔相匹敌（*Sueton., in Claud., c. 45, et in Vespas., c. 9.*）。阿格里皮娜还为纪念克劳狄乌斯上神建造一座奢华的神庙，但忌妒的尼禄之后没有将其完工，还有可能摧毁了神庙的大部分。后来，维斯帕西亚努斯出于感激曾对他有恩的一位皇帝而重新修建了这座神庙。

克劳狄乌斯就这么结束了他的一生，他既是一位贤君，也是一位庸君，他内心倾向于正义、宽厚、慷慨，也做出了很多杰出君主之举，但是他太过软弱，以至于被邪恶的妻子与卑鄙的自由奴隶掌控，受他们的蛊惑和欺骗，做出了其他一些可耻荒唐的行为。塞涅卡的哥哥加利奥（Gallio）嘲笑死去的克劳狄乌斯，说他是真的升入了天堂（*Dio, lib. 60.*），但是却被一个钩子钩住了，就像对那些被施以死刑的人所做的一样，被刽子手拖去了台伯河。他还赞颂牛肝菌，因为它成了神灵的食物。卢基乌斯·阿内乌斯·塞涅卡由于曾受到克劳狄乌斯的不公对待，借此报复，写了一篇讽刺诗，描绘写克劳狄乌斯被带到天堂，但是后来被赶出去，打入了地狱，在两个地方他都被看作傻瓜和禽兽，这篇讽刺诗留存至今。纪念克劳狄乌斯的悼词（*Tacit., Annal., lib. 13, c. 3.*）是由塞涅卡创作的，由尼禄演说。这篇悼词十分华丽优雅，但是当人们听到对逝世君王的天资与智慧的称赞之词时，都忍俊不禁，也许他们没有预料到，此刻嘲笑克劳狄乌斯的人，之后就会为他的继任者——一个极其残忍与邪恶之人而哭泣。元老院没有宣读克劳狄乌斯的遗嘱，很可能是因为阿格里皮娜不希望看到遗嘱中出现不列塔尼库斯被置于尼禄之前的决定。君王在世时可以任意发令，死后只有继任者喜欢的那些命令才会被执行。

这一年安东尼乌斯·巴基神甫（Antonius Pagi）（*Pagius, in Critica Baroniana.*）开始了圣彼得教皇任职的第一年，据说他是这时候才来罗马。由于这些都是非常隐晦且有争议的历史信息，每个人都选择他们更加认可的观点。

年　份　公元55年　小纪纪年第十三年
　　　　圣彼得教皇第二十七年
　　　　尼禄·克劳狄乌斯皇帝第二年
执政官　尼禄·克劳狄乌斯·奥古斯都（Nero Claudius Augustus）与盖乌斯·安提斯提乌斯·维图斯

尽管尼禄还没有达到法律规定的任执政官的年龄——他当时才17岁，然而由于他的权力在法律之上，同时也为了给他增加君王的荣誉，他还是担任了执政官之职。据苏埃托尼乌斯见证（*Sueton., in Nero.*），尼禄仅仅任职了两个月。至于谁在3

月1日接替了他的职位，有人认为是庞培·保利努斯（Pompeius Paulinus），因为两年后他成为日耳曼地区的行省总督。

在尼禄刚上任初期，野心勃勃的阿格里皮娜就处死了当时亚细亚的行省总督尤尼乌斯·西拉努斯（Iunius Silanus），一部分是出于忌妒，因为人们说他是奥古斯都家族女性成员的后代，因此他也可以继承皇位，而且原本比尼禄更有机会成为罗马皇帝；另一部分是出于恐惧，她害怕格奈乌斯·西拉努斯会为他的哥哥卢基乌斯·西拉努斯（Lucius Silanus）的不公正死亡报仇。尽管并没有这样的危险，因为西拉努斯是一个很愚笨的人，卡里古拉也因此习惯于称他为"富有的绵羊"。有人给他下了毒药，他就因此而死去了，尼禄甚至都没有进行阴谋策划。很长时间以来，克劳狄乌斯身边的自由奴隶与亲信纳尔西索一直被阿格里皮娜冷眼相待，因为他曾经拥护不列塔尼库斯，还做出了很多跟她针锋相对的事。纳尔西索积累了很大一笔财富，甚至超过了整座城市和国王，任何需要君王办事的人都会来讨好他，并给他送礼。另外，他对克劳狄乌斯十分忠诚，关心着他的身体状况。如果纳尔西索在宫廷里的话，阿格里皮娜就不敢背叛丈夫，或者事情就会发展得不一样，但是正如我之前提到的，阿格里皮娜很懂得如何让克劳狄乌斯与他分开，后来（Dio, lib. 62.）她将纳尔西索打入监狱，要么是杀死了他，要么是让其不得已自杀身亡。这违背了尼禄的意愿，因为二人品性相似，都属于非常吝啬贪婪的人，因此尼禄还很喜爱他。禁军总督阿弗拉尼乌斯·布鲁斯是一个睿智又严厉的人，尼禄的老师塞涅卡是一个品性善良之人，二人成为宫廷主要的行政官和裁断人，但也没有阻止阿格里皮娜的疯狂之举。这两人关系非常融洽，因为他们都想要实现贤明的统治，他们一开始废除了各种被滥用的权力，立下了很多完善的法规，又在表面上给了阿格里皮娜要求的所有荣誉。阿格里皮娜倾听行政官、大使的报告，就算儿子不在也一样；与儿子一同乘马轿出行，经常是尼禄跟在她的后面；她给人民和各地国王写信，赐予护卫军名称。但是渐渐地，两位行政官开始限制她的权威，让她意识到成为最高女主人的计划是不切实际的。

至于尼禄，每个人都想办法引导他仁爱，践行美德，但是尼禄还是一个活泼、任性的小伙子，只热衷于消遣与享乐，不愿费心去管理政事。因此人们允许他与其他同样的年轻人高歌、奏乐、参加宴席，也准许他做些更加危险出格的事，希望他随着年龄的增长，能够褪去青年的激情，走上正确的道路。但是，在狄奥尼看来，人们如此放纵一个年轻人，是让他朝着浪子之路发展，因为一个恶习会滋生另一个恶习，形成坏的品性，这样，越是长大，恶习越是顽固，特别是那些可以为所欲为的人。一开始，尼禄喜好玩乐并不会影响治理得善，因为有两位明智的行政官帮他管理政务，这两位行政官掌权期间，一直维持着公正和良好的社会秩序，赢得了人民的好评。尼禄在元老院的最初几天，恰如其分地讲述了他自己想要践行的执政方式，让所有人都很喜欢。塞涅卡事先为他写下了治国建议：不做所有事务的审判官；元老院的权威应该像古时候那样可以自由行使；不可以再进行出售官职的交易；一切都要遵循奥古斯都大帝制定的原则。尼禄还谈到其他很好的规定，他的演说令人赞叹不已，以至于被刻在了一根银柱子上，每年的第一天还会更新上面的文字。备受这些话激励的元老院在如此美好的开端中也制定了很多有用的法令，比如，他们免除了财政官每年耗巨资举办角斗士表演的事项。这一规定遭到阿格里皮娜的严厉谴责，她将元老院议员们叫来宫殿，在一个门帘后面倾听他们的所有报告，听完后她说这是摧毁了先帝克劳狄乌斯立下的法令。亚美尼亚的特使来到元老院的时候，阿格里皮娜原本想跟儿子一起坐在王位上接见，但布鲁斯和塞涅卡阻止了她。当时尼禄正坐在王位上听特使的问题，这时阿格里皮娜出现了，也想以主人的身份坐在同一宝座上。尼禄之前受到塞涅卡的教导，于是从王位上下来走向他的母亲，然后找了一个借口停止了集会，找了另一天与特使们谈话，那些特使并没有注意到阿格里皮娜扯了扯儿子的长袍袖口。就这样，两位行政官以会让尼禄感到羞耻为由，慢慢地让阿格里皮娜放弃了对于王位的野心。

这一年，尼禄（*Tacitus, Annal., l. 13, cap. 7.*）将小亚美尼亚封给犹太籍的阿里斯托布鲁斯（Aristobulus），将索非尼省（Sofene）封给索赫姆斯（Sohaemus），授予二人国王的称号。他还向犹太省部分地区的国王阿格里帕（Agrippa）和科马基亚（Comagene）的国王安条克（Antioco）下达了紧急命令，要求他们与罗马人联合起来和帕提亚人交战，以便在美索不达米亚击败帕提亚人后，使其撤出亚美尼亚。实际上，帕提亚人最终从中撤出是因为帕提亚国王沃洛加索斯（Vologeses）与他的儿子瓦尔达内斯（Vardanes）之间出现了意见分歧。战争胜利的消息传回了罗马，元老院中的奉承者授予了尼禄凯旋战袍，并举办了庆祝凯旋的欢迎仪式。尼禄将大亚美尼亚交给了多米提乌斯·科尔布罗（Domitius Corbulo）统治，或者是让他管理当地的事务，这件事情受到了罗马人的称赞。这位将军的战绩，不亚于叙利亚总督盖乌斯·乌米迪乌斯·杜尔米乌斯·夸德拉图斯（Gaius Ummidius Durmius Quadratus），使得沃洛加索斯请求议和并送去一些人质。尼禄的宽厚还表现在希望废止对元老院议员和骑士的控诉上。

到现在为止所讲的事情，一部分是属于前一年的。这一年，阿格里皮娜和儿子之间的关系开始变得复杂起来。尼禄迷恋上了一个名叫阿特（Atte）的姑娘，她是下层人民，曾经是奴隶，现在获得了自由。阿特的两个同伴在他们幽会时帮助他们，这两人就是马库斯·萨尔维乌斯·奥托（Marcus Salvius Otho，后来成为罗马皇帝）与塞内乔（Senecio）。尼禄原本应该爱他的妻子奥塔维亚——一位既聪明又漂亮且值得各种称赞的公主，然而他却对这个卑贱的姑娘痴迷不已，据说他多次想过娶她为妻。阿特的两个同伴出于害怕表现出不知道这件事的样子。迄今为止，尼禄这段感情还没有对任何人造成伤害，如果有人阻止他这段感情，他可能会转而去找其他的贵族亲信。但阿格里皮娜不久就觉察到了此事，这令她焦躁不安，她一次又一次地斥责尼禄。后来她意识到这种斥责毫无用处，还会激起尼禄心中的怒火，于是她改变了策略，开始用一些好听的话和大量礼物争取尼禄的好感，直到向他展示一些无法言说的东西。据塔西佗和狄奥尼所述，那些无法言说的东西几乎都是诋毁他人的诽谤之语。尼禄挑选了宫殿里最漂亮的珠宝首饰和家具物件送给母亲做礼物，阿格里皮娜很生气，因为尼禄这么做是想通过将他本应从母亲那里得到的东西通通送给她以撇清与她的关系。尼禄并没有就此罢手，他撤去了帕兰特掌控公共收入的权力，帕兰特是阿格里皮娜最信任的自由奴隶，他想通过这种手段一步步打击母亲的傲慢姿态。为此阿格里皮娜大发雷霆，甚至有一天抑制不住愤怒地对儿子说，只要不列塔尼库斯还活着，她就有办法让他成为皇帝。根据狄奥尼所说的（*Dio, lib. 6.*），阿格里皮娜是要以这种方式提醒尼禄，是她让他成为皇帝的，似乎也是在说，她也能废除他这个皇帝。这个盛气凌人的女人不经意间说的这些话,直接导致了不幸的不列塔尼库斯被判死刑,这个年轻人刚满15岁,很有前景,也深受每个人的爱戴。尼禄让禁军军团的一位军官尤尼乌斯·波利奥(Iunius Pollio)下毒杀死了不列塔尼库斯。当时这个不幸的王子正与皇帝共进午餐,根据习惯,在餐桌一边,传菜员为他上了一杯没有毒的热饮,并让他的用人试饮一下。不列塔尼库斯要来了一些凉水以中和热度,却不知这杯凉水里被加入了十分猛烈的剧毒,他刚喝下去就感到头晕目眩,没过多久就昏倒在地。周围每个人都惊恐得发抖,一些鲁莽之人还吓得逃掉了(*Tacitus, lib. 13, cap. 7.*),但是最警觉的那些人却注视着尼禄,尼禄没有从桌边移开,也没有惊慌失色,而是说不列塔尼库斯只是癫痫病发作了,他从小就有这个病。不列塔尼库斯于第二天夜里死去了,他的尸体立即就被焚烧了,以防留下毒药的痕迹。狄奥尼针对这件事还写道:"为了掩盖不列塔尼库斯脸上的中毒迹象,尼禄用石膏将他的脸涂白。"然而,在不列塔尼库斯的尸体被送去火葬的时候下了一场倾盆大雨,把他脸上的石膏都冲掉了,因此每个人都觉察到了这件事有蹊跷。塔西佗也讲到了这场雨,但仅仅是说这场雨被罗马人解读为上帝发怒的一个标志。

这一重击令阿格里皮娜震惊不已,既是因为看到了儿子竟能干出这种事,又是因为现在失去了对她的计划有利的一个筹码。看到奥塔维亚的亲弟弟被如此残暴的手段夺去了生命,她也不知道该如何控制自己,因为她已经习惯于将任何损害自己的事情公布出来。之后,尼禄将不列塔尼库斯的遗产分给了布鲁斯和塞涅卡,这让很多人窃窃私语。他还分给了阿格里皮娜一份财产,但阿格里皮娜看到有如此残暴倾向而躁动的儿子,内心久久无法平静,她害怕他会变得更坏。为了以防万一,她开始拉拢军队百人团的军官,引诱最有名望的贵族人士,她不再像以前那样盛气凌人,而是非常和蔼谦逊甚至有些过度。同时她也在积聚财富,这被认为是必要时最有力的东西。尼禄得知此事后,撤去了她身边的两支护卫军队和日耳曼人,还让她从皇宫搬去她的祖母安东尼娅所住的地方,让她离自己远远的。他有时候会去看望她,但总是由百人团士兵围绕守护着,在简短的问候之后,他立刻离开了。这么看来,人类的力量受事变的支配,凡人的伟大是多么脆弱与轻浮!那个曾经那么受人敬重的女人被流放到了岛上,没有人再去看望她,除了几个女人,每个人都避免与她碰面，避免跟她交谈。阿格里皮娜无边的野心正是在这里被催生出来的，但是她的沮丧并没有因此而消失。贵族妇女朱妮娅·西拉娜（Giunia Silana）曾经是她的朋友，后来因为策划与塞克斯图斯·阿非利加努斯（Sextus Africanus）的婚姻受到阿格里皮娜的阻挠而使两人互相憎恨，于是朱妮娅·西拉娜控诉阿格里皮娜，还通过演员帕里德（Paride），把阿格里皮娜准备嫁给鲁贝利乌斯·普劳图斯（Rubellius Plautus）的消息传到尼禄耳中，因为鲁贝利乌斯是奥古斯都家族女性成员的后代，她想通过这种手段扰乱整个国家。当时已过午夜，尼禄醉醺醺地回到宫殿，帕里德跑来向他汇报此事，尼禄十分愤怒，脑子里第一个也是唯一的念头就是杀了母亲和普劳图斯，还要撤去布鲁斯的禁军总督之职，因为他怀疑布鲁斯与阿格里皮娜仍然串通一气。塞涅卡被传召来，他证实了布鲁斯的正直，使尼禄对布鲁斯放下了戒心。布鲁斯也赶过来，承诺会杀了阿格里皮娜，如果有控诉的证据，那么就需要再次听她解释。第二天，行政官向阿格里皮娜宣布了诉状，并向她揭露了控诉者。阿格里皮娜放下骄傲，否认这一控诉，并要求与儿子讲话，这一要求没有被拒绝。她的讲话让尼禄平静了下来，后来他对西拉娜和她的几个同谋施加了惩罚，将西拉娜流放。阿格里皮娜还为她宠爱的几个人谋得了一些职位。在那段时期，布鲁斯和我们提到多次的帕兰特受到了另一控诉，他们被指控意欲让罗马首席主教之一的科尔涅利乌斯·苏拉（Cornelius Sulla）成为皇帝。他们为自己辩护，最终只有控告人佩图斯受到惩罚被流放。

年　份　公元56年　小纪纪年第十四年
　　　　圣彼得教皇第二十八年
　　　　尼禄·克劳狄乌斯皇帝第三年
执政官　昆图斯·沃卢修斯·萨图尔努斯（Quintus Volusius Saturnus）与普布
　　　　利乌斯·科尔涅利乌斯·西庇阿（Publius Cornelius Scipio）

从苏埃托尼乌斯那里得知，尼禄惯于在每年7月1日更换执政官。因此，维南多·皮吉奥（Vinando Pighio）猜测，上述两位执政官由库尔蒂留斯·曼西亚

（Curtilius Mancia）与杜比乌斯·阿维图斯（Dubius Avitus）接替，并在之后的两年担任行省总督。

这一年，年轻放纵的尼禄开始过起了一种比以往更加可耻荒诞的生活（*Tacit., Ann., lib. 13, cap. 25. Dio, lib. 61. Suet., in Nero, cap. 26.*）。晚上，他扮成奴隶的样子，由他的几个亲信陪着，穿街过道，进入妓院及小酒馆发泄他野兽般的欲望。同时，他以打砸抢劫店铺为乐，对街上遇到的人开玩笑般施加暴行，对于反抗的人则做出更加残忍的事。尼禄的类似蛮横无理行径传出去之后，其他一些放纵子弟大起胆子联合在一起，以尼禄的名义做同样的恶事，侮辱有名望的男人和女人。于是，罗马的夜晚变成了所有人的噩梦。由于没有人认识尼禄，因此他有时候也会挨揍。普林尼记述说（*Plin., lib. 13, cap. 22.*），有一天晚上他的脸被打伤了，他用植物茎叶、熏香和蜂蜡涂在被打伤的部位，第二天早晨，他皮肤完好地出现在大家面前。尤利乌斯·蒙塔努斯（Iulius Montanus）是那天晚上将尼禄打伤的人之一，他是一位罗马贵族，很快就要成为元老院议员，他之所以打尼禄，苏埃托尼乌斯和狄奥尼认为是为了他的妻子，而塔西佗则认为他是为了自卫。尼禄因这次被打在家休养了好几天，他没想过要报复，因为他以为自己没有被认出来。但是愚笨的蒙塔努斯得知他打伤的人是谁后，拿剑刺伤了自己，并给尼禄写了一封感人肺腑的信，请求他的饶恕，尼禄大喊："什么！他打了皇帝，竟然还不自己杀了自己！"后来，尼禄就教蒙塔努斯应该如何做。从那以后，尼禄每次夜晚出去都会带上一队士兵和角斗士，如果有人因为尼禄蛮横无理而反抗时，他们就会将那个人暴打一顿。这个疯狂的皇帝还把挑唆煽动人民在观看戏剧表演时起哄视为乐趣，他有时喜欢躲在隐蔽的地方，有时又喜欢在公开的地方，如果有人打架、扔石头，那么他一定是第一个动手的。由于这种混乱场面愈演愈烈，因此不得不重新在剧场设立护卫军，并将一些经常制造骚乱的喜剧演员和哑剧演员驱逐出意大利。古罗马有很多奴隶和自由奴隶（*Tacitus, lib. 13, cap. 26.*），即使那些首先从主人那里获得自由的奴隶已经解除了各种制约，但是或出于惯例，或因为一些默认的保留条件，他们仍然服务于他们的主人，但是可以做一些更加光荣的差事。如果他们没有这样做，就会受到惩罚；如果他们不知感恩，他们就会变回奴隶。那段时期，很多主人对那些自由奴隶有很大的怨言，元老院提议制定一项所有人都接受的严格法律。但是根据塔西佗引证的理由，尼禄阻止了这一法律的制定，并下令惩罚只施加给个别人。尼禄对初审法官、营造司和平民护民官拥有的过度权力进行了修正，还制定了其他一些对公众有用的规章制度。

年　份　公元57年　小纪纪年第十五年

　　　　圣彼得教皇第二十九年

　　　　尼禄·克劳狄乌斯皇帝第四年

执政官　尼禄·克劳狄乌斯·奥古斯都第二次，卢基乌斯·卡尔普尔尼乌斯·皮索（Lucius Calpurnius Piso）

据苏埃托尼乌斯所述，尼禄做了6个月的执政官。对于谁于7月1日接替了他和另一同事的职位，学者们仍有争议，迄今为止也无法确定。

古代历史对于这一年没有记载什么显要的事件。塔西佗（*Tacit., lib. 13, cap.*）仅仅讲述了尼禄给了人民一些赠礼，并免去了买卖奴隶要收的25钱的税。他继续禁止各省的行政长官举办角斗士或猛兽表演，以及其他类似的演出。因为他们以这个为借口趁机捞取人民的钱财，还试图以这样的辉煌掩盖他们的偷窃行为。

大不列颠的征服者奥鲁斯·普劳齐乌斯（Aulus Plautius）的妻子蓬波尼娅·格雷西纳（Pomponia Grecina）受到了指控，因为她正在进行一项外族的迷信活动。据说，她加入了基督教，基督教在那时正逐渐扩张，尤其是在罗马。根据古代惯例，审判权交给了她的丈夫，他向她的父母详细询问了此事后，判定她是无辜的。

狄奥尼（*Dio, lib. 61.*）讲述，在罗马举办了各种各样的演出，这有可能是本年发生的事。其中有一场表演是一些公牛被松开缰绳飞奔疾驰，与那些骑在马上要杀死它们的人相对抗。在另一场表演中，400只熊和300只狮子被尼禄的骑兵用长矛刺死倒在地上。还有罗马骑士团的30名士兵在圆形剧场上以角斗士的方式相搏斗。尼禄变得越来越无节制，他只听取那些迎合他喜好的人的建议，而所有这些喜好都是些最令人厌恶的恶趣味。布鲁斯和塞涅卡的那些建议令尼禄反感，最后开始对他们的建议置之不理。奥托，即后来的罗马皇帝，他的喜好与恶习跟尼禄极为相似，他也沉溺于邪恶的娱乐活动，人们时不时地跟他说："您怎么可以忍受别人对您评头论足？人们对您心怀敬畏，您要记得您才是皇帝，不是他们，您拥有超越他们之上的权力。"于是，奥托开始否决忠义之人的建议，走街串巷，模仿卡里古拉的行为，甚至超越了卡里古拉。在他看来，比所有人都厉害，甚至在做坏事上都要更甚，才是一个皇帝该做的事。尽管如此，那段时期，尼禄的所作所为还是比较克制的。到目前为止，他的那些恶习还只是私人的，只对他自己有害，不会对其他人造成影响，也不会令整个国家受难。他还有些仁慈之举，围绕着他这一美德，塞涅卡于前一年为他写了一篇专题论述，保留至今。但尼禄邪恶的本性渐渐展露出来，令他抛弃了自我，这个我们不久就会看到。

年　份　公元58年　小纪纪年第一年
　　　　圣彼得教皇第三十年
　　　　尼禄·克劳狄乌斯皇帝第五年
执政官　尼禄·克劳狄乌斯·奥古斯都第三次，瓦莱利乌斯·梅萨拉（Valerius Messalla）

有人认为第二位执政官的名字是马库斯·瓦莱利乌斯·梅萨拉·科尔维努斯（Marcus Valerius Messalla Corvinus）。据苏埃托尼乌斯所述，尼禄的第三次执政官任职只持续了4个月，但不知道谁于5月1日接替了他的职位。

马库斯·苏伊利乌斯（Marcus Suilius）是克劳狄乌斯皇帝统治时期极为强势的律师（*Tacitus, lib. 13, cap. 42.*），同时还是个邪恶、唯利是图的控诉者，因此许多人都憎恨他，在政府更换后，他们就开始想方设法击垮苏伊利乌斯。苏伊利乌斯视塞涅卡为自己的敌人，总是在背后说他的坏话，诽谤他与日尔曼尼库斯·恺撒的女儿茱莉亚有不正当的关系，因此应该被流放。此外，他还说塞涅卡尽管是一位声名显赫的哲学家，但事实上他是一个彻头彻尾的伪君子，他一面写着那些哲学箴言，一面又在做着积敛财富、私吞别人遗产的勾当，在意大利和各省做着无数的高利贷交易。很多人在元老院以严重的罪名控诉苏伊利乌斯，但尼禄仅仅是没收了他的部分财产，并将他流放到马略卡岛（Majorica）和米诺卡岛（Minorica）。科尔涅利乌斯·苏拉（Cornelius Sulla），很可能是公元52年的执政官，娶了克劳狄乌斯·奥古斯都的女儿安东尼娅为妻。尽管他天生内向胆小，似乎不可能做些重大的事，但是他的竞争对手还是让尼禄相信，他是在假装愚蠢，暗中正在酝酿一些真正的阴谋。他们给他设了很多圈套，使得他被流放到马西利亚岛（Marsilia），并于公元62年被夺去了生命。庞波尼乌斯·西尔瓦努斯（Pomponius Silvanus）也被指控在管理阿非利加期间进行敲诈勒索。虽然有一些好心的保护者为西尔瓦努斯求情，但实际上他们是想借此继承他的财产，因为西尔瓦努斯没有孩子，而他又年事已高。就这样，他保全了自己，但是他却让那些算计他财产的人希望落空了，因为他活得比所有人都久。奥托（后来的罗马皇帝）可能是其中的一位，或许也包括善良的塞涅卡，我们认为他也在等待相似的战利品。

这一年，罗马的税收官极度傲慢和蛮横无理，人民对此有极大的怨言，于是尼禄出面免去了所有的征税，当作给人民的一个大礼，因此获得了荣耀，元老院也对这种做法十分赞同。元老院议员们对尼禄这种伟大的精神大加赞颂，但不久他们就使尼禄意识到，没有公共财政收入的支撑，罗马帝国无法维持下去，于是尼禄泄下气来，又恢复了征税。不过，为了人民的福祉，他还是制定了一些很好的法规，限制了那些为榨取别人财物而收取的苛捐杂税，但这些法规持续的时间都很短，滥收税的现象没过多久就又死灰复燃了。尽管如此，塔西佗坦言，那个时候很多税被免除了，人们也不必再支付过桥税和渡船税。

这一年，尼禄和庞培娅·萨比娜（Poppea Sabina）的故事开始了。庞培娅是一位贵族妇女，既美丽又富有，她谈吐文雅，天资聪颖，举止有度。在罗马，她很少让人看到她的样子，她总是半遮着脸，不让那些觊觎她的人的好奇心得逞。然而，她却缺少一种最美丽的东西，那就是诚实。她曾是罗马骑士鲁弗斯·克里斯皮努斯（Rufus Crispinus）的妻子，生有一个儿子，但是奥托（后来的皇帝）爱上了庞培娅，他总是以奇怪的理由出现在她面前，并凭着年少气盛，以及身为皇帝最亲信的人之一，很容易就从她丈夫那里夺走了她，娶她做了自己的妻子。当时的罗马异教中充斥着这种勾当。但是这个虚荣心极强的傻瓜忍不住一直向尼禄称赞新任妻子的杰出与美貌，称拥有这样的女人，他就是世界上最幸福的男人。他不断重复着对庞培娅的赞美之词，激起了尼禄想要见一见这个女人的愿望，而见到她后，尼禄也不可自拔地爱上了她。庞培娅也被尼禄的英俊所吸引，但她假装对丈夫奥托很满意，假装不是很欣赏那些贬低自己的身份与一个卑微的奴隶——阿特（Atte）相恋的人。这给了尼禄一击，使得他心中如火焰般炽热的激情越来越高涨。奥托也很快觉察到受到此事的影响，他失去了尼禄的信任，尼禄不再听他的话，也不允许他跟随在身边。如果不是他的朋友塞涅卡为他向尼禄恳求，派他去做路西塔尼亚（Lusitania，现今葡萄牙的一部分）的行省总督，他可能会遇到更糟糕的事。奥托在路西塔尼亚的10年间治理有方，弥补了他在罗马丧失的荣誉。从那时起，庞培娅就在尼禄的心中占据了重要位置。狄奥尼认为（Dio, lib. 90.），有那么一段时间奥托和尼禄就拥有庞培娅一事达成了一致，但这种和谐关系并没有持续很长时间。

这一年（Tacitus, lib. 13, cap. 34.），由于亚美尼亚的争端，罗马人与帕提亚人之间再次爆发了战争。帕提亚的国王沃洛加索斯（Vologeses）想要让他的弟弟提里达提斯（Tiridates）继承王位，但是罗马人希望像过去一样，按他们的意愿指定国王。多米提乌斯·科尔布罗（Domitius Corbulo），我们之前讲过他是罗马那个时期最英勇的将军，当时正在那个地区统领罗马军队。但是，比起帕提亚人，更让他头疼的是那些荒废军纪的士兵，由于长期和平，他们变得闲散，忘记了旧时的军队纪律。因此，他的第一个举动就是去除一些无用的士兵，征募新兵，用他惯用的严格军纪规范军队。后来，他征服了亚美尼亚的首都阿尔塔沙特（Artasata）和迪格拉诺切尔塔（Tigranocerta）。提里达提斯意欲重新进军亚美尼亚，多米提乌斯·科尔布罗将他驱逐了出去，最终成为那个地区实实在在的统治者。或许，这些事情并不是都发生在这一年。奥科内和梅扎巴尔巴在他们的著作（*Mediobarbus, in Numism. Imperat.*）中称这一年是和平的一年，古罗马的雅努斯神庙（Tempio di Giano）的大门也是关着的，就像很多勋章上记述的一样，他们二人对这段历史也不太确定。塔西佗叙述了很多在亚美尼亚与日耳曼地区发生的事件，但并不是所有事情都发生在这一年。

年　份　公元59年　小纪纪年第二年

圣彼得教皇第三十一年

尼禄·克劳狄乌斯皇帝第六年

执政官　卢基乌斯·维普斯塔努斯·阿普罗尼亚努斯（Lucius Vipstanus Apronianus）与方泰尤斯·卡皮托（Fonteius Capito）

执政官年鉴里记录的第一位执政官的名字是维普撒尼乌斯（Vipsanius）。但是，根据红衣主教诺丽斯（Noris, Ep. Consul.）的观点，他真正的名字是维普斯塔努斯（Vipstanus）。这从我发表的一篇碑文（Thes. Nov. Veter. Inscr., p. 305, n. 3.）中也可以推断出来，这篇碑文还记述了一个叫盖乌斯·方泰尤斯（Gaius Fonteius）的人。如果这里指的是这段时期的执政官，那么他的名字就是盖乌斯，而不是卢基乌斯。

这一年，尼禄将他的邪恶本性发挥到令人恐怖的地步。他的母亲阿格里皮娜在打破了朱妮娅·西拉娜（Giunia Silana）的谣言之后，重获了一些声望，但是自庞培娅·萨比娜进入皇室后，她又开始对抗庞培娅。野心勃勃、厚颜无耻的庞培娅希望能与皇帝结婚，但是阿格里皮娜还活着，这令她感到很难达成目标，既因为阿格里皮娜很喜欢她那聪明有耐心的儿媳妇奥塔维亚，又因为阿格里皮娜肯定无法忍受在儿子那里有人比她的荣誉和指挥权更高。因此，庞培娅开始用一些尖酸的话刺激尼禄，嘲笑他："虽然你是世界上掌管一切的皇帝，但只要你还在保护之下，你就连你自己都掌控不了！"后来，她又以不同的方式，利用阿格里皮娜在宫廷里的敌人的帮助，让尼禄相信他的母亲怀有一些击垮他的邪恶意图。与此同时，阿格里皮娜也在想方设法赢得儿子的喜爱以对付庞培娅。当时有许多惊世骇俗的流言蜚语，狄奥尼（Dio, lib. 90.）与塔西佗（Tac., lib. 14, cap. 2.）都有提到过，这些作家对于塞涅卡的谣言互相反驳，一些人认为邪恶的尼禄意欲摧毁自己的母亲以及她的一些支持者，污蔑塞涅卡与阿格里皮娜之间有无耻下流的关系。作家们中间还存在这样的分歧：一些人认为（Sueton., in Nero.）阿格里皮娜用虚假可耻的母爱阻断了尼禄对庞培娅的爱意，一些人则认为阿格里皮娜是用残忍和威胁的手段设法做成的。要说不太可信的说法，应该是第二种。厌倦了阿格里皮娜的尼禄开始逃避她，很高兴她隐退到她那宜人的别墅里，尽管这样，他依然十分不安，又派出一些人到她那里跟她说些粗鲁、讥讽的话语。最终，他决定将她杀死。他没有选择给她下毒，因为这种做法太过无耻，同时也是因为阿格里皮娜深谙药剂。然而，苏埃托尼乌斯却写道：他尝试了这种方法三次，都没有成功。他还想到让房间的拱顶掉落在她睡觉的地方，将她砸死，但阿格里皮娜得到了及时的警告，并为此做好了应对措施。

尼禄手下的自由奴隶阿尼塞托（Aniceto）是海军部队的指挥官，海军部队一直在米塞诺港口整装待发，阿尼塞托是阿格里皮娜的敌人，他向尼禄献计，提出建造一艘一端可以自动拆除的战船，这样船上的人就会被拖下水，就可以巧妙地杀害阿格里皮娜。这个发明的构思来源于剧院中建造的一艘类似的船。这一方法可以令尼禄不会因这件事而受人唾弃。尼禄很喜欢这个提议，于是命人在坎帕尼亚准备了这样一艘船。尼禄为了参加正在举行的纪念密涅瓦（Minerva）女神的庆祝表演［这种庆祝活动持续5天，被叫作昆夸特里亚节（Quinquatrui）］而来到位于巴亚（Baia）和米塞诺港口之间的巴乌里（Bauli）宫殿，之后他与母亲一同来到安齐奥市（Anzio）。已经有那么一段时间，尼禄向阿格里皮娜表示出虚假的爱意，对待她彬彬有礼。尼禄在这里听到人们这样说："应由孩子忍受赋予他们生命的那些人的愤慨，不管有任何冲突，所有人都应与母亲和睦相处。"于是尼禄为了让阿格里皮娜落入自己的陷阱，向她说尽悦耳动听之词。女人对于她们愿意听到的话很容易相信，阿格里皮娜就像这些女人一样，相信了尼禄对她说的一切。后来尼禄邀请阿格里皮娜参加安齐奥的一场宴席，阿格里皮娜去了，在海岸边，她受到儿子的热烈拥抱，并被安排在座席的第一位置上，这一做法从很大程度上让阿格里皮娜放下心来。有可能如塔西佗所说，阿格里皮娜在那里只停留了那一天，也有可能像狄奥尼认为的，她在那里停留了数天，然后想要回她的别墅了。在漫长隆重的盛宴之后，尼禄一会儿开心一会儿严肃地劝说阿格里皮娜一直待到深夜，他时不时地亲吻阿格里皮娜，满足她提出的所有要求，并向她说了一些世界上最甜蜜的话语。阿格里皮娜由尼禄陪着来到了海岸，登上了那艘装饰华丽、暗藏玄机的船，阿尼塞托在一旁服侍她。当时的海面非常平静，就好像是故意安排的，以让每个人意识到，那艘船散架并不是由于风的力量，而是被精心策划的。据塔西佗所述（*Tacitus, lib. 14, cap. 3.*），船上面的木板掉落下来，使得阿格里皮娜身边的朝臣切尔佩里乌斯·加卢斯

（Cerperius Gallus）窒息而死，但是阿格里皮娜和她的贴身奴隶阿塞洛尼亚·波拉（Acerronia Polla）抓住了船边，没有掉入海里。混乱中，海军士兵们把阿塞洛尼亚当成了阿格里皮娜，用桨将其杀死。而阿格里皮娜仅仅是肩膀上受了点伤。船的一边被掀翻开始下沉，阿格里皮娜渐渐沉入了海里，她顺着水流游着，后来被渔夫发现而获救，随后她被带到了卢西诺（Lucrino）湖边的一座宫殿里。狄奥尼只用了简短的几句话说明：船散架之后，阿格里皮娜掉入了海里，但是没有被淹死。塔西佗对这件事的描述更详细，也更离奇，但不管发生了什么，大家一致认为，阿格里皮娜那次是死里逃生。

阿格里皮娜躺在宫殿的床上进行治疗，脑海里回想起整件事的经过，不难想到是谁策划了整件事，想置她于死地。她决定先隐瞒一切，然后立即派她的自由奴隶阿杰利诺（Agerino）到尼禄那里去通知他，由于上帝的仁慈，她得以死里逃生，并恳请他现在不要去看望她，因为她需要静养身体。尼禄那天整个儿晚上都如坐针毡，焦急地等待着他那邪恶可耻的计划的结果，当他得知母亲安然脱离了危险，他陷入了深深的恐惧，想象着她可能会发动起义与他作战，或者命令禁卫军对付他，又或者会出现在罗马，当着元老院和人民的面控诉他。他惊恐万分，不知道自己会是个什么下场，忙叫来布鲁斯和塞涅卡，向他们寻求建议。但他事先并没有告诉他们这一谋杀的行为，因此二人听后都静默不语，或许是因为他们不敢劝阻他，又或者是因为他们认为尼禄在整个事情中已经输了，除非他可以劝阻阿格里皮娜。事实上，对于尼禄提议将阿格里皮娜从世界上除掉，狄奥尼指控塞涅卡一开始也给出了同样的建议，他转头看向布鲁斯，请求他号令禁卫军对阿格里皮娜行刑。但是布鲁斯没有忘记是阿格里皮娜给了他现在拥有的一切，于是当即回答护卫军有义务保护整个恺撒家族的人的安全，又回想起日尔曼尼库斯，他实在无法听从他们的建议。整件事情是由阿尼塞托引起的，因此也应该由他完成。阿尼塞托被叫来，尼禄宣称，阿格里皮娜被杀死的那一天，阿尼赛托会从他的手上接管帝国。阿尼塞托接受了这一任命，然后尼禄下令阿尼塞托从海军驻队里挑选他需要的士兵到阿格里皮娜那里去。与此同时，阿格里皮娜派来的阿杰利诺抵达了尼禄这里。于是，尼禄又想出了一个大胆轻率的计策。尼禄让阿杰利诺到他跟前向他汇报，突然他往阿杰利诺脚下扔了一把匕首，然后马上呼救，假装阿杰利诺是母亲派来杀他的，随即他将阿杰利诺囚禁起来，并散布流言称阿杰利诺为他那邪恶的意图感到羞耻而自杀了。阿格里皮娜内心备受煎熬，她既没有见阿杰利诺回来，也没有见儿子派人过来，反而见到阿尼塞托进了她的房间，身边还跟着两个军官，不知他们此行前来是好意还是恶意。她还没反应过来，就被人用棍子击中了头部，然后看见他们中一人拔剑出鞘，她跳起来大喊道："往这里刺。"说着露出了她的腹部。后来她被刺而死。阿尼塞托将阿格里皮娜的死讯通报给尼禄，有人说尼禄不相信向他汇报刺杀经过的人，他想见见母亲赤裸着死去的样子，并说："我原来都不知道有一个如此美丽的母亲。"塔西佗认为此事不太确定。根据当时的习俗，在阿格里皮娜被刺杀的当天晚上，她的尸体就被焚烧并被秘密地埋葬了。就这样，这个野心勃勃的女人结束了她的一生，她是日尔曼尼库斯的女儿，是伟大的阿格里帕的孙女，也是奥古斯都大帝的曾孙女，同时还身为皇帝的妻子与母亲。她为了让儿子登上皇位做的那些不道德的事，最终让她付出了代价，让她被自己的儿子——那个忘恩负义、残忍冷酷的禽兽谋害。

尼禄表现出为母亲的死而悲恸欲绝的样子，他为挽救自己的生命却牺牲了她的生命而十分痛苦，因为他本来想要让人相信是阿格里皮娜派阿杰利诺前来杀他，从而逼迫她自杀。尼禄写信给元老院，补充了一系列其他指控母亲的罪名，以证明自己是无罪的，还说（*Quintilianus, lib. 8 Instit.*）："尽管我活了下来，虽然我相信了这一事实，但我并不觉得高兴。"由于这封信要么是塞涅卡写的，要么是他口述而由别人写的，大家都在议论这个爱奉承的哲学家，因为这表明他支持尼禄的残忍行径。元老院相信了关于阿格里皮娜的所有控诉（*Tacitus, lib. 14, c. 12.*），他们为君王的性命得以保全而向神灵表示感谢，宣布阿格里皮娜的诞辰为受人鄙视的一天。只有声名显赫的元老院议员普布利乌斯·佩图斯·特拉塞亚（Publius Paetus Thrasea）读了那封信后，离开了元老院，既没有表示赞同也没有表示反对，这一举动让他后来付出了惨痛的代价。尼禄在这一桩坏事之后（*Sueton., in Neron., c. 34.*），很长一段时间都感到良心受到谴责，他经常想起死去的母亲，还仿佛看到了她满腔怒火地找他复仇。就算换个地方，到那不勒斯或者其他地方，都无法将他从内心的折磨中解救出来。尽管如此，他并不打算再返回罗马，害怕会被众人厌恶。然而宫廷里的达官贵人们鼓励他勇敢起来，因为他使罗马摆脱了这样一个世界上最有野心、最令人憎恨的女人，令他相信这或许能增加人民对他的爱戴。事实上，在他返回罗马之后，他的处境比他期望的还要好，无论他到哪里，无论大人物还是小人物，由于惧怕如此冷酷无情的君主而纷纷对他歌功颂德。因此，他就像战争凯旋一般来到坎皮多里奥山丘，所有人要么是因为爱戴他，要么是因为惧怕他，都对他表示钦慕，认为他的意愿至高无上，这让尼禄觉得自己可以得心应手地做任何事。他继续装出仁慈的样子，将先前母亲流放的朱尼娅·卡尔维娜（Giunia Calvina）、卡尔普尼亚（Calpurnia）、瓦莱利乌斯·卡皮托（Valerius Capito）和李锡尼·加巴罗（Licinius Gabalo）召回罗马。但是在这一年，他毒杀了他的姑姑多米齐亚（Domizia），并在她去世前就将她在巴亚市和拉文纳市的所有财产据为己有。他在那里建造了辉煌的胜利纪念碑，一直留存到狄奥尼时期（Dio, lib. 61.）。然而，令人惊讶的一件事是，很多人公开讨论他这种过度的贪婪行为，还涌现了不少讽刺文章，但是，尽管他从密探那里得知了所发生的一切，他却行事谨慎，将情绪隐藏起来，也没有因此而惩罚任何人，因为他害怕那样做会激起人民的躁动和怨恨。

年　份　公元60年　小纪纪年第三年

　　　　圣彼得教皇第三十二年

　　　　尼禄·克劳狄乌斯皇帝第七年

执政官　尼禄·克劳狄乌斯·奥古斯都第四次，科苏斯·科尔涅利乌斯·伦图卢斯（Cossus Cornelius Lentulus）

据苏埃托尼乌斯所述，尼禄只担任了6个月的执政官，这一年7月1日，另外两位执政官接替了他与科尔涅利乌斯·伦图卢斯的执政官之位。那两位补任执政官的名字我们无从知晓，一些人猜测可能是提图斯·安皮乌斯·弗拉维亚努斯（Titus Ampius Flavianus）与马库斯·阿波尼乌斯·萨图尼努斯（Marcus Aponius Saturninus），因为塔西佗称他们是执政官，后来也做过一些统治与管理工作。

自从阿格里皮娜去世之后，尼禄变得越发沉迷于玩乐（Tacitus, Annal., lib. 14, cap. 14.），母亲在世时至少还能让他克制一点。年少时，他就喜欢驾车骑马，还学习了演奏齐特拉琴（cetra）和唱歌。如今，他又重拾这些娱乐项目，这对于一个皇帝来说是非常有失体统的。塞涅卡和布鲁斯允许他骑马驾车，但只能在封闭的梵蒂冈竞技场里骑马以防百姓看到，其余的娱乐活动就不允许他碰了。但年轻的尼禄虚荣心很强，不满足于此，他希望有观众观看他的表演，观众的掌声令他渴望邀请一些平民来——平民们很乐于看高高在上的君主做跟他们一样的事，因此对他大加赞赏。这激励了他从事民间技艺（Dio, lib. 61.）。然而尼禄非常清楚智者们对此有不同的看法，为了避免做出不光彩的事，他找了一些贵族同伴在公共娱乐中模仿他的行为。他想到举办几场空前盛大的表演来纪念他的母亲，表演持续了数天，一些男女贵族，既包括骑士阶级，也包括元老院阶层，都出现在剧院、竞技场和圆形剧场中，公开进行着那些过去只属于卑贱平民的表演艺术活动，他们弹奏乐器，演绎喜剧与悲剧，在剧院里跳舞，扮作角斗士和车夫。他们中一些人是自荐进行这样的表演的，另一些人则是受尼禄的邀请，为了不忤逆他的意愿而不得不表演的。平民欣赏着节目，就连外地人都能认出来那些忘记自己出身的演员中谁是福利乌斯，谁是法比乌斯，谁又是瓦莱利乌斯、波尔西奥、阿庇乌斯以及其他来自高等贵族的人。看到如此新奇荒诞之事，智者们痛心不已，既是因为家族受辱，也是因为世风变得越来越腐化堕落。此外，智者们还为尼禄花钱大手大脚而忧心忡忡，除了这些形式多样的娱乐活动，尼禄还送给平民非常多的礼物，他向平民们扔下一些字条，字条上写着礼物的种类，包括马匹、奴隶、衣物和金钱等，谁足够幸运抓住字条，上面写的礼物就是谁的。智者们还预料到这些挥霍浪费最终只会导致对人民新一轮的征税与勒索，因为以前就是这个样子。尼禄还创立了一种庆祝活动，叫作"朱庇特节"（Giovenali），以纪念他第一次刮胡子——罗马人有庆祝此项活动的惯例。那些珍贵的胡须被放置在一个金匣子中供奉给朱庇特神。在庆祝典礼上，罗马最有名的贵族表演跳舞，在所有的贵妇中，埃利亚·卡图拉（Elia Catula）出尽了风头，她已有80岁，却仍像个小姑娘一样跳着小步舞曲（minoetto）。贵族中不会跳舞的，就唱歌。当时有一些专门的声乐学校，社会最高阶层的男人、女人，包括少男少女及老人都竞相去那里学习，就为了之后能够在公共剧院里完美地展现他们的才艺。如果有谁既不会跳舞，也不会唱歌，就会由于羞愧而把脸用面具遮住。尼禄摘了他们的面具，看到这些人的面目，认出他们是那些最令人尊敬的行政官。

尼禄自己也不想落于人后，他也会穿着齐特拉琴演奏家的衣服在舞台上表演。除了演奏乐器，他还会以自认为优美动听的声音唱歌，但是他的歌声与公鸡的叫声极为相似，每个人听了他的歌声都忍不住想笑。根据狄奥尼所说的，布鲁斯和塞涅卡在他身边辅助他，做他的顾问，他们率先为其鼓掌，带动其他人鼓掌喝彩。塔西佗（*Tacitus, lib. 14, cap. 15.*）也证实了此事，另外还补充说，布鲁斯其实内心备受煎熬。在尼禄这个杰出的歌唱大师演唱的时候，任何人都不允许（*Sueton., in Nero, cap. 23.*）以任何理由离开剧院。拍马屁的人赞叹道："那简直就是阿波罗的声音，没有人能够在声乐的韵律上与您匹敌。"尼禄还想举办一场诗歌和演讲比赛，他邀请了一些年轻的贵族参加比赛。当然不难想象最终是谁赢得了比赛和奖赏。他还将哑剧演员召来罗马，以供平民在剧院里观赏娱乐。

这一年出现了彗星，因此平民们认为这是在预示着君主的死亡，于是他们开始测算尼禄的寿命，并预言谁会继承他的位子。很多人猜测会是鲁贝利乌斯·普劳图斯（Rubellius Plautus），他是尤利乌斯·恺撒家族女性成员的后代，是一个十分正直且已经隐居的人。尼禄也觉察到了此事。据说，有一次他在苏比亚科（Subiaco）享用午餐的时候，一道闪电击翻了他的食物和桌子。因为那个地方靠近普劳图斯的故乡蒂沃利（Tivoli），于是那些迷信的人认为这证实了上述预言。因此，尼禄告知鲁贝利乌斯·普劳图斯，他最好的去处应该是亚细亚，他在那里还拥有一些财产。鲁贝利乌斯·普劳图斯便带着家人到了那里，但只待了很短的时间，因为后来尼禄派人杀死了他。在这段时期，叙利亚总督夸德拉图斯（Quadratus）去世，由征服了亚美尼亚的科尔布罗（Corbulo）接管叙利亚。卡帕多细亚（Cappadocia）曾经的国王阿奇拉（Archelao）的孙子提格兰（Tigrane）在罗马待了很长时间——他一直对尼禄卑躬屈膝，从尼禄那里获得了国王的封号，统治亚美尼亚。到达那里之后，科尔布罗率一支军团协助他，尽管很多士兵更倾向于帕提亚人的统治，但他拥有毋庸置疑的领导权，但是后来他并没能掌权很长时间（*Tacitus, lib.*

14, cap. 27.)。这一年，波佐洛市（Pozzuolo）获得了殖民权，并获得了尼禄的姓氏。学者们对此颇有争议，因为据利维乌斯和维莱利乌斯所说，在很多年前波佐洛还是殖民地的时候，弗朗提努斯（Frontinus）认为奥古斯都大帝是那座城市新殖民地的开创者。这段时期，弗里吉亚（Frigia）的著名城市拉塔基亚（Laodicea）被一场地震摧毁，但是那里的人民靠着自己的财富，没有借助罗马人的帮助就使整个城市复苏。

年　份　公元61年　小纪纪年第四年
　　　　圣彼得教皇第三十三年
　　　　尼禄·克劳狄乌斯皇帝第八年
执政官　盖乌斯·凯索尼乌斯·佩图斯（Gaius Caesonius Paetus）与盖乌斯·佩特罗尼乌斯·图尔皮利亚努斯（Gaius Petronius Turpilianus）

第二位执政官的名字是不是盖乌斯是不确定的，我们也不知晓谁于7月1日接替了他们。

这一年，罗马发生了两桩不公的案件，引起了公众的议论（Tacitus, ibid.），其中一桩与一位贵族有关，另一桩与一个仆人有关。罗马第一贵族多米提乌斯·巴尔布斯（Domitius Balbus）去世，他十分富有，并且没有子嗣。元老院议员瓦莱里乌斯·法比安努斯（Valerius Fabianus）用一封伪造的遗嘱，私下联络其他贵族，让他们在上面签名盖章，继承了多米提乌斯·巴尔布斯的遗产。被发现伪造遗嘱后，法比安努斯和他的同谋被降级处分，并依据科尼利亚法律被判以惩罚。法比安努斯是被他的仆人，或者可以说是奴隶佩达尼乌斯·塞昆杜斯（Pedanius Secundus）所杀。佩达尼乌斯·塞昆杜斯身兼罗马行政长官之职，身边有400人服侍他，男女老少都有，通常只有十分富有的罗马人才会让这么多人来服侍他们。尽管几乎所有人在那场罪行中都是无辜的，但根据严苛的古代罗马法律，所有人都要被处死，因此很多平民百姓聚集起来为那些不幸的人辩护。于是这桩案件被带到元老院，元老院议员们围绕这桩案件进行了很长时间的讨论，最终还是决定判处所有人死刑。尼禄给平民下令,让他们管好自己的事情,并调拨了所需的士兵押送这些被判刑的人。

罗马派去管理大不列颠的官员行为恶劣,使得这段时期罗马人几乎丧失了曾经征服下来的整个领地。克劳狄乌斯曾免除征收罪犯的财产,然而现在罗马人想要恢复这一举措,重新没收他们的财产。据狄奥尼所说(*Dio, lib. 61.*),塞涅卡曾借给了大不列颠人民100万的高利贷,并强制性地向他们收取利息以及全部的本金。此外,大不列颠岛上某个地区的已逝国王普拉苏塔格(Prasutago)的妻子布恩蒂齐娅(Boendicia,或者叫Bunduica)表示抗议(*Tacitus, lib. 12, cap. 29.*),因为罗马人对她、她的两个女儿和整个大不列颠人民极其傲慢与无礼,她对此非常不满。这位英勇果敢的皇后就是那个吹响号角,号召她的人民和附近地区的人民起兵反抗罗马人的皇后。她利用苏埃托尼乌斯·保利努斯(Suetonius Paulinus)前去征服大不列颠附近一个人口稠密的岛屿的绝佳时机,发起了反抗。苏埃托尼乌斯·保利努斯是罗马驻大不列颠的行政长官,也是一位英勇的军官。据说,布恩蒂齐娅率领着12万名士兵侵袭了卡马洛杜诺市(Camaloduno),将该座城市占领,两天后,他们还征服了克劳狄乌斯神庙,威胁那里的罗马人不想被囚禁就缴械投降,归顺于他们。佩提利乌斯·塞里阿利斯(Petilius Cerealis)率一支军团前来援助罗马军队,然而最终惨败,骑军四散溃逃,几乎所有步兵都被撕成了碎片。苏埃托尼乌斯·保利努斯得知这个悲惨的消息后,立马动身来到了伦敦,这是一个落后的殖民地城市,但仍然因有非常多的商人和贸易而闻名。尽管当地的居民热泪盈眶地请求他们停止进攻,但苏埃托尼乌斯还是想尽力挽救剩下的省市。布恩蒂齐娅率军继而征服了伦敦和维鲁拉米恩(Verulamio),没有留下一个活口。据说,那些地方死了七八万罗马市民和其他相关的人。后来,由于缺少人手,苏埃托尼乌斯只好殊死搏斗,他只聚集了1万名的士兵。布恩蒂齐娅率领的军队人数,据狄奥尼所说,总计达23万,根据打仗的惯例,或者是誊写人的疏忽,这个数字很可能是被夸大了。激战之后,苏埃托尼乌斯率领的少数人凭借军事策略打赢了数量众多的大不列颠军队。后来有人说,大概有8万名大不列颠士兵战死沙场,这个数字也可能是被夸大了。不管怎样,那场胜利是非凡的、值得纪念的。布恩蒂齐娅在那之后不久就去世了,可能是死于疾病,也可能是她自己服毒自尽。她死后,大不列颠没过多久就重归罗马人管辖。

尼禄从日耳曼地区派去一支精良部队，协助苏埃托尼乌斯完成了统一大不列颠的伟业。

年　份　公元62年　小纪纪年第五年

　　　　圣彼得教皇第三十四年

　　　　尼禄·克劳狄乌斯皇帝第九年

执政官　普布利乌斯·马里乌斯·塞尔苏斯（Publius Marius Celsus）与卢基乌斯·阿西尼乌斯·加卢斯（Lucius Asinius Gallus）

塔西佗在这年年初称尤尼乌斯·马鲁卢斯（Iunius Marullus）是指定的执政官，但是他后来没有上任，因此我们可以认为他替代了其中一位普通执政官，或者是于7月1日继任的杰出执政官中的一位，据说他们是尼禄的老师卢基乌斯·阿内乌斯·塞涅卡与特雷贝利乌斯·马克西穆斯（Trebellius Maximus）。

这一年1月（*Tacitus, lib. 14, cap. 48.*），行政长官安提斯提乌斯·索斯特内斯（Antistius Sosthenes）被指控写了几行侮辱尼禄的诗句，元老院最卑鄙的议员们，其中包括奥鲁斯·维特里乌斯（Aulus Vitellius，后来成为罗马皇帝），一致认为他犯了这样的罪行应该被判处死刑。其他议员不敢张口反驳，只有佩图斯·特拉塞亚（Paetus Thrasea）例外，他认为将安提斯提乌斯流放到一座岛上，然后没收他的财产就足够了，余下的议员表示赞同他的观点。然而，元老院认为最好还是先听听尼禄的意见，尽管尼禄非常憎恨安提斯提乌斯，但还是选择了赦免他的死罪。于是，安提斯提乌斯被流放了。这一年，前面提到的特拉塞亚——一个正直刚硬之人，总是想着公众的利益——提议禁止各省人民派代表来罗马对他们的行省总督歌功颂德，因为行政官赢得这项荣誉后就会变得过度放纵人民，只为了让人民不反对，从而给予他们一些不正当的许可。禁军总督布鲁斯一直约束着尼禄，没有完全让他为所欲为，特别是没有让他残暴的本性完全展露出来，但在这一年，他去世了。据塔西佗所述（*Tacitus, ibid., cap. 51.*），布鲁斯的死因一直存在疑问，不知他是死于疾病还是死于毒药。然而苏埃托尼乌斯（*Sueton., in Nero, cap. 35.*）和狄奥尼（*Dio, lib.*

61.)两人都认为,尼禄因布鲁斯一直不顺从自己的意愿而心生怨恨,所以决定让他提早离开世界。公众认为布鲁斯的离去是巨大的损失,因为尼禄后来设立了两位禁军总督而不再是一位,其中一位是费尼乌斯·鲁弗斯(Fenius Rufus),他是一个正直之人,但由于懒惰,总是把事情做得不那么好;另一位是索菲尼乌斯·提格利努斯(Sofonius Tigellinus),他是个声名狼藉的人,然而却因腐败堕落的品性与尼禄极为相似而备受喜爱。在道德败坏的提格利努斯的辅佐下,尼禄开始朝着暴君与疯狂发展,他只听从奸邪之人的建议,对塞涅卡也不再那么信任了。因此塞涅卡意识到自己已不再适合待在皇帝身边了,于是向皇帝请求卸任离职,以便平静地度过他剩下的日子,并将他迄今为止积累的所有财产全部献给皇帝——那些财产要么是皇帝的赏赐,要么是他自己工作所得(*Sueton., in Nero, c. 35.*)。但尼禄非常礼貌地拒绝了他这一请求,并说了很多感激的话语,最后还说他宁愿死也不愿意让塞涅卡受委屈,但他不得不这么做。塞涅卡已经不再相信这些溢美之词了,他能做的就是推却从今往后的所有拜访,出门也不带随从。他也极少露面了,假装自己身体不适,或忙于学术研究。出于俭朴,或者是担心被投毒,他每日只吃面包和水,以及少量水果。

克劳狄乌斯·奥古斯都的女儿奥塔维亚,是尼禄的妻子,她聪慧、耐心,是位备受民众喜爱的公主,然而在尼禄眼里却不是这样的,他们二人的喜好与品性完全不同。可以肯定的是,尼禄对奥塔维亚从来没有好心,自从他把庞培娅·萨比娜带来宫廷后,还开始讨厌她(*Tacit., lib. 14, c. 60. Dio, lib. 61. Suetonius, c. 35.*),因为如果不除掉奥塔维亚的话,庞培娅在宫廷立足就会有阻碍。于是,这一年,尼禄以奥塔维亚不育为借口将她抛弃,没几天,他就与庞培娅结婚了。然而,事情并没有就此结束。庞培娅教唆奥塔维亚的一个家人,控告她与长笛乐师尤克罗(Eucero)通奸。她还对奥塔维亚的侍女们施加酷刑,一些人因无法忍受如此残酷的折磨而承认了主人的罪行,但是其他人勇敢地坚持说主人是无辜的,并开始谩骂与庞培娅私通的提格利努斯。后来,奥塔维亚被流放到坎帕尼亚,并由护卫军看守着。但是由于人们十分爱戴这位善良的公主,他们公开议论她受到的这些不公对待,尼禄迫不得已让她返回了罗马。人们高兴得不得了,他们砸了庞培娅的雕像，给奥塔维亚的雕像戴上花环，还做出了其他过度喜悦的疯狂之举。这些举动使庞培娅采取新的狠招儿对付讨厌的公主，她令尼禄相信，奥塔维亚的声望足以篡夺他的王位。于是，卑劣的阿尼塞托被叫来宫廷，他之前杀死了阿格里皮娜。这次要他假称与奥塔维亚有染，以此击垮她，如果他拒绝，他们就威胁要杀死他，他只好遵命。奥塔维亚受到无耻的指控，加上邪恶的皇帝编造出来的其他罪名，包括故意流产、蓄意造反，不幸的公主年仅22岁就被放逐到潘达拉利亚岛（Pandalaria），在那里没过多长时间就被尼禄杀死了，并将她的头带回了罗马，卑鄙无耻的庞培娅以此确认她是真正取得了胜利。在尼禄做出的众多不道德的事件中，或许没有一件能比使这样一位聪慧且受人爱戴的公主落到如此悲惨的结局更让罗马人民痛心的了，尤其是看到她受到这样无耻的诽谤而被判刑，奥塔维亚当时还被冠以了"奥古斯塔"称号。作为对阿尼塞托卑鄙行为的回报，他被流放到撒丁岛，在那里他被照顾得很好，之后在舒适中离开了人世。克劳狄乌斯时期十分有权势的自由奴隶帕兰特于这一年去世，据说是被尼禄下毒害死，因为这样尼禄就可以将他的财富据为己有。

年　份　　公元63年　小纪纪年第六年
　　　　　圣彼得教皇第三十五年
　　　　　尼禄·克劳狄乌斯皇帝第十年
执政官　　普布利乌斯·马里乌斯·塞尔苏斯（Publius Marius Celsus）与卢基乌斯·阿西尼乌斯·加卢斯（Lucius Asinius Gallus）

自从尼禄封提格兰（Tigrane）为亚美尼亚的国王后（*Tacitus, Annal., lib. 15, cap. 1*），亚美尼亚的事情就变得越发复杂。帕提亚国王沃洛加索斯（Vologeses）不断索取亚美尼亚国的统治权，以让他的弟弟提里达提斯（Tiridates）做那里的国王。但是这个请求一直未得到肯定的答复，直到提格兰袭击了帕提亚的附属国，或者是联盟国阿迪亚波纳（Adiabene），沃洛加索斯决定出兵以武力解决这一问题。于是，沃洛加索斯自己封了提里达提斯为亚美尼亚的国王，并调配给他一支强大的军队以征服那个国家，就这样，战争开始了。

科尔布罗（Corbulo）是叙利亚的行省总督，他派了两支军团援助提格兰，同时写信给尼禄，向他表示需要增派另一名军队指挥负责守卫亚美尼亚，而他则需要守卫叙利亚省的边境。尼禄派卢基乌斯·凯塞尼乌斯·佩图斯（Lucius Caesennius Paetus）前往那里。卢基乌斯·凯塞尼乌斯·佩图斯曾担任罗马的执政官，一些人认为他就是公元61年任执政官的盖乌斯·凯塞尼乌斯·佩图斯，也有一些人认为他们不是同一人。帕提亚人进入亚美尼亚后，首先进攻了亚美尼亚国的首都阿尔塔沙特（Artasata），提格兰驻守在那里，进行了英勇的抵抗。帕提亚人这样冒犯罗马的附属国令罗马人不满，科尔布罗派百人队队长卡斯佩里乌斯（Casperius）去见了沃洛加索斯，威胁他如果不撤军，就对帕提亚发动战争。此举的目的是让沃洛加索斯主动议和。沃洛加索斯要求派他的特使前去尼禄那里协商此事，请求授予他的弟弟提里达提斯亚美尼亚的统治权，只要接受了他的要求，沃洛加索斯就会按照协定，停止对阿尔塔沙特的进攻。但是不为人所知的是科尔布罗与沃洛加索斯之间的秘密协定，一些人认为帕提亚人和提格兰都有意放弃亚美尼亚。沃洛加索斯的特使来到罗马之后，并没有取得预期的效果，于是帕提亚又开始了战争。这时，凯塞尼乌斯·佩图斯抵达了亚美尼亚，他在作战方面没有什么天赋和知识，然而他却认为可以教别人。佩图斯带了几辆攻城战车，穿过塔罗山，想着能够大获全胜，当得知沃洛加索斯带着更强大的军事力量迎面而来时，他马上就撤退了，把士兵留在塔罗山的关口中，阻止敌军进入，同时他写了多封信给科尔布罗，让他前来援助。沃洛加索斯冲破关口，佩图斯胆战心惊，因为他的士兵太过分散，他身边只有两支军队。于是，他又写了几封信催促科尔布罗，科尔布罗这时已经越过幼发拉底河，耗费数天向科马基亚省（Comagene）和卡帕多细亚省（Cappadocia）行军，由此进入亚美尼亚。然而科尔布罗的努力并没有什么用处。沃洛加索斯不断削弱佩图斯军方的力量，杀死了很多士兵，这令这位罗马军官佩图斯十分恐惧，心想只要能保全性命，他愿意接受对方开的任何耻辱的条件。于是，他请求与沃洛加索斯的军官会谈，最后达成协议：罗马军队从整个亚美尼亚撤出，并将所有攻城战车和战争军需品全部送给帕提亚。之后，沃洛加索斯与尼禄就余下的事情达成了协议。帕提亚人想要在罗马人撤出之前进入堡垒，他们涌到罗马人通行的街道上，抢夺他们的奴隶、牲畜和衣物，而罗马人因为害怕他们动手打人而只能任他们为所欲为。战败沮丧的佩图斯率军队继续行军，终于与科尔布罗的军队会合了，科尔布罗放下了对亚美尼亚的一切想法，返回守卫他的行省叙利亚。

据塔西佗所述，所有这些事情都发生在前一年。而狄奥尼却是在晚一些的时间讲述了这些事情。这一年春天，沃洛加索斯的特使来到罗马，向尼禄请求封提里达提斯为亚美尼亚的国王。尼禄从一个与他们一同前来的百人队队长那里得知了亚美尼亚目前的状况，与凯塞尼乌斯·佩图斯给他汇报的情况完全不同。尼禄和元老院觉得沃洛加索斯是在捉弄他们，于是遣回了他的特使，没有给他答复，但是送了他一些珍贵的礼物，之后尼禄做出了同帕提亚人展开激战的决议。佩图斯被召了回来，战战兢兢地面见尼禄，尼禄将事情说得很轻松，没有等佩图斯开口说话就告诉他会很快原谅他，以免他太过胆小，患上热病。科尔布罗接到命令向帕提亚发动战争，尼禄又给他派了一些新兵增援，因此，科尔布罗进入了亚美尼亚。沃洛加索斯的特使前来面见科尔布罗，他接待了他们，并敦促他们服从皇帝的宽大处理。科尔布罗很快攻下了几座城寨，这令帕提亚人十分焦虑，提里达提斯请求与科尔布罗面谈。提里达提斯先是送来了抓获的罗马人质，然后出现在约定的地点，看到科尔布罗后，他第一个从马背上下来，热烈地欢迎科尔布罗的到来，并向他表示仍然想从罗马皇帝那里获得亚美尼亚的统治权，如果尼禄愿意授予他国王之位，他会来罗马接受国王的任命。科尔布罗对此给了他一些美好的希望。之后，为表示顺从，提里达提斯将王冠摘下来放在皇帝的肖像底下——为了之后能再从罗马皇帝的手中拿回王冠。我们不知道提格兰——亚美尼亚的前任国王是个什么情况（*Tacitus, Annal., lib. 15, cap. 23.*）。

这一年，尼禄与庞培娅的女儿诞生，尼禄特意让庞培娅去他出生的城市安齐奥分娩。他赐予女儿与庞培娅"奥古斯塔"的姓氏，善于阿谀奉承的元老院又授予了两人其他的荣誉，并举办了各种各样的庆典。但还没过4个月，这位小公主就不幸夭折了。尼禄原本为女儿的降生喜出望外，现在又因她的夭折而陷入极大的悲痛中。这一年，罗马举办了一些角斗士的比赛，甚至很多元老院议员和杰出的妇女都参与战斗——罗马人早已变得疯狂至极。

年　份　公元64年　小纪纪年第七年

圣彼得教皇第三十六年

尼禄·克劳狄乌斯皇帝第十一年

执政官　盖乌斯·莱卡尼乌斯·巴苏斯（Gaius Laecanius Bassus）与马库斯·李锡尼·克拉苏斯（Marcus Licinius Crassus）

这一年，尼禄去了那不勒斯（*Tacitus, Annal., lib. 15, cap. 33.*），想让那里的人们也能在剧院中听到他婉转的歌喉。附近城市的许多人都慕名前来，想听一位音乐家皇帝一展歌喉。没想到在剧院发生了一件可怕的事，不过幸好没有给任何人造成损失。当时人们刚离开剧院，剧院就倒塌了。虚荣的尼禄还打算去希腊和地中海东部的几个沿岸国家，想要在那些地区收获同样的掌声。后来他在贝内文托（Benevento）停下来，再没有去其他地方，谁也不知道其中的原因。在进行音乐表演活动时，他控诉了杰出人士托尔夸图斯·西拉努斯（Torquatus Silanus），他是奥古斯都家族女性成员的后代。他被控诉的罪名是说话太过浮夸，还经常在讲话中称会发生不好的事情。在被判刑之前，他自己割腕而死。后来尼禄回到罗马，根据塔西佗所说，他想在阿格里帕湖边进行一场盛大的晚宴。狄奥尼（*Dio, lib. 61.*）则叙述了他在斗兽场所做的事：在一场狩猎结束后，他往斗兽场里引水举行了一场"海战"，之后把水放掉，举行了一场角斗士表演，最后又填满水，在上面进行晚宴。提格利努斯负责晚宴的事宜，几艘巨船被用黄金与象牙装饰得十分豪华，中间的桌子上铺着珍贵的桌毯，周围有很多小酒馆为每个人准备了精美的食物。到处是欢歌笑语，每个地方都灯火通明。大批平民和贵族聚集于此，既有男人也有女人，还有各种各样的妓女，可想而知那里的场面有多么荒淫无耻、混乱喧闹。古人对这场晚宴有所描述，但我不愿意用我的笔重述这些事情。在这场可鄙的晚宴之后又发生了一件极其可怕与悲惨的事情（*Tacit., Annal., lib. 15, c. 38. Dio, lib. 61. Suet., in Ner., c. 38.*）。7月19日这天，罗马的马克西穆斯竞技场发生了一场大火，竞技场里面全是一些卖油的店铺。当时刮着劲风，于是凶猛的火势蔓延到了平原与山丘，以致罗马的14个街区中有10个遭遇火灾，只有4个街区幸免于难。房屋、庙宇和宫殿全被烧毁，众多家具、珍贵的稀有物品和古物也惨遭损坏，还有无数人不幸丧生火海，人们尖叫着呼喊着，一片混乱，不用描述就很容易想象出当时悲惨的场面。大火持续了6天（有人说不止6天），火势一直得不到控制。尼禄当时在安齐奥，得知这场严重的火灾时，他并没有打算返回罗马，直到大火蔓延到接近他的宫殿和梅塞纳斯庄园，他才起身。

意大利从未发生过这样惨痛的悲剧，苏埃托尼乌斯和狄奥尼以及后世从二人的叙述中了解罗马历史的人一致认为，尼禄的愚蠢就是造成这桩悲剧的原因。他们补充说，由于当时罗马城内满是狭窄弯曲的街道和混乱无序的破旧房屋，尼禄于是产生了一个疯狂的想法，想要重新修建街道和房屋，并以他的名字命名，特别是他想修建一座他设想的巨大宫殿，因此想要推倒对建造宫殿造成阻碍的一大片房屋和公共粮仓。他们还说，尼禄看着他的仆人拿着火把和庄稼茬儿将这些地方点燃，说道："多美丽的火焰啊！"苏埃托尼乌斯和狄奥尼最后讲述，尼禄穿着一身表演服装在齐特拉琴的伴奏下演唱着"特洛伊的毁灭"。不过在尼禄做出的众多不道德事件中，这一件是不确定的。塔西佗对此表示怀疑，上述细节尽管他也写过，但他补充说这些有可能是流言。对于这样一个声名狼藉、能做出任何极端之事的皇帝，很容易认为他会产生上述想法，如今我们无法分辨这些事是真是假。尼禄很快下令开始修建大批木质房屋以收留那些无家可归的穷人，同时从奥斯蒂亚（Ostia）和其他地方运来家具，此外他还下令将小麦以低价出售。于是，他加快速度重建被摧毁的城市，不可否认罗马城在这次灾难后发生了翻天覆地的改变。渐渐地，城市被建造得整齐有序，路被修建得笔直宽阔，房屋被加上了门廊。但尼禄禁止修建太多工厂。所有的废墟残骸通过船只被运到奥斯蒂亚沼泽地。苏埃托尼乌斯写道："尼禄负责那些废物的运输，以利用在废墟中找到的珍宝。除了他的代理人，没有人可以接近那些被运送的废墟残骸。"尼禄拿出自己的钱，奖励那些能够在规定时间内建起一座房子或宫殿的人。他将更多的水通过引水渠引到罗马，分配到各地，以在发生火灾时用来灭火，他还采取了其他的预防措施。这本是值得夸赞的行为，然而人们并没有对其表示赞赏，因为大家一致认为，这场可怕的灾难的罪魁祸首正是他。同时，尼禄开始修建他的新宫殿，这是一项非凡卓越的工程，新宫殿后来被命名为"黄金宫"。苏埃托尼乌斯（*Sueton., in Nero, c. 31 et 32. Tacitus, Annal., lib. 15, cap. 42 et* seqq.)对这座宫殿做了简要的描述：整个宫殿里面铺满了黄金，用宝石装饰，还有珍珠镶嵌其中；无数的大厅和房间被铺以精细的大理石；门廊由三排柱子支撑，延伸1罗马里；葡萄园、小树林、草地、浴场、鱼塘与公园里是各种野兽和动物；还有一片巨大的湖，周围是一些建筑物，就像一座城市一样；宫殿前面矗立着一座高达120罗马尺的尼禄的巨人像。当尼禄入住其中时，说道："现在我终于住在一个适合人居住的地方了。"但是修建这样奢华宏伟的建筑物，再加上建造用以将160罗马里远的海水引入城市的广阔河道，耗资巨大，导致皇帝钱财耗尽，于是他开始勒索抢劫，以各种借口没收他人的财产，征收越来越多的高额赋税，还要求各个城市向皇帝上供，这严重摧残了各省。这还不够，他还把手伸向了神圣的地方，掠取了各种金制和银制花瓶，以及其他珍贵物件。他还派人到希腊和亚细亚，洗劫那里的每一座神庙，掠夺其中的昂贵神像和所有宝贵的装饰物。

  罗马这场骇人的大火使得异教皇帝们开始了对基督徒的迫害（*Sueton., in Nero, c. 16. Tacit., lib. 15, c. 42 et seqq.*）。通过圣彼得使徒教皇和他的门徒的布教说道，基督教不仅被引入了罗马人民中间，而且得到了广泛的传播，因为相较于异教徒的残忍和荒淫，善良的基督徒更容易保持其神圣性与杰出性。因为民众之间流传着尼禄引起这场大火的传言，尼禄为了消除别人对自己的憎恨，于是依据习惯，造谣指控基督徒，对此，德尔图良、尤塞比乌斯、拉克坦提乌斯、奥罗修斯和其他作家，以及异教徒历史学家塔西佗和苏埃托尼乌斯都进行过证实。塔西佗写道："尼禄使人们相信是基督徒点燃了罗马。"而不久之前塔西佗才说过，人们普遍认为尼禄是这场火灾的始作俑者。苏埃托尼乌斯和狄奥尼也确证了此事。恪守耶稣基督清规戒律的基督徒无法承受如此大的罪名，特别是对于首批热诚和纯洁的基督徒来说，许许多多基督徒被施以严厉的酷刑，他们被钉在十字架上，或被慢火烧死，或穿上野兽的服饰被狗给生吃活剥。此外，还实施了一种毫无人性的酷刑，将基督徒们全身涂上蜂蜡、沥青和其他易燃材料，然后将其点燃，在夜间给尼禄的庄园照明，就像很多残忍的双枝烛台一样。罗马到处流淌着殉教者的神圣血液。然而塔西佗还坦言，尽管这样残忍的大屠杀十分令人同情，但基督徒们是因为他们的宗教违反异教神灵的信仰而被判有罪。

这段时期，尼禄下令海军部队返回米塞诺港口，然而他们遇上了一场极其猛烈的暴风雨，以致大部分战船和众多小船都在库迈（Cuma）海岸上被撞得粉碎。

年　份　　公元65年　小纪纪年第八年

圣理诺教皇第一年

尼禄·克劳狄乌斯皇帝第十二年

执政官　奥鲁斯·李锡尼·涅尔瓦·西拉亚努斯（Aulus Licinius Nerva Silianus）与马库斯·维斯蒂努斯·阿提库斯（Marcus Vestinus Atticus）

在狄奥尼和我（*Thesaurus Novus Inscription., pag. 305, num. 4.*）发表的一篇碑文中可以读到"执政官西拉努斯与阿提库斯（SILANUS ET ATTICUS COS）"。如果这是真实存在的话，那么西拉努斯而非西拉亚努斯应该是这位执政官的最后姓氏。红衣主教诺丽斯和其他人认为是西里亚诺。据塔西佗所述，尼禄指定了7月1日补任的执政官，一位是普劳齐乌斯·拉特拉努斯（Plautius Lateranus），另一位是阿尼基乌斯·塞里阿利斯（Anicius Cerealis）。然而，普劳齐乌斯·拉特拉努斯在任职执政官之前，被尼禄判处了死刑。执政官维斯蒂努斯·阿提库斯也被判处了死刑。不过可以肯定的是，塞里阿利斯继任了执政官之位。

这一年，罗马变成了暴力死亡的上演地，这一切都是由于盖乌斯·卡尔普尔尼乌斯·皮索（Gaius Calpurnius Piso）的阴谋。皮索出身于罗马的贵族世家，拥有大笔财富，是国王们的辩护律师，尽管他热爱享乐与奢华，行事没有分寸，但还是受到广泛的爱戴和尊敬。他有意篡夺皇位，为了达成这一目的，他得除掉尼禄，因为尼禄已是众矢之的，所以这件事似乎并不是很难。无法确定他是不是第一个开始策划阴谋的人，不过，可以肯定的是，苏比里乌斯（Subrius）或者叫苏比乌斯·弗拉维乌斯（Subius Flavius）——一支护卫军团的军官，和马里乌斯·阿内乌斯·卢坎（Marius Annaeus Lucanus）——塞涅卡的外甥，著名的史诗《法沙利亚》（*Farsalia*）的作者，他们是最先加入其中的人，也是最愿意执行阴谋的人。尼禄出于忌妒，固执地认为自己比卢坎在诗歌上知道得更多，他禁止卢坎发表上述史诗，还不让他做辩护律师，而卢坎由于年轻气盛（他出生于公元39年），无法忍受尼禄对自己的所作所为。尼禄指定的执政官普劳齐乌斯·拉特拉努斯出于对公众的关爱也参与其中。还有许多其他人，包括元老院议员、骑士，甚至一些贵族妇女，他们或为了个人的报复与憎恨，或为了将帝国从尼禄这个禽兽手中解放出来，联起手来，参与到阴谋策划中。一些人提议等尼禄在剧院唱歌的时候，或者是晚上他在城里游荡，身边没有护卫的时候，趁机杀掉他；另一些人认为最好还是等尼禄到了波佐洛、米塞诺或巴哈市的时候再动手，因为他们当中已经有一位海军的主要军官。最终，刺杀尼禄的日期定在了4月12日，这天会在竞技场举办献给克瑞斯神（Ceres）的庆祝活动。这个秘密被许多人埋藏在心里，然而由于弗拉维乌斯·斯克维努斯（Flavius Scevinius）的疏忽，秘密被泄露了出去。弗拉维乌斯·斯克维努斯立下遗嘱，要给他的奴隶们以自由，还送出去了很多礼物，准备了绷带。与此同时，尽管他宴请好友时，表现得从容自在，但他还是显得很悲伤和忧郁。他的自由奴隶米利科（Milico）在密切观察着一切，因为主人叫他去打磨一把生锈的匕首，他预感到有某件大事即将发生。就在刺杀行动的那一天，米利科这个不忠之人抱着能得到丰厚奖赏的希望，来到了尼禄居住的塞维利亚庄园，他与守门人纠缠了许久，终于能够与宫廷自由奴隶艾巴夫洛蒂托（Epafrodito）说上话，艾巴夫洛蒂托带着米利科面见了主人尼禄。斯克维努斯很快被捉捕了，他勇敢地进行辩护，指控他的自由奴隶米利科。得知前一天斯克维努斯与安东尼乌斯·纳塔雷（Antonius Natale）进行了一场时间很久的秘密谈话后，安东尼乌斯·纳塔雷被士兵逮捕了过来。经过审讯，他们的说辞中出现了不一致的地方，眼看着要遭受酷刑的折磨，他们交代了刺杀计划，还将同谋一并抖了出来。得知有这么多的谋叛者，尼禄感到惊恐万分，于是在各处安排了护卫，以保证他所在的每个地方都是安全的。

　　塔西佗列出了所有密谋者和他们的结局。密谋者中很多人被处死了，其中包括密谋的首领盖乌斯·皮索和诗人卢坎，其他人在刽子手行刑之前先行自尽而亡，还有一些人逃脱了死刑，被流放境外。被控告者之中还有卢基乌斯·阿内乌斯·塞涅卡，杰出的斯多葛哲学大师，不过如果狄奥尼（Dio, lib. 61.）说的话是可信的，塞涅卡已沾染上一些可耻的恶习，变得行为不端，善于阿谀奉承。塔西佗是距那个时期最近的作家，他在讲到塞涅卡时满怀敬重。塞涅卡的罪行在于在他的隐居处接见了安东尼乌斯·纳塔雷，纳塔雷说道不想让皮索来他的家中与他谈判，塞涅卡回答说他们在一起谈话是不好的，这关系到他的生命安危。塞涅卡隐居的别墅距罗马4罗马里远，当时他正与两个朋友和他的妻子庞培娅·宝琳娜（Pompea Paolina）坐于桌边，一位禁军军团的军官西尔维努斯（Silvinus）突然来到他的住处，审问他上述指控。他以充分的理由强有力地予以回复，没有表现出丝毫的害怕，说话的时候也面不改色。西尔维努斯将塞涅卡的回答带给尼禄，尼禄问塞涅卡是否想过亲手杀了他，西尔维努斯说没有看出他有这么做的任何迹象。尼禄说他可以把这件事做得很好的，然后下令将塞涅卡处决。塞涅卡得知这残暴的命令后，想要立下遗嘱，但是被禁止了，于是，他选择了割腕自杀，他勇敢地割开血管，还泡在浴缸中加速血液的流失。在给朋友留下了几篇精彩的文章后，他死去了。他的妻子宝琳娜想以同样的死法追随他而去，但由于尼禄的命令，她不得不生存于世，于是她又活了几年，但是脸色变得越来越苍白憔悴。也可以认为是塞涅卡丰厚的财产令贪婪的尼禄对他产生了敌意，不过据狄奥尼所述，塞涅卡之前已将这些财产让给了尼禄，用于他的工程建筑。虽然执政官维斯蒂努斯没有参与到阴谋之中，但尼禄还是利用这次机会杀掉了他，还将其他令他厌恶的人判处了死刑。尼禄去了元老院，将他此次逃离险境和那些罪犯的事情告知了元老院议员们（Tacitus, Annal., lib. 16, cap. 1.），因此，他们为神灵救了这样一位可亲可敬的君主而向其表示感谢、进献贡品。尼禄在坎皮多里奥山将他的匕首献祭给了朱庇特神。

在这段时期，凯塞利乌斯·巴苏斯（Caesellius Bassus）来到了罗马，他出生于阿非利加，是个患有妄想症的人。他拜见了尼禄，十分肯定地向尼禄讲述，在迦太基地区的一个大山洞里藏着一个巨大的金矿，是狄多（Didone）女王或者某个努米底亚（Numidia）的古代国王留存在那里的。贪婪的尼禄没有详细调查此事的真伪，就立刻派了一艘能够装载大量宝藏的巨船，由许多战船护送着到了那里。人们也一直谈论着此次非凡的探宝之旅是因为皇帝耗费了许多钱在公共表演和礼品赠送上,现在日渐贫困,因此特别希望能够拥有这样一笔财富。然而,巴苏斯在山洞里深挖了许久,一个钱币都没有找到,人们为此感到非常失望,而巴苏斯无法逃脱公众对自己的嘲笑,于是选择自尽。虽然尼禄没有获得这个金矿,但他至少在这一年取得了无法比拟的荣耀,他在剧院里举办了一场公共演出,演唱了几首曲子。之后人们请求他在其他领域也展现他的能力,于是他与其他乐师比赛弹奏齐特拉琴,让人们听到他美妙的演奏。人们为他喝彩欢呼,但其实大部分人只是在戏弄他,一些品德正直之人看到皇帝做出这样耻辱的事而静默不语,那些不参与其中的贵族怕遇到麻烦,因此所有人都只好为他鼓掌喝彩。维斯帕西亚努斯(Vespasianus,后来的皇帝)有一次因在一个十分重要的场合睡觉而差点儿有生命危险。据苏埃托尼乌斯和狄奥尼所述(*Sueton., in Nero, cap. 35. Dio, lib. 62.*),尼禄在获得声乐上的桂冠之后,又转向赛车和赛马。回到寝宫之后(*Tacitus, lib. 16, c. 6.*),他为获得如此热烈的掌声而十分欣喜,只有他的妻子庞培娅·奥古斯塔说了一些令他不太高兴的话。尽管尼禄非常爱她,但他还是感到愤怒,叫她闭嘴,并朝她的腹部狠狠踢了一脚。庞培娅当时怀着孕,这一踢令她当场死亡。庞培娅是一位精致而虚荣的女人,每天都会在镜子前打扮自己,她拉马车的骡子用的是金制的缰绳,她还养了500头母驴,每天用它们的奶沐浴。她惧怕变老和失去美貌,更害怕死亡。

一些杰出的学者(*Baron., in Annal. Blanchinius, ad Anastasium. Pagius, in Critica Baroniana.*)认为,这一年6月29日,在尼禄的命令下,耶稣使徒之首圣彼得(Sanctus Pietro)被钉死在十字架上,还有异教使徒圣保罗(Sanctus Paolo)也于这一年的同一天被斩首。可以肯定的是,他们在罗马光荣殉道,但时间似乎并不确定。关于这件事,读者们可以查阅那些专门处理过这些材料的人的作品。圣理诺(S. linus)继任了罗马教皇之位。

庞培娅死后,尼禄本应娶安东尼娅(Antonia,克劳狄乌斯的女儿,尼禄第一任妻子奥塔维亚的姐姐)为妻,但他不想与她结婚,于是找了一些借口将她处死了。后来,他娶了斯塔迪莉娅·梅萨利纳(Statilia Messalina)——之前被尼禄处死的执政官维斯蒂努斯·阿提库斯的妻子。狄奥尼还讲述了尼禄的其他残忍暴行,我这里不想去叙述。塔西佗补充说，尼禄永远不缺陷害人的理由，或流放或处死了其他一些罗马名流。

年　　份　　公元66年　小纪纪年第九年

圣理诺教皇第二年

尼禄·克劳狄乌斯皇帝第十三年

执政官　　盖乌斯·卢基乌斯·特勒西努斯（Gaius Lucius Telesinus）与盖乌斯·苏埃托尼乌斯·保利努斯（Gaius Suetonius Paulinus）

这一年，罗马仍有许多著名人士惨遭尼禄的毒手，因而整个城市继续笼罩在悲哀之中。这个皇帝似乎对杀戮永不满足，因为这样他就可以借机将其他人的财产据为己有。塔西佗针对这个令人伤心的话题写了很多页纸的内容（Tacitus, Annal., lib. 16, cap. 14 et seq.），我就用简短的话快速地说一下，以让大家读到这些内容的时候没那么难过。只需要提一下阿内乌斯·梅拉（Annaeus Mella），他是塞涅卡的兄弟，诗人卢坎的父亲，他被控诉后割腕自杀，很快结束了审判。盖乌斯·佩特罗尼乌斯（Gaius Petronius，普林尼称他的名字为提图斯）是一位非常高尚文雅之人，得益于有利的时机，他成为尼禄最宠爱的人之一。禁军总督提格利努斯（Tigellinus）非常忌妒他，砍了佩特罗尼乌斯的腿，最终迫使他自杀。但是佩特罗尼乌斯在自杀之前，给尼禄送去了他的遗嘱，令尼禄相信这是留给他的子嗣的。这封遗嘱全是尼禄无耻的不道德之事。塔西佗对这件事情的描述令一些人认为盖乌斯·佩特罗尼乌斯就是佩特罗尼奥·阿尔比特（Petronius Arbiter），在一本十分下流的书中有关于这件事的片段。但是塔西佗说，这个佩特罗尼乌斯曾是比蒂尼亚（Bitinia）的行省总督，似乎与公元61年的执政官盖乌斯·佩特罗尼乌斯·图尔皮利亚努斯是同一人，因此与佩特罗尼乌斯·阿尔比特不是同一人。另外，还有佩图斯·特拉塞亚（Paetus Thrasea）和贝里亚·索拉努斯（Berea Soranus）也惨遭不幸，他们二人都是元老院议员，是声名显赫之人，他们不仅拥有很多财富，还拥有更多的美德，他们关心百姓的福祉，坚持惩恶扬善。他们的这些优点引起邪恶的尼禄的憎恨，于是，尼禄在元老院控诉他们，尽管是一些莫须有的罪名，但是元老院不敢忤逆尼禄的意愿，还是给他们判了死刑。就这样，罗马失去了两位在当时最受人敬重的元老院议员，这使每个有才干的人都感到忧虑万分，因为品德高尚是一项罪行。这一年，还有其他人要么被尼禄判刑，要么被流放，塔西佗对此有相关的记述，这里我就不过多讲述了，因为这个话题很令人厌烦和难过。

这一年，帕提亚国王沃洛加索斯（Vologeses）的弟弟提里达提斯（Tiridates）根据与叙利亚行省总督科尔布罗（Corbulo）达成的一致协议（*Dio, lib. 63.*），动身前来罗马，以从尼禄手中接过亚美尼亚国王的王冠，他还带来了他的妻子和孩子以及沃洛加索斯、帕科罗斯（Pacorus）和莫诺巴祖斯（Monobazus）的子女，还有300匹马。科尔布罗的女婿阿尼乌斯·维维亚努斯（Annius Vivianus）与他同行，还有很多其他的罗马人也一同前来。尼禄看到这个野蛮国王来到他的脚下非常高兴，于是开始勤勉起来，做事也更加小心了，为的是让提里达提斯感到宾至如归，向他展现罗马帝国的宏伟壮丽。提里达提斯（*Plinius, lib. 30, cap. 2.*）不想通过水路而来，因为他相信海神的存在，认为往海里扔污物是一种罪过。于是他通过陆路而来，这加重了人民的负担，因为自他进入罗马帝国的领土，他就享受到至高无上的待遇（这耗资巨大），而这一切花费都要由人民负担。提里达提斯整个路程都是骑马而行，他的妻子在他旁边，根据他们国家严格执行的惯例，她一直用金色头巾遮面，不让人看到她的面目。提里达提斯经过比蒂尼亚（Bitinia）、色雷斯（Tracia）和伊利里亚（Illirico）到达意大利，然后乘着尼禄派来的马车抵达那不勒斯，尼禄想要在此地接待他。提里达提斯被带去会见尼禄，不管典礼负责人怎么说，他就是不愿意放下他的剑，最后只同意将剑用钉子封在剑鞘里。由于这个抗拒之举，尼禄对他更加敬重，特别是当看见他来到自己的面前单膝跪地，高举着双手称呼自己为"真主"时，更加喜欢他了。尼禄与他在波佐洛（Pozzuolo）狩猎、斗牛，进行过一番娱乐活动之后，带他回到了罗马。此时，整座巨大的罗马城被灯火、花环和挂毯装饰，无数人穿着漂亮的衣服从远方蜂拥而来，士兵们分列于各处，手持铿光瓦亮的武器。第二天早上，广场和屋顶上挤满了人，尼禄在人们中间，穿着凯旋的战袍坐在高高的王座上，周围是元老院的人和护卫军。提里达提斯穿过人群与他的家属一同被带到尼禄面前，他们对尼禄下跪行礼，人们爆发出热烈的欢呼，这使提里达提斯吓了一跳，吃惊了那么一会儿。安静之后，他与尼禄讲话时出乎意料的谦逊，称他自己是奴隶，并说他此次来是要奉尼禄为他们的上帝，与帕提亚人崇敬的太阳神密特拉（Mitra）地位等同。之后，尼禄为他戴上了王冠，宣称他为亚美尼亚的国王。加冕仪式后，他们来到了装饰华丽的剧院观看演出。剧院顶部拉上了篷布以遮挡阳光，篷布是绛红色的，上面绘有金色的星星，中间绣有尼禄驾着马车的肖像。随后是一场十分丰盛的宴席，宴席之后，人们看到尼禄公开表演了唱歌，弹奏了齐特拉琴。然后，尼禄与一些流氓车夫登上马车，穿着他们的衣服，与他们进行比赛。提里达提斯对这些感到非常惊骇，也对科尔布罗更加刮目相看，因为他懂得了如何服务并忍受这样一个主人，而又不会动用武力对抗他。他甚至忍不住对尼禄说了这样一句隐语："真主啊，您拥有科尔布罗这样一个非常出色的下属。"但是尼禄没有理解这句话隐藏的深意。据统计，尼禄送给提里达提斯的礼物价值高达200万，提里达提斯还得到了在阿塔萨塔（Artasata）设置防御工事的权力。为此，他从罗马带走了大量工匠，后来为那座城市起名为内罗尼亚（Neronia）。提里达提斯一路从布林迪西（Brindisi）到都拉斯（Durazzo），路过亚细亚一些富有的大城市时，他有越来越多的机会目睹罗马帝国的宏伟与强盛。这场接待仪式耗费了罗马人民数百万钱财，但这仍无法满足尼禄的虚荣心，他想让帕提亚国王沃洛加索斯也来拜访他，于是多次向沃洛加索斯发出邀请。沃洛加索斯只是回复说，对于尼禄来说，穿过地中海更加容易，等尼禄过来，他们就可以进行会谈了。被对方拒绝，尼禄十分气愤，扬言要对沃洛加索斯宣战，但这个想法只持续了片刻，因为他想到了一种更容易取胜的方法，我们会在下一年讲到这件事。

这一年，犹太省爆发了战争（Joseph., de Bello Judaico, lib. 2, cap. 40.），那里的人民因为罗马人征收的奇怪赋税而起兵造反。克斯提乌斯·加卢斯（Cestius Gallus）是当时叙利亚的执政官，在一次交战中，他好不容易才从犹太省的起义军手里逃生。尼禄不得已往那里派了一支精良的军队，并选了经验丰富的维斯帕西亚努斯（Vespasianus）担任军队的指挥官。从狄奥尼的作品中可以得知，人们普遍认为科尔布罗的死发生在下一年。然而我们发现，当时在世的史学家朱塞佩（Giuseppe）有过证实，克斯提乌斯·加卢斯当时管理着叙利亚，完全没有提及科尔布罗，所以这个杰出的人物是否死在下一年是值得怀疑的。科尔布罗因为勇敢与正直，并不逊色于其他更著名的古代罗马人。尼禄把他的崇高、英勇与富有视为罪行，因此他不能再让科尔布罗存活于世。他表面上借口要提拔科尔布罗，授予他更多荣誉，将他从叙利亚召了回来，当科尔布罗到达科林斯（Corinto）附近的森克雷（Cencre）时，尼禄下令将他处死。科尔布罗后悔如此忠诚于这样一个无耻的君主，后悔手无寸铁地来见尼禄，最终，他自尽而死。然而，由于这里缺少塔西佗的记述，因此这件事发生的年份是不太确定的。

年　份　公元67年　小纪纪年第十年

克莱孟教皇第一年

尼禄·克劳狄乌斯皇帝第十四年

执政官　卢基乌斯·方泰尤斯·卡皮托（Lucius Fonteius Capito）与盖乌斯·尤利乌斯·鲁弗斯（Gaius Iulius Rufus）

根据一些学者的推测，圣理诺教皇这一年为信仰献身，克莱孟（Clemens）继任了教皇之位，他后来使基督教享有盛誉。

尽管尼禄于前一年开始了希腊的旅程，但我选择在这一年讲他的这段旅程，以便将这个鲁莽之人所做的所有事情联系起来。大自然将他带到这个世界上，意在把他塑造成一个极其卑鄙之人、一个齐特拉琴乐师、一个马车夫、一个屠夫、一个角斗士，以及一个傻瓜。然而运气搅乱了大自然的意图，让他登上了皇帝的宝座，即使他身处宝座，仍然能看出他身上一些自然的倾向，并在之后占了上风（*Dio, lib. 63. Sueton., in Nero, cap. 22*）。许多人来罗马向他进献奉承之词，赞颂他声音的美妙、乐器演奏的高超技法和驾驭马车的实力，这令他的虚荣心不断膨胀，渴望在希腊的城市收获同样的掌声，而这些城市也吹嘘将举办世界上最精彩绝伦、名扬四海的表演。于是，他带着一列军队动身从罗马出发，不过军队携带的不是长矛和盾牌，而是齐特拉琴、表演喜剧与悲剧的面具和戏服。带着这样一支队伍，他去了希腊，但出于某些特别考虑而避开了雅典和斯巴达。他在其他城市现身于公共剧院、圆形剧场和竞技场，作为戏剧演员、乐师、音乐家和马车夫，一会儿打扮成奴隶的样子，一会儿打扮成女人的样子，甚至是正在分娩的女人，一会儿又打扮成赫拉克勒斯（Hercules）、俄狄浦斯（Edipo）和其他类似人物的样子。赢得上述竞赛桂冠的人，毫无疑问都是尼禄。据说，他获得了1800多个桂冠，他很珍视这些桂冠，各市的特使专门前来献给他所获胜利的奖品，这些人是他接见的头一批人，于是留他们在同一餐桌上吃饭。有时，这些特使请尼禄在午餐或晚餐后演唱一曲或弹奏一曲，尼禄永远不会腻烦，拿起吉他演奏，满足他们的要求，每个人都表现出为他美妙的声音而着迷的样子，他觉得自己简直就是音乐之神，是新一代的阿波罗。据说，没有哪个民族比希腊人更懂得欣赏音乐、评判人的优点，他们是唯一与他们所做的学问相称的人。尼禄这次又做出无数无耻下流的行为，赠送了许多礼品，花费了大量钱财。与此同时，为了满足对钱财的需求，他使希腊人民再次陷入贫困，掠夺希腊人民的庙宇，直接或间接将人判刑，没收无数人的财产。他还赐予克劳狄乌斯的自由奴隶埃利乌斯（Aelius）无限的特权，派他到罗马和整个意大利去没收财产，放逐他人甚至杀死元老院议员。埃利乌斯非常懂得如何做，就好像他是皇帝一样，简直无法判断他和尼禄本人到底谁更坏。

这位疯狂的皇帝还想将埃里德（Elide）奥林匹克运动会推迟到他抵达希腊的时候，这样他就可以赢得运动会的奖项。他驾着马车进入了竞技场，但从马车上掉下来，差一点摔死，由于这场事故，他在床上躺了好几天。尽管如此，奖品还是颁发给了他。谁不想让他出风头谁就会遭殃（*Lucian., in Nero.*）。在地峡竞技会上，一位杰出的音乐家就因此发生了悲剧，因为他没注意到应该停止歌唱，把舞台留给尼禄，尼禄的歌声应该是更加精彩绝伦的，于是，当着全希腊人的面，这位音乐家当场被掐死了。后来，他想要建造一项伟大的工程，以使他的名字永垂不朽——切割出科林斯（Corinto）海峡，以连通爱奥尼亚海（Ionio）和爱琴海（Egeo）（*Dio, lib. 63. Suetonius, in Nero, c. 19.*）。尤利乌斯·恺撒和其他人也设想过这个计划，但由于有很多困难都没有实行。对于尼禄这个异想天开的人来说，没有什么是困难的。在开始动工的那一天，他用一把金十字镐第一个破土，将泥土装到一个篮子里，以激励其他人投身于这项工程。之后，他回到科林斯，由于如此英勇之举，他认为自己比赫拉克勒斯更加光荣。士兵、被判刑之人和其他许多人被派去那里干活，维斯帕西亚努斯（*Joseph., de Bello Judaico, lib. 3*）又特意给他派去了6000名被囚禁的犹太人。科林斯海峡全长不超过5罗马里，然而，尽管有这么多人手干活，两个半月的时间还没挖到1罗马里。后来，因为尼禄有一些急事要处理，工程就没有再继续下去。在罗马干尽坏事的埃利乌斯频繁给尼禄写信，催促他回来，但是尼禄沉迷于在这个国家每天都收获新的胜利，不愿离开这个美妙的地方，直到埃利乌斯本人亲自来到希腊，告诉他说罗马有人正在策划一场可怕的阴谋来对付他，他才同意回去。在希腊待了几乎一整年之后，尼禄登船离去，但让自己的行政官管理希腊，并免除那里的所有赋税。他在航程中遇到了一场暴风雨，失去了他的珍宝，很多人都希望他也可以在那片海浪中丧生。不过，他安然无恙地完成了航行，但是那些希望他丧生的人却未能安然返回，付出了生命代价。如凯旋一般，尼禄坐着奥古斯都大帝的凯旋马车进入了罗马，马车上还坐着他宠爱的齐特拉琴琴手狄奥多罗（Diodoro），士兵、骑士和元老院议员纷纷向他献殷勤，整个城市都被装饰与照亮，不断有拍马屁的人欢呼道："尼禄·赫拉克勒斯万岁！尼禄·阿波罗万岁！尼禄是所有竞赛的赢家！能听到您歌声的人真是太有福了！"

当这些可耻的戏剧在希腊与意大利上演的时候，弗拉维乌斯·维斯帕西亚努斯（Flavius Vespasianus）开始向造反的犹太人发动战争（*Joseph., de Bello Judaico, lib. 3*）。我们之前讲过他被尼禄派到那里做军队总指挥，他做的第一件事就是围攻约塔帕特（Jotapat），这个地方因地势险要而非常难攻，大约用了47天才被攻下。维斯帕西亚努斯的许多士兵为此而牺牲，但是犹太人的军队中大概死了4万人，其中犹太籍杰出的历史学家朱塞佩（Giuseppe）被捕入狱，因为他在此次战争中指挥犹太军队。但由于他预言维斯帕西亚努斯会继承帝国，于是受到了很好的对待。维斯帕西亚努斯后来又征服了加利利（Galilea）地区的许多城市和地方，他的儿子提图斯也在各种战役中取得了胜利，屠杀了大量犹太人。

年　份　公元68年　小纪纪年第十一年

克莱孟教皇第二年

尼禄·克劳狄乌斯皇帝第十五年

塞尔维乌斯·苏尔皮基乌斯·加尔巴皇帝第一年

执政官　盖乌斯·西利乌斯·伊塔利库斯（Gaius Silius Italicus）与马库斯·伽列里乌斯·特拉卡洛（Marcus Galerius Tracalo）

执政官西利乌斯·伊塔利库斯也是一位诗人，他创作了一部史诗，流传至今。他受到了尼禄的优待，同时又遭到公众的憎恨，因为他用恶毒的手段控诉了很多人，将他们判刑。特拉卡洛享有盛誉是因为他在处理司法案件时表现出卓越的雄辩能力。他们的执政官任期不超过4个月，因为当时发生了一场革命，使得罗马帝国终于摆脱了愚蠢、可怕而残暴的皇帝（*Dio, lib. 63. Sueton., in Nero, cap. 40 et seqq.*）。

这一年的前几个月里，凯尔特高卢（Gallia Celtica）的副行省总督和行政长官盖乌斯·尤利乌斯·文德克斯（Gaius Iulius Vindex）煽动当地人民造反，成为举兵反叛皇帝尼禄的第一人。由于人民长期承受苛捐杂税的重压和皇帝的暴政，文德克斯借此机会鼓动人们起兵反抗，这并不是一件难事。起初文德克斯手中并没有任何军队，但他非常有胆量，在很短的时间内就组建了一支大约10万人的军团。尽管如此，他的目标并不是推翻尼禄而让自己成为皇帝，他马上写信给塞尔维乌斯·苏尔皮基乌斯·加尔巴（Servius Sulpicius Galba），他是塔拉科西班牙（Spagna Taraconense）的行政长官（*Sueton., in Galba, cap. 9 et seq.*），也是一位因明智、正直与英勇而极负盛名的人物，文德克斯劝他接受皇帝之位，并许诺会效忠于他。因此大约在4月初的时候，加尔巴在他所在的行省招募了一个军团和几个骑兵大队，向他们介绍了尼禄的残暴与疯狂，于是每个人都拥立他为皇帝。但是现在他只拥有共和国特使，或者说代理长官的头衔。后来，他招募了一些人，组成了一个元老院。就在这个时候，从亚历山大港来的一艘载有武器的船抵达了加泰罗尼亚（Catalogna）的托尔托萨（Tortosa），船上没有一个活人，这似乎是一个好的预兆。这段时期，尼禄在那不勒斯庆祝他弑杀母亲的纪念日，也就是3月21日，他正沉溺于那些可耻的娱乐活动中,突然收到高卢反叛和文德克斯谋杀行动的消息,但他并不为此而感到忧虑,相反,他很高兴,他希望通过惩罚那些富有的行省为自己谋得巨大的财富。于是,他继续消遣娱乐,连续8天没有送出一封信,也没有下达任何命令,好像要将这件事情悄无声息地掩盖。有一天,他突然收到文德克斯在高卢发表的一封敕令的副本,上面全是对他的羞辱,这让他感到愤怒,而最令他感到心被刺痛的是,文德克斯称呼他先前的姓氏阿赫诺巴布斯而不是尼禄(Philostratus, in Apoll.),之后他大发雷霆,因为文德克斯称他为"糟糕的齐特拉琴演奏者",他问手下人:"你们认识比我更出色的演奏者吗?"那些人肯定发誓说没有。后来,一名又一名邮差送来更多致命的通告,他惊慌失措地跑回罗马,在路途中他看见一块大理石上刻着一个高卢人被一个罗马人拉着头发,他认为这是一个吉兆,得到了一些慰藉。抵达罗马后,他既没有召集元老院也没有召集人民,只在自己的宫殿召开了一个由主要朝臣组成的评议会,之后就沉浸在欣赏乐器演奏中,这些乐器是依靠水的流动弹奏的。文德克斯被判斩首,同时尼禄又下达了命令让伊利里亚(Illirico)军团和其他士兵向其进攻。

但是,在得知加尔巴也在西班牙起兵造反的消息后(Plutarchus, in Galba. Suetonius, in Nero, cap. 42.),尼禄感到心脏都要从嗓子眼里跳出来了。震惊之后他恢复了意识,撕烂了自己的长袍,用拳头猛击自己的头,大喊着自己活不长了,在他还在世的时候,就失去了帝国,这在他看来是闻所未闻、十分奇怪的事。没过多久,传来了一些更好的消息,他就又回到了他任性的状态,享用着丰盛的晚餐,唱着对抗叛军首领的曲子,还做出一些戏剧演员的动作。与此同时,高卢的叛军越来越多,所有人都寄希望于加尔巴。马库斯·萨尔维乌斯·奥托(Marcus Salvius Otho)是卢西塔尼亚的行政长官,也是率先加入叛军的人之一,他给加尔巴送去了他的金银器具,以便可以从中赚钱,还送去一些熟悉高卢的官员,以为皇帝效命。之后,高卢的局面变得十分混乱。上日耳曼地区的行政长官卢基乌斯·维吉尼乌斯(Lucius Verginius,其他人称他为普布利乌斯),或者叫维吉尼乌斯·鲁弗斯(Verginius Rufus),统领着罗马军队最精良的部分——可能是他自己下的决定,也可能是收到命令,向文德克斯进攻。高卢靠近莱茵河的地区,特别是特雷韦里

（Treveri）、朗格勒（Langres）和里昂（Lione）这些行省坚定地支持尼禄，因此向文德克斯宣战。似乎还有下日耳曼地区的军队，也就是法兰德斯（Fiandra）与荷兰（Olanda）的军队，也与维吉尼乌斯·鲁弗斯联合在一起，围攻贝桑宗（Besanzone）。文德克斯率领全部军队前去保卫该城，他与维吉尼乌斯进行了秘密的会晤，似乎在分别时达成了一致，很可能接下来他们会联合对抗尼禄。但是，当文德克斯的军队按照与维吉尼乌斯商定好的准备入城时，罗马军团因尚不知道他们已达成协议，于是没有接到命令就突然袭击了高卢军队，由于高卢军队没有为战斗做准备，指挥也不当，几乎全部被罗马军团屠杀。普鲁塔克（*Plutarchus, in Galba.*）认为，这两支军队违背了双方将军的意愿而互相残杀。2万高卢人死于战场，剩下的四散溃逃，文德克斯对此焦虑不安，不久后也自尽而死。如果维吉尼乌斯·鲁弗斯是想利用这场意想不到的胜利让自己成为皇帝，那他很容易就可以达成目的，因为他这支强大的军队完全爱戴并效忠于他。他的士兵们也前前后后多次向他提出这方面的请求，但是作为一位真正的罗马公民，他以无与伦比的胸怀始终拒绝这一请求，说即使在尼禄死之后，只有元老院和罗马人民选举出来的人，才是唯一有资格成为皇帝的人。维吉尼乌斯品德高尚，拒绝篡位，这为他赢得了无上的荣誉，后任的所有奥古斯都皇帝都对他极为尊敬（*Plinius Junior, lib. 6, ep. 10. Tacitus, Histor., lib. 2, cap. 49.*）。就这样带着满身荣誉，维吉尼乌斯在平静中度过了一生，直到83岁，于涅尔瓦在任时结束了生命。加尔巴得知文德克斯战败的消息后惊恐万分，因为看到自己的军队并不服从于他，他派人去找维吉尼乌斯·鲁弗斯，恳求他与自己一致行动，以便从罗马人那里恢复自由和帝国。他收到什么样的答复，无人知晓，唯一知道的是（*Dio, lib. 63. Sueton., in Galba, cap. 11.*），失去了勇气的加尔巴和他的朋友们撤退到西班牙的城市克鲁尼（Clunia），眼看局势每况愈下，他已经在打算着自杀而死。

与此同时，尼禄因这些令人讨厌的行动而大发雷霆。他野蛮的头脑中产生了许多无法言说的残暴想法：所有罗马的高卢籍人，无论是来此办自己的事情，还是被放逐于此，他想要把他们通通杀光；他允许军队抢劫高卢人，还想要将整个元老院的人全都毒死；他想将罗马点燃，同时将野兽们从兽笼里放出来，让人民无处可躲。然而由于遇到的种种困难，他什么也没做成。后来他思考着如果他亲自去对付那些反叛者，一定会取得胜利。他想象着，只要在他们面前哭泣，所有人都会重新忠诚于他的。他还认为要战胜高卢，有必要委任执政官。据苏埃托尼乌斯证实，大约在5月1日的时候，在罢免了两位一般执政官之后，尼禄自己一个人第五次担任执政官之职。然而，在罗马发现了一块碑文的碎片，在我的作品中也有提及（*Thesaurus Novus Veter. Inscription., pag. 306, num. 2.*），上面写道："尼禄第五次与特拉卡洛……（NERO V. ET TRACHA...）"因此，似乎特拉卡洛当时并没有卸任执政官之职。尼禄为这次伟大的远征做的准备十分荒唐可笑，他将主要注意力放在为挑选的马车装载乐器和表演服饰，为他的妓女们挑选女战士的武器和战袍上。难道他向那些反叛者唱一首歌，他们就会缴械投降吗？这次活动需要非常多的钱，于是他向罗马人民征收了一笔巨额赋税。这增加了所有人对他的仇恨，并加速了他的毁灭，尤其是在罗马发生饥荒的时候，人们原以为亚历山大港的一艘船载有谷物，最终却发现只载有战斗者的遗骸。侮辱和讽刺开始不断涌现，所有人都意欲造反。幸运的是（*Plutarc., in Galba.*），宁菲迪乌斯·萨比努斯（Nymphidius Sabinus）代替费尼乌斯·鲁弗斯（Fenius Rufus）被选为禁军总督。宁菲迪乌斯·萨比努斯虽出身于下层阶级，但很有雄心，罗马发生的众多灾难让他痛心不已，于是他决定将罗马从这个残暴的皇帝手里解救出来。还有另一位总督，或者说是护卫军总指挥提格利努斯（Tigellinus），尽管之前他做了很多坏事，但现在他背叛了这个贪婪的君主。尼禄也觉察到了人们对他的恶意。一天，他在吃午餐的时候，收到一封通告说，维吉尼乌斯·鲁弗斯已经带着他的军队宣布对抗他，他撕了信，掀翻桌子，打碎了两只雕刻精美的杯子。他备好了毒药，隐退到塞维利亚庄园，思考着是逃到帕提亚去，还是低三下四地去找加尔巴，或者到元老院和人民面前请求他们的宽恕。宁菲迪乌斯利用这个机会让禁军相信，尼禄已经逃走了，为了立加尔巴为皇帝，他向禁军许诺会给他们一大笔薪酬。尼禄于半夜时分醒来，发现自己被护卫军抛弃了，他只好带着很少的几个人来到宫殿，但没有人愿意为他开门。他的自由奴隶法恩特（Faonte）收留了他，将他藏在自己距罗马4罗马里远的别墅里，但他躲在那里感到极度不适。第二天白天时，法恩特接到消息，称元老院已经拥立加尔巴为国王，宣布尼禄为公众的敌人，应该用惯常的刑罚将他处死。尼禄问是什么样的刑罚，法恩特回答说是将罪犯赤裸着拖到街道上打死,从坎皮多里奥山上扔下去,然后用一个钩子吊着扔到台伯河里。尼禄颤抖着把手伸向带在身上的两把匕首,但是他不敢尝试用它们刺穿自己。后来听说一位百人队队长带着许多士兵来活捉他,尼禄在他的自由奴隶艾巴夫洛蒂托(Epafrodito)的帮助下,将匕首刺向了自己的喉咙。这个时候,百人队队长到了,他假装来帮助尼禄,赶紧拿了一件斗篷来止住伤口。尼禄奄奄一息地说道:"现在是时候了,这就是你们的忠诚?"(*Dio, lib. 63. Suet., in Ner., c. 57. Euseb., in Chr. Eutrop. et alii.*)说着他咽下了最后一口气。6月9日,31岁或者32岁的尼禄死去了,他的眼睛凶神恶煞,使得每个注视他的人都胆战心惊。之后,不久前被释放出狱的艾斯洛(Icelo)——加尔巴的自由奴隶,被准许将他的尸体焚烧。据苏埃托尼乌斯所述,尼禄的骨灰被隆重地埋葬在了多米提乌斯家族的墓地里。这就是尼禄的结局,也不知道他这一生到底是疯狂更多还是残忍更多。显然,他被认为是人类的公敌,是最邪恶的君主,甚至可以说是暴君的典范。尼禄是被迫登上王位的,充满恐惧地从元老院和罗马人民那里骗取他们的认可,因此他从未被承认是一位合法的君主,后来,他残暴的统治、做出的无数不道德和抢劫的坏事使他非法登上王位的污点越来越大。这位臭名昭著的皇帝凭他的那些无耻的行为在人民当中十分有名气,在接下来的几个世纪里大家对他都有一致的评价,直到今天,他的名字还常被人们用来表示一个人极其残忍与冷酷无情。然而,在很少一部分只热衷于表演的人,以及习惯于从他的放纵自由中获利的警卫兵中,还是有一些爱戴并纪念他的人。尼禄的死亡也受到了质疑,人们在不同的时间看到有一个冒充尼禄的人,一些人很高兴,另一些人则非常恐惧。

罗马人民在摆脱了怪物尼禄的统治之后,简直无法表达内心的喜悦。有人认为,尼禄死后,马库斯·普拉提乌斯·西尔瓦努斯(Marcus Plautius Silvanus)和马库斯·萨尔维乌斯·奥托(Marcus Salvius Otho,后来成为皇帝)被选举为执政官。但是关于奥托的执政官任职,古代作家没有进行过任何记述。普鲁塔克(*Plutar., in Galba.*)写到他与加尔巴一起来到西班牙。由此可以知道,他没能在这段时期获得执政官的显要职位。不过毫无疑问的是,盖乌斯·贝利库斯·纳塔雷(Gaius Bellicus Natale)与普布利乌斯·科尔涅利乌斯·西庇阿·亚细亚提库斯

（Publius Cornelius Scipio Asiaticus）是当时的执政官。这可以从发表的碑文中获知（*Thesaur. Novus Inscription., pag. 306, n. 3.*）。在碑文中，纳塔莱被称作贝利库斯，而不是贝利基乌斯（Bellicius），他还被赋予了特巴尼亚努斯（Tebanianus）这个姓氏。与此同时，加尔巴内心颤抖着在西班牙等待着看事情如何发展，他的自由奴隶艾斯洛经过7天的路途到达了西班牙，加尔巴正在睡觉，艾斯洛不顾房间里仆人的阻拦闯了进去，将尼禄死去的消息告诉了加尔巴，并说他亲眼见过了尸体，确证了此事，还说元老院已经宣布加尔巴为皇帝。据苏埃托尼乌斯所述，加尔巴喜出望外，立即冠以了"恺撒"的名号。不过更有可能的是，两天后提图斯·维尼乌斯（Titus Vinius）从罗马而来，带来了元老院选举加尔巴为皇帝的法令，他这才获得"恺撒"的名号。塞尔维乌斯·苏尔皮基乌斯·加尔巴［有人错误地称他为塞尔吉乌斯（Sergius）］之前使用的名字是卢基乌斯，他出身于一个最为古老的罗马家族之一，于公元55年担任执政官，在执政期间，因谨慎明智、英勇善战而赢得了无数的赞誉，他成为皇帝时已是72岁高龄（*Suet., in Galba, c. 12.*）。元老院希望能有一个贤明的政府，尽管人们知道他是一个冷酷严峻、贪得无厌的人——很多老人家都有这样的毛病，但是，他在远方设法与人合作击垮了令人憎恨至极的尼禄，这一功绩让人们普遍希望他来到罗马。加尔巴乘着马轿从西班牙出发，几天后经过高卢，他有点儿忐忑不安，因为不知道上日耳曼地区和下日耳曼地区的军队是否会宣誓效忠于他，这两支军队一支由维吉尼乌斯·鲁弗斯统领，另一支由方泰尤斯·卡皮托尼（Fonteius Capito）统领。尤其是维吉尼乌斯令他十分忧虑，我们前面也讲到过，加尔巴收到很多人的请求，希望他担任罗马帝国的皇帝，但是维吉尼乌斯有着英雄般的宽广胸怀，尽管费了点力，还是说服了军队宣誓效忠于加尔巴；卡皮托也在维吉尼乌斯之前做了同样的事。然而，之后加尔巴却没有对维吉尼乌斯表现出多少感激，他用好听的话将维吉尼乌斯叫到宫廷，然后将军队的指挥权授给了霍尔德奥尼乌斯·弗拉库斯（Hordeonius Flaccus），从那以后就十分冷淡地对待维吉尼乌斯，既没有对他做一些坏事，也没有给他任何的优待或奖赏。

在加尔巴这里最受宠爱、最为强势的有两个人，一个是提图斯·维尼乌斯，我们在前面提到过他，普鲁塔克（*Plutarc., in Galba.*）称他为一个言行不一的人；另一个是（*Tacitus, Histor., lib. 1, c. 6.*）科尔涅利乌斯·拉科尼（Cornelius Lacone），他是一个无能之人，身上沾满了恶习，但加尔巴毫不迟疑地就宣布他为护卫军的总指挥，也就是禁军总督。所有的事情都会经由这两人之手。卢西塔尼亚（Lusitania）的副行省总督马库斯·萨尔维乌斯·奥托也想跟随加尔巴到罗马。他是最早对加尔巴宣誓效忠的人，因为加尔巴没有子嗣，于是他希望加尔巴可以收他为养子，因此对加尔巴十分尊敬和有礼貌，以此博得加尔巴和维尼乌斯的好感。尽管他没能跟加尔巴一起来，但还是通过其他方法来到了罗马帝国。加尔巴来到了纳博讷（Narbona），会见了元老院议员，并热情地接待了他们，但是他不想要从罗马运送来的尼禄的家具，也不想更换自己的家具，尽管它们已经很旧了，这一举动为他赢得了很多尊敬，让人们觉得他是一个节俭、不喜奢华的君主。后来在维尼乌斯邪恶的建议下，加尔巴渐渐改变了风格。与此同时，罗马爆发了一场激烈的争吵，而由于加尔巴的好运，这场争吵被愉悦地化解了。禁军总督宁菲迪乌斯·萨比努斯在尼禄的死和加尔巴的继位中做出了很大贡献，超越了其他人，大家认为他应该做宫廷的主宰者。因此，他独断地让提格里诺做他的同事，以加尔巴的名义统治着罗马（*Plutarc., in Galba.*）。但自从得知科尔涅利乌斯·拉科尼获得了禁军总督之位，在与提图斯·维尼乌斯一起操办节日庆祝事宜时，他的态度就发生了巨大转变，因为他不喜欢也不想要这个一同工作的伙伴。于是他改变了想法，打算自己成为皇帝。他拉拢了禁卫军、一些元老院议员和几个最善玩弄阴谋的女人，因为无人知晓谁是他的父亲，于是他散播流言说他是盖乌斯·卡里古拉的儿子。他与卡里古拉在面容的凶残和举止的下流方面极为相似。他原本想派使者到加尔巴那里，向加尔巴表明如果能将维尼乌斯和拉科尼从身边除掉的话，那么他到罗马会更受欢迎。后来，他不再继续这个话题，而是试图让加尔巴相信日耳曼地区、索里亚地区和犹太地区的军队对他不怀好意，以此令加尔巴害怕。因为加尔巴没有意识到这是宁菲迪乌斯的诡计，所以宁菲迪乌斯决定先于加尔巴被禁军宣告为皇帝。如果安东尼乌斯·奥诺拉图斯（Antonius Honoratus）（军团的主要军官之一）没有明智地劝诫大多数禁军服从自己，那宁菲迪乌斯这件事就做成了；相反，他说服禁军将宁菲迪乌斯碎尸万段，这样那个谣言才渐渐平息了。

加尔巴得知了这件事，记下了宁菲迪乌斯的几个同谋，特别是辛戈尼努斯·瓦罗（Cingonius Varro）——指定的执政官，以及米特里达特（Mitridate）——很有可能是本都（Pontus）曾经的国王，没有经过任何诉讼，他就下令将他们处死，也没给他们辩护的机会，这为他招来了严厉的谴责。加尔巴还以同样的方式处死了盖乌斯·佩特罗尼乌斯·图尔皮利亚努斯（公元61年的执政官），仅仅是因为图尔皮利亚努斯曾经是尼禄的朋友和官员。之后，加尔巴率领西班牙的军团和其他军队到达了莫尔桥（Ponte Molle），几千个手无寸铁的人来到他面前。苏埃托尼乌斯（*Suet., in Galba, cap. 12.*）说他们是移民，被尼禄提拔为士兵；狄奥尼（*Dio, lib. 64.*）则认为他们是先前由海军晋升为禁卫军的士兵。加尔巴命令他们返回他们的舰队，他们高声呼喊，要求恢复他们的士兵身份。他们的喊叫声越来越大，普鲁塔克（*Plutarc., in Galba.*）认为他们是携带了兵器的，且一些人已拔剑出鞘，于是加尔巴下令他的护卫骑兵驱散他们。据苏埃托尼乌斯所述，他们仓皇而逃，后来被施以"十一抽杀"的残酷刑罚。塔西佗写有数千人被杀，狄奥尼则说有7000人，这似乎有点儿不太可信。可以肯定的是，因为这一行为，加尔巴进入罗马时声誉大大折损，尽管他制定了一些对公众有利的法律条规，还处死了埃利乌斯（Aelius）、波利切图斯（Policetus）、佩蒂努斯（Petinus）和帕特罗比乌斯（Patrobius）等人——他们曾通过诽谤中伤害死了许多无辜者。加尔巴希望通过这些取悦人民，但是他同时还做了很多其他不太合适的事，使得人民对他议论纷纷。加尔巴违背了所有人的期望，没有惩罚提格利努斯——尼禄身边行为最残忍的大臣，这是因为提格利努斯拥有提图斯·维尼乌斯的庇护，而后者在皇宫内具有很大的权势。禁卫军向加尔巴讨要宁菲迪乌斯先前许诺给他们的优厚报酬，但加尔巴只勉强给了他们很少的钱。当听到有消息说禁卫军对此怨言很大时，他给出了一个罗马智者式的回答（*Sueton., in Galba, cap. 16.*）——他是出于恩泽招募士兵，而不是收买士兵。但是他很快就后悔了。那段时期（*Joseph., de Bello Judaico, lib. 4.*），罗马人在维斯帕西亚努斯的指挥下与犹太人进行交战。他正准备围攻耶路撒冷，拿下周围所有的要塞，而耶路撒冷外部受战争的猛烈摧残，内部因犹太人之间出现不和与分歧而饱受更大的折磨，朱塞佩对此有详细的描述。这时，传来高卢和西班牙叛乱的消息，后来又传来尼禄的死讯，维斯帕西亚努斯放弃了上述攻城计划，派他的儿子提图斯去面见加尔巴，向他保证会对他宣誓效忠，但没过多久，事情就发生了变化，我们在后面就会看到。

年　份　公元69年　小纪纪年第十二年
　　　　克莱孟教皇第三年
　　　　塞尔维乌斯·苏尔皮基乌斯·加尔巴皇帝第二年
　　　　马库斯·萨尔维乌斯·奥托皇帝第一年
　　　　奥鲁斯·维特里乌斯皇帝第一年
　　　　弗拉维乌斯·维斯帕西亚努斯皇帝第一年
执政官　塞尔维乌斯·苏尔皮基乌斯·加尔巴皇帝第二次，提图斯·维尼乌斯·鲁菲努斯（Titus Vinius Rufinus）

由于阿非利加的副行省总督克洛狄乌斯·马塞尔（Clodius Macer）也起兵造反对抗尼禄，而后又做了一些敲诈勒索之事，于是加尔巴在前一年设法将他处死了（*Tacitus, Historiar., lib. 1, cap. 7. Dio, lib. 64.*）。下日耳曼地区的方泰尤斯·卡皮托（Fonteius Capito）曾拥立加尔巴为皇帝，然而，他也以策划阴谋的罪名受到指控，但还未等到罗马下达命令，他就被杀害了。加尔巴在维尼乌斯的建议下派奥鲁斯·维特里乌斯（Aulus Vitellius）统领那里的军队（*Sueton., in Vitellius, cap. 7.*）。维特里乌斯是个满身恶习的人，或许加尔巴认为他这样的人既做不出好事，也做不出坏事，只要能满足自己贪婪的欲望，似乎他没有能力做出任何壮举来。而恰恰是这次任命成为加尔巴毁灭的开端。维特里乌斯由于在前几任奥古斯都皇帝的统治下挥霍过多而背负着沉重的债务，他来到下日耳曼地区的军队，为了获得军心，赢得士兵的爱戴，他没有表现出任何的怯懦与卑鄙，也不对任何人施加惩罚，只是以宽容和热情对待每一个人，并给予士兵们他所能提供的一切。下日耳曼地区的军队早已对维吉尼乌斯·鲁弗斯的腐败心生愤怒，再听到加尔巴的吝啬与残忍之举，他们的怒气愈加高涨，所有人都开始倾向于发动叛乱。他们的指挥官霍尔德奥尼乌斯·弗拉库斯是一个患痛风病、受士兵鄙视的老头，没有办法管制住士兵。这一年1月的第一天，根据惯例，士兵们不太情愿地向加尔巴宣誓效忠，第二天，他们就把加尔巴的肖像撕毁了，并发誓会拥护元老院和罗马人民选举出来的任何其他皇帝（*Plutarc., in Galba. Tacit., Historiar., lib. 1, cap. 55.*）。塔西佗记录此次叛乱正是于1月1日这天开始的。这则消息很快传到了维特里乌斯所在的科隆市（Colonia），他利用这个机会，巧妙地向下日耳曼地区的士兵暗示，与其等待他人当皇帝，不如直接选举他为皇帝。第二天，法比乌斯·瓦伦斯（Fabius Valens）率领骑兵来到了科隆，维特里乌斯从房间里出来，穿着室内便服，法比乌斯·瓦伦斯热烈欢呼，选举他为皇帝。上日耳曼地区的军团很快就接受了维特里乌斯成为皇帝这件事。科隆、特雷韦里与朗格勒市对加尔巴深恶痛绝，积极地向维特里乌斯提供兵器、马匹和金钱。维特里乌斯满心欢喜地接受了"日尔曼尼库斯"这一姓氏——当时他还不愿给自己冠以"奥古斯都"的姓氏，也从未使用过"恺撒"这一姓氏。后来，维特里乌斯组建了自己的宫廷，宫廷中的官员职位通常是由皇帝授予给自由奴隶的，但维特里乌斯将这些职位授予了罗马骑士。法兰德斯（Fiandra）的特使瓦莱利乌斯·亚细亚提库斯（Valerius Asiaticus）与维特里乌斯联合在一起，不久就成为维特里乌斯的女婿。由于里昂的人民也对加尔巴极为不满，所以卢格敦高卢（Gallia lugdunense，又名里昂高卢）的行省长官尤尼乌斯·布莱苏斯（Iunius Blaesus）带着一支军团和都灵的骑兵也加入了维特里乌斯这一派。与此同时，加尔巴正在罗马专心致志地治理着国家（*Tacit., Historiar., lib. 1, cap. 13.*），但是由于很多人已经习惯于年轻的尼禄的统治，因此很多人因他的年老而鄙视他，还因他的贪婪吝啬而憎恶他。加尔巴在任时宫廷里有三个有权势的人物，分别是我们之前讲到的执政官提图斯·维尼乌斯、禁军总督科尔涅利乌斯·拉科尼与加尔巴的自由奴隶艾斯洛（Icelo），而艾斯洛也是一个品性邪恶的人。这三人意见不合，互相竞争，利用加尔巴皇帝的年老与软弱，各自想方设法地为自己谋得利益，盘算着谁会继承加尔巴的皇位。加尔巴已经想过要收养某个人做自己的养子和帝国的继承人，这个人应该是个既对父亲心怀感激又有能力为人民造福的人。在所有人中，马库斯·萨尔维乌斯·奥托（Marcus Salvius Otho）在提图斯·维尼乌斯的扶持下是最觊觎皇位的人，我在前面提到过他很多次，他满身恶习，臭名昭著，善于搞宫廷中的阴谋诡计。听到日耳曼地区叛乱的消息后，加尔巴不想再推迟收养一个年轻人做养子的计划，因年事已高、权势不稳，他希望可以以此为自己谋得支持。1月10日这天，加尔巴突然叫来了卢基乌斯·皮索·弗鲁吉·李锡尼亚努斯（Lucius Piso Frugi Licinianus），他是克拉苏斯（Crassus）和伟大的庞培的后代，现在31岁，极负盛名和权威，加尔巴当着维尼乌斯、拉科尼、马里乌斯·塞尔苏斯（指定执政官）和杜肯尼乌斯·杰米努斯（罗马总督）的面，当场宣布他想让皮索做他的养子和继承人。皮索既没有感到震惊，也没有感到高兴，而是礼貌地向加尔巴表示感谢。之后，所有人都去了禁军的居住地，在这里加尔巴更庄严地宣布了他的这一决定，希望可以获得士兵们的拥护。但由于他没有说到给士兵们的犒赏，那些没有教养的士兵安静地，甚至有点儿难过地听着他宣布这件事。据塔西佗证实，承诺给士兵们犒赏本可以确保皮索获得王位，但加尔巴却不想付出。加尔巴还在元老院宣布了这一决定，并获得了批准。

　　奥托每天都盼望着能从加尔巴那里获得皇位，如今看见自己的希望落空，于是决定给出最后的一击。不久前，通过为加尔巴的仆人在宫廷获得一席之地，奥托获得了一笔数目可观的钱，他用这些钱贿赂了两个或是五个禁军士兵加入他的阴谋（*Sveton., in Othone, cap. 5.*），而后又拉拢了其他几个士兵加入他的派别，就这样，他成功地发动了一场叛乱。那段时期一些军队官员因曾是宁菲迪乌斯的偏袒者而被撤职，于是他们散布传言说即将发生重大的变革。拉科尼尽管觉察到了有发生叛乱的危险，但什么措施也没有采取。1月15日，奥托在拜谒过加尔巴之后，来到了黄金柱这里，23名士兵根据达成的协议在那里等着他——策反者只有这么二十几位（*Tacitus, Historiar., lib. 1, c. 27. Plutarchus, in Galba.*）。见奥托过来，他们高声欢呼，推举奥托为皇帝，然后用轿子抬着他一直到禁卫军的所在地，面对人数如此之少的叛变者，却没有人予以阻拦。渐渐地，其他人也加入这一队伍当中，所有的军队，加上一支海军，都表示了对奥托的拥护，而奥托对任何前来投靠的人都表示欢迎，并承诺会赠予他们一笔丰厚的犒赏。加尔巴和皮索得知这个消息后，马上求助于西班牙和日耳曼人的军队。在这期间，加尔巴听到一条虚假的传言，称奥托已经被杀死了，于是他走出宫殿，希望自己的现身能让背信弃义的禁卫军妥协。但奥托却拿着武器出现了，并高声说可以对他们从宽处理，人们全部撤退了，加尔巴独自被抛弃在广场中央，被人打倒在地，还被人野蛮地碎尸万段。执政官维尼乌斯也被杀死。皮索受了严重的伤，在百夫长塞姆普罗尼乌斯·登苏斯（Sempronius Densus）的掩护下，他得以逃跑到维斯塔神庙，但是得知他的去处后，两名士兵被派去那里将他也杀死了。护卫军总指挥拉科尼也遭遇了同样的下场。快到晚上时，奥托来到元老院，宣称自己是被迫接受皇帝之位的，但他还是想让元老院做出裁断，元老院的每个人都对此表示赞同，向奥托进献奉承之语，表现出对他继位的喜悦。所有人都一致同意授予奥托历代奥古斯都皇帝的封号与荣誉，疯狂的人民还给予他"尼禄"的姓氏，因为仍有许多人对尼禄怀有爱戴之意。

由于已经没有执政官了，这个显要的职位就被授予了马库斯·萨尔维乌斯·奥托·奥古斯都皇帝与他的哥哥卢基乌斯·萨尔维乌斯·奥托·提提安努斯（Lucius Salvius Otho Titianus，这是他第二次担任执政官）。3月1日，卢基乌斯·维吉尼乌斯·鲁弗斯（Lucius Verginius Rufus）与沃皮斯库斯·庞培·西尔瓦努斯（Vopiscus Pompeius Silvanus）接替了他们的职位，而后，这两位执政官于5月1日卸职，被提图斯·阿利乌斯·安东尼努斯（Titus Arrius Antoninus）和普布利乌斯·马里乌斯·塞尔苏斯（Publius Marius Celsus第二次担任执政官）接替，他们二人一直任职到9月1日，然后盖乌斯·法比乌斯·瓦伦斯（Gaius Fabius Valens）与奥鲁斯·阿利埃努斯·塞西纳（Aulus Alienus Caecina）继任执政官之职。其中，第二位执政官于10月31日被撤职，罗塞塔努斯·雷古鲁斯（Rosetanus Regulus）被选举为执政官，但他的任期还未超过一天，在11月1日，格奈乌斯·凯基利乌斯·辛普莱克斯（Gnaeus Caecilius Simplex）与盖乌斯·昆提乌斯·阿提库斯（Gaius Quintius Atticus）就被授予了执政官之位。所有这些都是从塔西佗（*Tacitus, lib. 1, cap. 77.*）那里获知的。

当上皇帝之初，奥托想方设法谋得人民的爱戴与尊敬，为此他做了一件备受瞩目的事。刚才提到的马里乌斯·塞尔苏斯统领着伊利里亚的军队，他曾经是指定的执政官，忠实地履行了保卫加尔巴的职责，在加尔巴死后，他转而效忠奥托（*Plutarc.,* in Othone.），于是，一些无耻下流的禁卫军便高声呼喊："处死他！"而奥托希望能从禁卫军的怒气中解救他，于是借口想要从他那里获知一些消息而将他囚禁了起来，假装准备要处死他。但第二天，奥托就把他给释放了，奥托拥抱了他，原谅了他之前对自己的侮辱。奥托不仅释放了塞尔苏斯，授予他执政官之位，还想让塞尔苏斯做他的军官和最亲信的朋友之一，因为他发现塞尔苏斯对待自己比对不幸的加尔巴更加忠诚。在人民的请求下，奥托处死了索菲尼乌斯·提格利努斯——尼禄手下一名邪恶卑鄙的行政官。奥托处理公共事务严谨认真，将尼禄抢夺的财产归还给了人民。所有这些行为为他赢得了声誉，似乎他不再是从前那个懒惰、沉迷于奢华与享乐的人了。但是大多数人都不信任他，因为他们知道他在本性上与尼禄相似，毕竟他还准许重建尼禄的雕像，就像庞培娅的雕像一样。同时，他们还注意到奥托对元老院没有多大的热情，对士兵反而特别热心。因此他们害怕，假如奥托不再对竞争对手维特里乌斯怀有畏惧之心，他可能就会变成一个新的尼禄。很显然，人们对奥托的憎恨多于维特里乌斯，不仅仅因为他背叛了加尔巴，还因为人们认为他是一个天性残暴、会危害所有人的人，然而维特里乌斯却被认为只是一个生性喜爱玩乐的人，他只会危害自己。最终这两个人都没有获得罗马人民的爱戴，甚至被人民仇恨。

与此同时，罗马帝国在这两个人的竞争之下分成了两派。奥托被罗马和整个意大利拥立为皇帝，迦太基（Cartagine）和整个阿非利加归顺于他。叙利亚，或者叫索里亚的行政长官穆齐阿努斯（Mucianus）也使得那个地区的人民对奥托宣誓效忠（*Tacitus, Hist., lib. 1, cap. 1.*）。维斯帕西亚努斯（Vespasianus）也率领巴勒斯坦（Palestina）的人民效忠于奥托，维斯帕西亚努斯原本派他的儿子提图斯去向加尔巴表示效忠，但是在提图斯到达科林斯（Corinto）时，得知了加尔巴的死讯，于是他马上返回父亲那里。达尔马提亚（Dalmazia）、潘诺尼亚（Pannonia）与默西亚（Mesia）的军队也归顺于奥托。此外还有埃及和东方国家以及希腊的其他城市也都归顺于奥托。尽管奥托是一名篡位者，但罗马和元老院还是接受了他，这足以让其他许多国家服从这个帝国的首领。然而，维特里乌斯的手上拥有最精锐、最负盛名的罗马军队，他们来自上日耳曼、下日耳曼、大不列颠和高卢的部分地区（*Idem, ibid., cap. 61 et seq.*）。他组建了两支军队，一支有4万名士兵，由法比乌斯·瓦伦斯（Fabius Valens）统领，另一支有3万名士兵，由阿利埃努斯·塞西纳（Alienus Caecina）统领。还有日耳曼人的各支军队加入维特里乌斯这一阵营。尽管天气寒冷，士兵们还是渴望可以利用这个机会进行掠夺（这是从事这一职业的人的主要目的），然而肥胖慵懒的维特里乌斯却在一边享用着盛宴，一边等待着天气变好，他大部分时候都是醉醺醺的。加尔巴还健在的时候，数支军队就在那两名军官的指挥下通过两条道路进入意大利：瓦伦斯率兵从高卢进入；塞西纳则率兵取道埃尔维兹亚（Elvezia，现今瑞士）而入。维特里乌斯后来打算继续这样做。在行军途中，他们得知了加尔巴的死讯和奥托继位的消息，于是，在瓦伦斯经过高卢时，那里的人民出于对其军队的恐惧而归顺于维特里乌斯。特别是在里昂，维特里乌斯受到了当地人民的热情接待。在其他地方，他们到处抢劫屠杀。塞西纳在经过瑞士时也做出了同样的事。得知这些军队正逼近意大利，驻扎在波河的一支骑兵团（曾经在阿非利加听命于维特里乌斯）热烈高呼推举维特里乌斯为皇帝，这使得米兰、伊夫里亚（Ivrea）、诺瓦拉（Novara）与韦尔切利（Vercelli）都加入了维特里乌斯的阵营。大概3月中旬的时候，塞西纳加快了进入意大利的步伐，虽然那时山还被白雪覆盖着，他还是先派了一支军队去支援上述城市。

　　当听到有大批军队正在向罗马进军，一场内战势必爆发时，罗马人民议论纷纷、惊恐万状（*Plutarchus, in Othone.*）。奥托发动元老院给维特里乌斯写了几封信，劝说维特里乌斯停止叛乱，并承诺会赠送给他金钱，为他提供便利，封给他一座城市。奥托也给维特里乌斯写了信，信中（*Suetonius, in Othone, cap. 8. Dio, lib. 64. Tacitus, Histor., lib. 1, cap. 74.*）他向维特里乌斯秘密地表示，愿意让他做帝国的共事者和自己的女婿。维特里乌斯用友好的话语回复了奥托，然而那些溢美之词却尽显对奥托的讽刺与嘲笑。愤怒的奥托针锋相对地回了一封信，信中满是羞辱维特里乌斯的话，还特别提醒维特里乌斯他过去的生活是多么无耻下流。维特里乌斯的回信同样不堪入目。他们二人都没有说谎。他们还派出杀手，想要消灭自己的竞争对手，但他们的计划都没能成功。显而易见，如今除了用武力解决争端，再没有别的办法了。奥托整合了一支强势的军队，由大部分禁卫军和来自达尔马提亚和潘诺尼亚的军团组成。他将罗马的统治权交由他的哥哥提提安努斯与罗马总督维斯帕西亚努斯的兄弟弗拉维乌斯·苏埃托尼乌斯（Flavius Suetonius），还下令任何人都不能伤害维特里乌斯的母亲、妻子与孩子。3月14日，奥托辞去了元老院的职务，准备率领军队启程，迎击敌人。苏埃托尼乌斯·保利努斯（Suetonius Paulinus）、马里乌斯·塞尔苏斯（Marius Celsus）与阿尼乌斯·加卢斯（Annius Gallus）是奥托任命的元帅，他们都是既英勇能干又谨慎小心的军官，而这些正是禁军总督李锡尼·普罗库卢斯（Licinius Proculus）缺乏的品质，尽管如此，他还是军队中的重要人物之一。维特里乌斯的军队将领塞西纳越过波河后抵达皮亚琴察（Piacenza），攻袭了那座城市，阿尼乌斯·加卢斯（*Tacitus, Histor., lib. 2, cap. 21.*）经过两天的英勇抵抗，迫使塞西纳的军队撤退到克雷莫纳（Cremona）。就在那个时候，皮亚琴察的圆形剧场被烧毁了，该剧院建于城外，是当时意大利容纳人数最多的圆形剧场。指定执政官马尔提乌斯·马塞尔（Martius Macer）率领奥托的角斗士又给了塞西纳沉重一击。尽管如此，塞西纳还是想要进行第三次冒险，他心中获胜的渴望是那样强烈，因为他不想让维特里乌斯的另一将领，也就是瓦伦斯抢了他的功劳和荣耀。在一个距克雷莫纳12罗马里远的叫作卡斯特里（Castori）的地方，塞西纳给苏埃托尼乌斯·保利努斯和马里乌斯·塞尔苏斯设置了一个埋伏，但是这二人却获知了这个消息，提前采取措施做好了准备，可想而知塞西纳再次大败，如果不是保利努斯过度谨慎而阻止了他的人追赶敌军，他们本可以将塞西纳的军队打到全军覆没。因为这个，奥托怀疑保利努斯背叛了他，从罗马叫来他的哥哥提提安努斯，让他指挥军队，但他并没有做出什么战绩，因为禁卫军将领李锡尼·普罗库卢斯虽然经验不足，但在率领军队上，仍做得比其他所有人都出色。

瓦伦斯后来率领规模更加庞大的军队从帕维亚赶来与塞西纳的军队会合，维特里乌斯的这两位军队将领尽管对彼此都心怀忌妒，但还是达成一致，要好好指挥作战，以尽快结束战争。奥托采用了其他人的建议，却将他最明智的几位将领——苏埃托尼乌斯·保利努斯、马里乌斯·塞尔苏斯与阿尼乌斯·加卢斯的建议搁置一旁。几位将领认为应该等伊利里亚的军队到来之后再进行作战，但是奥托、提提安努斯和普罗库卢斯的想法占据了上风，他们认为应该毫不迟疑地与敌军开战，因为禁卫军们自以为都是战神，胜券在握，他们都急着想快点回到罗马的舒适快乐中（*Plu-*

tarc., in Othone.)。奥托因为身处于各种危险之中而焦躁不安，在事情的不确定与士兵造反的恐惧中，他如坐针毡，不过，他想通过一场精心准备的战斗拔去心中的这根刺。出于胆怯，奥托撤退到布雷塞洛（Brescello）——恩扎河（Enza）在此汇入波河，在这里等待着战事的结果。然而这一决定加速了他的毁灭，因为他带走了很多优秀的军官和士兵，留下了被削弱的军队和一些内部不和、不太顺从的将领，并且皇帝不在那里了，将领和士兵们也都丧失了作战的勇气，同时两支军队在分离期间还发生了一些小事。奥托的军队越过波河后，在距布雷塞洛几罗马里的一个小城市驻扎下来，这是一座位于维罗纳和克雷莫纳之间，更靠近克雷莫纳的城市，也靠近奥利奥河（Oglio），据说是今天的卡内托市（Caneto）。这样，两支军队之间就间隔了数罗马里。尽管苏埃托尼乌斯和马里乌斯都不赞成普罗库卢斯关于第二天（大概4月15日）就袭击敌人的决定，因为士兵们到那里时已经筋疲力尽，很有可能会战败，但普罗库卢斯坚持他的观点：他收到奥托多封催促的信，希望尽快开战。之后，奥托的军队与维特里乌斯的军队进行了一场十分血腥的激战（*Dio, lib. 64.*），因为不准投降，据说双方军队大约有4万人战死。最后维特里乌斯的军队取得了胜利。奥托军队的将领们四散溃逃，他们趁着夜幕（*Plutarc., in Othone.*），尽可能多地带上士兵的遗物逃走了。但因为他们很可能会再次遭到敌军的袭击，所有人都面临着被碎尸万段的危险，于是军官、士兵们与奥托的哥哥提提安努斯达成一致，决定派一支代表团到瓦伦斯和塞西纳那里以示投降。这一请求被接受了，于是双方军队联合起来，他们相互拥抱，成为朋友，而不再是敌人，他们唾弃过去的仇恨，为死者们哀悼。这些人向维特里乌斯宣誓效忠，不再对他怀有怨恨。

这一可悲的消息传到了奥托那里，他当时居住在布雷塞洛，他的奉承者们激励他说，默西亚的三支军队已经到达了阿奎莱亚（Aquileia），还有许多精良部队忠诚于他，情况还没有那样令人绝望。但是奥托已经下定决心要结束这场战争，据苏埃托尼乌斯所述（*Sueton., in Othone, cap. 10.*），有人认为这是因为奥托害怕会爆发内战，也有人认为是奥托内心不够强大，还有人认为奥托是想通过这一慷慨的决定为自己赢得一份空虚的荣耀。奥托在这天余下的时间里将金钱分给他的仆人和朋友，烧掉了各种人写给他的抗议维特里乌斯的信，以使写信的人不会因此而遭受迫害，他还下达了一些命令来保护宫廷里许多贵族的安全（*Tacitus, Histor., lib. 2, c. 48.*）。第二天夜里，他刚睡了一会儿觉，就被护卫军的声音吵醒，原来是护卫军威胁着要杀死那些元老院议员，因为那些议员接到奥托的命令正要撤退，护卫军还围困了维吉尼乌斯·鲁弗斯。奥托从房间里走出来，以很好的方式平息了骚乱。第二天早晨醒来的时候，奥托非常勇敢地向自己的胸膛刺了一剑，没过多久他就死去了，当时他37岁（*Plutarcus, in Othone.*）。他的尸体被焚烧后只是简单地埋到了地下，墓碑上只有他的名字，没有任何称号。在我写作的这个世纪的前几年，有人在布雷塞洛的领地里发现了一大笔金币，一些人认为金币是在奥托发生不幸时一同被埋葬在那里的。尽管奥托是帝国的篡位者，他也因各种恶劣的品质而臭名昭著，但却深受士兵的爱戴，其中一些人，不仅包括布雷塞洛的士兵，还包括皮亚琴察和其他地方的士兵，都为奥托的死而悲痛，根据当时可鄙的风俗与狂热，他们通过自尽来陪伴死去的奥托。由于布雷塞洛的士兵无法劝说维吉尼乌斯·鲁弗斯接受帝国的皇位，于是他们归顺了维特里乌斯的将领。奥托曾将元老院的大部分议员留在了摩德纳，奥托死后，这些议员陷入混乱之中，一方面是因为他们害怕受到维特里乌斯军队的欺辱，另一方面是因为奥托的士兵们认为他们是已逝皇帝的敌人，于是找借口攻击他们。最终，他们幸运地在博洛尼亚保全了自己，在那里他们表示愿意推举维特里乌斯为皇帝，但是由于切诺（Ceno，曾是尼禄手下的自由奴隶）带来的一条传言说战胜者后来被打败了，他们又观望了一段时间。直到瓦伦斯来信诉说了事情的真实状况，他们才消除了心中的恐惧。在罗马，人们很快就得知了奥托发生的事情，维斯帕西亚努斯的哥哥弗拉维乌斯·萨比努斯（Flavius Sabinus）劝说元老院议员和士兵对维特里乌斯宣誓效忠，元老院授予了他所有惯常的荣誉。

与此同时，维特里乌斯留了一支军队给霍尔德奥尼乌斯·弗拉库斯，用来守卫日耳曼莱茵河，之后他率领余下的他能聚集的士兵，朝着意大利进军。在路途中，他得知自己的军队取得了胜利和奥托的死讯，以及西班牙的行政长官克鲁维乌斯·鲁弗斯（Cluvius Rufus）已收复了两个毛里塔尼亚（Mauritania）国。维特里乌斯抵达里昂时，不仅会见了取得胜利的军队，还会见了战败方的军队将领。他饶恕了奥托的哥哥提提安努斯，因为他知道提提安努斯就是一个无能的人。他保留了马里乌斯·塞尔苏斯的执政官之位。苏埃托尼乌斯和普罗库卢斯声称在贝德里亚科（Bedriaco）战役中合理地使奥托打了败仗，因此也获得了饶恕。维特里乌斯对罗马发布了两条敕令，一条敕令禁止骑士在圆形剧场内扮作角斗士与野兽搏斗，另外一条敕令规定所有的占星师和占卜者必须于10月1日前离开意大利。同一天晚上，人们看到占卜师们的一个布告：维特里乌斯会于上述日期之前离开人世。对此维特里乌斯大发雷霆，此后，任何落到他手上的占卜师，都会被他直接判处死刑。他下令处死了罗马最杰出的人物之一格奈乌斯·科尔涅利乌斯·多拉贝拉（Gnaeus Cornelius Dolabella）。奥托因为特殊的原因而非常厌恶科尔涅利乌斯·多拉贝拉，因而将他放逐到阿奎诺（Aquino），奥托死后他就返回了罗马。维特里乌斯处死他的这一举动引起了人民对他的极大憎恨。但最终这一判决还是被野蛮地执行了。与此同时，各个省份渐渐地都归顺于维特里乌斯，但意大利因为维特里乌斯自己的军队和其他奥托的军队而深陷折磨之中。由于没有军纪的约束，这些军队抢劫、杀人，做些偷盗、报复之事。维特里乌斯进入意大利后，寻找方法将曾经服务于奥托的军队（特别是禁卫军）分散开来，但他发现士兵们对此非常不满和焦躁，于是他逐渐将这些规定废除了，并给了他们一些犒赏。他来到克雷莫纳，想要亲眼看看这个打过仗（距战争结束已经过去40天了）的地方，尽管成千上万的尸体没有被埋葬，散发出令人无法忍受的恶臭，但他没有下令将其埋葬，甚至还说："死去的敌人的气味很好闻。"他带来了约6万名士兵，没有让士兵们带他们的家人和其他人同行，否则人数会多出两倍。这帮可鄙的人无论经过哪里，都会留下他们贪婪野蛮的可悲痕迹。大概7月中旬的时候，他抵达了罗马，想要穿着战衣进入罗马，就好像进入一座被征服的城市一样。根据尼禄时期的风俗，他由一群宦官和戏剧演员陪伴着，随后参与到各种活动中。他的母亲塞斯蒂利亚（Sestilia）居住在坎皮多里奥山上，他授予她"奥古斯塔"的姓氏，但是他的母亲一点也不高兴，反而她为有这样卑劣的儿子并成为皇帝而感到羞耻。她在这一年去世了，不知道是恶毒的儿子做出来的事，还是她自己服毒自尽，总之这预示了不好的事即将发生。维特里乌斯重新招募了年满16岁的禁军士兵，这1000名士兵都是经过精挑细选的。禁军的总督有两位，也就是普布利乌斯·萨比努斯（Publius Sabinus）与尤利乌斯·普里斯库斯（Iulius Priscus）。瓦伦斯与塞西纳可以在宫廷里做任何事，但他们二人一直不和。之后，这位贪吃的皇帝凭着显赫的地位和增加的舒适便利，变得更加肆无忌惮，他终日吃吃喝喝，还会给自己催吐以吃下其他的美味佳肴。他在吃上花费了很多金钱，许多人因宴请他而破产。人们对这个怪物既无尊重之意也无赞颂之词，除了说他的一些行为举止类似尼禄。他经常模仿尼禄的行为且模仿得很好，也日益倾向于残暴之举。苏埃托尼乌斯（*Sueton., in Vitellius, cap. 24. Dio, lib. 64*）对此举过各种例子，说如果维特里乌斯能活得再久一点，或许他的残暴程度不比尼禄低。赢得皇帝好感的手段通常是阿谀奉承，但由于维特里乌斯很害羞与多疑，没过多久他就对此感到厌恶了。

迄今为止，我们已经见证了加尔巴与奥托两人的悲剧，现在来看看第三个悲剧。维特里乌斯除了对弗拉维乌斯·维斯帕西亚努斯心怀畏惧外，什么人都不怕。维斯帕西亚努斯当时是犹太省罗马军队的总指挥，犹太地区仍战事不断，表面上他意欲围攻耶路撒冷。当维特里乌斯得知消息称维斯帕西亚努斯与索里亚的行政长官李锡尼·穆齐阿努斯（Licinius Mucianus）已经承认他为皇帝，他为此热烈庆祝。一开始，谁也没料到维斯帕西亚努斯后来会当上帝国的皇帝，他自己也没有想过，因为他出生于列蒂（Rieti），而且也没有什么钱。据说，维斯帕西亚努斯在个人生活中是一个非常怯懦的人，塔西佗（*Tacitus, Histor., lib. 2, c. 97. Suetonius, in Vespasiano, c. 4.*）还说他引起了人们的憎恨与蔑视，但是后来的事实证明正好相反。不管怎样，上帝命维斯帕西亚努斯将罗马从怪物手中解救出来，并惩罚那些迫害基督教的高傲的犹太人。维斯帕西亚努斯具有很多值得称颂的品质，他不奢侈浪费，饮食节制，对每个人都和蔼可亲，尤其是对待士兵，虽然他以严格的纪律要求他们，但其实他是非常爱他们的，他时刻保持警惕和谨慎，不仅仅是位好士兵，更是一位出色的军队将领。尤其是他被看作维护公平正义的人。可以肯定的是，在加尔巴死后，罗马最有智慧的人看着两个篡位者——奥托和维特里乌斯争夺皇位，无法判断他们二人谁更糟糕。奥托和维特里乌斯把希望寄托于维斯帕西亚努斯，并秘密地劝说他继任皇位。他的哥哥弗拉维乌斯·萨比努斯（Flavius Sabinus）也是一位声名显赫的人物，身为罗马总督，他的美好品德使人相信他弟弟的优良品质。有可能是维斯帕西亚努斯的士兵和手下的军官看见其他人在西班牙、罗马和日耳曼所做的事后，他们不想落后，于是开始推举维斯帕西亚努斯为皇帝。维斯帕西亚努斯做事考虑周全、不轻率莽撞，让他最后决定这么做的是索里亚行政长官李锡尼·穆齐阿努斯在奥托死后跟他说，在无耻下流的维特里乌斯的统治下，他们的官职和性命都会有危险。维斯帕西亚努斯最终获胜了。埃及的行政长官提贝里乌斯·亚历山大（Tiberius Alexander）与维斯帕西亚努斯联盟，他也是第一位于7月1日（*Joseph., de Bello Judaic., lib. 4.*）在亚历山大里亚宣称维斯帕西亚努斯为皇帝的人。7月3日，犹太的军队也宣称维斯帕西亚努斯为皇帝，而维斯帕西亚努斯也许诺给他们一笔与克劳狄乌斯和尼禄赠予的相似的报酬。索里亚和其他各省，以及附属于罗马的东方各国国王和希腊，都为新皇帝维斯帕西亚努斯摇旗呐喊。西方各省都收到劝诫他们背弃维特里乌斯的信，说维特里乌斯是一个不配坐上皇位的篡位者（*Tacitus, Historiar., lib. 2, cap. 82.*）。他还联系被维特里乌斯撤职的禁卫军，让他们明白是时候让维特里乌斯后悔了。维斯帕西亚努斯招募的这些支持他的士兵，在后来对抗维特里乌斯时确确实实发挥了关键作用。

就这样，一切准备就绪，并已设法弄到了可以用来动员士兵的钱，在贝里托（Berito）举行的一场大型商讨会中，最后决定让穆齐阿努斯率领一支强劲的军队进军意大利。维斯帕西亚努斯的儿子——当时已被宣称为"恺撒"的提图斯（Titus）继续缓慢地与犹太人作战，维斯帕西亚努斯则去富庶的埃及省筹集资金，并在需要时为罗马解决温饱问题或为其提供粮食。穆齐阿努斯是个非常有野心的人，他有意以某种方式成为维斯帕西亚努斯在帝国的共事者，因此他很乐意接受这一任命。由于担心暴风雨，穆齐阿努斯没有冒险走海路，而是取道陆路，打算越过海峡前往拜占庭（Bisanzio），为此，他下令黑海的战船做好准备。穆齐阿努斯的军队不富有也不强势，但是他们不断发展，使得维斯帕西亚努斯的名望越来越高，对维特里乌斯的憎恨则与日俱增。在默西亚，三支驻扎在那里的军团对维斯帕西亚努斯宣誓效忠，潘诺尼亚的两支军团和达尔马提亚的军队，甚至在穆齐阿努斯还没到来时，就宣布拥护维斯帕西亚努斯。来自图卢兹（Tolosa）的安东尼乌斯·普里穆斯（Antonius Primus），绰号"鸡喙"（Becco di Gallo），或许是来源于他的鼻子（由此，我们可以得知Becco这个词多么古老），是一个非常大胆的人（*Sueton., in*

Vitellius, cap. 18.），具有反叛精神，同时热衷于值得称颂的而非邪恶的事业。他用他激昂的演说说服了人民和士兵对抗维特里乌斯，还没有等维斯帕西亚努斯或穆齐阿努斯下令，他就自立为那些军团的将领。斯瓦比亚和其他野蛮国的国王也被叫来支援，他们非常渴望进入意大利，想夺回曾经被掠夺的东西，因此他们在其他人之前先带着少量部队进入了意大利，在阿奎莱亚（Aquileia）、帕多瓦（Padova）、维琴察（Vicenza）、埃斯泰（Este）及那一地区的其他地方受到了热情的接待。他们击败了驻扎在阿里也诺广场（Foro da Alieno，现今的费拉拉市）的一支骑兵部队。后来，得到潘诺尼亚两支军团（每个军团通常是由6000名士兵组成）的帮助，他们占领了维罗纳，并在那里设防自卫。马库斯·阿波尼乌斯·萨图尼努斯（Marcus Aponius Saturninus）也带着一支默西亚的军队到达了那里，在普里穆斯的协助下参与招募了一大批曾经被维特里乌斯撤职的禁卫军。尽管反叛的火焰如此之盛，但懒惰的维特里乌斯并不为所动，直到有一天他才意识到叛军已经渗透进意大利内部了。由于瓦伦斯还没有从一场疾病中恢复过来，于是维特里乌斯将他军队的指挥权交给了阿利埃努斯·塞西纳，命令他即刻率军对抗安东尼乌斯·普里穆斯。塞西纳带着至少八支军团，凭借这样的军事力量，他本来是可以镇压住支持维斯帕西亚努斯的军队的。他派部分军队到克雷莫纳，而他自己则率领大部分士兵来到波河边的奥斯蒂利亚市（Ostiglia）。策划好其他事情后，他故意拖延时间给普里穆斯的士兵写谴责和威胁信，与此同时，他让默西亚的另两支军团抵达了维罗纳。最终，在得知拉文纳（Ravenna）的行政长官卢基安努斯·巴苏斯（Lucianus Bassus）已于10月20日左右转而支持维斯帕西亚努斯后——他们二人已互相串通好，仿佛维特里乌斯的情况已令人绝望、无法挽救，塞西纳劝诫士兵们投奔维斯帕西亚努斯的阵营，说服很多人对维斯帕西亚努斯宣誓效忠，撕毁了维特里乌斯的肖像。但是也有一些人不愿做这么背信弃义的事，那些不久之前才宣誓的人（*Dio, lib. 65. Tacitus, Histor., lib. 3, cap. 13.*）感到羞愧和后悔，他们不顾塞西纳的执政官身份，公然与他对抗，将他用铁链拴着送到了克雷莫纳，他们也带着全副装备到了那里。

身在维罗纳的安东尼乌斯·普里穆斯从密探那里得知奥斯蒂利亚发生的一切后，立刻整军待发，以阻止那支军队与克雷莫纳的军队会合。普里穆斯率军一直走到致命的战斗地贝德里亚科（Bedriaco），距克雷莫纳大约9罗马里远，在那里遇上了维特里乌斯的军队——从克雷莫纳出来，准备与奥斯蒂利亚军队会合。那天大约是10月26日，经过血腥的战斗，普里穆斯的军队打败了维特里乌斯的军队，迫使那些逃过一死的人躲避到克雷莫纳。胜利的士兵们高声请求直接到克雷莫纳，希望进入该城市然后将它洗劫一空。如果不是通知说，奥斯蒂利亚的另一支军队正在逼近，需要列队作战，普里穆斯可能无法止住士兵们进城的愿望。当时天已经黑了，然而两支军队还是展开了前所未有的激烈战斗，由于环境黑暗，双方甚至都分不清谁是战友、谁是敌人。战斗持续了整整一夜，第二天天亮的时候，从索里亚来的第三支军团根据他们国家的惯例，迎着太阳高声呼喊着"万岁"，这让维特里乌斯的军队以为穆齐阿努斯的军队到了，十分惊恐，普里穆斯很轻易地就打败了他们。朱塞佩（*Joseph., de Bello Judaico, lib. 5, cap. 13.*）讲述在这场战斗中，维特里乌斯的军队牺牲了30 200人，而维斯帕西亚努斯的军队则牺牲了40 500人，很可能是根据战斗的习俗，他将这一数字扩大了，我们也不需要相信他。不过我们可以相信狄奥尼所说的，有时月亮被云彩遮住而变得晦暗，战斗就会暂停，邻近敌对的士兵就会彼此说话，有人说着粗鲁无礼的话，有人说着亲切友好的话，他们吐露对内战的憎恨，邀请对手跟随维特里乌斯或维斯帕西亚努斯。但是有人说一方士兵给另一方士兵分享吃的和喝的，这就没有理由相信了，没有人会认为当时的士兵如此能干和勤劳，激战中在脖子上还挂着装有食物和水的行囊。狄奥尼和塔西佗向我们证实，维斯帕西亚努斯的军队无法忍受对方军队巨大的石头弹射器，于是有两名非常勇敢的士兵抓起对手的两个盾牌假装是维特里乌斯的士兵，他们来到弹射器前，砍断了它的钢丝绳，使得它无法再发挥作用，但是这两名士兵也被砍成碎片，连名字都没有留下。夺取了战利品后，获胜的士兵大喊："去克雷莫纳，去克雷莫纳！"现在需要前往那里了，他们以为可以一举攻城，但是却遇到了一个意想不到的障碍，那是一个高高的、出乎意料的战壕，是在之前的奥托之战中建于城外的，克雷莫纳几乎所有的军队都在那里防守。但是，维斯帕西亚努斯的军队神奇般地越过了那个战壕，因为他们非常渴望进去洗劫那座富有的城市——安东尼乌斯·普里穆斯已经同意他们这么做了。就这样，他们攻袭了整座城市，尽管那座战壕四周筑有坚固的围墙与高塔，战壕里也满是人，但维特里乌斯的士兵已经大失所望，他们丧失了意志，立刻举出了白旗，向普里穆斯的军队表示投降，并释放了阿利埃努斯·塞西纳，以便他能为他们求得饶恕。塞西纳穿着执政官的衣服走出来，身边跟着他的侍从官，也就是他的护卫，他来到获胜者广场，但是受到了所有人的嘲笑和谴责，因为自古以来背信弃义就是会被所有人仇恨。后来，安东尼乌斯·普里穆斯护送塞西纳到了一个安全的地方，并承诺带他去见维斯帕西亚努斯。塞西纳虽然被维特里乌斯的军队饶恕了，但不幸的克雷莫纳市没有饶恕他。克雷莫纳以宏伟的建筑、众多的人口和许多的财富而闻名（Tacitus, Historiar., lib. 3, c. 33. Dio, lib. 65.），但4万名士兵以及更多的仆人和奴隶都涌入了这座城市，他们在城市里进行了屠杀和抢夺，连寺庙也不放过，全部洗劫一空后，他们将房屋点燃。原先守卫这座城市的维特里乌斯的士兵如今和其他人一起进行残暴的行为，他们甚至更过分，因为他们对当地更加熟悉。据狄奥尼所说，有5万名无辜不幸的市民牺牲于此，我觉得这个数字太多。剩下活着的人被留作奴隶，然后被赎回。后来在维斯帕西亚努斯的治理下，这座城市被重建，重新住满了人。

  与此同时，维特里乌斯在罗马焦急不安地等待着战事消息，但是在餐桌上他表现得对这些动乱毫不焦虑的样子。10月底，开始陆续传来不幸的报告，他感到一阵寒冷彻骨。后来听说安东尼乌斯·普里穆斯正向罗马进军，他开始胡言乱语，甚至不知道自己在哪儿，一会儿想着要尽一切力量进行抵抗，一会儿又想着放弃帝国，过隐居生活，一会儿又表现得很勇敢，腰部佩剑，一会儿他又像兔子一样胆小，这使得元老院的人都嘲笑他，而且他发现如今禁卫军也不怎么听从他的命令了。然而，他还是派尤利乌斯·普里斯库斯（Iulius Priscus）和阿尔菲努斯·瓦鲁斯（Alfenus Varus）率领14支禁卫军队以及所有的步兵和骑兵，取道亚平宁山脉（Tacitus, Historiar., lib. 3, cap. 55.）前去迎战，而后海军部队也加入了他们。这样的军队如果有更好的将军指挥，足以在战争中坚持下来。这支军队来到贝瓦尼亚（Bevagna）之后，懒惰的维特里乌斯最终在士兵的请求下也来到了那里，但他很快厌烦了待在那里，后来传来消息称，克劳迪乌斯·法恩蒂努斯（Claudius Faentinus）和克劳迪乌斯·阿波利纳里斯（Claudius Apollinaris）诱使米塞诺和周围城市的海军叛乱，于是他返回罗马，并派他的弟弟卢基乌斯·维特里乌斯前去攻占特拉西那（Terracina），镇压叛军。但是安东尼乌斯·普里穆斯带着忠诚于维斯帕西亚努斯的军队穿过亚平宁山脉——维斯帕西亚努斯允许他们在途中进行尽可能多的野蛮和残暴行为——到达纳尔尼（Narni）后，维特里乌斯派去对抗他的军队向他表示投降。在这个紧急关头，维特里乌斯却继续待在罗马，人们知道他才是皇帝，但他自己似乎不知道这件事。每天都有消息传来，但一个比一个糟糕。维特里乌斯的将军法比乌斯·瓦伦斯在去高卢的途中被捕，后来被送到乌尔比诺（Urbino），在那里被砍了头，这让维特里乌斯的士兵意识到，关于瓦伦斯在日耳曼和高卢整合军队对抗维斯帕西亚努斯的传言是假的。真相是西班牙、高卢和大不列颠都承认了维斯帕西亚努斯为皇帝。如今除了罗马，没有其他地区属于维特里乌斯了。不过，维斯帕西亚努斯的哥哥弗拉维乌斯·萨比努斯至今仍是罗马总督，他忠诚地拥护维特里乌斯，为了不让罗马陷入更加严重的混乱局面，他向维特里乌斯提出一些调和方案，以挽救他的生命。他们同时给穆齐阿努斯和普里穆斯写信，最后达成一致，只要维特里乌斯卸任皇帝之位，作为交换，他会收到100万银币和坎帕尼亚的土地。在12月18日这天，维特里乌斯穿着一身黑色的衣服，带着他的用人和仍年少的儿子走出宫殿，哭着向人民宣布，为了国家的利益，他愿意放弃国家的统治权，把这一权力交给执政官凯基利乌斯·辛普莱克斯（Caecilius Simplex），但不管是凯基利乌斯还是其他人都不愿意接受。面对这一场景，人民深受感动，表示不愿让他受苦，但这很愚蠢，因为后来发生的一切都是对城市有害的，并进一步造成了维特里乌斯的毁灭。这时，主要元老院议员、骑士和军官在弗拉维乌斯·萨比努斯那里召开了一次集会（*Dio, lib. 65. Tacitus, Histor., lib. 3, cap. 69.*），讨论罗马的局势，他们相信在维特里乌斯退位之后，局势确实已经好转或者即将好转。谈判失败之后，据说萨比努斯打算去宫殿劝说或者是强迫维特里乌斯让步。萨比努斯由一队精锐士兵陪伴同行，路上，他们遇到了日耳曼的军队，进行了一场小的战斗。萨比努斯与几名元老院议员和骑士，以及他的儿子萨比努斯和克莱门斯（Clemens），还有维斯帕西亚努斯的小儿子多米提安努斯（Domitianus）躲到坎皮多里奥山的一座堡垒里。但日耳曼人很快进到了堡垒里，将坎皮多里奥山点燃（不知道是谁干的），人们眼看着那处珍贵的地方被烧成了灰烬，许多关于那里的美好记忆都随之消失了，这让罗马人民深感痛惜。多米提安努斯和萨比努斯的儿子从那里逃走了，但萨比努斯和执政官昆提乌斯·阿提库斯（Quintius Atticus）则不幸被日耳曼人抓捕，被铐上锁链带到维特里乌斯面前。阿提库斯活了下来，而萨比努斯这位声誉极高、功勋卓著的人物，也是维斯帕西亚努斯的哥哥，最终却死在了那些愤怒的士兵的剑下。这令维斯帕西亚努斯后来饱受痛苦，但穆齐阿努斯却不觉得难过，因为他认为萨比努斯是他前进道路上的阻碍。

安东尼乌斯·普里穆斯得知这个令人悲痛的消息后，拔营朝罗马进军，在罗马他遇到了维特里乌斯的军队和武装的人民。由于他和佩提利乌斯·塞里阿利斯不愿意听从协议里的提议，于是双方展开了几场战斗，最终维斯帕西亚努斯的军队占据了上风。他们占据了罗马的各个地方和禁卫军的营地，并肆无忌惮地抢劫、杀戮。据朱塞佩（Joseph., de Bel. Jud., lib. 4, cap. 42. Dio, lib. 65.）和狄奥尼所述，他们屠杀的人数高达5万人（Sueton., in Vitellius, cap. 16.）。维特里乌斯见局势不妙，从宫殿逃到了阿文提诺山（Aventino），想着第二天去特拉西那（Terracina）找他的弟弟卢基乌斯，但是接到了假的通知，称事情还没有到绝望的地步，于是他返回了宫殿，发现所有人都逃走了，他便穿上一件粗劣的袍子，系上一个嵌满金子的腰带，在看门人的小房间里（或者说是狗舍，他还被其中多条狗咬伤了）躲了起来。但藏起来根本没什么用，一位叫作尤利乌斯·普拉奇多（Iulius Placido）的军官发现了他，将他从狗舍里拉了出来，他被用一根绳子拴住了脖子，双手被捆在背后带到了大街上。维特里乌斯被众人嘲笑侮辱，士兵在他身上刺出各种形状的小孔，丝毫没有一点儿同情，甚至还当着他的面将他的雕像推倒。一名日耳曼士兵打算帮他一下，让他摆脱这么多的辱骂，于是在他头上重重地打了一下。之后，维特里乌斯自杀身亡，或者像塔西佗所说的，他被其他人杀死。维特里乌斯被扔下宝石阶梯（Scale Gemonie），他的尸体被用钩子挂着扔到了台伯河里，他的头被割下来在整个城市展示。那年他57岁。这一结果来源于他那莽撞的野心，不了解他的人将他推到至高之位，而后深晓他本性的人将他废黜，认为他根本不配做罗马帝国的皇帝，他如此德行败坏，极度懒惰，根本没有能力撑起一个帝国。

尽管罗马摆脱了篡位者维特里乌斯的统治，却仍旧没有摆脱残暴的内战，烧杀抢掠持续了很长一段时间。只要曾是维特里乌斯的朋友，就会遭到残忍的对待，在这一借口下，那些放荡的凯旋士兵也对其他人施加他们的残忍与贪婪。总之，罗马和其他地区一样陷入一片混乱，到处充斥着哀悼与悲怨。尽管维斯帕西亚努斯的儿子多米提安努斯被立即冠以了"恺撒"的姓氏，但他还年少，只想着放纵生活与享乐，并没有采取任何的补救办法。维特里乌斯的弟弟卢基乌斯·维特里乌斯带着他的军队前来投降，希望可以得到更好的对待，但是也被残忍地杀害了。维特里乌斯的小儿子日尔曼尼库斯（Germanicus）也惨遭杀害。元老院立即聚在一起召开会议，授予弗拉维乌斯·维斯帕西亚努斯所有罗马皇帝享有的荣誉——这个时候的确非常需要一位这样的皇帝，既是为了让处于混乱局面的罗马和意大利重归平静，也是为了让日耳曼和高卢变得秩序井然。我们之后就会讲到克劳迪乌斯·奇维利斯（Claudius Civilis）在那两个地区挑起的巨大骚乱。同时，犹太、默西亚与本都等地也战事不断。因此，如果没有这样一位既有见识又英勇超凡的皇帝来领导国家，罗马帝国就会遭受极大的损失，面临非常多的危险。

年　份　公元70年　小纪纪年第十三年
　　　　克莱孟教皇第四年
　　　　弗拉维乌斯·维斯帕西亚努斯皇帝第二年
执政官　弗拉维乌斯·维斯帕西亚努斯·奥古斯都（Flavius Vespasianus Augustus）第二次，其子提图斯·弗拉维乌斯·恺撒（Titus Flavius Caesar suo figliuolo）

尽管维斯帕西亚努斯·奥古斯都与他的儿子提图斯（彼时已经被元老院宣称为"恺撒"）仍远离罗马，但为了给这位新皇帝的统治增添荣耀，他们二人都被推举为执政官，并一直任职到6月。7月1日，马库斯·李锡尼·穆齐阿努斯（Marcus Licinius Mucianus）与普布利乌斯·瓦莱利乌斯·亚细亚提库斯（Publius Valerius Asiaticus）接替了这一职位；11月1日，这两位执政官被卢基乌斯·阿尼乌斯·巴苏斯（Lucius Annius Bassus）与盖乌斯·塞西纳·佩图斯（Gaius Caecina Paetus）接替。

由于（Tacit., Histor., lib. 4. Dio, lib. 66.）穆齐阿努斯已于前一年抵达了罗马，于是他获得了罗马的治理权，在维斯帕西亚努斯的名义下做任何他想做的事。维斯帕西亚努斯的儿子多米提安努斯·恺撒（Domitianus Caesar）也参与到罗马的治理当中，尽管在朋友的怂恿下他做出很多决议，但最高权威仍然主要由穆齐阿努斯掌握着。穆齐阿努斯是个野心勃勃的人，到处吹嘘是他让维斯帕西亚努斯当上皇帝的，就像是维斯帕西亚努斯的亲兄弟，颐指气使，就好像他本人是皇帝一样。穆齐阿努斯首先关心的事就是制止士兵的野蛮行为，恢复城市最初的平静。但是，他更加关心的是筹集尽可能多的钱，充盈空虚的国库，他总是说"钱是一个国家的主干"，他也不因为征收赋税为自己和维斯帕西亚努斯招来憎恨而后悔遗憾，因为他从中获益颇丰。他对安东尼乌斯·普里穆斯和阿利乌斯·瓦鲁斯心生忌妒，因为安东尼乌斯·普里穆斯因击垮维特里乌斯而变得声名显赫，而阿利乌斯·瓦鲁斯则被提拔到很有权势的禁军总督之职。穆齐阿努斯在元老院对普里穆斯大加称赞，并对他表示出极大的信任。他向普里穆斯许诺让其掌管塔拉科西班牙（Spagna Taraconense），还授予了普里穆斯的朋友们各种荣誉，但同时，他将爱戴普里穆斯的军团送到了离罗马很远的地方，让普里穆斯变得一无所有。普里穆斯去找维斯帕西亚努斯，受到了维斯帕西亚努斯的热情接待，但是穆齐阿努斯却对维斯帕西亚努斯说，普里穆斯太过勇猛，是个危险人物，并揭露了普里穆斯为了赢得士兵的爱戴而允许他们将克雷莫纳、罗马和其他各地搅得不得安宁的可耻行径，最终，维斯帕西亚努斯砍了普里穆斯的双腿（Tacitus, Histor., lib. 4, cap. 69.）。至于瓦鲁斯，维斯帕西亚努斯根据穆齐阿努斯的建议，撤去了他禁军总督的职位，让他担任国家粮食部部长一职，而禁军总督的职位则由维斯帕西亚努斯的亲戚克莱门斯·阿雷蒂努斯（Clemens Aretinus）接替。

维特里乌斯惨死的悲剧发生的时候，维斯帕西亚努斯正在埃及，他的儿子提图斯在犹太。维斯帕西亚努斯并没有马上得知发生的一切，他派了一支载满粮食的庞大舰队从亚历山大里亚驶向罗马，因为当时罗马正遭受着一场可怕的饥荒，而埃及很长时间以来都是罗马人的粮仓,给罗马人民提供充裕的粮食。据菲洛斯特拉托斯所述(*Philostratus, in Apollon. Tyan.*),维斯帕西亚努斯在埃及制定了一些明智的规章条例而令埃及获益颇丰,该地过去饱受沉重税收的摧残。狄奥尼(*Dio, lib. 66.*)则证实说,亚历山大里亚人原本期待可以从维斯帕西亚努斯那里获得一笔丰厚的奖赏,因为他们是最先宣称他为皇帝的人,但如今他们很失望,因为维斯帕西亚努斯想要从他们那里收取一大笔钱——向他们征收过去没有上缴过的赋税,连穷人也必须上缴。这是维斯帕西亚努斯唯一的缺点和不道德的地方(假如这真的算是他的缺点的话)。亚历山大里亚的人民几乎总是诽谤他们的统治者,用一些满是侮辱与过分言辞的讽刺文章对统治者进行报复。因此,尽管维斯帕西亚努斯是一位贤明和蔼的君主,也差点儿对他们施加惩罚,如果他的儿子提图斯没有介入予以劝说的话,他可能真的就这么做了。提图斯为了帮亚历山大里亚人民获得赦免,对父亲这样说:"明智的君主做他们应该做的事,或者做他们认为有益的事,然后任别人说去吧。"维斯帕西亚努斯于夏天来到了罗马,他到达布林迪西(Brindisi)时,穆齐阿努斯与罗马的最高贵族都在那里迎接他。维斯帕西亚努斯在贝内文托(Benevento)见到了他的儿子多米提安努斯,多米提安努斯已经开始展现出他的邪恶天性,做出了很多荒唐之举,并且极度傲慢。由于远离父亲,他为自己夺得了很多不应持有的权威,还养成了各种各样的恶习。维斯帕西亚努斯对此很是生气,似乎他对这个任性放纵的儿子怀有极大的愤恨(*Tacitus, Histor., lib. 4, cap. 52.*)。多米提安的哥哥提图斯为弟弟辩护,平息了父亲的怒气,然而维斯帕西亚努斯并没有因此而打击多米提安努斯的骄傲。维斯帕西亚努斯以热情友好接待所有人,完全没有皇帝的架子,而是像普通人一样与每个人相处。他很早之前就向罗马下达命令,重建被焚烧的坎皮多里奥山,并将此项任务交给具有很高声誉的罗马骑士卢基乌斯·维斯蒂努斯(Lucius Vestinus)。6月21日是这项重要的工程开始动工的日子,为此进行了所有充满迷信的仪式,举办了罗马异教徒的庆典,并将很多从未使用过的崭新的钱币投到地基上——占卜师主张这么做。没过多长时间,维斯帕西亚努斯就抵达了罗马,以更好地证实自己对这项工程的热心,也为了在那里建造一座宏伟的神庙(*Sueton., in Vespasianus, c. 8.*)。他是最先自己动手清理那些废墟的人之一,他还想要其他的贵族也这么做，以他们的身体力行激起人民对这项事业的热心。由于大火，坎皮多里奥山的大约3000幅木制或青铜的版画被烧毁了，这些都是罗马最珍贵的历史古迹，因为这些版画上印刻着从罗马建立至今所有的法律、敕令、联盟、协议以及元老院和罗马人民做出的最杰出的行动。维斯帕西亚努斯下令尽可能地去寻找它们的副本，然后将它们重新印刻在其他的版画上。维斯帕西亚努斯还下令恢复所有尼禄统治时期（Dio, in Excerptis Valesianis.）以及其后三位皇帝统治时期被判刑之人的名声，并释放了所有仍在世的被流放之人。此外，他还撤销了过去所有的控诉案件，还将所有的占卜师赶出罗马，认为他们是对共和国有害的人——尽管他自己并不蔑视占卜这种轻浮之术，甚至还在宫廷里留了一位预算未来的占卜师，认为他是最精通占卜的人。众所周知，在一位叫作巴比尔（Barbillo）的占卜师的请求下，他准许了以弗所（Efeso）的人民能够进行所谓神圣之战，这一恩惠他没有给予过其他城市。

　　这段时期，罗马人进行了两场非常重要的战争，一场发生在犹太，另一场发生在高卢和日耳曼。朱塞佩详细叙述了第一场发生在犹太的战争，科尔涅利乌斯·塔西佗则对两场战争都有记述。这场犹太之战十分著名。不知感激且盲目的罗马人民用一场可耻的屠杀回报神圣的救世主耶稣施与他们的恩泽——直到现在，他们仍用尽所能迫害圣洁的基督教，于是上帝对他们做出审判，想要惩罚那些无知的民族，救世主对此早就有过预言（Joseph., lib. 5 de bello Judaico.）。犹太人起兵造反，在一场与克斯提乌斯（Cestius）的战争中取得胜利之后，他们似乎就开始嘲笑罗马的力量（Tacitus, Histor., lib. 5.）。维斯帕西亚努斯对犹太人的造反非常愤怒，他派儿子提图斯于这一年春天前去镇压犹太人。耶路撒冷是那段时期世界上最繁华的城市之一，既强盛又富有，因为大批分布在亚细亚和欧洲的犹太人竞相到那里朝圣，向那里的神庙献礼，投入了大量金钱。为了让上帝更清楚地知道对犹太人的惩罚正是来源于他，提图斯选择在大量犹太人根据习俗涌进耶路撒冷庆祝复活节的日子攻打这座城市，这一天是上帝之子耶稣被钉死在十字架上的日子。无数犹太人出于上帝的审判而被困在那座城市，就像在监狱里一样，他们的历史学家朱塞佩对此有所记述，他声称在那次袭击中，有110万名犹太人或死于饥饿，或死于瘟疫。

接下来是一系列血腥的战斗，固执的犹太人民始终不愿议和或是投降。尽管规模十分庞大的罗马军团成功地攻下了那座城市的前两道城墙，但是第三道城墙比前两道坚实得多，犹太人顽强地抵抗着，于是提图斯放弃了用武力攻城的希望，转而采取围城断粮的策略。耶路撒冷周围一道环绕着洞穴与城垛的巨大城墙阻止了罗马军团的进攻，但一场可怕的饥荒加上一场瘟疫席卷了耶路撒冷，使得城市很多居民不幸丧生，居民们即使彼此之间存在分歧，甚至还有制造骚乱的人，但他们宁愿忍受痛苦，惨遭杀害，也不愿再一次屈服于罗马人民。朱塞佩对这一悲惨事件的描写不能不让人感到惊恐与悲伤，历史上很难再找到一个相似的事件了。同时，耶路撒冷城里还到处横行着抢劫与残暴行为，成千上万的尸体散发着恶臭，令仍在世的人更加悲伤。那些假预言家和内部的暴君比罗马人对人们的伤害更大。在7月22日这天，耶路撒冷神殿被占领，提图斯小心翼翼地保护着这座非凡的、富丽堂皇的建筑，然而上帝却允许犹太人将它放火点燃，令它最终成为一堆石头和灰烬。9月，提图斯在经过屠杀和奴役那些存活的人之后占领了耶路撒冷。不仅神殿，整座城市都被夷为了平地——部分毁于获胜者之手，部分毁于大火。很长时间以来，耶路撒冷一直是上帝愤怒的一个可怕见证，因为我们至今仍然可以看到，那些人民没有了神庙，也没有了神甫，四散分布，这证明了他们不再是上帝的子民，正如先知预言的那样。

这段时期，罗马人在维特里乌斯的率领下（*Tacitus, Histor., lib. 4.*），在巴达维亚（Batavia，现今的荷兰）开始了另一场战争。克劳迪乌斯·奇维利斯，一个具有皇室血统、十分勇敢的人，拿起武器，煽动巴达维亚的人民和附近地区的人民起兵反抗罗马人和维特里乌斯，很明显，他们是支持维斯帕西亚努斯一派的。他们在莱茵河畔击败了罗马将军阿奎利乌斯（Aquilius）与他疲惫的军队。这场胜利让军队中许多为罗马帝国服兵役而从事辅助工作的妇女转变了拥护立场。与此同时，克劳迪乌斯·奇维利斯还煽动日耳曼和高卢的人民也起兵造反，于是，克劳迪乌斯·奇维利斯的力量不断壮大，对他来说，不难获取其他优势。但是在维特里乌斯死后，维斯帕西亚努斯的公使们派了一支庞大的军队前去平息这场动乱，阿尼乌斯·法鲁斯（Annius Fallus）与佩提利乌斯·塞里阿利斯被选为这项行动的总指挥。这支庞大的军队令人生惧，因此高卢的部分叛军投降归顺。罗马军队用武力攻下了一些城市，奇维利斯和他的追随者多次兵败，以致许多人渐渐地低下了头，向罗马请求宽恕。多米提安努斯·恺撒这次不愿落后于他的哥哥提图斯，也想要参战，穆齐阿努斯害怕这个冲动鲁莽的年轻人会做出一些对罗马军队有害的愚蠢之举，于是陪他一起去了。后来，他在里昂以各种借口精明地阻止了多米提安努斯，一直到战争结束，多米提安努斯都没有插上手，之后他便回到了意大利，迎接父亲奥古斯都皇帝。我们前面讲过，维斯帕西亚努斯于这一年来到罗马，在各地都受到了热烈的欢迎。

年　份　公元71年　小纪纪年第十四年
　　　　克莱孟教皇第五年
　　　　弗拉维乌斯·维斯帕西亚努斯皇帝第三年
执政官　弗拉维乌斯·维斯帕西亚努斯·奥古斯都第三次，马库斯·科西乌斯·涅尔瓦（Marcus Cocceius Nerva）

与皇帝共任执政官的涅尔瓦后来也成为罗马帝国的皇帝。他们只任职到2月，在3月1日，维斯帕西亚努斯的儿子弗拉维乌斯·多米提安努斯·恺撒与格奈乌斯·佩迪乌斯·卡斯图斯（Gnaeus Pedius Castus）接替了他们的位子。

提图斯·恺撒由于在犹太之战中取得了光荣的胜利而从他父亲那里获得了卓越的功勋，他更大的优点在于他的温柔体贴（*Sveton., in Titus, cap. 5.*）。他深受到士兵爱戴，在攻占耶路撒冷后，罗马军队赋予他最高军队指挥的头衔，他意欲返回罗马，所有人都高声呼喊，先是祈求，后是威胁，要么他留下来，要么他带所有人跟他一起走。再加上其他几个类似的事情，一些奸邪之人怀疑他有意背叛他父亲，但他从来没有过这样的想法。维斯帕西亚努斯也听说了这件事，但因为他对儿子的正直非常信任，所以他对这件事并不在意，甚至在听说提图斯已经在返程途中后，宣称提图斯为帝国的共事者，同样享有保民官权力，但是没有授予其"奥古斯都"和"帝国之父"的称号。这些荣誉几乎预示了提图斯会继承他父亲奥古斯都皇帝的位子，完全地享有皇帝的尊荣与权威（*Philostratus, in Apollon. Tyaneo.*）。提图斯路过阿哥斯市（Città di Argos）时，想要与当时颇有名望的哲学家阿波罗尼乌斯·提亚奈乌斯（Apollonius Tianeus）进行一场会谈，异教徒中流传着很多关于他的神话故事，因此提图斯向他请求为自己指明一些治国之道。阿波罗尼乌斯只是告诉他，要他效仿他的父亲维斯帕西亚努斯，并耐心地倾听德米特里乌斯（Demetrius）的进言——一位愤世嫉俗的哲学家，总是自由地阐明真相，不会阿谀奉承或敬畏任何人。阿波罗尼乌斯还告诉他，如果遇到失败，不要心浮气躁。提图斯承诺会做到这些。每个宫廷都希望有这样的哲学家，这样的哲学家也拥有很高的威信；或许每个国家只要想要，都可以找到这样的人，然而，之后再也找不到这样的提图斯了，这是令人担心的。提图斯在路上风闻了一些关于他的不利传言（有可能是忌妒的多米提安努斯一手策划的），说他令父亲怀疑他不会回来，因为他在策划更大的阴谋。于是，提图斯加快脚步，乘坐一艘货船抵达罗马后，他来到宫廷，这出乎所有人的意料，他几乎是带着责备地对父亲表明他是急忙赶回来与他会面的，因此语气有点儿尖锐："我来了，我的陛下，我的父亲，我来了！"

元老院为犹太之战的胜利分别授予了维斯帕西亚努斯和提图斯凯旋的仪式，但维斯帕西亚努斯在所有情况下都秉持节俭的原则，他无法忍受如此庞大的开销，因此要求为他二人办一场凯旋仪式就足够了。以前从来没有见过父亲和儿子一同庆祝凯旋的，这次真是有史以来第一次。罗马的提图斯凯旋门上（Arco di Titus）记述了这一盛典，在上面可以见到提图斯的军队抬着从耶路撒冷神庙里缴获的黄金烛台。犹太和日耳曼的战争已经胜利结束，这给了维斯帕西亚努斯机会来修建和平神庙（Tempio della Pace），以及继续完成雅努斯神庙（Tempio di Giano）。整个罗马帝国享受着令人向往的平静，同时恢复了过去多年来被取缔的公平正义并开始走向繁荣，人们内心充满了宁静与喜悦——这些都是维斯帕西亚努斯明智而仁慈的治理带来的。人们之前对于维斯帕西亚努斯就有很好的评价，他成为皇帝后，所作所为更是远远超出了所有人的预期（*Sueton., in Vespasianus, cap. 8.*）。维斯帕西亚努斯很快就准备重建过去在历代君主——或明君或暴君的统治下饱受磨难的罗马和整个帝国，直到去世，他从来没有停止过为罗马消除混乱、美化城市的行动。显然，过去的麻烦主要是由士兵，特别是禁卫军的贪婪、蛮横与无纪律造成的，于是维斯帕西亚努斯撤去了维特里乌斯任命的大部分禁军，并以严格的军纪要求他自己的禁军。

为了更好地管理禁卫军，也就是皇宫的护卫，他做出了一件令所有人惊讶的事，那就是任命自己的儿子与共事者提图斯为禁军总督——这一职位先前一直是由骑士担任的，随着时间的推移，它成了仅次于皇帝之位的（Dio, lib. 66.）最无上光荣、备受敬畏的职位。维斯帕西亚努斯的生活是节俭朴素的。每个人都对他这个皇帝非常尊敬，但他更喜欢以一个同乡和普通人的身份出现在大家面前。他很少住在宫殿里，而是经常居住在雅致的萨路斯蒂亚诺庄园（Orti sallustiani），在这里他不仅和蔼地倾听元老院的进言，还会倾听任何社会等级的人的诉求。他非常小心谨慎，常常于白天伊始躺在床上读写给他的信件和陈情书，穿好衣服后，他会接待他的家人与朋友，其中包括老普林尼（Plinius Junior, lib. 4, epist. 5.），与他们一同讨论必要之事。他走在路上也不拒绝与需要他的人讲话。他还经常到广场上为人民伸张正义。白天，他住处的大门朝所有人打开，并且没有护卫。他也经常出现在元老院，并表现出对议员们恰如其分的尊重，所有的重要事务他都会与元老院沟通议定。如果因事无法到元老院，他就把自己的观点与看法写下来，委托他的儿子在元老院将它们念出来。他不仅通过此举表示对元老院的尊重，还邀请元老院议员到他那里吃饭，同时他也经常去朋友和家人的家里与他们共进午餐。他会讲一些玩笑话，和蔼地戏谑别人，如果别人也对他开玩笑，他也不会迁怒于他们。他尤其喜欢结交有智慧的人，对于他们没有任何门槛，人们听他这样说（Philostratus, in Vita Apollonii Tyan.）："我可以向智者发令，智者也可以向我发令！"这个时期也不乏一些讽刺他的文章，尽管他对此有所注意，但并没有因此改变性情，而是继续做着他认为对国家有利的事。之前维斯帕西亚努斯与疯狂的尼禄在希腊的时候（Dio, lib. 66. Suetonius, in Vespasianus, cap. 14.），有一天他目睹了尼禄在剧院里大声咆哮，做出了与皇帝身份不符的举动，他忍不住内心的吃惊，做了一个示意表示不赞同。尼禄的自由奴隶菲比斯（Febo）观察到了这一切，便靠近维斯帕西亚努斯，说他不应该待在那个地方。维斯帕西亚努斯问："那您想要我去哪儿呢？"傲慢无礼的菲比斯回答道："去绞刑架。"维斯帕西亚努斯当上皇帝后，菲比斯非常渴望来到他面前跟他赔礼道歉，请求原谅，维斯帕西亚努斯并没有处罚他，只是跟他说："您应该自行离开，去绞刑架。"他通常没有什么耐心等待别人告诉他真相，还拥有忘掉侮辱的美好品德，这在西塞罗（Cicerone）写尤利乌斯·恺撒时被大加赞颂。维斯帕西亚努斯将维特里乌斯的三个女儿非常体面地嫁了出去，尽管有许多人曾策划过对抗他的阴谋，但他并没有惩罚他们，只是将他们放逐，他经常说："他们渴望得到帝国，对于他们的这种疯狂我表示同情，因为他们根本不知道当皇帝会伴随着多少负担和忧虑。"他对那些暴君统治下的残忍行政官施以恩惠，而不是施加惩罚，因为他相信他们那样做是出于害怕，而不是出于恶意。目前关于维斯帕西亚努斯的品行就说这些。由于塔西佗的记述已不完整，我们缺少这位君主所做之事的时间顺序，其他的事件我们会在后面讲到。

年　份　公元72年　小纪纪年第十五年

克莱孟教皇第六年

弗拉维乌斯·维斯帕西亚努斯皇帝第四年

执政官　维斯帕西亚努斯·奥古斯都第四次，提图斯·弗拉维乌斯·恺撒第二次

穆齐阿努斯（Mucianus）自从来到罗马，就开始享有一些最为显要的荣誉。维斯帕西亚努斯将叙利亚交给凯塞尼乌斯·佩图斯管理，佩图斯写信给罗马，说科马基亚的国王安条克（Antioco）——罗马下属最富有的国王之一，与他的儿子埃皮法涅斯（Epiphanes）以及帕提亚的国王沃洛加索斯（Vologeses）正在进行一些秘密的协议，计划起兵造反。朱塞佩对此有所怀疑（*Joseph., de Bello Judaico, lib. 7.*），安条克可能是无辜的，也可能是有罪的，他倾向于安条克是无辜的，因为佩图斯不太喜欢安条克，所以设计了这个阴谋。向维斯帕西亚努斯阐明真相太难了，但他不想忽略这一事情，因为该省作为索里亚与罗马帝国的边境十分重要，于是他给佩图斯下令，让他做他认为在这个关头最合适正确的事。之后佩图斯联合哈尔基斯（Calcide）的国王阿里斯托布鲁斯（Aristobulus）与霍姆斯（Emessa）的国王索赫姆斯（Sohaemus）一同带兵进入科马基亚。对于这场意想不到的进军，安条克并不想正面迎击罗马军队，于是带着所有家人撤退，让佩图斯公然闯入科马基亚的首

都萨摩赛特（Samosata）。安条克的儿子埃皮法涅斯与卡利尼库斯（Callinicus）拿起武器做了一些抵抗，但是没撑多久他们的士兵就向罗马军队投降了。他们二人逃到帕提亚国王沃洛加索斯那里，沃洛加索斯将他们作为皇室成员接待了他们。后来安条克逃到了西里西亚（Cilicia），佩图斯派人在塔尔西（Tarsi）将安条克抓住，带到了罗马。维斯帕西亚努斯不允许这样做，立即下令将安条克释放，并让他住在斯巴达（Sparta），为他提供所需的一切，以他自己喜欢的方式生活。在沃洛加索斯的劝说下，安条克的儿子获得许可来到罗马。后来安条克也来到了罗马，他们所有人都受到了光荣的对待，只是不再拥有科马基亚国了。苏埃托尼乌斯证实说（Suet., in Vespasianus, c. 8.），科马基亚加上后来的色雷斯、西里西亚和犹太都成了维斯帕西亚努斯统治下的行省，也就是说，直接受罗马行政官的管辖。但不是所有的事都是于这一年发生的。这段时期，帕提亚国王沃洛加索斯向维斯帕西亚努斯求助，因为凶残的鞑靼（Tartaria）民族进入米底亚国（Media），迫使该国的国王帕科罗斯（Pacorus）和亚美尼亚的国王提里达提斯（Tiridates）弃国而逃，而后，他们又威胁到沃洛加索斯的统治地域。维斯帕西亚努斯不想插手蛮族的事情，或许就是从这时起，他们之间的关系发生了一些转变。我们从狄奥尼（Dio, lib. 66.）那里得知，傲慢的沃洛加索斯在信中这么称呼自己：众王之王阿尔萨斯写给维斯帕西亚努斯。他甚至都没有承认维斯帕西亚努斯为罗马人的皇帝。维斯帕西亚努斯没有对他进行指责或抱怨，而是以同样的方式回复他：维斯帕西亚努斯写给众王之王阿尔萨斯。据说（Tacitus, in Vita Agricolae, c. 17.），这段时期大不列颠发生了一些战争，佩提利乌斯·塞里阿利斯在那里担任行政长官，他率领罗马军队又征服了一些新的地区。

与此同时，维斯帕西亚努斯继续制定了一些明智的规章制度（Suet., in Vespasiano, c. 9.），以消除权力滥用的现象，恢复罗马的良好秩序。他观察到一些不称职的元老院议员和骑士，将他们全部撤职。由于前任统治者的残暴，元老院议员和骑士的数量大幅削减，于是他为这些职位聘任了来自最名声显赫、受人尊敬的家族的人选，不仅仅是罗马的，还包括整个意大利和其他各省的。他发现民事纠纷正无法控制地快速增长，而且经常会持续很长时间，甚至永远都得不到解决——这一问题在其他时期和其他地方都很常见。因此，维斯帕西亚努斯在各地选举法官，让他们快速处理纠纷，而不用等待法庭常规而漫长的程序。为了阻止自由的女人放荡地与奴隶结婚，他更新了法令，规定如果自由的女人和奴隶结婚，她们就会失去自由，成为奴隶。为了遏制有人放高利贷给家庭中的儿子，他禁止放贷人在借贷人的父亲死后继续追要债务。没有什么比皇帝本人以身作则更能修正民间风尚，制止罗马人过度奢侈的行为了。维斯帕西亚努斯吃得很节俭，穿着也很朴素，从不穿华丽的服饰，他以自己的言行表示对这种过度奢侈的不赞成，但是他没有制定法律和惩罚条例，而是对贵族和所有希望获得或保留其恩惠的人进行风尚改革。他（*Suet., in Vespasianus, c. 8.*）原本授予了一个年轻人一个职位，那年轻人把自己喷得很香前去感谢他，维斯帕西亚努斯不屑地看着他说："我宁愿你臭得像大蒜一样。"然后撤去了那个年轻人的职位。除此之外，为了作为榜样纠正他人的虚荣心和自豪感，他经常谈到在当上皇帝之前他身份的低下，还嘲笑一些人为自己编纂出华丽家谱并吹嘘（*Idem, cap. 12.*）自己是皇帝家乡列蒂（Rieti）的首批建城者以及大力神赫拉克勒斯（Hercules）的后代。

一到夏天，维斯帕西亚努斯就会去列蒂城外他出生的别墅里住几天，他不想对那个地方做任何改变，以怀念它曾经的样子。为了纪念抚养他长大的祖母特图拉（Tertulla），他习惯在节日和神圣的日子里用她使用过的杯子喝酒。

年　份　公元73年　小纪纪年第一年
　　　　克莱孟教皇第七年
　　　　弗拉维乌斯·维斯帕西亚努斯皇帝第五年
执政官　弗拉维乌斯·多米提安努斯·恺撒（Flavius Domitianus Caesar）第二次，马库斯·瓦莱利乌斯·梅萨利努斯（Marcus Valerius Messalinus）

多米提安努斯任这一年的执政官（*Suet., in Domitianus, cap. 2.*）不是因为自己的功绩，也不是因为其父亲的推举，而是他好心的哥哥提图斯原本被指定为这一年的执政官，但是他把这一受人尊敬的高位让给了多米提安努斯，并恳求父亲的同意。这恰恰说明提图斯已经在各项事务中成了他年迈父亲的左膀右臂

(*Idem, in Titus, cap. 6.*)。

维斯帕西亚努斯向提图斯口述信件和布告，然后提图斯在元老院陈述父亲所做的必要决议。根据《尤塞比乌斯编年史》(*Euseb., in Chron.*)，大约是在这段时期，亚该亚（Acaia）、利西亚（Licia）、罗迪（Rodi）、拜占庭（Bizanzio）、萨摩（Samo）和东方的其他地方失去了自由，因为公民之间出现了叛乱和敌对，当地的行政官就滥用自由，损害人民的利益。过去罗马没有派行省总督或行政长官去那里，任他们靠自己的行政官和法律管理自己，从此之后，他们全都受罗马派去的行政官管辖，并且还要缴纳和其他省一样的赋税。据菲洛斯特拉托斯所述(*Philostratus, in Apollon. Tyan.*)，那个时期非常有名的哲学家阿波罗尼乌斯·提亚奈乌斯公然对抗维斯帕西亚努斯而引起了轰动，因为维斯帕西亚努斯夺去了希腊的自由。尼禄虽然是个很邪恶的君主，但他将自由归还给了希腊，但维斯帕西亚努斯任由哲学家不停地议论，他说希腊人已经忘却了由自由的人统治他们自己。卡尔维西乌斯（Calvisius）、佩塔维乌斯（Petavius）、比安奇尼（Bianchini）与其他人并不确切地知道时间，只是凭借猜测，认为在这一年哲学家们被赶出罗马。这一决议似乎有悖维斯帕西亚努斯的明智，但是他这么做也是基于一些合理的原因。罗马贵族元老院议员埃尔维迪乌斯·普里斯库斯（Elvidius Priscus）促成了这一决议，他还是斯多葛派哲学最严谨的专家，斯多葛派哲学当时在罗马人中非常受欢迎。科尔涅利乌斯·塔西佗(*Tacitus, Historiar., lib. 4, cap. 5.*)为普里斯库斯写了一篇伟大的颂词，歌颂他研究哲学不像很多人那样是出于虚荣，也不是为了追求闲适，而是为了能在生活中的各种事故面前保持镇定，为了能公正而精力充沛地坚持自己的公共职务，为了始终践行善事，逃避坏事。因此，他被普遍认为是一位好公民、好议员、好丈夫、好女婿及好朋友，他蔑视钱财，坚持正义，在任何事情上都英勇无畏。阿利亚诺（Ariano，*Arrian., in Epictet.*）、小普林尼（*Plinius junior, lib. 4, epist. 23.*）与尤维纳利斯（Iuvenalis）也对普里斯库斯赞誉满满。但是普里斯库斯太爱慕荣耀，甚至以缺乏谨慎的方式寻求荣耀(*Dio, lib. 66.*)。他的岳父特拉塞亚·佩图斯（Thrasea Paetus）过去得到了极高的赞誉，在任何与公众利益有关的地方他都会直言不讳，他的例子总是出现在普里斯库斯眼前，但是他不懂得模仿岳父谨慎的一面。特拉塞亚尽管害怕尼禄的残忍与暴虐，但他没有说，也没有做任何会冒犯尼禄的事，只是有时因不赞成尼禄的愚蠢与残暴而离开元老院，后来他也为此丧命。但是普里斯库斯丝毫不顾及别人的感受就自由而热烈地发表言论，并以此为荣。他在加尔巴和维特里乌斯统治时期就是这么做的，在维斯帕西亚努斯统治下表现得更甚，就好像这位仁慈的君主能够一直容忍他这样过分放肆的言论。更糟糕的是，他暴露自己反对君主制的思想，总是站在人民的一派，毫不避讳地在公众场合和私底下让每个人知道他仇恨维斯帕西亚努斯。在维斯帕西亚努斯皇帝抵达罗马的时候，普里斯库斯去问候他，然而他并没有称呼维斯帕西亚努斯为皇帝，而是直呼他的名字。他是公元70年的大法官，然而在他的任何布告中都没有对维斯帕西亚努斯的赞美之词，甚至连维斯帕西亚努斯的名字都没有提到。此外，他还到处说维斯帕西亚努斯的坏话，只赞颂人民的统治，同时还组建了一些反恺撒统治的派别。就这样，他继续着他自由的言论，以致元老院的其他人也傲慢无礼地与维斯帕西亚努斯大声争吵，就好像维斯帕西亚努斯与他们身份一样（*Sueton., in Vespasianus, cap. 15.*）。在平民法官的命令下，普里斯库斯被逮捕，交到了侍从官那里，也就是司法下级官员，善良的维斯帕西亚努斯非常遗憾失去这样一个有才华的人，但他认为为普里斯库斯的蛮横无理而进行庇护并不好，那天他走出元老院哭着说："我的儿子会继承我，其他任何人都不会。"或许他想表明，普里斯库斯那些放肆的言行是出于对王位的觊觎。尽管维斯帕西亚努斯宽厚仁慈，但也不允许赦免这样扰乱秩序、诋毁当下政府的人，如果不判普里斯库斯流放，他极有可能挑起叛乱，而且这位不知谨慎的哲学家很有可能从那以后还是不知收敛。元老院最终判了普里斯库斯死刑（不知道是哪一年），并派人执行了这一判决。维斯帕西亚努斯随后下令救普里斯库斯，但是他误以为派出去的那些人没有及时赶到。有可能是穆齐阿努斯做了手脚，比起维斯帕西亚努斯，他不太喜欢普里斯库斯，于是欺骗了维斯帕西亚努斯，将普里斯库斯除掉了。就是在这个时候（*Dio, lib. 66.*），穆齐阿努斯说服皇帝将所有哲学家赶出罗马，特别是研究斯多葛派哲学的人，它被认为是一门傲慢的哲学。除了崇拜自己、蔑视他人，斯多葛派哲学的追随者在学院里甚至在公众面前，宣称反对君主制国家，支持民主国家，羞辱需要对任何统治者表示敬意与忠诚的体制。除了普里斯库斯被判刑，哲学家荷提里乌斯（Hostilius）与德米特里乌斯（Demetrius）也被流放到岛上。就在荷提里乌斯在争论反对君主制国家的时候，传来了他被流放的消息，他情绪变得激昂，以更加难听的话诋毁君主制国家——他后来改变了观点。德米特里乌斯研究的是愤世嫉俗的哲学，或者叫犬儒哲学，也就是以"咬人"为荣，对于任何人的缺点和错误都不以为意（*Sueton., in Vespasianus, cap. 13.*）。在被判刑之后，看到维斯帕西亚努斯走来，德米特里乌斯没有向他问候，甚至都没有从座位上起身，还听到他低声讲着侮辱维斯帕西亚努斯的话。耐心的君主走过，只说了句："真是条狗！" 德米特里乌斯没有改变态度，继续说着维斯帕西亚努斯的坏话，维斯帕西亚努斯注意到他如此傲慢，在他的耳边只说了这几句话："你做这些无非是想让我把你杀死，但我不会浪费时间杀一条不会叫的狗。"据狄奥尼证实，只有罗马骑士、杰出的斯多葛哲学家盖乌斯·莫索尼乌斯·鲁弗斯（Gaius Musonius Rufus）没有被赶出罗马，这与《尤塞比乌斯编年史》的记述不太一样。《尤塞比乌斯编年史》中讲到提图斯在父亲死后将他从流放中召了回来。

年　份　公元74年　小纪纪年第二年
　　　　克莱孟教皇第八年
　　　　弗拉维乌斯·维斯帕西亚努斯皇帝第六年
执政官　弗拉维乌斯·维斯帕西亚努斯·奥古斯都第五次，提图斯·弗拉维乌斯·恺撒第三次

提图斯·恺撒卸任执政官之职后，他的弟弟多米提安努斯·恺撒接替了他的职位。

这一年，维斯帕西亚努斯与提图斯完成了人口普查，也就是他们从前几年就开始的对罗马公民的情况调查。这是罗马皇帝所做的最后一次人口普查。老普林尼写道（*Plinius, Histor. Natural., lib. 7, cap. 49.*）："这次人口普查在亚平宁山脉与

波河之间发现很多高龄老人。"帕尔马（Parma）有3位100岁的老人和2位130岁的老人，布雷塞洛（Brescello）有一位125岁的老人，皮亚琴察（Piacenza）有一位131岁的老人，法恩扎（Faenza）有一位132岁的老妇人，博洛尼亚（Bologna）和里米尼（Rimini）有2位150岁的老人。这个数据是否准确，有待商榷。另外，在意大利的第八大大区——从里米尼直到皮亚琴察，发现了54位100岁的老人、14位110岁的老人、2位125岁的老人、4位130岁及同样多的135岁或137岁的老人，还有3位140岁的老人。由此可以推测出哪个大区拥有意大利最有益于健康的空气。如果意大利的其他地方也发现类似年纪的高龄老人，那就不明白为什么老普林尼没有提到他们了。

  大概是在这段时期（*Dio, lib. 66. Sueton., in Vespasianus, cap. 3.*），对维斯帕西亚努斯非常重要的女人塞尼德（Cenide）去世了，她是克劳狄乌斯·奥古斯都的母亲安东尼娅（Antonia）的自由奴隶。维斯帕西亚努斯原本已经娶了弗拉维娅·多米蒂拉（Flavia Domitilla）为妻，并生下了提图斯和多米提安努斯。在多米蒂拉去世后，塞尼德作为她的朋友，成为皇帝维斯帕西亚努斯的红颜知己，他非常爱她，不仅仅是因为她的忠贞与从容，以及在他还是普通人时受到她很多的恩惠，还因为他需要塞尼德作为中间人为他挣钱。或许贪婪是这位皇帝被普遍戏谑的唯一缺点（*Sueton., in Vespasianus, cap. 3.*）。维斯帕西亚努斯对于金钱永不满足，为此，他恢复了早在加尔巴时期就被废除的赋税，还增添了一些新的苛税，并调高了各省要缴纳的贡税，对有的省份还征收两倍的贡税。他还任由自己从事可耻的非法交易，低价购买东西然后将它们高价卖出去。塞尼德也帮助他挣了很多钱。任何寻求教士职务或文职和军事职位的人都会靠近她，向她出示与所求职位成比例的报酬，请求她为自己谋得职位。只要他们愿倾尽钱囊，她并不管这些竞争者是不是正派之人。她还以这种方式出售君主的其他恩惠，但有能力之人必须拿钱来交换它们。所有人都认为维斯帕西亚努斯是这件事的参与者，他越是这般被贪婪的欲望征服，越是沦落到下流的行列（*Sueton., in Vespasianus, cap. 23. Dio, lib. 66.*）。有个城市的代表向维斯帕西亚努斯请求许可建造一座献给他的雕像，建造这座雕像需要高达25 000银币，为了让他们认识到他更爱钱，他张开手对他们说："这就是你们的雕像矗立的根基。"他用嘲笑自己的方式来掩饰他的羞耻,还嘲笑那些不赞同他靠这些可鄙的方式聚敛钱财的人,其中就包括他的儿子提图斯。提图斯无法忍受某项对小便征收的赋税,便跟父亲严肃地谈了谈,称这项赋税是散发恶臭的。维斯帕西亚努斯则将这项赋税征收的第一笔金钱拿来,让儿子闻味道,问他:"这些钱是否有难闻的味道?"一天,他乘轿子出行时,赶骡子的人停下来说需要给骡子钉蹄铁,他怀疑这是赶骡子的人编造的一个借口,为了给一个争吵者留出时间跟他(赶骡子的人)讲话,于是维斯帕西亚努斯问:"给骡子钉蹄铁可以挣多少钱?"因为他也想分得其中的收益。或许他这么说只是开玩笑,但他确实这么对待过他最亲信的朝臣之一,那个朝臣请求维斯帕西亚努斯给一个他视为兄弟的人授予职位。维斯帕西亚努斯叫来了那个人,他想从那个人那里得到议定的金钱,作为给其封职的交换。后来那个朝臣再次向他提出诉求,维斯帕西亚努斯对他说:"去找另一个兄弟吧,因为你推举的人不是你的兄弟,而是我的兄弟。"

维斯帕西亚努斯一直孜孜不倦地积累财富,当时的历史学家谴责他并不是没有缘故的,他的臣民们对他的骂声更大。一些人认为,这是他天性中的一个弱点,有些人则认为是穆齐阿努斯激发了他对金钱的欲望,穆齐阿努斯向他说明国家的强盛繁荣在于充盈的国库,这既是为了稳定军心,也是为了满足其他各种需要。然而,正如苏埃托尼乌斯(*Sueton., in Vespasianus, cap. 16.*)和狄奥尼(*Dio, lib. 66.*)所认为的,维斯帕西亚努斯这一缺点其实没有那么恶劣,因为他从来没有为了抢夺别人的财产而处死某个人,也从来没有通过不正当的方式霸占别人的财产。更加值得一提的是,他不热衷也不愿把钱用在自己的享乐上,因为他在任何方面都很节制,他不会在不必要的东西上花钱。同时,他不是那种卑鄙地私吞金钱的人,因为他很乐意将钱分给所有需要的人,将钱用于对人民有益的事情上。他还会将钱赠送给值得的人(*Sueton., in Vespasianus, cap. 16.*),帮助那些陷入贫困的贵族。事实上,他的慷慨惠及了所有人。他非常注重促进艺术和科学的发展,以各种方式支持从事艺术与科学的人,他还首次在罗马建成了一座希腊语和拉丁语口才学院,并从他的国库中支出高额的薪水。他将从各处找到的最杰出的诗人和技工叫到他跟前为他服务,所有人都获得过他的慷慨赠予。他尤其关心地位低微的百姓能够从中受益,为此,他时不时地举办一些盛大的宴会。有一个非常有才能的技工，只花了很少的钱就运送了很多圆柱，维斯帕西亚努斯只是赠送了他一件礼物，并不想用他，以免他骗取平民的收益。他在罗马修建了一些引水渠，打造了一座巨人像。他不仅设计建造了各种非凡的工程，还继续完成了一些其他人未完成的建筑，但他并没有以自己的名字给这些建筑物命名，而是以首位建造者的名字给它们命名。当时罗马帝国内有很多城市由于地震而四处塌陷，或者由于火灾而变得面目全非，维斯帕西亚努斯拿出资金重建这些城市，并将它们建造得比之前还漂亮。他还注重在各城市建立驻防地，并整修帝国内的公共街道（Aurelius Victor, in Breviar.）。有很多碑文（Gruterus, Thesaur. Inscription. Thesaurus Novus Veter. Inscription. Muratorian.）都可以证实这些事情。为此，他需要开凿山峰，凿碎巨岩，但整项工程他都没有敲诈人民一分一毫。他还在圆形剧场内举行野兽狩猎的表演以娱乐人民，但是废除了令人憎恶的角斗士搏斗表演。据佐纳拉斯所述（Zonaras, Annal.），维斯帕西亚努斯从来没有想过夺取那些曾经起兵造反之人的财产，而是让他们将财产留给他们的儿子或亲属。这或许可以用来为这位君主在爱财这方面进行辩护，虽然不能使他免受所有指责，但他很好地利用了这些钱，多少可以使人们对他曾经为获取财富而采取的不当行为产生一些谅解。

如果老普林尼的记述（Plinius, Histor. Natur., lib. 3, c. 5.）是准确的，这个时期对罗马城的城墙进行了测量，有13 200罗马步之长，它的市镇占据了一大片地域。

年　份　　公元75年　小纪纪年第三年
　　　　　克莱孟教皇第九年
　　　　　弗拉维乌斯·维斯帕西亚努斯皇帝第七年
执政官　　弗拉维乌斯·维斯帕西亚努斯·奥古斯都第六次，提图斯·恺撒
　　　　　第四次

这一年7月1日，弗拉维乌斯·多米提安努斯·恺撒（Flavius Domitianus Caesar）与马库斯·李锡尼·穆齐阿努斯（Marcus Licinius Mucianus）接替了执

政官之职，这是多米提安努斯第四次任执政官，穆齐阿努斯第三次任执政官。

穆齐阿努斯继续受到维斯帕西亚努斯的青睐（*Sueton., in Vespasianus, c. 23.*）。他天生傲慢，而且因为被授予了最高的荣誉，他深晓如何维护自己的权威（*Dio, in Excerptis Valesian.*）。对于那些对他显示出一点点敬重的人，他会想方设法为他们谋求职位和晋升；而那些仅仅是没有对他表示尊敬的人（都不用说顶撞他或侮辱他的人），则会遇上麻烦，他对这样的人怀有深仇大恨。他热衷于公开散播虚假的言论，整日夸耀他为维斯帕西亚努斯所做的巨大贡献，还称维斯帕西亚努斯戴在头上的王冠是他的馈赠。有时候，他过分傲慢，对自己的功绩自视过高，甚至连皇帝本人都不尊重了。然而，维斯帕西亚努斯有一颗宽宏大量的心，极有耐心地容忍着这个人，总是害怕如果表示出对他的厌恶或对他施加惩罚，会显得自己不知感恩。他甚至不敢当面指责穆齐阿努斯，只会在跟几个平常的朋友倾诉的时候表示一下对穆齐阿努斯生活方式的不满，说："我也是人啊。"他向他们吐露一切，希望穆齐阿努斯能够改正（*Sueton., in Vespasianus, c. 14. Dio, lib. 66.*）。他的朋友向他提建议，要他提防梅利乌斯·庞波西亚努斯（Melius Pomposianus），因为梅利乌斯给自己做过占卜，吹嘘自己有一天会成为皇帝。但是维斯帕西亚努斯没有惩罚他，而是任命他为执政官（不知道是哪一年），更像是玩笑而非认真地说道："有一天他会记得我对他的好。"

维斯帕西亚努斯举办了隆重的仪式，庆祝和平神庙的开放和献祭，这座神庙修建在公共广场附近，以感谢在前几任暴君统治下，经历了动乱时代之后，上帝给罗马帝国，特别是罗马带来了宁静。老普林尼（*Plinius, lib. 36, cap. 15.*）称这座神庙是"有史以来最美丽的建筑之一"。赫罗狄安（Herodianus）也写道（*Herodian., lib. 1, c. 14.*）："这是罗马规模最为庞大、最富丽堂皇的建筑，上面有无数的金银装饰。"这些装饰包括从耶路撒冷极为富有的神庙里带来的制作精美的烛台和花瓶。但是大约100年后，在康茂德·奥古斯都皇帝（Commodus Augustus）统治时期，这座非凡的建筑由于一场偶然或者人为的大火，被完全吞噬了。

年　份　公元76年　小纪纪年第四年

克莱孟教皇第十年

弗拉维乌斯·维斯帕西亚努斯皇帝第八年

执政官　弗拉维乌斯·维斯帕西亚努斯·奥古斯都第七次，提图斯·弗拉维乌斯·恺撒第五次

我们有充足的证据相信，这一年7月1日，这两位执政官中的一位被多米提安努斯·恺撒接替，很可能是提图斯。据潘维尼乌斯（*Panvin., in Fastis.*）所述，提图斯·普拉提乌斯·西尔瓦努斯（Titus Plautius Silvanus）接替了另一位执政官的职位，这是他第二次任执政官。但是没有其他证据证明这个有学问的人是在这一年被第二次任命为执政官，只知道他两次担任执政官。

我们从斯帕提亚努斯（Spartianus）那里得知，哈德良（Hadrianus）于这一年1月出生，他后来成为皇帝。据尤塞比乌斯（*Eusebius, in Chronic.*）证实，享有盛誉的历史学家昆图斯·阿斯库尼乌斯·佩狄亚努斯（Quintus Asconius Pedianus）成名于这个时期，他对西塞罗演说的一些评议留存至今。这位学者在73岁时双目失明，又继续活了12年，他始终受到所有人的尊敬。

尤利乌斯·弗朗提努斯（Iulius Frontinus）是这个时期大不列颠的行政长官，他成功地使大不列颠岛上的支留民族归顺于罗马帝国。与此同时，以土利亚的国王阿格里帕（Agrippa）带着妹妹贝伦妮斯（Berenice），或者叫贝洛妮斯（Beronice）来到了罗马（*Dio, lib. 66.*），他是犹太国王阿格里帕大帝（Agrippa il grande）的儿子。贝伦妮斯年轻貌美，早先嫁给了她的叔叔——哈尔基斯（Calcide）的希律（Herodes）国王（*Joseph., Antiq. Judaic., lib. 18.*），后来又嫁给了西里西亚的国王宝莱蒙（Polemone）。提图斯·恺撒迷恋上了她，有可能在他进行犹太之战的时候，他们之间就开始了爱慕的关系。在罗马，阿格里帕获得了行省总督的职位。贝伦妮斯给维斯帕西亚努斯献上礼物，因获得他的好感而住进了皇宫，她不断地向提图斯示好，以至于提图斯希望改变他们之间的朋友关系，与她结婚，实际上她已经享有这样的待遇和权威了，就好像她已经是提图斯真正的妻子。但是罗马法律禁止罗马贵族与外族女子结婚，因为那些外族女子有可能是蛮族女子（蛮族指的是当时不附

属于罗马帝国的民族），或者虽然她们所在国的国王附属于罗马帝国，但仍然被视为暴君。罗马人民对提图斯与贝伦妮斯的关系议论纷纷，以至于有流言说提图斯这是为了用婚姻关系完全将贝伦妮斯留在自己身边。提图斯对自己的激情有很强的控制力，荣誉在他心中更重要，于是他选择了放手，让贝伦妮斯返回了她的家乡。苏埃托尼乌斯（*Sueton., in Titus, cap. 7.*）将提图斯这个非凡的举动放在了他成为皇帝之后，然而狄奥尼（*Dio, lib. 66.*）却是在这段时期讲述了这件事。狄奥尼还补充说，贝伦妮斯在维斯帕西亚努斯去世后回到了罗马，希望重拾旧情，但她最终还是失望而归。其他几位历史学家也对此保持一致。

年　份　公元77年　小纪纪年第五年

　　　　克雷教皇第一年

　　　　弗拉维乌斯·维斯帕西亚努斯皇帝第九年

执政官　弗拉维乌斯·维斯帕西亚努斯·奥古斯都第八次，提图斯·弗拉维乌斯·恺撒第六次

这一年7月1日，执政官之位被授予多米提安努斯·恺撒（第六次担任执政官）与格奈乌斯·尤利乌斯·阿格里科拉（Gnaeus Iulius Agricola）——他的女婿科尔涅利乌斯·塔西佗为我们留下了一部关于他一生的著作。

维罗纳人老普林尼（*Plinius Senior, in Praefatione.*）于这一年完成了《博物志》（*Storia Naturale*）的编纂，并将此书献给提图斯·恺撒，提图斯第六次推举他为执政官，这让人们认识到他有多么喜欢普林尼，对他的作品有多么尊敬。这部古代非凡的百科全书是蕴含着丰富学识的宝藏，历经漫长的岁月最终被幸运地保存了下来，但是令人心痛的是，它还是有不少损坏的地方，由于缺少史料，文章无法再修复使其变得更加真实可靠。从他给奥索尼乌斯（Ausonius）的一封信中可以获悉，普林尼的其他书籍均不幸被毁，但是那些书籍都不如《博物志》意义重大。

我们从《尤塞比乌斯编年史》（*Euseb., in Chron.*）中得知，这一年，或者是下一

年，罗马遭遇了一场非常严重的瘟疫，每天都有成千上万人死亡，好比经历了一场极其惨烈的大屠杀。但是，这场灾难有可能发生在公元80年，也就是提图斯统治时期。大概是在这个时期（*Dio, lib. 66.*），两位愤世嫉俗的哲学家来到了罗马，根据他们的理念，诽谤他人可以令自己光彩夺目。他们其中一位叫第欧根尼（Diogenes），他之所以取这个名字，可能是为了效仿亚历山大大帝时期的一位叫作第欧根尼的古代著名哲学家。第欧根尼在一个坐满大人物的公共剧院里，大肆发表对罗马人的侮辱与讽刺之语，在监察官的命令下，他遭到一顿毒打作为惩罚。另一位叫伊拉斯（Eras），他更加无耻地朝罗马人宣泄怒气，发表对抗罗马人的演说，或许甚至对皇帝也怀恨在心。最后，他被处以砍头之刑。狄奥尼记述了这样一件奇事（*Dio, lib. 66.*）：在一个酒馆里，有一个酒桶装满了葡萄酒，甚至有些葡萄酒溢出来了，流淌在街上。当时的罗马人很容易将虚假的事情传成真实的事情，或者将一些自然的事件视为奇迹。有许多奇迹般的事是关于维斯帕西亚努斯的，我在这里就不赘述了，因为都是当时骗人的诡计或是源于人们的无知。在提图斯·利维乌斯（Titus Livius）的史记中也不乏这样的故事。

据说，克莱孟教皇逝世后，克雷（Cletus）于这一年继任了罗马教皇之职。

年　份　公元78年　小纪纪年第六年
　　　　克雷教皇第二年
　　　　弗拉维乌斯·维斯帕西亚努斯皇帝第十年
执政官　卢基乌斯·凯奥尼乌斯·康茂德（Lucius Ceionius Commodus）与德西穆斯·诺维乌斯·普里斯库斯（Decimus Novius Priscus）

一些人认为，执政官卢基乌斯·凯奥尼乌斯·康茂德有可能是卢基乌斯·维鲁斯（Lucius Verus）的祖父，后来卢基乌斯·维鲁斯被哈德良皇帝收为养子。尤利乌斯·卡皮托里努斯（Iulius Capitolinus）对此有所记述（*Capitolinus, in Vita Lucii Veri.*）。

我们从塔西佗那里得知（*Tacitus, in Vita Agricolae, cap. 9.*），去年的执政官格奈

乌斯·尤利乌斯·阿格里科拉（Gnaeus Iulius Agricola）被派去大不列颠代替尤利乌斯·弗朗提努斯（Iulius Frontinus）担任那里的行政长官。阿格里科拉是一个难得的谨慎与正直之人，他到达大不列颠后，不遗余力地重整军队纪律，消除过去权力滥用的现象，同时削减赋税，将其进行有序的划分。通过这些举措，大不列颠的税收行政官滥用职权的行为得到了遏制，各地又恢复了和平。莫纳岛［Mona，现今的安格尔西岛（Anglesei）］的奥多维奇人（Ordovici）在前几年就已不再服从罗马人的管辖。阿格里科拉率兵前往那里，赢得了战争的胜利，使得那里的人民重新对罗马宣誓效忠。

有可能是在这个时期（*Dio, lib. 66.*），人们发现高卢的贵族尤利乌斯·萨比努斯（Iulius Sabinus）仍然活着。萨比努斯于公元70年在他的家乡朗格勒（Langres）拿起武器对抗罗马人，并煽动那里的人民起兵造反（*Plutarch., in Amatorio.*）。他在一场战役中战败，虽然他本来可以去蛮族人那里避难，但是出于对妻子佩柏妮拉［Peponilla，塔西佗称她为艾博妮娜（Epponina），普鲁塔克称她为恩波娜（Empona）］非凡的爱，他决定在乡下一间房子的地下室里躲藏起来，并散播流言称他已经死了。与此同时，他解雇了所有的仆人和奴隶，只留下两个最亲信的侍从，对他们声称自己想要服毒自尽。他很关心是否所有人都相信他已死亡，而他妻子的反应证实了这件事，她听到这个消息立马昏厥过去，整整3天不想进食。由于害怕妻子会为他的假死而准备自尽，他告知了妻子他的藏身之处，并恳求她不要再继续为他哭泣了。之后，她就时不时地在夜晚去找丈夫，就这样她怀孕了，但她非常机智地掩饰了她的怀孕和分娩，没有任何人觉察到他们的往来。然而多年后不幸的萨比努斯还是被发现了，他和他的妻子被一同带到了罗马。为了博得维斯帕西亚努斯的怜悯，佩柏妮拉向他介绍了她的两个小儿子，为了让大家为她向皇帝请求宽恕，她说她是在坟墓里生下的他们。这些话语令所有人动容落泪，也感动了维斯帕西亚努斯。尽管如此，维斯帕西亚努斯还是将这两个孩子判处了死刑，佩柏妮拉暴跳如雷，她愤怒地对维斯帕西亚努斯说了些冒失的话，说她宁愿忍受生活在坟墓里，也不愿意称他为皇帝。不知道为什么向来心胸宽广、做出很多仁慈之举的维斯帕西亚努斯对待这件事会如此严苛，或许是那个愤怒的女人说的冒失之语激怒了他，令他忘记了他原来的样子。据普鲁塔克证实，这一严苛的审判——尽管这是维斯帕西亚努斯统治时期做出的唯一不太道德的事，给维斯帕西亚努斯的好名声带来了极大的耻辱，这一可憎之事也使他统治的王朝很快没落。我不知道那个时期的诗人有没有将这一悲剧故事搬到剧院里，但我很清楚，这一主题一定会很引人注目，因为它既离奇，又能像从前那样令今天的观众也感动落泪。

年　份　公元79年　小纪纪年第七年
　　　　克雷教皇第三年
　　　　提图斯·弗拉维乌斯皇帝第一年
执政官　弗拉维乌斯·维斯帕西亚努斯·奥古斯都第九次，提图斯·弗拉维乌斯·恺撒第七次

这一年，维斯帕西亚努斯·奥古斯都去世，我随后就会讲到。根据我从别处得到的推测（*Thesaurus Novus. Inscript., pag. 111.*），有可能在7月1日，执政官之位被授予了马库斯·提丢斯·弗鲁吉（Marcus Titius Frugi）与维图斯·维尼乌斯（Vitus Vinius），或者叫维尼修斯·尤利安努斯（Vinicius Iulianus）。

迄今为止，维斯帕西亚努斯将罗马帝国治理得井然有序，他贤明温和的统治令人称赞，在王室里找不到一个对抗他的敌人。然而，可能仅仅因为萨比努斯的死令所有人同情，使得人们对这位皇帝产生了憎恶之感，或者是因为他的继承者提图斯不太受人爱戴，又或者更加可能的是，这个世界从来不乏一些疯狂邪恶之人。可以确定的是，这一年有两位主要人物策划了一场对付维斯帕西亚努斯的阴谋（*Dio, lib. 66. Suetonius, in Titus, cap. 6.*）。这两个人分别是曾任执政官的阿利埃努斯·塞西纳与埃普里奥·马塞卢斯，他们都是罗马有权势的人，同时也得到了皇帝的喜爱与恩惠。据说，维斯帕西亚努斯将他们视为自己的好朋友，但他们其实是两个不知感恩的人，这与他们其他更坏的品质相对应。提图斯·恺撒看到他们亲手写的信，确证了他们的阴谋，但提图斯不想浪费时间，因为他担心他们会在当天晚上就行动，于是邀请塞西纳与他共进晚餐，晚餐之后，没有经过进一步的审判，提图斯就令禁军

杀死了塞西纳。当马塞卢斯听说自己被判处了死刑的时候，用剃刀割喉自尽。不可否认提图斯对塞西纳采取的决策是不太合理的，至少是无法被原谅的，因为这一举动，很多人对他心生仇恨。在这次事件之后，维斯帕西亚努斯（Idem, in Vespasianus, cap. 24.）开始感到身体不适，发了几次低烧，像往年的夏天一样，他去了他在家乡列蒂（Rieti）的别墅居住。那里有科蒂利亚温泉（Acque Cutilie），但是水非常冰冷，斯特拉波和普林尼称这温泉水可以治愈各种疾病。可能是因为水质有害，也可能是维斯帕西亚努斯饮用过多，这水使得他的胃受到严重损害，并导致他腹泻。他是一个爱开玩笑的君主，从开始有发烧的症状，他就拿他那个时期的迷信说法开玩笑，称皇帝死后都会神化，说："似乎我也开始变成神了。"不久之前出现了一颗彗星，对此他说："这不是在预示我。它的彗尾是在威胁有着浓密长发的帕提亚国王，而我是个秃头。"因此，尽管身体虚弱，他还是像以前那样身体力行地操持着国事，接见各市的特使，他说："皇帝是站着死的。"维斯帕西亚努斯始终保持着这样的勇气，最终在1月23日或24日去世，享年70岁。他并不是像一些人认为的那样死于足痛风，更不像某些人，其中包括哈德良皇帝错误认为的那样（Dio, lib. 66.），说是他的儿子提图斯在一场宴会中给他投了毒，他永远不会招致这样恶毒的怀疑。后来，人们为他的葬礼举行了惯常的仪式，封给他"神"的称号。据苏埃托尼乌斯（Sueton., in Vespasianus, cap. 19.）所述，一些滑稽演员也参加了葬礼，他们跳舞，模仿已逝皇帝的形象、举止和说话方式。滑稽演员之首在这一场合下扮演维斯帕西亚努斯，很可能他戴着与维斯帕西亚努斯面容相似的面具，想表现皇帝吝啬的一面，于是问财政官这场葬礼花了多少钱。财政官回答说："25万银币。"这个演员说："给我250银币就够了，你们将我扔进河里。"当时人们认为没有葬礼是很不幸的一件事，但是在维斯帕西亚努斯看来，为了一点点收益，没有葬礼他也会心满意足。

维斯帕西亚努斯的长子提图斯·弗拉维乌斯·萨比努斯·维斯帕西亚努斯·恺撒早已是他在罗马帝国的共事者，也拥有军队的指挥权，享有保民官权力，因此他并不需要使用什么手段，就已经享受了很高的地位与荣誉，而且他的父亲已经在遗嘱里宣称他为继承者。于是，提图斯获得了代表最高权力的"奥古斯都"封号，以及大祭司长的职权，元老院还授予了他"国父"的光荣头衔，正如他的勋章上显示的那样。据苏埃托尼乌斯证实（Sveton., in Titus, cap. 1.），提图斯于公元41年在罗马出生，正是卡里古拉皇帝被刺杀的那一年。由于那个时期他的父亲时运不佳，因此提图斯是在旧塞蒂基奥尼奥（Settizionio）附近一间简陋的狭窄黑暗的房间里出生的，这在苏埃托尼乌斯所处的时代很罕见。少年时提图斯就被安置在宫廷里，可能是作为侍童服侍克劳狄乌斯皇帝的儿子不列塔尼库斯，他与不列塔尼库斯一起长大，一起跟随同一老师学习文学和骑士艺术。他与不列塔尼库斯关系非常亲密，所以在不幸的不列塔尼库斯中毒身亡的时候，他十分悲痛，甚至还为此生了一场大病。他成为皇帝之后，为了表达对不列塔尼库斯的感谢，为其打造了两座雕像，一座是金制的，另一座是象牙制的骑马雕像。他是个身材高大、结实健壮、面容英俊的年轻人，很容易就学会了战争与和平的艺术，尤其是会熟练操纵武器和马匹。他的拉丁语与希腊语说得很好，会做一些精彩的演讲，通晓音乐，还会创作诗歌，在即兴诗人中他也出类拔萃，模仿其他人的特点对他来说轻而易举，于是他开玩笑说他本可以是一个伟大的伪造者。在维斯帕西亚努斯还在世时，他与父亲一同参与了日耳曼之战、大不列颠之战以及之后的犹太之战，正如前文说到的，他在各个场合都谨慎小心、英勇有为，因此在各处都赢得了军队的爱戴。他在赢得人们的喜爱这方面有着非凡的技巧，一部分出于他的自然天性，另一部分则是通过他的精明与睿智取得的。人们发现他对所有人都和蔼可亲、宽容大度，但又严肃认真，从而赢得众人的心，他同时要求所有人对他尊重。他的第一任妻子是阿里西迪亚·特图拉（Arricidia Tertulla）——一位禁军总督的女儿。阿里西迪亚·特图拉去世后，提图斯娶了贵族世家的玛西娅·弗妮拉（Marcia Furnilla），在她生下一个女儿，取名为茱莉亚·萨比娜（Giulia Sabina）之后，他就与她离婚了。提图斯继承父亲奥古斯都的位子统治罗马的时候就是处于这样的状态，但是他并不是没有缺点，我将其留在下一年进行讲述。

据说（Plinius Junior, lib. 6, epist. 16 e 20.），这个时期著名的作家老普林尼于这一年去世，关于他的家乡是维罗纳还是科莫一直存在争议。11月1日这天，维苏威山突然开始冒烟（*Dio, lib. 66.*），向周边所有地方喷射火焰、石砾和灰烬。老普林尼当时在米塞诺，是当地舰队的指挥官，他一直对自然事物有研究，为了更近距离地观察那座山的喷射口，他乘坐一艘战船来到斯塔比亚海上城堡。尽管他看到人们纷纷从海边逃跑，以免被大火或石头所困，但他还是在那里停留了一晚。当他想要逃走时，突然发生暴风雨，他因此无法从海上离开，最终因硫黄的气味和充满熏烟的空气窒息而亡。年轻的小普林尼是他的侄子，科莫人，被他收为养子，当时居住在米塞诺，他具有的非凡天赋不亚于他的叔叔，在那紧急关头他也差点儿丧失性命，还好他有时间逃生得以幸存。

年　份　公元80年　小纪纪年第八年
　　　　克雷教皇第四年
　　　　提图斯·弗拉维乌斯皇帝第二年
执政官　提图斯·弗拉维乌斯·奥古斯都第八次，多米提安努斯·恺撒第七次

提图斯登上皇位时拥有着所有令人称赞的优秀品质，因此无须掩饰苏埃托尼乌斯（*Sueton., in Tacitus, cap. 7.*）对他的描述，他写提图斯曾经让很多罗马人民以为他会是一个邪恶的君主，甚至是另一个尼禄。提图斯有时候会与他的朋友花天酒地，这是当时的罗马智者们一直避讳的事情。提图斯当时疯狂地迷恋上了贝伦妮斯，这使他们认为提图斯沉迷于更加无耻的淫欲。此外，人们还担心他会是一位热衷于抢夺他人财产的君主，担心他会在司法审判中收受贿赂。但是在他的父亲去世后，所有这些怀疑都终止了。令所有人吃惊，同时也令所有人高兴的是，提图斯仿佛完全变了一个人，没有了各种恶习，只拥有一些卓越的美德，因此人们过去对他的恐惧如今全都变成了对他的称赞。继承了父亲的皇位后，他立即将宫廷中所有会引起丑闻的人撤了职，推举了那些具有极高声望和优秀品质的朋友，后任的几位皇帝也重用这些人，就好像他们是治理得善的有用且必要的工具。贝伦妮斯回到了罗马，幻想着已成为皇帝的提图斯可以为她做很多事，但是提图斯只是赶紧把她送了回去。提图斯邀请元老院议员和贵族参加宴会，宴会令

人愉悦，但并不奢侈过度。更加难得的是在他身上看不到贪婪吝啬的影子，他从来不抢夺他人的财产，也不允许各省市与学院给皇帝献礼。没有哪个时期的罗马比得上提图斯统治时期的罗马宏伟与壮丽。因为这一年，他建造了著名的圆形剧场（Sueton., in Tacit., cap. 8.）——如今被称作罗马斗兽场（Colosseo）——这座非凡绝伦的建筑。据说，它是从维斯帕西亚努斯时期开始建造的，而后由提图斯完成并优化。没有什么比那座宏伟的建筑仍保留至今的碎片更能让人意识到古代奥古斯都皇帝所拥有的权力与统治时期的辉煌。他还在这一斗兽场里修建了温泉，也就是公共浴池。据纳尔迪诺（Nardino）、多纳托（Donato）和其他人证实，它的遗迹至今还可以在温库拉的圣彼得教堂（Chiesa di Sanctus Pietro in Vincula）见到。当人们为这些建筑举办落成仪式时，提图斯举办了精彩绝伦的表演以隆重庆祝这些公共建筑投入使用。狄奥尼对此有所描述（Dio, lib. 66.）。人们在斗兽场里进行海战、角斗士之战和狩猎，仅仅一天斗兽场里就杀死了5000只猛兽，接下来的几天又杀死了另外4000余只，同时也不缺少马戏表演，以及给人民慷慨分发礼物的环节。这场欢腾奢华的盛会一直持续了100天。

前面提到的维苏威山喷发的大火是有史以来最可怕的灾害之一，它摧毁了坎帕尼亚的各个城市与地方，造成了无法估量的巨大损失。提图斯派了两位曾任执政官的元老院议员带上足够的资金到那里，并重建那个地方。他还将所有无继承人的人的遗产全部用于这一重建项目，尽管根据法律，这些财产应该是属于国家财政的。他自己也去了那里，不是为了目睹那些地方有多么荒芜，而是为了抚慰当地人民，加速重建工程。然而，在这一灾难之后，又发生了另一场同样可怕、令人悲痛的灾难。罗马突发火灾，大火吞噬了坎皮多里奥山，烧毁了朱庇特神殿（Tempio di Giove Capitolino）、万神殿（Pantheon）、塞拉比斯（Serapis）和伊希斯（Iside）神庙，以及海神（Nettuno）神殿和其他庙宇。此外，大火还烧毁了巴尔布斯（Balbus）剧院和庞培剧院、奥古斯都宫殿及其图书馆和许多其他公共建筑。摧毁的建筑物范围之广令人们相信，这场火灾不是人为的结果，而是上帝降下的惩罚。提图斯对此感到非常痛心，不过他还是坚称，修缮这些被毁坏的公共建筑是他作为皇帝的责任。为此，他置换了宫殿里所有最珍贵的家具物件，尽管很多特别人士、各个城市以及一些国王愿意给他提供或承诺给他提供一些金钱以解决需要，但他不想麻烦别人，因而自己承担了所有花费。在这场大火之后，罗马又发生了一场非常可怕的瘟疫，苏埃托尼乌斯与狄奥尼对其都有所记述。根据奥勒留斯·维克多（Aurelius Victor, in Breviar.）所说，这是罗马有史以来经历过的最致命的瘟疫，人们将这场瘟疫归咎于维苏威火山的喷发。我怀疑这可能与前面《尤塞比乌斯编年史》中提到的公元77年发生的那场瘟疫是同一场，但是被放在了不同的时间，也就是在维斯帕西亚努斯统治时期。提图斯在这一悲惨情况下效仿他父亲的做法，发布了很多布告安慰人民，尽其所能地帮助他们。特别不可思议的是，他对每个人都心怀爱意，对他们尽显仁慈与关心。每个人都可以面见他，从他那里获得慰藉和希望。与他亲近的人不赞同他总是做出承诺，因为许诺太多，难以每次都兑现诺言，提图斯回答说："不能让任何人在同自己的皇帝交谈后失望地离开。"他十分热衷于为人民做好事，有一天晚上吃晚餐的时候，他意识到这一天什么好事都没有做，便叹息着说出了这句非常著名、令人称颂的话（Sueton., Dio, Eutropius, Eusebius.）："朋友们，我白白度过了一天。"他是如此的仁慈与和善，在他统治的短短时间里，他没有因冲动而下命令处死任何人。

提图斯说他宁愿自己死，也不愿让别人死。即使得知罗马的两个主要人物为登上皇位而争吵和策划阴谋，并且这一消息也的确属实，他也没有惩罚他们，只是劝诫他们停止行动，说皇位是上帝决定的，谁也无法通过卑鄙的手段获得，如果他们想要从他那里获得什么好处，他可以承诺让他们获得他们想要的（Suetonius, in Titus, cap. 9. Dio, lib. 66.）。之后，由于担心那两个人其中之一的母亲会为此而极度忧虑，他还派差使过去让她放心，她的儿子安然无恙。当天晚上，他还留那两人与他共进晚餐，第二天还让他们在他身边一起观看角斗士表演。然后按照惯例，当把那些战士的剑拿到他面前时，他将这些剑送到那两人跟前，让他们看看剑是否锋利，其实他是以这种方式让他们认识到，他不再怀疑他们对自己的忠诚。为他赢得所有人爱戴的事情是，他废除了前几任暴君统治时期引入的令人无法忍受的权力滥用——任何人都可以控诉说君主坏话的人，或者是对君主不敬的人——这属于轻君之罪。这一许可使得每一个人都担惊受怕，小心翼翼，于是提图斯给行政官下令，不再接受这样的指控，他还严厉惩罚了这些恶毒的控诉者，对他们施以鞭打或将他们贬为奴隶，又或者将他们流放。因此，他常说："我不认为我会受到侮辱，因为根据正义，我没有做任何应该被谴责的事。即使有人不公正地指责我，他实际上是在侮辱他自己而不是在侮辱我，我也不会对他生气，我会对他的盲目感到同情。如果有人不公正地诽谤我的前任统治者们，尽管这些人的确有权力决定是否将他们封为神灵，他们也会将我排除在复仇的行列外。"

大概是在这一时期，这位贤明的君主还重新给从罗马到里米尼（Rimini）的弗拉米尼亚大道（Via Flaminia）铺了路。阿格里科拉（*Tacitus, in Vita Agricolae, c. 22.*）继续在大不列颠作战，他将罗马的边界一直扩展到苏格兰（Scozia），在那里修筑了堡垒以安置卫成部队。

年　份　　公元81年　小纪纪年第九年
　　　　　克雷教皇第五年
　　　　　多米提安努斯皇帝第一年

执政官　　卢基乌斯·弗拉维乌斯·西尔瓦·诺尼乌斯·巴苏斯（Lucius Flavius Silva Nonius Bassus）与阿西尼乌斯·波利奥·维鲁科苏斯（Asinius Pollio Verrucosus）

比安奇尼主教揭示的碑文及我揭示的碑文（*Thesaurus Novus Inscript., pag. 312 et pag. 318.*）中都显示，这是这一年执政官的名字。但是在我所记的另一篇碑文中，第一位执政官名叫卢基乌斯·弗拉维乌斯·西尔瓦努斯（Lucius Flavius Silvanus）。

这一年，罗马沉浸在悲伤的泪水与叹息之中。现如今一位杰出的皇帝正在统治着罗马，他热爱他的子民，将他们视为自己的孩子，而他也普遍受人民的爱戴，为此，人民称他为（*Suet., in Titus, cap. 10.*）"人类的福祉"（*la delizia del genere umano*）——这一称号没有任何其他皇帝获得过。可能是因为身体不适，也可能是因为几个不太吉利的预言，他感到很焦虑，担心死期将近。当时的罗马人非常迷信，他们会根据各种事故推测事情发展得好坏，或者是留意占卜师说的话。毫无疑问的是，提图斯在这一年没有做出什么非凡的事情，只是观看了几场表演，但在表演结束的时候，人们看到他在哭泣。这一年，亚细亚出现了一个叫作特伦提乌斯·马克西穆斯（Terentius Maximus）的狡猾之人——有人认为他是已死去的尼禄·奥古斯都（Zonara, in Chr.），帕提亚的国王阿塔巴诺（Artabano）热情地接待了他。似乎这个野蛮的国王准备向提图斯开战，希望让这个冒充尼禄的人登上皇位。提图斯是否有与他交战的想法，无人知晓。夏天到来了，提图斯想要去父亲在列蒂的别墅居住，他离开罗马时比平常更加忧虑，因为在祭祀时，献祭用的牲畜从神甫手里逃了出去，而且在晴朗的天气里听到打了雷声。夜晚，他突然发起了高烧，但他躺在轿子里，继续行路，就好像这是他最后一场疾病。他拉开帘子，看着天空，悲叹为何自己年纪轻轻就要丧命，他不知道自己犯了什么错需要为之忏悔，如果有的话，也只有一件事。人们一直无法确切地知道这件事是什么，狄奥尼（Dio, lib. 66.）则有更多的证据指称，这件事发生在他身体健康每况愈下的时候。终于到达了列蒂的别墅，他病得越来越严重，他的父亲曾在此逝世，如今他也在这里结束了生命。在这样的情况下，人们对提图斯的死因各抒己见。普鲁塔克（Plutar., de Sanit.）说提图斯的医生们将其死因归咎于洗浴，因为提图斯习惯于每天早晨进食之前进行洗浴。或许是萨比娜的冷水有损他的健康，因为一个叫作雷古鲁斯（Regulus）的人在同一天与提图斯一起进行了沐浴，后来雷古鲁斯突发中风，死去了。其他人猜测（Aurelius, in Breviar.）是他的弟弟多米提安努斯给他投毒杀死了他，因为多米提安努斯之前就多次想要陷害提图斯；另有一些人（Dio, lib. 66.）则认为提图斯就是死于自然的疾病。狄奥尼补充说，多米提安努斯在提图斯生病的时候，让提图斯进到一个装满雪的大箱子里，不知道他这么做是为了让提图斯清醒一点，还是想要获得那种效果——今天的一些医生声称，让急性高烧的病人接触冰冷的水，会促使他死得更快。不过，可以确定的事情是，在提图斯还没有完全咽气的时候，多米提安努斯就跑回了罗马，博得了禁军士兵的信任，承诺会给他们提图斯继任皇位时给他们的犒赏，于是禁卫军宣告多米提安努斯为皇帝。

这位令人爱戴的提图斯皇帝继位仅仅两年零两个月后，就结束了他的一生，他逝世于9月13日这天（*Sueton., in Titus, cap. 10.*），享年43岁。当时的一些政治家认为，提图斯年轻时去世，对他来说其实是件有利的事，就像奥古斯都大帝晚年去世一样。奥古斯都大帝在统治初期由于有很多敌人和频繁的叛乱，不得不做出很多残忍、令人憎恶的举动。如果他想赢得公众的爱戴，就需要花很长时间，给予公众恩惠，这样才能光荣地死去。但是提图斯逝世的时间很好，因为他已经获得了所有人的爱戴，如果他活的时间再长些的话，他就有可能被迫做出一些让他失去人民爱戴的事情。提图斯的死讯很快传到了罗马，失去这样一位皇帝让每个人的悲痛都无法言表，对他们来说，就好像失去了儿子或者父亲。罗马其他各省也是如此。元老院议员没有经过执政官或大法官的传召就赶到了元老院，打开了大门，向逝世的提图斯进献了比他在世的时候还要多的赞美之词。提图斯的遗体被带回了罗马，多米提安努斯为他举办了葬礼，将他列在神灵之列，但是没有再授予他罗马异教通常授予皇帝的其他荣誉，像是每年的纪念活动、修建神庙、任命祭祀以使他名垂万古等。

迄今为止，弗拉维乌斯·多米提安努斯只拥有"恺撒"（*Patin., Vaillant, Mediobarb. et alii.*）的封号以及"青年王子"的称号。他是一个虚荣心极强、野心膨胀的人，刚一掌握国家的统治权，就想要从元老院那里获得其他皇帝收到过的所有头衔和荣誉，包括皇帝封号、"奥古斯都"封号、大祭司长之位、监察官之位与第一公民头衔。从勋章上还可以看出，他还急于想要"国父"的称号。关于他做出了哪些功绩，有哪些优点，我们会在下一年讲到。多米提安努斯出生于公元50年，因此在很年轻的时候他就开始了统治。另外，多米提安努斯还授予了他的妻子多米齐亚（Domizia）"奥古斯塔"的封号。

年　份　公元82年　小纪纪年第十年

克雷教皇第六年

多米提安努斯皇帝第二年

执政官　弗拉维乌斯·多米提安努斯·奥古斯都第八次，提图斯·弗拉维乌斯·萨比努斯（Titus Flavius Sabinus）

执政官萨比努斯是维斯帕西亚努斯的哥哥提图斯·弗拉维乌斯·萨比努斯（Titus Flavius Sabinus，我们前面讲过他在维特里乌斯在世的最后几日被杀害）之子，因而是多米提安努斯的堂兄弟。

多米提安努斯已经开始了他作为皇帝的统治，他与一些前任皇帝没什么不同，一开始都治理得善，但随着时间的推移，他变得越来越残暴恶毒（*Sueton., in Domitiano, cap. 8.*）。他经常登上位于广场的法庭，悉心倾听，明智公正地解决争端。他撤销了法官做的不公正判决，称他们败坏名誉，因为他们被发现收受贿赂而出卖公正（*Aurelius Victor, in Epitome.*）。他也非常注重公平执法，不仅仅在罗马，在各省也是如此。据苏埃托尼乌斯证实，在他统治之下，整个罗马帝国内出现了从未见过的谦逊公正的行政官和法官。但那些行政官和法官在多米提安努斯死后又放任自己的贪婪，攫取钱财，他们中大部分人后来都受到了惩罚。作为永久监察员，他也做出了一些很好的规定。他将剧院里骑士的位子与平民分开；废除了著名的讽刺和诽谤文学——它们被发表出来诋毁男女贵族的名誉，这些作者一旦被发现就会受到惩罚；将大法官凯基利乌斯·鲁菲努斯（Caecilius Rufinus）从元老院驱逐了出去，因为他热衷于开玩笑和跳舞；禁止民间妓女使用马轿及继承遗产；废除了一个罗马骑士的法官之职，因为他控诉妻子通奸后与其离婚，后来又与她复了婚。作为大祭司长，他严格地执行法律规定的死刑，对于犯罪的同伙，他也不会免除其应有的惩罚、流放或死刑。似乎（*Sueton., in Domitiano, cap. 9.*）在他统治初期，他还很厌恶将人处死，对他人的财产毫无觊觎之心，相反，他非常慷慨，给所有的宫廷人员、亲戚和朋友写了一些杰出的文章，然后严厉地警告他们提防为谋取钱财而做出卑鄙下流之事。他拒绝了那些有子女的人留给他的遗产，还将许多收归国库的土地归还给土地主；将那些无法证明其控诉内容的指控者流放；还更加严厉地对待那些为私下赚钱而恶意提起诉讼的人，他说："不惩罚虚假的指控者，就会推动他们和其他人从事这种邪恶的勾当。"他在重建坎皮多里奥上的宏伟壮举同样卓著。据普鲁塔克（*Plutarc., in Vita Poplic.*）证实，令人惊叹的是，仅在镀金上他就投入了12 000塔兰货币，但比起装饰自己的宫殿所需的花费，这算不了什么。他还重新建造了提图斯时期被烧毁的各种神庙，但他没有再使用它们之前的名字，而是全部以他的名字命名。他修建了弗拉维亚家族神庙、给运动员的体育场、用于音乐家比赛的音乐厅以及用于海战的演习剧场。这一时期的诗人马提亚利斯（Martialis）是多米提安努斯的谄媚奉承者，他极力歌颂多米提安努斯修建的所有建筑和其他壮举。迄今为止，这些内容应该能让读者相信，多米提安努斯似乎称得上是维斯帕西亚努斯的好儿子、提图斯的好弟弟，一位让罗马和整个帝国重拾辉煌的好皇帝。但不久我们就会看到，他与他的父亲和哥哥大相径庭，他并不是罗马的贤君，而是一位暴君。这一年，他第三次取得"皇帝"的头衔，据说是因为尤利乌斯·阿格里科拉在大不列颠之战中取得了几次胜利，这位英勇的将领率领罗马军队继续深入，直到爱尔兰的边境（*Tacitus, in vita Agricolae, cap. 24.*）。

年　份　公元83年　小纪纪年第十一年

阿纳克雷托教皇第一年

多米提安努斯皇帝第三年

执政官　弗拉维乌斯·多米提安努斯·奥古斯都第九次，昆图斯·佩提利乌斯·鲁弗斯（Quintus Petilius Rufus）第二次

据说，昆图斯·佩提利乌斯的执政官之位被盖乌斯·瓦莱利乌斯·梅萨利努斯（Gaius Valerius Messalinus）接替。

基督教历史在这一年记述了圣克雷教皇的逝世，克雷教皇用他的血液使基督教发扬光大。克雷之后在圣彼得大教堂继任教皇的是阿纳克雷托（Sanctus Anacletus）。

大不列颠的战争仍在持续着。尤利乌斯·阿格里科拉（Iulius Agricola）是那个地区（*Tacitus, cap. 25 et seq.*）罗马军队的指挥官，他打败苏格兰人民，赢得了一场

非凡的胜利。罗马往那座巨大的岛上运送了一支日耳曼军团，但这支军团不想再在此地进行战斗，于是策划了一场阴谋，杀死了他们的军官、百人队队长和一些罗马士兵，然后登上三艘双桅帆船逃走了。这些船只的驾驶员明白如何做，他们将其中一艘船又开回了罗马军队那里，另外两艘船则围绕着大不列颠航行。围绕大不列颠航行的船只粮食耗尽，面临着严峻的生存威胁，但由于不能在大不列颠的任何地方靠岸，以免被当成敌军，他们只好将弱者给吃了。后来他们在下日耳曼地区的海岸遇到了海难，被施瓦本和弗里斯兰海盗劫持并作为奴隶贩卖，但他们其中一些人最终来到了罗马帝国境内，当时的罗马人只知道大不列颠是一座岛屿而非陆地，正如迄今为止由于缺乏实践而导致很多人认为的那样。

与此同时，多米提安努斯举办了一些盛大奢华的表演以取悦罗马人民（*Sueton., in Domitiano, c. 4.*），不仅在圆形剧场内，还在竞技场内举办马车竞赛、骑兵与步兵战斗，还在火把的照明下（*Dio, lib. 67.*）于夜晚进行狩猎和角斗士搏斗，同时在表演期间给观众提供晚餐，或至少提供美酒，观众可以一边食用一边看人与人之间的激战，以及人与野兽的搏斗或野兽之间的互搏。令人叹为观止的是海战表演，这是在圆形剧场或者在台伯河附近人工开挖的湖里举行的。苏埃托尼乌斯和我将所有的表演都放在一起讲述，但很有可能这些表演是在不同的年份举行的。

年　　份　公元84年　小纪纪年第十二年
　　　　　阿纳克雷托教皇第二年
　　　　　多米提安努斯皇帝第四年
执政官　弗拉维乌斯·多米提安努斯·奥古斯都第十次，萨比努斯（Sabinus）

我没有给这位叫萨比努斯的执政官添加任何的名字，因为对此一直没有确切的史料。据约达尼斯［Giordano，别人通常称他为佐南德（Giornande）］所述（*Jord., de Reb. Getic., c. 13.*），他名叫波佩乌斯·萨比努斯（Poppeus Sabinus）。诺丽斯主教（*Noris, Ep. Consul.*）认为他的名字很可能是盖乌斯·奥皮乌斯·萨比努斯（Gaius Oppius Sabinus）。但是在一篇库佩罗（Cupero）记述的碑文中提到多米提安努斯第十次任执政官,他的共事者是提图斯·奥勒留斯·萨比努斯(Titus Aurelius Sabinus)。但我们在下一年就会看到一位叫提图斯·奥勒留斯的执政官。在这样不确定的情况下,我只保留他的姓氏,这是毫无争议的。

尽管我们不知道多米提安努斯出征日耳曼战役的具体年份,但根据勋章(*Mediobarbus, Goltzius et alii.*)记录的痕迹,我认为很有可能是在这一年。据塔西佗(*Tacitus, de Morib. Germanorum, cap. 30.*)证实,当时罗马与卡蒂(Catti)相接壤,卡蒂人是日耳曼地区最谨慎、最有纪律的——被认为是今天的哈西亚(Hassia)和图林根(Turingia)人。由于切鲁西(Cherusci)国王卡里梅罗(Cariomero)与罗马人公开建立友谊,于是卡蒂人将他赶出了他的统治地区,贪慕荣耀的多米提安努斯决定亲自率军出征攻打卡蒂人(*Dio, lib. 67.*)。这位伟大的"勇士"深信仅仅是自己的名字就足以震慑那些人民。据弗朗提努斯(Frontinus)所述(*Frontin., in Stratagem., lib. 1, cap. 1.*),也许就是在那时多米提安努斯去了高卢,目的是对那里的省份进行人口普查。但是到达那里后,他突然率军越过莱茵河,果断地与卡蒂人作战。如果我们相信当时拍马屁的诗人所说的话,其中包括普布利乌斯·斯塔提乌斯·帕比尼乌斯(Publius Statius Papinius,*Stat., in Sylv., l. 1, c 1.*),多米提安努斯制伏了这个凶残的野蛮民族,并与他们议和。但是不知道多米提安努斯是否与卡蒂人交过战,很有可能他什么也没有做,只是与他们签订了和平协定,并撤走了他在莱茵河畔的所有臣民。尽管如此,多米提安努斯仿佛完成了一项非凡的壮举,四处散播取得胜利的消息,并壮志满怀地回到罗马,享受元老院授予他的凯旋仪式。在这一年的勋章上可以找到多处关于这一胜利的描述,凭借着在日耳曼之战中取得的所谓胜利,他开始使用"日耳曼征服者"的称号,并第九次被冠以"皇帝"的头衔。或许尤利乌斯·阿格里科拉在大不列颠的英勇行为也帮助了多米提安努斯获得这些荣耀,因为据推测(*Tac., in vita Agric., c. 38 et seq.*),睿智的阿格里科拉于这一年让奥克拉(Orcadi)岛及大不列颠的其他国家都归顺于罗马帝国。他将这些成功的喜讯一件件地汇报给了多米提安努斯,从中获得了哪些奖赏,我们下一年再说。

年　份　公元85年　小纪纪年第十三年

阿纳克雷托教皇第三年

多米提安努斯皇帝第五年

执政官　弗拉维乌斯·多米提安努斯·奥古斯都第十一次，提图斯·奥勒留斯·弗尔乌斯［Titus Aurelius Fulvus，或者弗尔维乌斯（Fulvius）］

据卡皮托里努斯（*Julius Capitolinus, in Antoninus Pius.*）证实，执政官提图斯·奥勒留是安东尼努斯·庇乌斯·奥古斯都（Antoninus Pius Augustus）皇帝的父系祖父。

这一年，多米提安努斯隆重地庆祝了他征服卡蒂人民的战功，这很容易从当时的钱币和勋章上推测出来（*Mediobarb., in Numism. imperator.*），同时，为了不知羞耻地拍马屁，上面还写道："日耳曼被俘（GERMANIA CAPTA）。"就好像这位勇敢的皇帝都不用正面迎击敌人，就能够征服整个日耳曼地区。因此，从那之后，他就习惯于身着凯旋的服饰去元老院。一些人认为（*Blanchinius ad Anastas.*），多米提安努斯在与夸迪人（Quadi）、达契亚人（Daci）、盖利人（Geli）和萨尔玛提亚人（Sarmati）的战争中也取得了胜利。但是，苏埃托尼乌斯（*Sueton., in Domitiano, cap. 6.*）指出，不同的战争取得的胜利也不一样，多米提安努斯第一次出征对抗卡蒂人是自发的，但其他战争是出于必要。

多米提安努斯得知阿格里科拉取得胜利的消息时，表面上非常高兴（*Tacitus, in Vita Agricolae, cap. 39, et seq.*），但内心甚是不满，因为他也同样英勇，他十分忌妒别人取得的荣耀，认为这是他的损失。尽管如此，为了掩饰不悦，他还是让元老院宣布授予阿格里科拉凯旋仪式，并为其打造了一座雕像，授予他其他荣誉——这些凯旋的荣耀都是留给皇帝的，普通人很难获得。多米提安努斯决定将阿格里科拉召回罗马，却散布传言说想让阿格里科拉执掌叙利亚政府，因为那里的行政长官阿提利乌斯·鲁弗斯（Attilius Rufus）已经去世。有人说，多米提安努斯派他的自由奴隶将诏书带给阿格里科拉，但下令只有当阿格里科拉从大不列颠出发后才能拿出诏书，他应该是担心阿格里科拉在收到将就任更好职位的保证前，不愿意动身离开。但是这个自由奴隶发现，阿格里科拉将大不列颠省交给他的继任者撒路斯提乌斯·卢库鲁斯（Sallustius Lucullus）之后就来到了高卢省，因此没能见到阿格里科拉，他带着未开封的诏书回到了罗马。阿格里科拉为了避免出来迎接他的朋友引起的嘈杂，选在了夜晚时分进入罗马，他先去面见了多米提安努斯，但多米提安努斯却对他冷脸相迎。由此，他明白了能从这样一位皇帝手上得到什么——他不会得到任何官衔，只能过着普通的隐居生活。宫廷里也不乏煽动多米提安努斯给阿格里科拉治罪的人，在阿格里科拉抵达罗马之前，他们就控诉诽谤这样一位可敬的人物，但多米提安努斯内心并不想做到如此残忍的地步。阿格里科拉的谦逊与谨慎使他幸运地一直活到自然去世，而不是死于他人之手。

据塔西佗所述（Tacitus, in vita Agricolae.），在阿格里科拉抵达罗马之后，默西亚、达契亚、日耳曼与潘诺尼亚的罗马军队或由于恐惧，或由于将领的胆怯，全都打了败仗，许多有名望的军官与他们的军队要么被残杀，要么被俘虏，导致罗马帝国不仅边界失防，还最终失去了罗马军队常常在冬天驻守的很多战略要地。据说，这种不幸的状况一直持续数年，我们无法确定这些事件发生的时间，因为古代编年史已经受损，而苏埃托尼乌斯和狄奥尼习惯于只将古代奥古斯都皇帝的作为陈述出来，而不太关注事件发生的年份。

年　份　公元86年　小纪纪年第十四年
　　　　阿纳克雷托教皇第四年
　　　　多米提安努斯皇帝第六年
执政官　弗拉维乌斯·多米提安努斯·奥古斯都第十二次，塞尔维乌斯·科尔涅利乌斯·多拉贝拉·梅蒂利安努斯·庞培·马塞卢斯（Servius Cornelius Dolabella Metilianus Pompeius Marcellus）

第二位执政官的所有这些姓氏是根据我发表的一篇据说是属于这一人物的碑文（Thesaur. Novus Inscript., pag. 113, n. 2.）确定的。

肯索里努斯写道（Censorinus, de Die Natali, cap. 18.），在这个时期，多米提

安努斯在罗马开创了坎皮多里奥竞赛（Giuochi Capitolini），后来这一竞赛每四年举办一次，就好像希腊的奥林匹克竞赛一样。坎皮多里奥竞赛是为了纪念古罗马的朱庇特神。苏埃托尼乌斯证实（Suetonius, in Domitiano, cap. 4.），在这场竞赛中有各行专业人士进行的各种各样的比赛，在自己的领域受更多人喜欢的人就可以获得一个桂冠作为奖赏。第一天是运动员的较量，第二天是歌唱家与演奏家的比赛，第三天是戏剧演员间的角逐，第四天是诗人的对决——那些用希腊语和拉丁语朗诵诗文的人。诗人斯塔提乌斯·帕比尼乌斯（Statius Papinius）（Statius, in Sylv.）当时诵读了他的作品《底比斯战纪》（Tebaide）中的一部分，但是没有人喜欢他的作品，于是桂冠颁发给了其他诗人。人们也不喜欢那些忠厚之人，以及公开竞赛表演的少女。多米提安努斯作为大祭司长主持这些竞赛，他穿成希腊人的样子，头上戴着一顶金冠，因为教士们通常担当授予桂冠的职能。我们从狄奥尼（Dio, lib. 67.）和苏埃托尼乌斯（Sueton., in Domitiano, c. 4.）那里得知，除了上述竞赛和其他非凡的演出，多米提安努斯还会于每年在阿尔巴诺（Albano）度假的时候举办纪念密涅瓦女神的昆夸特里亚竞赛。在这一竞赛中，仍然有狩猎活动、剧院表演、演说家和诗人比赛的项目。多米提安努斯不满足于花费大量金钱在这些演出竞赛上，他还三次在不同时间给罗马人民赠送礼品，给每人赠送300银币。在"七丘节"（Septimontium）上，表演期间，他给所有观看演出的人民提供了丰盛的茶点，最后给元老院议员、骑士和平民准备茶点的桌子全部被一扫而空。第二天，他还向这些人分发大量礼物卡片，上面写有诸如鸟、狗、粮食等礼品，人们可以去皇帝的储藏室领取这些礼品。由于这些卡片几乎都掉在平民所坐的剧院或剧场台阶上，因此需要在每个元老院议员和骑士的座位上再扔下50张卡片。可以肯定的是，历代皇帝为赢得人民的爱戴，都效仿奥古斯都大帝，为人民提供各种各样的公共娱乐竞赛与表演，并赠送给他们礼物来取悦他们。但是最终，多米提安努斯这笔巨额的花费会危及人民，因为国家财政很快空虚，为了补充国库，多米提安努斯开始对公民实施剥削和压迫。

年　份　公元87年　小纪纪年第十五年

阿纳克雷托教皇第五年

多米提安努斯皇帝第七年

执政官　弗拉维乌斯·多米提安努斯·奥古斯都第十三次，奥鲁斯·沃卢修斯·萨图尼努斯（Aulus Volusius Saturninus）

尽管尤塞比乌斯在他的编年史（Euseb., in Chron）中没有明确指出这一时期的年份，不过还是可以相信他，他说这一年多米提安努斯开始希望人们授予他"上帝"的头衔——这是普通凡人亵渎神灵的行为，是不可饶恕的。据尤塞比乌斯所述，苏埃托尼乌斯也对此加以证实（Sueton., in Domitiano, cap. 13.），多米提安努斯不仅想要这么做，还下令所有人这么称呼他。尤塞比乌斯说这是前任皇帝们从未想过的事情。我们前面讲过，奥古斯都大帝曾发布敕令，禁止称呼自己为上帝，但是多米提要努斯却允许，也很高兴能在他有生之年为自己建造一些神庙、任命一些神甫来对其所谓神性表示敬意。维克多（Aurelius Victor, in Epitome.）还证实，疯狂的卡里古拉可能也想要自称为上帝。多米提安努斯的野心与狂热胜过了任何人，那些爱拍马屁、迷信愚蠢的异教徒都服从于他的命令。因此一些人有理由认为，多米提安努斯迫害基督徒是从这一年开始的，因为耶稣的追随者只信仰唯一的上帝，他们无法说服自己承认一个皇帝为上帝——他与造物主比起来就是一个卑鄙可耻之人。

同样是从尤塞比乌斯那里获知，这一时期，与罗马人交战的纳萨莫尼（Nasamoni）和达契亚人（Daci）被击败了。对于达契亚人民，我们没有明晰的古代历史可以确定他们与罗马人开战的时间、战争持续了多久以及什么时候结束，有可能达契亚人与罗马人之间的第一场战役就是从这一时期开始的，战争持续了很长时间，对罗马人来说，这是危险而致命的。据说，古代的达契亚国现今被划分为特兰西瓦尼亚（Transilvania）、摩尔达维亚（Moldavia）和瓦拉奇亚（Valachia）。达契亚是一个凶残、好战的民族，因为他们相信毕达哥拉斯（Pitagora）关于灵魂转世的观点，相信现世的终结是另一世的开始。在这样的信仰下，他们藐视任何危险，直面死亡，希望能在另一个身体里获得更好的重生。一些希腊人（Dio, lib. 67.）称达契亚人为杰蒂人（Geti）或戈蒂人（Goti），因此古代作家经常将这些野蛮民族的名字混淆。可以确定的是，当时达契亚人的将领是德西巴卢斯（Decebalo），他是一个十分善战、精明警觉的人。根据查士丁尼大帝（Giustiniano Augusto）时期的作家约达尼斯（*Jordan., de Rebus Geticis, cap. 12.*）所述，达契亚人因不满多米提安努斯的贪婪吝啬，打破了他们与罗马之间的联盟，来到多瑙河（Danubio），赶走了居住于河畔的罗马人（*Sueton., in Domitiano, cap. 6.*）。曾任执政官的阿庇乌斯·萨比努斯［Appius Sabinus，诺丽斯主教认为他的名字应该是盖乌斯·奥皮乌斯·萨比努斯（Gaius Oppius Sabinus）］很有可能是当时默西亚省的行政长官，他率领军队与达契亚人作战，但最后战败了，他也被砍了头（*Eutrop., Histor.*）。达契亚人赢得这场胜利后，洗劫了默西亚，占领了很多个村镇和城堡。这一悲痛的消息传到了罗马，多米提安努斯觉得有必要赶往那里制止这一毁灭性的进攻。无法确定多米提安努斯是于哪一年第一次前往那里的（因为他去了那里两次），我将这一事件留到下一年讲述。

前面尤塞比乌斯提到的纳萨莫尼人是阿非利加的一个部落民族，我们从佐纳拉斯（*Zonaras, in Annal.*）那里得知，由于沉重的赋税，纳萨莫尼人民起兵造反，对抗罗马人。他们击溃了努米底亚的行政官弗拉库斯（Flaccus）的军队，在战胜地喝光了很多桶葡萄酒，醉得不省人事，弗拉库斯趁机对他们发动了袭击，将他们全部屠杀了。多米提安努斯为这些功绩感到荣耀，在元老院宣布，已经歼灭纳萨莫尼人。

年　份　公元88年　小纪纪年第一年
　　　　阿纳克雷托教皇第六年
　　　　多米提安努斯皇帝第八年
执政官　弗拉维乌斯·多米提安努斯·奥古斯都第十四次，卢基乌斯·米努基乌斯·鲁弗斯（Lucius Minucius Rufus）

在我发表的一篇碑文（*Thesaurus Novus Inscription., p. 314, n. 1.*）中称第二位执政官的名字为米尼基乌斯（Minicius）而不是米努基乌斯（Minucius）。米努基乌斯家族是一个显赫的贵族世家。奥索尼乌斯（Ausonius, in Panegyr.）和其他人嘲笑多米提安努斯的贪婪，嘲笑他担任执政官很多年，好像就是为了让别人羡慕他这种荣耀似的。多米提安努斯一共担任执政官17次，他的前任皇帝们没有人做到这个地步，他们都愿意将这一荣耀分给其他人。然而，据苏埃托尼乌斯所述（Sueton., in Domitian., cap. 13.），多米提安努斯后来就不任执政官之职了，而是将这一重任留给了共事者，或者说是他的继承人，这样他的名字就可以出现在公文中，而这些公文所示的年份都是以一般执政官的名字标注的，这足以满足他的虚荣心。另外，多米提安努斯任执政官时间最长的一次到5月1日，任期最短的一次在1月13日就卸任了。但后来谁接替了他的职位，在哪一年，这些都无法确定。

多米提安努斯想于这一年举办世纪竞赛，尽管根据这一竞赛创办的规定，每100年举行一次（Censorinus, de Die Natal., cap. 17.），距上次克劳狄乌斯·奥古斯都举办这一竞赛才过了41年。

达契亚人因他们取得的胜利而骄傲自满，多米提安努斯第一次出征讨伐他们或许就是发生在这一年。多米提安努斯亲自率兵前往那里。佩特鲁斯·帕特里修斯（Petrus Patricius）在他的使节论述（Petrus Patric., de Legat. Hist. Byzant., T. 1.）中写道："德西巴卢斯见罗马皇帝带着如此庞大的军队前来与其作战，便派出了自己的使者到他那里议和。"傲慢的多米提安努斯嘲笑了他们，没有给出答复就送走了德西巴卢斯的使者，而后下令发动战争，将整支军队的指挥权交给了当时的禁军总督科尔涅利乌斯·弗斯库斯（Cornelius Fuscus）。德西巴卢斯听说这个将军仅仅在罗马宫廷的玩乐中学习了作战技巧，因此对其嗤之以鼻，与此同时，他又派出了其他使者到多米提安努斯那里，提出只要达契亚的罗马人每年向他们支付两笔税款，他们就同意结束战争。多米提安努斯拒绝了这一条件，威胁会将他们赶尽杀绝（Sueton., in Domitiano, cap. 6.）。然而，多米提安努斯是一个非常懒惰的人，就好像他已经完全巩固了罗马帝国在那一地区的统治，不久他就回到了罗马，在这一年结束之前，或是下一年都没有再出现在那一地区。据苏埃托尼乌斯和约达尼斯（Jordan., de Reb. Geticis, cap. 13.）所述，弗斯库斯越过多瑙河，与达契亚人作战，很有可能一开始他是占据一些优势的，但最后他还是被击败残杀。这也许是在下一年发生的。

据尤塞比乌斯所述（*Eusebius, in Chron.*），大概是在这个时期，出生于西班牙卡拉奥拉（Calaorra）的杰出雄辩大师马库斯·法比乌斯·昆提利亚努斯（Marcus Fabius Quintilianus）受公众聘请，来到罗马教授演说艺术。但很有可能这事发生在维斯帕西亚努斯统治时期，因为维斯帕西亚努斯曾在罗马创办了各种学校，并请来了很多著名的大师。同时可以肯定的是，昆提利亚努斯成名于维斯帕西亚努斯的儿子们的统治时期，并且他还是多米提安努斯侄子们的老师。

年　份　公元89年　小纪纪年第二年
　　　　阿纳克雷托教皇第七年
　　　　多米提安努斯皇帝第九年
执政官　提图斯·奥勒留斯·弗尔乌斯（Titus Aurelius Fulvus）第二次，奥鲁斯·塞姆普罗尼乌斯·阿特拉提努斯（Aulus Sempronius Atratinus）

尤利乌斯·卡皮托里努斯（*Capitol., in Antoninus Pius.*）向我们证实，提图斯·奥勒留斯·弗尔乌斯（或者叫弗尔维乌斯）是安东尼努斯·庇乌斯·奥古斯都（Antoninus Pius Augustus）皇帝的父系祖父，两次任执政官。

苏埃托尼乌斯记录多米提安努斯想要取得在卡蒂与达契亚的双重胜利，很可能他于这一年加紧了对这一荣誉的追求，让罗马人相信达契亚的战事进展得很顺利。苏埃托尼乌斯还证实，在那一地区有过几场战役，其中有一场战役是罗马人取胜，这足以使野心勃勃的多米提安努斯以此要求凯旋仪式的荣耀。科尔涅利乌斯·弗斯库斯在与达契亚人的战争中惨败并战死，使得多米提安努斯在这一年第二次出征讨伐达契亚人。苏埃托尼乌斯也向我们证实（*Sueton., in Domitiano, cap. 6.*），多米提安努斯曾两次亲自前往那一地区。但是多米提安努斯这两次行动的时间无法确定，我们只要知道他确实出征过两次就可以了。多米提安努斯再次来到战场（*Dio, lib. 67.*），但是他更加重视自己的性命而非荣誉，他也不喜欢花力气，作为一个懒惰之人，他只想享受舒适的一切，沉迷于花天酒地，做尽各种无耻之事——他完全不敢直面敌人。多米提安努斯在默西亚的某个城市停下来,派他的将领们去与德西巴卢斯作战。双方又进行了几场战斗,据狄奥尼见证,多米提安努斯军队的大部分士兵战死沙场。多米提安努斯的军队有时也会占优势,特别是尤利安努斯(Iulianus)在一场战斗中大败德西巴卢斯。虽然当时的战事进展得并不顺利,但多米提安努斯十分渴望战争胜利,于是不停地派一个又一个信使到罗马,将他胜利的消息通知元老院。由于这些虚假的光荣胜利,元老院授予了多米提安努斯无法想象的、前所未有的荣誉,整个罗马帝国都为他打造起金像和银像。德西巴卢斯尽管非常英勇,也开始对罗马军队感到极度的担忧,于是他派了一些使者到多米提安努斯那里,希望能够议和。但愚蠢的皇帝一句话也不想听,他也没有进一步追击摇摆不定的敌人,而是来到潘诺尼亚,转而对付夸迪人(Quadi)与马可曼尼人(Marcomanni),因为他们没有在他与达契亚人作战时前来援助,因此他想要惩罚他们。夸迪人和马可曼尼人两次派使者前来,希望平息多米提安努斯的怒气,但不仅什么结果都没得到,多米提安努斯还杀死了他们第二批派遣来的使者。之后,双方展开了一场战斗,拼死作战的马可曼尼人打败了罗马军队,迫使多米提安努斯落荒而逃。这个时候,多米提安努斯接受了德西巴卢斯议和的提议。在失败了许多次后,德西巴卢斯已深晓如何利用罗马人的弱点,于是他愉快地归还了许多武器和囚犯,并从多米提安努斯手中获得了国王的王冠。据说,多米提安努斯还付给了他一大笔钱,并给他送去了很多各领域的工匠技工,而且以后多米提安努斯每年都要付给他一笔钱作为礼物。这种可耻的供奉一直持续到图拉真(Traianus)时期,我们以后会看到,图拉真比多米提安努斯心智更为强大,他教会了达契亚人如何尊重罗马人。多米提安努斯对于此次议和非常骄傲,就好像他是战胜者,而不是战败者,他还给元老院写了几封满是荣誉之词的信,甚至还有德西巴卢斯的使者带着德西巴卢斯亲手书写的归顺信来到罗马。很多人怀疑归顺信是多米提安努斯自己伪造的。此外,德西巴卢斯并不信任多米提安努斯,他没有亲自来见多米提安努斯,而是派兄弟狄吉斯(Diegis)代替他来罗马收受王冠。我们无法确定这场对罗马人造成巨大损失的战争持续了多长时间,是何时结束的,但是看起来是在这一年建立了和平的局面。多米提安努斯于12月回到了罗马,以担任下一年的执政官之职。这里小普林尼说到的一点不容忽视,多米提安努斯（Plinius, in Panegyr.）出征时，在他经过的任何地方，他都不像一位受欢迎的君主，而像一个敌人和一个杀手——他向人民收取高额赋税，他的军队到处纵火抢掠，搅得各地不得安宁，而这帮邪恶之人的首领是一个更加邪恶的人。

年　份　公元90年　小纪纪年第三年
　　　　阿纳克雷托教皇第八年
　　　　多米提安努斯皇帝第十年

执政官　弗拉维乌斯·多米提安努斯·奥古斯都第十五次，马库斯·科西乌斯·涅尔瓦（Marcus Cocceius Nerva）第二次

之后我们会看到，执政官涅尔瓦成为罗马帝国的皇帝。

由于诺丽斯主教和其他人将与达契亚的第二次战争放在了我假设的年份之前，因此他们认为多米提安努斯是在公元88年，或者是在前一年庆祝的第二次凯旋，并获得了"达契亚征服者"（Dacico）的头衔。尤塞比乌斯（Euseb., in Chron.）认为这次凯旋是在下一年。我和巴基神甫（Pagius, in Critica Baron. ad hunc Ann.）持一致的观点，将这一次凯旋放在了这一年。在这一假设下，据狄奥尼证实（Dio, lib. 67.），多米提安努斯在这一年于罗马举办了各种盛大的庆典与表演来隆重庆祝他取得的这些荣耀。他在竞技场里举办了各种步兵与骑兵战斗，在一个特制的湖里举办了一场海战表演，最后几乎所有的战斗者都死了。在那场海战表演期间，还下了一场猛烈的暴风雨，几乎都要将观众淹死了。多米提安努斯自己披上了厚厚的披风，但他不让其他人换衣服，也不让任何人离开，因此所有人都浸在水里，导致许多人染上了疾病而死。为了安慰人民遭遇的这场不幸，多米提安努斯决定给他们提供一顿火炬下的晚餐作为权宜之计——他习惯于在夜间进行这些公共娱乐项目。在一场晚宴上，多米提安努斯邀请了元老院和骑士阶级的主要人物，又将宫殿所有的房间、墙壁、地板、天花板以及裸露的椅子全部装饰成黑色。用餐者受邀而来时，每个人都看见自己的座位旁边有一口石棺，上面写着自己的名字，还有一盏吊着的油灯，就像在墓穴里一样。正在大家诧异时，突然来了一些全身赤裸、涂成黑色的少

年，他们在这些人身边跳舞，还带来一些花瓶，类似在葬礼上使用的那些。与此同时，多米提安努斯一直在谈论死亡和屠杀，因此每个受邀者都认为自己活不长了。在这样的惊恐之后，他们终于可以离开宴席了，但刚到达他们的住处，其中一些人就被召回了宫廷。他们内心升腾起巨大的恐惧，但多米提安努斯并没有做出对他们有害之事，反而送给了他们一些银制花瓶或其他珍贵家具作为礼物。这就是多米提安努斯在胜利之际给贵族们带来的奇怪的消遣活动。然而，人民普遍说这不是一场胜利，而是罗马人在达契亚的葬礼。在这几次胜利之后，爱慕虚荣的多米提安努斯每天都在寻找新点子，为了不逊色于尤利乌斯·恺撒和奥古斯都大帝，他想将9月命名为"日尔曼尼库斯"（*Sueton., in Domitiano, cap 13. Plutarchus in Num.*），将10月命名为"多米提安努斯"。这是因为获得皇帝之位时他有着"日尔曼尼库斯"的封号，而他出生时的名字是"多米提安努斯"。但是这一指令在他死后就没有再持续下去了。

正如尤塞比乌斯（*Euseb., in Chron.*）所写的那样，目前尚不清楚为何罗马的许多建筑项目是在这一年或者前一年竣工的，包括国会大厦、临时法庭、圣殿、体育场、备用粮仓、维斯帕西亚努斯神殿、密涅瓦神殿、音乐厅、图拉真广场、图拉真和提图斯浴场、元老院、角斗士竞赛场、苏丹喷泉和万神庙等。没有人会认为这些建筑会在这一年修建完成，或许人们只是将它们进行了修缮。万神殿已经建成很长时间了，更不用说其他建筑了，图拉真广场和浴场还没有建造，我们之后会讲到。

年　份　公元91年　小纪纪年第四年
　　　　阿纳克雷托教皇第九年
　　　　多米提安努斯皇帝第十一年
执政官　马库斯·乌尔皮乌斯·图拉真（Marcus Ulpius Traianus）与马库斯·阿西尼乌斯·格拉布里奥（Marcus Acinius Glabrio）

这一年的执政官图拉真后来成为功绩卓著的皇帝。一些人认为另一位执政官格拉布里奥的名字不是马库斯，而是马尼乌斯（Manius），来自阿西利乌斯

(Acilius)家族。

我们从狄奥尼那里得知(*Dio, lib. 67.*)这一年发生了两件奇事,一件是预言图拉真会成为皇帝,另一件是格拉布里奥的死亡。根据狄奥尼的说法,格拉布里奥虽然是执政官,却还是被邪恶任性的多米提安努斯强迫与一只庞大的狮子搏斗,他勇敢地杀死了狮子,自己毫发无损。这一举动本应得到多米提安努斯的称赞与尊敬,却激发了多米提安努斯对他的忌妒与憎恨,因为他不喜欢贵族如此英勇。于是他找借口将格拉布里奥流放,之后又指控其想要扰乱国家(有可能是在公元95年)而将其处死了。

尤塞比乌斯指出(*Eusebius, in Chron.*),这一年维斯塔贞女的领袖科妮莉亚(Cornelia)逝世,这一消息轰动一时。先前,她被指控生活没有节制,后来被宣布无罪。多米提安努斯统治时期,科妮莉亚再次被指控同一罪名,多米提安努斯假装守卫宗教,也就是异教迷信的荣光,想要恢复古代法律,于是给科妮莉亚判了刑,将她活埋。苏埃托尼乌斯(*Sueton., in Domitiano, c. 2.*)说,科妮莉亚相信自己是有罪的。小普林尼(*Plinius, lib. 4, Ep. Ⅱ.*)写道:"她甚至都没有被召唤审问,也没有机会为自己辩解,这是极大的残忍和不公正。"作为罪犯的同谋,一些罗马贵族也遭到指控,尽管他们没有承认施加给自己的罪行,但还是被鞭打直至死亡。元老院议员和大法官瓦莱利乌斯·李锡尼亚努斯(Valerius Licinianus)是当时最善于雄辩的人之一,他因为在自己家中私藏了科妮莉亚家的一个女人而被控告,为了逃脱严峻的刑罚,他除了承认多米提安努斯命令给他编织的罪行外别无选择。然而,他还是被流放了,他的财产全部被上缴国库。后来,在图拉真统治时期,他回到了罗马,通过做演讲老师谋得生计。就这样,多米提安努斯想通过表现对神灵的荣誉十分热心来掩饰自己的恶习。据说,多米提安努斯的一个自由奴隶死去被埋葬后,多米提安努斯发现他的陵墓是用过去被烧毁的朱庇特神殿的大理石修建的,便叫士兵拆毁了那个陵墓,将那个自由奴隶的尸骨扔到了海里。多米提安努斯大肆鼓吹自己衷心地守护神圣之物的荣誉。

年　　份　公元92年　小纪纪年第五年

阿纳克雷托教皇第十年

多米提安努斯皇帝第十二年

执政官　弗拉维乌斯·多米提安努斯·奥古斯都第十六次，昆图斯·沃卢修斯·萨图尼努斯（Quintus Volusius Saturninus）

对于卢基乌斯·安东尼乌斯（Lucius Antonius）发动叛乱的年份，以及那一时期短暂的内战发生的时间，过去以及现在，人们一直都有争议。一些人（Pagius, in Crit. Baron.）认为是在公元88年，另一些人认为是在公元89年，卡尔维西乌斯（Calvisius, Tillemont et alii.）则将它推迟到这一年。我将来自塔西佗（Tacitus, in Vita Agricolae.）、苏埃托尼乌斯（Sueton., in Domitiano, cap. 9.）、狄奥尼（Dio, lib. 67.）以及西菲利诺（Sifilino）关于这一事件的少量记述做了比较，认为最后一种说法最有可能，因为在他们的记述中提到，在这次叛乱之后，多米提安努斯就开始放纵自己的残暴行为。多米提安努斯的残暴行为发生在下一年，我之后就会讲到。卢基乌斯·安东尼乌斯是当时上日耳曼行省或者下日耳曼行省的行政长官，马提亚利斯（Martial., lib. 4, Epist. 9.）赋予他的姓氏是萨图尼努斯。卢基乌斯·安东尼乌斯很清楚多米提安努斯迫害了很多有功之士，他故意用侮辱性的话语羞辱多米提安努斯，并发动自己的军队进行叛乱，宣称自己为皇帝。这一消息传到了罗马，每个人都十分担忧会不会发生一场大战，会不会重新经历那些伴随内战而来的灾难。多米提安努斯也害怕这一反叛势头会进一步蔓延，于是决定亲自率兵对付卢基乌斯·安东尼乌斯。让人感到更加恐惧的是，卢基乌斯·安东尼乌斯已与日耳曼人结盟，日耳曼人会带一支强势的军队支援他。卢基乌斯·马克西穆斯［Lucius Maximus，蒂勒蒙特猜测他就是卢基乌斯·阿庇乌斯·诺尔巴努斯·马克西穆斯（Lucius Appius Norbanus Maximus）］或许当时统治着下日耳曼行省，或者是统治着附近高卢的一部分，他还没有等到多米提安努斯许诺的援兵到来，就在卢基乌斯·安东尼乌斯与日耳曼人会合之前突然开了战。卢基乌斯·马克西穆斯非常幸运，在双方交战的时候，莱茵河水涨得非常厉害，致使日耳曼人无法过河。最终，安东尼乌斯战败被杀，头颅被送到罗马以证明战争的胜利，这样多米提安努斯就不用再继续行军了。

据普鲁塔克（Plutarchus, in P. Æmil.）和苏埃托尼乌斯（Sueton., in Domitiano, c. 6.）所述，就在那场战争的同一天，在罗马，一只老鹰飞到多米提安努斯的一尊雕像上，发出欢快的叫声，这则传言一传十、十传百，一天之间整个罗马都传遍了卢基乌斯·安东尼乌斯已被完全击败的消息，一些人甚至说自己亲眼见到了他的头颅被从身子上砍下来。这则流言如此令人信服，以至于大部分行政官赶紧祭祀神灵以表感谢，同时他们开始寻找带来这则消息的人，但是没有找到，每个人对此都很困惑。仍在路途中的多米提安努斯随后获知了战争胜利的消息。据尤塞比乌斯（Euseb., in Chron.）所述，这一年，多米提安努斯颁布了限制葡萄种植的法令（Sueton., in Domitiano, cap. 7.），因为他发现种植的葡萄太多，但谷物很少，他认为种植了太多的葡萄而导致田地的耕种被忽视了。但是菲洛斯特拉托斯（Philostratus, in Vita Apollon., lib. 6.）补充说，多米提安努斯不喜欢生产太多的葡萄酒，因为醉酒会引起叛乱。菲洛斯特拉托斯还说，多米提安努斯禁止在意大利种植新的葡萄藤，并下令各省以及整个亚细亚折断一半的葡萄树。但是后来多米提安努斯对这一禁令的实施变得不坚定了，也许比任何思考更能让多米提安努斯打消这个念头的是那些散布的字条（Aurelius Victor, in Epitome. Vopiscus, in Probo.），上面写着："让多米提安努斯为所欲为吧，因为到头来他会成为那个受害者，剩下的许多葡萄酒将用来给他祭祀。"

年　份　公元93年　小纪纪年第六年
　　　　阿纳克雷托教皇第十一年
　　　　多米提安努斯皇帝第十三年

执政官　庞培·科莱加（Pompeius Collega）与科尔涅利乌斯·普里斯库斯
　　　　（Cornelius Priscus）

据说，这两位执政官在7月15日前被马库斯·洛利乌斯·保利努斯（Marcus Lollius Paulinus）和瓦莱利乌斯·亚细亚提库斯·萨图尼努斯（Valerius Asiaticus Saturninus）接替，后来，盖乌斯·安提斯提乌斯·尤利乌斯·夸德拉图斯（Gaius

Antistius Iulius Quadratus）接替了其中一位执政官的职位。斯达巴主教（*Stampa, ad Fastos Consular. Sigonii.*）怀疑这个盖乌斯·安提斯提乌斯，或者叫安提乌斯·尤利乌斯与夸德拉图斯不是同一人。但是这就像执政官年鉴里的许多地方一样存在疑团，尽管可以在古代历史和提到的石碑中找到接任的执政官的名字，但是却不清楚他们担任这一显要职务的年份。此外，几乎可以确定的是，刚刚提到两位执政官的是一篇格鲁特罗（*Gruter., Thesaur. Inscript., pag. 189.*）发现的碑文，之后由高里牧师（*Gorius, Inscription. Etrusc., p. 69.*）完成印刷，碑文中写着"执政官马库斯·洛利乌斯·保利努斯·瓦莱利乌斯·亚细亚提库斯·萨图尼努斯，盖乌斯·安提乌斯·尤利乌斯·夸德拉图斯（M. LOLLIUS PAVLLINUS VALERIUS ASIATICUS SATVRNINUS. C. ANTIUS IVLIUS QVADRATUS COS）"。他们是不是这一年接任一般执政官的，我不清楚。

这一年8月，格奈乌斯·尤利乌斯·阿格里科拉（Gnaeus Iulius Agricola）逝世，享年56岁，他曾任执政官，是科尔涅利乌斯·塔西佗的岳父（*Tacitus, in Vita Agricolae, cap. 44.*）。阿格里科拉从大不列颠回到罗马之后，那一年本可以申请行省总督之职，掌管亚细亚或是阿非利加，但是他不愿意要任何其他荣誉，因为在这样邪恶的君主统治下，为其服务是极其危险的。不久之前，多米提安努斯处死了亚细亚的行省总督西维卡·塞里阿利斯（Civica Cerealis），仅仅因为怀疑他有叛乱的念头。鉴于这个例子，再加上知道皇帝并不乐意将如此显要的职位授予英勇且经验丰富的人，阿格里科拉主动向多米提安努斯请求不想担此重任。这正是多米提安努斯所希望的，于是他很快就答应了阿格里科拉的请求，并接受了阿格里科拉对他的谢意，就好像给了阿格里科拉一项恩惠一样。后来，明智的阿格里科拉躲过了脾气怪癖的皇帝的迫害，成功地继续活了一段时间，这证明了审慎的伟人即使在暴君的统治下也可以生存下来，不会遇难失败。尽管如此，狄奥尼（*Dio, lib. 67.*）写多米提安努斯最终还是杀死了阿格里科拉。但是更了解阿格里科拉，并记述了其一生的塔西佗说，尽管有谣言称阿格里科拉被投毒，但他仍然对此表示怀疑。

现在是时候看一下多米提安努斯这个皇帝邪恶甚至残暴的一面了。我之所以留到今年讲这些东西，不是因为他是从这一年才开始变成这样的，而是因为在与卢基乌斯·安东尼乌斯的内战之后，他恶毒的一面就发展到了极致。当然，多米提安努斯也不乏天资与领悟力，但是这美好的天赋如果与一些放荡无节制的嗜好结合在一起，通常只会使人更加危险与恶毒。如今已经无法用文字表述多米提安努斯有多么虚荣、多么傲慢，有多么大的统治欲望。他相信自己是宇宙中最伟大的人，只有他才配得上指挥别人，因此他傲慢自大，藐视所有人，狡猾多端，动不动就愤怒发火。他仇恨所有在一些天赋上表现卓越的人。这是卑贱之人的风格（*Sueton., in Domitiano, cap. 1.*）。他父亲维斯帕西亚努斯在世的时候，他被封以"恺撒"的称号，为了不逊色于他的哥哥提图斯，他获得了各种官职，在任时极其傲慢，还过度行使职权。维斯帕西亚努斯清楚地认识到他的邪恶本性，因此一直将他放于低位，多米提安努斯没能取得一般执政官的职位，于是一直想方设法接替哥哥做补任执政官。维斯帕西亚努斯去世后，他犹豫是否应该给士兵们提供提图斯承诺给他们的双倍犒赏，以试图从提图斯手中夺得皇位。他还说父亲任命他为哥哥在皇位上的共事者，但是遗嘱中的这一条被删除了。他还夸耀说自己会跟父亲与哥哥一样登上皇位，只有奉承者马提亚利斯对他这种疯狂的想法表示认可。提图斯在世的时候，多米提安努斯一直不停地给他设置陷阱，不仅私下里秘密进行，甚至还公开进行。然而，提图斯非常宽容仁慈，尽管有人向他建议将多米提安努斯处死以使自己与公众摆脱这样一个危险的坏家伙，但是他从未想过走这一步，只是有时候会含泪劝诫弟弟改正，但这些都是徒劳的。或许提图斯在英年早逝之前唯一后悔的事就是让这个弟弟还活在世上，因为他清楚地意识到这个弟弟会给罗马帝国造成多么大的损害。

  成为皇帝后（*Dio, lib. 67.*），多米提安努斯一直在各个场合，甚至在元老院（*Sueton., in Domitiano, cap. 1.*）或是私底下或是公开地说父亲和哥哥的坏话，谴责他们的行为，别人只要对其中一人表示感激，或者当着他的面称赞提图斯，就会被他处罚，惨遭不幸。除此之外，他还是一个十足的懒惰之人，他害怕战争的危险，厌恶繁忙的政事（*Aurelius Victor, in Epitome.*），他主要的娱乐活动是玩骰子，在应该处理公事的日子里也玩。在统治初期，他还习惯于在一天的几个小时里待在一个隐蔽的地方捉苍蝇（*Suet., in Domit., c. 3. Dio, l. 67. Aurel. Vict., in*

Epitome.），或者用小短剑杀死它们。幽默诙谐的维比乌斯·克里斯普斯（Vibius Crispus）有句关于这件事的玩笑话非常著名：有人问他谁和多米提安努斯在房间里，克里斯普斯回答说，"一只苍蝇也没有"。如今，像我之前所说的，多米提安努斯在这个时期完全展现出他的残忍本性。在前几年，他就以各种无足轻重的理由做出很多残忍之举，其中包括他杀死了（不知是哪一年）他的堂兄弟提图斯·弗拉维乌斯·萨比努斯（Titus Flavius Sabinus），因为萨比努斯二次被授予执政官之位，但是宣读公告的人不小心将其"执政官"的职位念成了"皇帝"，这足以让多米提安努斯处死萨比努斯。其他一些人也惨遭同样的不幸，或者被流放，这在他统治初期是最常见的惩罚。尤塞比乌斯（*Euseb., in Chron.*）记录了在他统治的第四年，许多元老院议员被他流放。这有可能发生在更晚些的时候。我们从苏埃托尼乌斯（*Sueton., in Domit., cap. 10.*）那里得知，多米提安努斯在这个时期之前杀死了萨尔维乌斯·科凯安努斯（Salvius Cocceianus），仅仅是因为他庆祝了他的叔叔奥托皇帝的诞辰；处死了撒路斯提乌斯·卢库鲁斯（Sallustius Lucullus），只是因为他给一些新发明的长矛起名"卢库鲁斯"；处死了演讲教授马特尔努斯·索菲斯塔（Materno Sofista），因为他做了一次反对暴君的演讲；处死了埃利乌斯·拉米亚·埃米利亚努斯（Aelius Lamia Aemilianus），因为在多米提安努斯还是个普通人的时候，他说了一些放肆的玩笑话。这个拉米亚的妻子是科尔布罗（Corbulo）的女儿多米齐亚·隆吉娜（Domizia Longina）。多米提安努斯从拉米亚那里夺走了他的妻子，在将她当作朋友一段时间后，与她结了婚，并授予她"奥古斯塔"的封号。多米提安努斯是一个非常胆小的人，比起其他人，他更信任占卜师，这使得他越加残暴。因为在他年少时，某位占卜师就向他预言说，某一天他会被杀死，这种恐惧伴随着他一生，特别是在他统治的最后几年。罗马帝国内许多有才之士因为占卜师的话而死，因为多米提安努斯给所有人做了占卜，发现他们以后会成为伟大的人物，于是将他们全都处死了。我们在公元75年谈到的梅利乌斯·庞波西亚努斯，得到好心的维斯帕西亚努斯的保护，但是没能逃过他卑鄙的儿子。因为人们相信梅利乌斯有皇室血统，预言他会继承皇位，也因为在他的房间里有一张世界地图，他还研习利维乌斯故事中国王和将领的演

讲，于是多米提安努斯将他流放（*Dio, lib. 67.*）了，不久就杀死了他。直到卢基乌斯·安东尼乌斯·萨图尼努斯背叛了他，多米提安努斯的残暴本性被完全唤醒，直至达到顶峰，这在前一年讲过。这位邪恶的君主比以往任何时候都更加清楚地意识到，恶毒的行为必然会引起普遍的仇恨（*Sueton., in Domitiano, cap. 10.*）。他在罗马发现一些那场阴谋的共犯，还有许多希望看到这一阴谋能有好结果的人，于是，他对曾经参与，或是怀疑参与过卢基乌斯·安东尼乌斯阴谋的人施以暴行，只宽恕了两个军官，因为他们向多米提安努斯无耻地求饶来掩饰他们的罪行。他杀害的其他著名人物我们会在下一年讲到。塔西佗（*Tacitus, in Vita Agricolae, cap. 45.*）也表示，尽管多米提安努斯在过去几年中也做过一些残忍之举，但没有哪件能比得上他在阿格里科拉死后这一年所实施的暴行。

罗马人和萨尔玛提亚人之间爆发了战争（*Eutrop., in Breviar.*），有可能像巴基神甫说的那样（*Pagius, in Crit. Baron.*），是从前一年开始的，也有可能像诺丽斯主教（*Noris, Epist. Consulari, Tillemont et alii.*）和其他人所认为的那样，是从这一年开始的。那些野蛮的民族歼灭了一支或多支罗马军团，杀死了他们的军官。这促使多米提安努斯亲自率一支精良的军队冲向那里，以制止那些民族的野蛮行径。我们从马提亚利斯与斯塔提乌斯这两位对多米提安努斯歌功颂德的诗人那里得知，多米提安努斯还与马可曼尼人进行了战斗。战况是好是坏，无人知晓。但我们清楚知道的是（*Sueton., in Domitiano, c. 6.*），按照多米提安努斯将胜利归功于自己的习惯，即使战败了，当他于这一年或是下一年1月回到罗马时，他依然让人们相信事情进展得非常顺利。然而，这次他拒绝了凯旋仪式，只满足于将桂冠带到坎皮多里奥山，献给朱庇特神。

年　份　公元94年　小纪纪年第七年
　　　　阿纳克雷托教皇第十二年
　　　　多米提安努斯皇帝第十四年

执政官　卢基乌斯·诺尼乌斯·托尔夸图斯·阿斯普雷纳斯（Lucius Nonius Torquatus Asprenas）与提图斯·塞克斯提乌斯·马吉乌斯·拉特拉努斯（Titus Sextius Magius Lateranus）

学者们对这一年的两位一般执政官至今仍有很多争议，对拉特拉努斯的名字也不能确定。基切里亚诺博物馆（Museo Kircheriano）中保存的一篇碑文，也是由我发表（Thesaur. Novus Veter. Inscript., p. 314, num. 2.）的碑文，清楚地指出了一切。另一处大理石碑文显示，9月的执政官不是拉特拉努斯，而是卢基乌斯·塞尔吉乌斯·保卢斯（Lucius Sergius Paulus）。

这一时期，罗马在多米提安努斯的统治下遭遇了比以往更多的不幸，多米提安努斯如今已成了一位十足的暴君，丝毫不逊色于尼禄。科尔涅利乌斯·塔西佗（Tacitus, Hist., lib. 1, c. 2 et seq. Idem, in Vita Agricolæ, c. 46.）给我们做了一个可怕的描述，他当时身在现场，元老院被武装士兵包围，许多曾任执政官的人被处死，似乎位居高位是一种罪行。一些最为知名的贵妇要么逃跑，要么被驱逐流放，岛屿上到处是被驱逐的贵族，经常还会有刽子手的剑紧随其后。但是最大规模的屠杀发生在罗马，只要是个正直之人，不需要别的理由就会被绑在悬崖边一整天。密探和指控者重新流行起来，在这些邪恶的坏家伙中，尤其臭名昭著的要数梅提乌斯·卡鲁斯·梅萨利努斯（Metius Carus Messalinus）和贝比乌斯·马萨（Baebius Massa），他们是公众杀手，不是在大街上，而是在罗马的法庭上，当时大部分残忍案件可以更多地归因于他们的恶毒与傲慢。这位挥霍无度的皇帝在许多不必要的演出和增加士兵的薪水上花费过度，但大多数情况下是被迫这样做的，这使得国库空虚，陷入贫困（Sueton., in Domitiano, cap. 12.），于是他决定解雇军队的部分士兵以节省开支。根据佐纳拉斯（Zonaras, in Annalib.）所述，多米提安努斯的确落实了这一想法。苏埃托尼乌斯认为，多米提安努斯只是尝试了这一想法，但他发现自己还是被士兵们忽悠而给他们支付薪水，于是他转向了其他暴君所用的方式来谋取钱财,即直接或间接地霸占活人与死人的财产。指控者们时刻准备着控告这个人或那个人,因为一个点头、一句忤逆君主或反对角斗士的话,就会被判定为叛国罪——大多数都是伪造的、未经证实的罪名。多米提安努斯没收了所有被判罪之人的财产,只要有一个人站出来说,某个人在死之前将他的遗产都留给了恺撒,那个人的财产很快就会被拿走。除此之外,多米提安努斯还欺压犹太人——他们很长时间以来为了能够自由地行使宗教信仰的权利,一直支付着严苛的人头税。多米提安努斯对整个罗马帝国内的犹太人进行了一次严密的搜查,对那些掩饰他们犹太籍身份且没有缴税的人进行了审判。

经塔西佗证实(*Tacitus, in Vita Agricolae, cap. 45.*),这一时期被残忍血腥的多米提安努斯处死的显要人物有小埃尔维迪乌斯(Elvidius il giovane)、鲁斯提库斯(Rusticus)和塞内乔(Senecio)。小埃尔维迪乌斯是埃尔维迪奥·普里斯库斯(Elvidius Priscus)之子,正如在公元73年所讲的那样,在维斯帕西亚努斯统治时期,埃尔维迪乌斯·普里斯库斯作为斯多葛派的哲学家,常常出言不逊,导致被流放,后来被处以死刑(*Sueton., in Domitiano, cap. 10. Plinius, lib. 9, Epist. 13.*)。他的儿子小埃尔维迪乌斯拥有很多优秀品质,因此享有盛誉,除此之外,他还担任过补任执政官。尽管因时代险恶,他选择了退隐,但还是有人在元老院控告他,据说是因为在一首诗中,他假借巴里德与埃农的名字讽刺多米提安努斯会离婚(*Sueton., in Domitiano, cap. 3.*)。我们在前面讲过,多米提安努斯娶了多米齐亚·隆吉娜(Domizia Longina)为妻,后来抛弃了她,因为她爱上了戏剧演员巴里德(Paride),多米提安努斯在马路中间将巴里德杀死。在那之后不久,多米提安努斯还是忍不住再次娶了隆吉娜,这件事被许多人拿来取笑。普布里奇乌斯·塞尔图斯(Publicius Certus)先前是大法官,如今是审判员之一,为了显示自己对多米提安努斯的奉承热情,他做出了可以说是最无耻的事,因为他蓄意抨击小埃尔维迪乌斯,将他送进了监狱。小埃尔维迪乌斯被判刑,作为奖赏,卑鄙无耻的普布里奇乌斯被指派为执政官,但是他还没来得及享受这一荣誉,就被多米提安努斯下令处死了,因为多米提安努斯无法对普布里奇乌斯履行承诺。控诉者还指控了小普林尼,小普林尼感到极度恐惧,最终在绝望中结束了自己的生命。赫雷尼乌斯·塞内乔(Herennius

Senecio）记述了埃尔维迪乌斯·普里斯库斯的一生，他极力谴责残忍的多米提安努斯和胆怯的元老院，为此，他被判处了死刑，他创作的作品也被公开烧毁。另一个惨遭不幸的人物是卢基乌斯·尤尼乌斯·阿鲁雷努斯·鲁斯提库斯（Lucius Iunius Arulenus Rusticus），他作为斯多葛派哲学的著名学者而享有盛誉（Dio, lib. 67. Plutarchus, de Curios.）。在自己的一本书中，他赞颂了上面提到的杰出人物佩图斯·特拉塞亚（Paetus Thrasea）与埃尔维迪乌斯·普里斯库斯。于是，不需要其他罪名，单这一点就足以使他被判刑处死。普鲁塔克将鲁斯提库斯的不幸归咎于多米提安努斯对他所获荣誉的忌妒。我们还得知，埃尔维迪乌斯·普里斯库斯的妻子法尼亚（Fannia）这时被流放，并被夺去了所有财产；佩图斯·特拉塞亚的妻子阿丽亚（Arria）与鲁斯提库斯的妻子蓬波尼亚·格拉蒂利亚（Pomponia Gratilia）也被流放并夺去所有财产。多米提安努斯就这样变得越发残忍。狄奥尼（Dio, in Excerptis Valesian.）写道，谁也不知道在多米提安努斯的命令下被杀死的人数达到了多少，因为他不想在元老院的公文中写下任何被他所杀之人的事情。

除此野蛮行径，多米提安努斯还做出了可耻的背信弃义的行为。他利用一些卑鄙邪恶之人对其他人进行控告、判罪以剥夺其财产，然后奖赏给那些卑鄙邪恶之人以荣誉和官职，没过多久就以叛国罪或者以企图掠夺他人财产为由杀死他们，以便让人们觉得，是他们，而不是他自己做出了那些不道德的行为。他还对奴隶和仆人做出同样的事，这些人受到多米提安努斯的秘密指使去控诉他们的主人，后来多米提安努斯将他们全都处死了。除此之外，他还使用各种手段让一些人被迫自杀，以让人相信他们是自愿而死而不是被强迫的。多米提安努斯从某些方面来讲比尼禄更加残暴（Tacitus, in Vita Agricolae, cap. 45.），因为他很高兴地观看被控诉之人的审讯和受刑，听他们发出悲叹声，目睹凶神恶煞之人对他们施以酷刑。此外，对于不久之后就要因他的命令而被处以死刑的人，他会掩饰他没有人性的一面，假惺惺地对他们以礼相待，施以爱抚。其中包括（Sueton., in Domitiano, cap. 11.）马库斯·阿雷基努斯·克莱门斯（Marcus Arrecinus Clemens），在维斯帕西亚努斯统治时期，他担任禁军总督，后来担任执政官（不知是哪一年），此外他还是多米提安努斯的亲戚。多米提安努斯很喜欢他，因为克莱门斯总是帮助他做些不道德的事；但是后来，喜爱变成了憎恶。有一天，多米提安努斯举办了一场盛大的宴会，他让克莱门斯同他一起坐在轿子上，他是故意这么做的，以在第二天控诉克莱门斯有叛国罪。他对克莱门斯说："你想不想明天和我一起旁听那个无赖仆人的审判？"罗马公民面对这样严酷的审讯都很难过，尤其是贵族们很容易就明白了这话的意思。

年　份　公元95年　小纪纪年第八年
　　　　阿纳克雷托教皇第十三年
　　　　多米提安努斯皇帝第十五年
执政官　弗拉维乌斯·多米提安努斯·奥古斯都第十七次，提图斯·弗拉维乌斯·克莱门斯（Titus Flavius Clemens）

这位执政官克莱门斯不是多米提安努斯的叔叔，而是他的堂兄弟，因为他是维斯帕西亚努斯的哥哥萨比努斯（Sabinus）之子。多米提安努斯对他非常友好，据苏埃托尼乌斯证实（Sueton., in Domitiano, c. 15.），多米提安努斯还打算让克莱门斯的两个儿子做他的继承人，为此，他更改了他们的名字，一个叫维斯帕西亚努斯，另一个叫多米提安努斯。但是克莱门斯刚结束为期只有6个月的执政官任职，多米提安努斯就因为一点点的怀疑将其杀死了。巴罗尼奥主教（Baron., Annal. Ecclesiast.）、蒂勒蒙特（Tillemont, Mém. Hist. Ecclés.）和其他学识渊博的人认为克莱门斯死于基督徒和殉道者的身份，我觉得他们的说法是可信的。因此尤塞比乌斯、奥罗修斯和其他基督教作家将这一年作为多米提安努斯迫害基督教研究者的时间。非基督教的作家狄奥尼（Dio, lib. 67.）也提到，多米提安努斯于这一年以亵渎神灵的罪名处死了执政官弗拉维乌斯·克莱门斯，也就是不信仰也不尊重异教的神灵。还有许多人因为信仰犹太人的宗教（这些犹太人当时被称作基督徒）被判死刑。苏埃托尼乌斯（Sueton., in Domitiano, c. 15.）也提到了同样的事，他指责克莱门斯太软弱无能。因为据德尔图良（Tertull., in Apologetico, cap. 42.）所述，基督徒作为退隐之人，几乎从不在公开场合露面，也不追求地位与荣耀，只是沉浸于他们自己的清修苦行，他们似乎是不太机智的人，是什么也不会的善良之人。克莱门斯的妻子是多米提安努斯的侄女弗拉维娅·多米蒂拉（Flavia Domitilla），她也是基督徒，最终被流放到了潘塔利亚岛（Pandataria）。克莱门斯还有一个侄女，也叫作弗拉维娅·多米蒂拉。据说，这两位多米蒂拉都殉道而死，表明了对耶稣基督的崇高信仰，她们的事迹被写入殉教圣人名册。尤塞比乌斯（*Eusebius, in Chron., et Hist. Ecclesiast. lib. 3.*）对此也有提及，他引用布鲁蒂奥·帕加诺（Brutio Pagano）的话证明了这件事。

或许是因为基督教被视作一个哲学派系，或者是因为在前一年被杀的两位哲学家塞内乔（Senecio）和鲁斯提库斯（Rusticus）令多米提安努斯十分愤怒，激发了他的兽性与胆怯，因为他无法再忍受他们，害怕自己邪恶的行为会遭到他们的谴责，于是他将这一时期的所有哲学家都赶出了罗马。尤塞比乌斯（*Eusebius, in Chron.*）将这一事情记录于这一年。对此，菲洛斯特拉托斯（*Philostratus, in Apollon., lib. 8.*）说许多哲学家逃到高卢，还有一些人逃到斯齐亚（Scizia）和利比亚（Libia）的沙漠。杰出人物金嘴狄翁（Dio Chrysostomus）去了哥特人的国家。著名的斯多葛派哲学家爱比克泰德（Epictetus）也被迫离开罗马。塔西佗（*Tacitus, in Vita Agricolae, cap. 2.*）对多米提安努斯这项残酷的法令深表难过，因为这样做就是禁止罗马接触一切智慧与有益的研究，使罗马再也没有美德研究，而只有各种罪恶和不道德行为。

据狄奥尼所述（*Dio, lib. 67.*），似乎是在这一年，多米提安努斯杀死了阿西尼乌斯·格拉布里奥（Acinius Glabrio）。格拉布里奥曾于公元91年担任执政官。尼禄时期享有权势的自由奴隶艾巴夫洛蒂托（Epafrodito）很长时间以来一直在多米提安努斯的宫廷里担任撰写事迹年册的职务（*Sueton., in Domitiano, cap. 14.*），也享有极高的荣誉。后来他被流放，直到今年才被判死刑，原因是他帮助尼禄自杀，而没有阻止他。多米提安努斯想要通过此举震慑其宫廷内的自由奴隶，让他们永远不敢对他做同样的事。据狄奥尼所说（*Dio, lib. 67.*），或许尤文尼乌斯·盖尔索 [Juvenius Gelso，一些人认为他的名字是普布利乌斯·尤文提乌斯·塞尔苏斯（Publius Juventius Celsus）]的事情也发生在这一年，或者在下一年。尤文尼乌斯·盖尔索后来成为图拉真皇帝统治时期的大法官，还在哈德良皇帝统治时期担任执政官，是那一时期著名的法学顾问。有人指控他阴谋反对多米提安努斯，他在来到元老院接受审讯之前，请求与皇帝进行谈话，因为他有重要的事情要告诉皇帝。得到许可后，这个精明的人跪倒在多米提安努斯面前，向其表示崇拜，还多次称呼多米提安努斯为上帝，辩解说自己是无辜的，如果多米提安努斯能给他一点时间，就会明白他的忠心，他还给多米提安努斯指出了所有有意反抗他的人。尤文尼乌斯·盖尔索被撤去了职位，后来一直以各种托词为自己谋得生计，直到多米提安努斯死去，他还安然无恙地活着。

我们从狄奥尼那里得知，在这一时期，多米提安努斯铺平了从西努萨（Sinuessa）到波佐洛（Pozzuolo）的道路。斯塔提乌斯斯（*Statius, Sylvar., lib. 4, cap. 3.*）也谈到一条相似的路，但这条路有可能是从罗马到巴哈。

年　份　公元96年　小纪纪年第九年

艾瓦里斯特教皇第一年

涅尔瓦皇帝第一年

执政官　卡图斯·安提斯提乌斯·维图斯（Catus Antistius Vetus）与盖乌斯·曼留斯·瓦伦斯（Gaius Manlius Valens）

如今，罗马在多米提安努斯残酷暴虐的统治下陷入一种悲惨的境地。看见那么多的元老院议员、骑士和其他人要么被处以死刑，要么被流放或者被剥夺财产，没有一个贵族人士和富有的人不为之胆战心惊（*Plinius, in Panegyrico, et lib. 7, Epist. 14.*）。元老院还是会集会，但只是为了执行暴君想看到的那些审判，或者是批准更大的罪恶行为。除了那些传达皇帝命令的人说话外，其他人都不敢发声，都低着头，内心充满了忧虑，沉默着认可他们不敢反对的事情（*Tacitus, in Vita Agricolae, cap. 2.*）。民众也同样害怕，因为到处都有密探收集、夸大并经常伪造一些诋毁皇帝的话，只要被指控，就会被判刑。其实，多米提安努斯让整个罗马为之恐惧的同时，整个罗马也令多米提安努斯为之害怕不已——这是暴君们无法避免的一项惩罚，他们残害众人，尤其是那些善者和无辜者，势必会招致所有人的仇恨，人们肯定迫切希望这些暴君赶快死亡。这项惩罚会侵蚀每位残暴无耻的皇帝的内心，因此令多米提安努斯对一切都心生怀疑与恐惧，他甚至不信任自己的妻子多米齐亚·奥古斯塔，也不信任他身边的自由奴隶，也就是他最亲信的宫廷人员（*Sueton., in Domitiano, cap. 15.*）。增加他内心恐惧的还有年少时占卜师迦勒底人对他做出的预言，说他会被残忍地杀死。他的父亲维斯帕西亚努斯也十分注重占卜术，在一次晚餐时，他看见多米提安努斯拒绝吃蘑菇，于是公开地开了一个玩笑，说："你应该更加提防不要碰铁器。"尤其是在这一年，很可能有人跟他预言说这会是他生命的最后一年，因此他不知道应该待在哪里。他越是不安与害怕，越是对他身边最亲近的朋友及亲人充满怀疑，于是，他对所有人都粗暴地讲话，对他们投以威胁的眼神。此外，这一年连续8个月发生多次雷击事件：一次发生在他重建的坎皮多里奥山上；一次是发生在皇宫，雷电击中了他的房间；另一次发生在弗拉维亚家族神殿；还有一次摧毁了他凯旋雕像上的碑文，雕像也被击翻，倒在附近的纪念碑上。迷信的罗马人民，尤其是比所有人都更加迷信的多米提安努斯，脑海中不断思索着这些以及其他我没有提到的自然事件，认为它们是巨大灾难的预兆。然而，没有什么比得上一个叫作阿斯克莱塔罗内（Ascletarone）的占卜师预言他会死亡更加令这位可鄙的皇帝（*Dio, lib. 67.*）惊惧万分的了。这位占卜师被逮至多米提安努斯面前，他承认这么说过，于是多米提安努斯对他说："你知道今天会发生什么吗？""是的，我知道。"占卜师回答说，"我的身体会被狗吃掉。"多米提安努斯立刻下令给他判刑，将他烧死。但是刚烧到一半，就下起了倾盆大雨，雨浇灭了火，迫使人们找地方避雨，这时一群狗跑过来，享用了这顿烤肉盛宴。这一消息被报告给了多米提安努斯，他因为害怕而焦躁不安（*Sueton., in Domitiano, cap. 16.*）。一个叫作拉尔吉努斯·普罗克鲁斯（Larginus Proclus）的占卜师则幸运一点，他在日耳曼预言过9月18日会发生重大变故，或者据狄奥尼所述（*Dio, lib. 67.*），更明白地说，他预言到了多米提安努斯的死亡。于是，在多米提安努斯在任的最后时间里，普罗克鲁斯被带到罗马关押入狱，多米提安努斯打算在他判刑这一天过后将他砍头问斩，以此证明他的预言是错误的。但是确证了此事后，他却安然无恙地活了下来，还得到了涅尔瓦的重赏。

占卜本是一门没什么价值的玄学，大多数时候都是骗人的把戏，但上帝有他神秘的判断，允许钻研占卜者有时候能够猜中命数。但也要注意到，这种骗人的玄学与其说是预测到了多米提安努斯的死亡，倒不如说是导致他死亡的原因——如果多米提安努斯不是那么相信那则预言，或许他还能活很长时间。因此，正如我们之前所说的，多米提安努斯内心深信他会于某一天被杀死，这刺激他又做出了很多残忍之举，杀死了世界上最出色的人，以及任何他认为有能力、有想法伤害他的人，因此招致了所有人对他的仇恨。此外，他还变得非常胆怯多疑，甚至害怕他的妻子与他最亲近的家人。据说，他甚至想要做出决定将他们通通杀死。如今，不管是他的妻子多米齐亚，还是他最亲信的朝廷宠臣、当时的禁军总督诺尔巴努斯（Norbanus）和佩特罗尼乌斯·塞昆杜斯（Petronius Secundus），看到多米提安努斯杀死了他的堂兄弟克莱门斯（Clemens），便深知多米提安努斯已经不信任任何人了，他们自己也处于危险之中，而为了保全自己的性命，唯一的办法就是除掉多米提安努斯。因此，整件事情的主线就是声名狼藉的皇帝过于相信占卜师的谣言，致使他变得残暴，不信任任何人，他的这一残忍与多疑最终让他死于他最亲的人之手。狄奥尼从多方得知（*Dio, lib. 67.*），多米提安努斯真的下了决心要杀死他的妻子和其他最亲信的朝廷宠臣，以及护卫军的将领。其他人觉察到他的这一意图后准备阻止他，但并没有事先想好由谁来继承皇位。他们秘密地与各贵族人士谈话，但是所有人都怀疑这是陷阱而不愿意接受做皇位的继承人。直到马库斯·科克乌斯·涅尔瓦（Marcus Cocceius Nerva），这位配得上皇位的人最终接受了这一请求。如果狄奥尼所说的是真的，那么发生了一件事情加速了多米提安努斯的死亡——离这一时期更近的苏埃托尼乌斯没有提到这件事情，此外，同样被刺杀的康茂德皇帝（Commodus Augustus）身上似乎也发生过这种事。多米提安努斯过去常常把一个机智俏皮的少年留在房间里以供娱乐。少年在多米提安努斯睡觉的时候从他的床头取走了一张纸，然后继续玩游戏。这时多米齐亚进来，夺走了他手上的纸，惊恐地发现那是一张丈夫想要杀死的人员名单，其中包括她自己、两位禁军总督、元老院长老帕尔泰尼俄斯（Parthenios）和其他一些朝廷人员。她将这一事情告知了这上面的每一个人，于是，他们决定不再浪费时间，立刻执行计划。

9月18日，根据占卜师的预言，多米提安努斯会于这一天被杀。凌晨5点，这是多米提安努斯最害怕的时刻，于是，他在法庭分配下几项控诉任务之后回到了自己的房间，询问当时是几点。密谋者中的某个人故意告诉他是早晨6点，因此多米提安努斯很高兴，就好像躲过了危险一样。没过多久，元老院长老帕尔泰尼俄斯进来告知他，被处死的弗拉维乌斯·克莱门斯家的管家斯特凡努斯（Stephanus）请求与他见面，因为他有一件非常重要的事要禀报。斯特凡努斯身体强壮，因为主人的死，他比任何人都仇恨多米提安努斯，于是他被选中执行刺杀任务。在前一天，斯特凡努斯假装左胳膊受伤，在脖子上吊着绷带。斯特凡努斯就以这样的姿势进入了多米提安努斯的房间，然后给多米提安努斯呈上一张字条，上面写着一场他伪造的策划的阴谋，还有所有阴谋策划者的名字。就在多米提安努斯十分警惕地念着字条上的内容的时候，斯特凡努斯突然用一把匕首朝他的肚子上刺了一刀。多米提安努斯惊呼求助，他的一个男侍从跑向床头拿匕首，或者是剑，但是他只找到了剑鞘，而所有的出口都被关上了（*Dio, lib. 67. Sueton., in Domitiano, c. 17.*）。由于伤口并不致命，多米提安努斯猛扑向斯特凡努斯，想要夺走斯特凡努斯的匕首，他们扭打在一起摔在了地上。帕尔泰尼俄斯担心多米提安努斯逃走，于是打开门，让克洛迪亚诺·柯尼库拉里奥（Clodiano Corniculario）、他的自由奴隶马克西穆斯（Maximus）、侍从总管萨图里乌斯（Saturius）和其他人进来，他们又刺了多米提安努斯七下，致使多米提安努斯死亡。同时也进来了其他对阴谋一无所知的人，他们见斯特凡努斯倒在地上，于是将他杀死了。就这样，就像一般暴君的结局那样，多米提安努斯结束了他的生命，终年45岁。没有人关心他的尸体，只有他的奶娘费丽德（Filide）偷偷地将他的尸体放在一个平民棺材里，将他带到了她乡下的家里，按照当时的习俗将他火化之后，将他的骨灰带到了弗拉维亚家族神殿里，与他的哥哥（*Sueton., in Domitiano, cap. 22.*）提图斯之女茱莉亚·萨比娜·奥古斯塔（Giulia Sabina Augusta）的骨灰混在了一起。没有任何人觉察到此事。这个茱莉亚原先被提图斯许配给了他的嫡堂兄弟弗拉维乌斯·萨比努斯（Flavius Sabinus），但是多米提安努斯迷恋上了茱莉亚，在提图斯还在世的时候，就想要霸占她。成为皇帝后，多米提安努斯杀死了她的丈夫，公开将她留在自己身边，并授予她"奥古斯塔"的封号。这样的待遇让一些人认为茱莉亚已与多米提安努斯结婚了（*Philostratus, in Apollon. Tyan., lib. 7.*）。因为她怀了前夫的孩子，多米提安努斯想让她打掉孩子，可是，这次流产导致了她的死亡。前面我没有讲过，现在我来说一下，多米提安努斯在淫欲方面并不逊色于最腐化堕落的人。对此，不需要再做其他解释了。

  罗马的下层人民（*Sueton., in Domitiano, c. 23.*）对于这位残暴的统治者的死亡既没有表现出喜悦也没有表现出悲伤，因为他通常只把怒气发泄在大人物身上，对于小人物置之不理。士兵们对此非常焦虑和愤怒，因为他们总是获得多米提安努斯的优待，被赠予了很多犒赏，所以他们想要为他报仇。虽然他们的将领制止了他们首次疯狂的复仇行动，但这些将领没有办法阻止他们之后的行动。而元老院则欢欣地庆祝皇帝的死亡，因为多米提安努斯对他们施以暴行，所以元老院给多米提安努斯冠上所有最耻辱的头衔，并下令将他的雕像和凯旋门全部推倒（*Dio, lib. 67.*），还将多米提安努斯的名字从所有碑文上删除，撤销他颁布的所有法令。尽管多米提安努斯对文学和七艺并不感兴趣，但他唯一付出很多精力做的事就是重建罗马被烧毁的图书馆，并从各地收集（*Sueton., in Domitiano, cap. 24.*）来书籍，还从亚历山大图书馆抄写来很多书籍。很多杰出的哲学家也成名于他统治时期，其中最为著名的是爱比克泰德（Epictetus），他成效卓著的教学法保留至今，还有阿波罗尼乌斯·提亚尼奥，菲洛斯特拉托斯记述了他充满传奇故事的一生。在罗马，杰出的雄辩大师马库斯·法比乌斯·昆提利亚努斯（Marcus Fabius Quintilianus）名声显赫，还有马库斯·瓦莱利乌斯·马提亚利斯（Marcus Valerius Martialis），一位以天赋闻名，又因过于荒淫的讽刺诗而臭名昭著的诗人。这两人都出生于西班牙。生活在那一时期的还有盖乌斯·瓦莱利乌斯·弗拉库斯（Gaius Valerius Flaccus）和盖乌斯·西利乌斯·伊塔利库斯（Gaius Silius Italicus），他们的诗歌保留至今，但都带有一些恶趣味。德西穆斯·尤尼乌斯·尤维纳利斯（Decimus Iunius Iuvenalis），作为一位讽刺文学作家，他肯定没有那么谦逊，但非常有才华，并受人敬重。

  就这样，多米提安努斯的悲剧结束了，罗马和整个帝国摆脱了这只怪物，开始松了口气。很快就到了马库斯·科克乌斯·涅尔瓦皇帝加冕的喜庆日子。据狄奥尼所述（*Dio, lib. 68.*），涅尔瓦出生于公元32年，出身于一个贵族世家，他品行正直，待人和蔼友善，具有难得的智慧与谨慎，并时刻为公众的利益着想，这使他受到所有人的爱戴和尊重。他的这些美好的品德为他赢得了两次执政官任职，也就是在公元71年和公元90年。他唯一缺少的就是强健的身体和良好的健康状况，因为他的胃非常虚弱。对于涅尔瓦在多米提安努斯的最后几年所做之事的一些细节，历史学家们存在意见分歧。菲洛斯特拉托斯（*Philostrat., in Vita Apollonii, lib. 7.*）认为，阿波罗尼乌斯·提亚尼奥来到罗马，旁敲侧击地劝他将帝国从多米提安努斯的暴政中拯救出来，但是他没有太大的胆量做这件事。菲洛斯特拉托斯还补充说，多米提安努斯将涅尔瓦放逐到了塔兰托（Taranto）。奥勒留斯·维克多（*Aurel. Vict., in Epit.*）写道，多米提安努斯被杀害的时候，涅尔瓦身在塞奎尼（Sequani），也就是现今弗朗什·孔泰大区（Franca Contea），在军队的一致认可下，他继承了皇位。不过，最可信的说法似乎是狄奥尼所写的，我们前面说过，多米提安努斯会迫害任何或是拥有美好的品质，或是占卜师做出不利预言的人，他相信涅尔瓦会继承他的皇位，于是打算杀了他。如果不是他的一个占卜师朋友告诉多米提安努斯，涅尔瓦年事已高，身体虚弱，活不了几天，多米提安努斯可能就真的杀了他。狄奥尼没有说到流放的事，但猜测多米提安努斯被刺杀的时候涅尔瓦正在罗马，与密谋者达成一致，同意将多米提安努斯杀死，因为如果不这么做，他就会有生命危险。于是，暴君死去了，而后在元老院的一致认可和人民的欢呼声中，马库斯·科克乌斯·涅尔瓦登上了恺撒的宝座。因此，他当时距罗马肯定不远，这还要多亏（*Eutrop., in Brev. Dio, lib. 68.*）禁军总督佩特罗尼乌斯·塞昆杜斯和刺杀行动的主要密谋者帕尔泰尼俄斯。但是坊间流传着这样一个谣言，说多米提安努斯还活着，没过多久他就现身了（*Aurel. Vict., in Epit.*），生性胆小的涅尔瓦大惊失色，惊恐得一句话也说不出，不知道自己身处何地。但是帕尔泰尼俄斯目睹了多米提安努斯的伤口和咽气前的最后几下呼吸，于是鼓励涅尔瓦，让他安心做皇帝。与此同时，涅尔瓦与士兵们进行了谈话以抚慰他们，并承诺给他们新皇帝继位时会赠予的犒赏。之后涅尔瓦来到元老院，受到了每个元老院议员的热情拥抱和祝贺。阿利乌斯·安东尼努斯（Arrius Antoninus）是后来的皇帝提图斯·安东尼努斯（Titus Antoninus）的母系祖父，也是涅尔瓦很亲密的朋友。阿利乌斯·安东尼努斯拥抱了涅尔瓦，说涅尔瓦当选皇帝是众望所归，他为元老院、为罗马人民、为各省而高兴，但他不为涅尔瓦高兴，因为对涅尔瓦来说，耐心地生活在暴君的统治下或许会更好，一方面就不会担负如此重担，将自己暴露于这么多的危险与不安之中，置身于从不缺乏的敌人之间，另一方面，他当了皇帝后，他的朋友们会认为自己是有功的，会一直向涅尔瓦索取他们想要的东西，最终会变得比敌人还要令人无法忍受。尽管如此，涅尔瓦还是鼓起勇气，拿起统治的权杖，开始以得体的举止维护他庄重的形象，他恢复了元老院的首要地位，让人民重获安宁与快乐。

多米提安努斯还在世的时候，一直没有停止对基督徒的迫害，圣阿纳克雷托（Sanctus Anacletus）教皇作为殉道者而牺牲，可能是发生在去年，但更有可能是发生在这一年，艾瓦里斯特（Evaristus）继任了罗马教皇之位。

年　份　公元97年　小纪纪年第十年
　　　　艾瓦里斯特教皇第二年
　　　　涅尔瓦皇帝第二年
执政官　马库斯·科克乌斯·涅尔瓦·奥古斯都第三次，卢基乌斯·维莱乌斯·鲁弗斯（Lucius Verginius Rufus）第三次

阿尔梅洛文（Almeloven）认为，这一年，有其他执政官相继接替这一职位，其中可以肯定的是，历史学家科尔涅利乌斯·塔西佗继任了维吉尼乌斯·鲁弗斯的执政官之位。尤斯图斯·利普修斯也是这么认为的。我们从小普林尼（*Plinius, lib. 2, ep. 1.*）那里得知，这个维吉尼乌斯·鲁弗斯就是公元68年在日耳曼行省多次拒绝接受士兵授予他皇位的那个人。他光荣地一直活到现在，没有遭遇任何不幸，每个人都尊重他，甚至是残暴的多米提安努斯，他一直保留着伟大的人格，比帝国内任何其他人都要崇高。涅尔瓦想让公众知道他对维吉尼乌斯有多么敬重，于是推举他为执政官。从小普林尼的叙述中还可得知，这是维吉尼乌斯第三次任执政官。斯坦帕主教（*Stampa sul Fastos Consul. Sig.*）没有说到这件事情，诺丽斯主教（*Noris,*

Epistol. Consul.）和其他人都有提到过，弗朗提努斯（Frontinus）和伊达修斯年表（Fasti d'Idacius）还对此有相关记述。维吉尼乌斯第一次任执政官是在公元63年尼禄统治时期。据说，公元69年奥托皇帝统治时期，维吉尼乌斯第二次任执政官，但是是作为补任执政官。关于他的名字鲁弗斯，大家对此颇有争议，有人认为他叫提图斯，有人认为是普布利乌斯。卢基乌斯这个名字的可能性更大一些。这一年，维吉尼乌斯第三次任执政官。根据小普林尼所述，这一年伊始，维吉尼乌斯准备在元老院表达对涅尔瓦授予他这一荣誉的感谢，他已83岁高龄，双手颤抖，以至于手里的书掉了下去，他想要捡起书，却因地板光滑而摔倒，导致一条大腿骨折。他这条骨折的大腿没能愈合，一段时间之后他就逝世了，人们为他举办了隆重的葬礼，当时接替他的执政官科尔涅利乌斯·塔西佗诵读了纪念维吉尼乌斯的悼词。小普林尼还提到，维吉尼乌斯·鲁弗斯出生在与他的家乡科莫接壤的一个城市。

　　看到自己的皇位稳固了之后，涅尔瓦很快就在罗马和整个帝国（Dio, lib. 68.）中展现了仁慈的治国之道。他将一大批被流放的贵族召了回来，还撤销了所有叛国罪诉讼。因为这些诉讼都来源于谣言，于是他抓捕了造谣者，处死了那些曾经起诉控告主人的仆人和奴隶，并颁布了一条严格的法令，从那以后禁止这样的人指控他们的主人。他还禁止指控别人有亵渎神灵罪，禁止继续举行犹太人的仪式，这意味着他停止了对基督徒的迫害。异教徒当时经常将基督徒与犹太人混淆在一起，因此，犹太人被允许执行他们的法律。皇宫里有许多多米提安努斯以不道德的手段夺来的珍贵家具，涅尔瓦将它们全部归还。多米提安努斯非常喜欢为自己打造金银雕像（尽管当时都是镀金或镀银的），但涅尔瓦不允许别人为他这么做。对于身处巨大贫困中的罗马市民，涅尔瓦将他购买的价值150万银币的土地分配给他们，并派遣元老院议员去做分地的工作。发现国库空虚后，除了必要的东西，他将所有的金银花瓶和家具贩卖了，不仅仅是他个人的东西，还有宫廷和几个农庄的东西，他对买家也十分慷慨。他这么做不是为了积攒金钱，而是为了将其分发给罗马人民。勋章（Mediobarbus, in Numismat. Imperat.）上有记载，在他执政的短短时间里，他两次分发金钱和粮食。他发誓他永远不会下令处死任何元老院议员，尽管确信其中有一个人曾阴谋反对他，但涅尔瓦对他的惩罚就是将他驱逐出境。他确立法律，规定任何人不得做阉人，禁止娶自己的侄女为妻。在认识到多米提安努斯过度奢侈浪费带来的巨大坏处后，他还致力于勤俭节约。因此，他取消了很多祭祀活动、竞赛和其他演出活动，以避免花费很多金钱（*Aurel. Vict., in Epit.*）。他废除了为惩罚那些拖欠税款者而在古代征税上附加的一切罚款，还废除了为欺压和蹂躏犹太人而对他们强加的赋税，还他减轻了许多城市的纳税负担，还下令意大利的各个城市公费养育生于贫困家庭但是自由之身的孤儿——这一善举也被后来贤明的皇帝们沿用，并继续发展。涅尔瓦还降低了奥古斯都大帝引入的对遗产和遗嘱征收的税款。在小普林尼的书信（*Plinius, lib. 10, Epist. 66.*）中找到了一则涅尔瓦颁布的法令，表现了他有多么仁慈善良，他说道："每一个公民都可以放心，涅尔瓦更希望所有人都安宁平静，他心地善良，只想着如何为人民谋福利，他会保留之前其他人已经做出的事情，因此为了消除人民担心会失去从其他皇帝那里得到的一切的恐惧，或者不得不用金钱求得这些，他宣布无须进行新的请愿，任何人都可以继续享有他们已经拥有的东西，因为他只想让恩惠和福利惠及那些至今未曾享受恩泽的人。"

对于这样一位贤明的君主，有的人对他亲善贤良的统治赞叹有加，有的人却出于某些原因将其与前任君主的暴政相提并论，其中不乏一些罗马贵族，他们背地里策划阴谋，想要扳倒涅尔瓦。这场阴谋的首领是卡尔普尔尼乌斯（Calpurnius），他是一名元老院议员，来自著名的克拉苏斯（Crassus）家族，其他人的名字无人知晓。他煽动士兵们造反，并承诺给他们一笔丰厚的犒赏。涅尔瓦发现了这一阴谋，他让卡尔普尔尼乌斯坐在他身边一起观看角斗士表演，就像之前提图斯做过的那样，侍从为他呈上了那些搏斗者的剑，他将剑递到卡尔普尔尼乌斯手上，让其看看剑是否锋利，以此表示他并不害怕死亡。卡尔普尔尼乌斯被起诉，但是涅尔瓦为了遵守不杀害元老院议员的诺言，并没有判处他其他刑罚，只是将他和妻子流放到塔兰托（Taranto）。涅尔瓦在十分重要的情况下也如此宽容大度，这一行为受到元老院的指责。他不会伤害重要的人物，即使他们应该受到惩罚（*Plinius, lib. 4, Ep. 22. Aur. Vict., in Epit.*）。有一天，他与威恩托［Vejento，或者叫维恩托内（Vejentone）］一同进餐，威恩托曾任执政官,是一个奸邪之人,在多米提安努斯统治时期搞垮了很多人。卡特鲁斯·梅萨利努斯(Catullus Messalinus)在前任皇帝统治时期,控诉和残忍杀害了许多人,如今他已经死了。涅尔瓦说:"如果他还活着,他会怎么样?"用餐者之一尤尼乌斯·毛里基乌斯(Iunius Mauricius)是一个心胸十分宽广且非常坦诚的人,立刻回答说:"他会和我们一起坐在这张桌子上用餐。"然而,最令涅尔瓦心神不宁的是埃利亚努斯·卡斯佩里乌斯(Aelianus Casperius)的谋杀事件。不知道是涅尔瓦还是多米提安努斯任命卡斯佩里乌斯为禁军总督,也就是护卫军将领。要么是卡斯佩里乌斯煽动了士兵,要么是士兵鼓动了他,可以确定的是,有一天他们发动了一场起义,所有人都涌向宫殿(Plinius, in Panegyr.),大声呼喊,要求交出刺杀多米提安努斯的那些人的首领。涅尔瓦对于这样的要求非常震惊,尽管如此,他还是觉得不能把这些将国家从暴君手里解救出来的人交给他们,正是因为这些人,他才能登上皇位,于是他勇敢地拒绝了他们的要求,说如果他们想要泄愤,就用他的脑袋来发泄愤怒。但是这些人并没有因此而停下来,他们无视皇帝的权威,抓走了曾任禁军总督的佩特罗尼乌斯·塞昆杜斯(Petronius Secundus),并将其杀死了。他们还这样杀死了元老院长老帕尔泰尼俄斯,用比对待佩特罗尼乌斯更可耻的方式对待他。卡斯佩里乌斯变得更加蛮横无理,他强迫涅尔瓦当着人民的面赞赏他们这一行为,对士兵们表示感激,因为他们杀死了世界上最危险的暴徒。

禁卫军如此傲慢无礼让涅尔瓦更清晰地意识到,他如今已经年老体衰,无法再企求其他人都听命于他、尊重他,他不得不担心其他冒犯的行为。作为一个明智之人,他希望选择一个同样心地善良而身体强健的人做帝国的继承人,以增强他的权威。因为他只想着公众的利益,因此他希望挑选出所有人中最好的那个(Aurelius Victor, in Epitome)。就这样,经过深思熟虑的审查,同时也在卢基乌斯·利奇诺·苏拉(Lucius Licino Sura)的建议下,他完全没有考虑自己的亲戚,最终将人选定为马库斯·乌尔皮乌斯·图拉真(Marcus Ulpius Traianus)。图拉真是当时日耳曼地区罗马军队的总指挥。据狄奥尼(Dio, lib 68.)和欧特罗皮乌斯(Eutropio, Eutr., in Brev.)所述,图拉真是西班牙籍人,因为他出生在西班牙的伊达利卡

（Italica）市，然而奥勒留斯·维克多（Aurel. Vict., in Epitome.）说他出生在托蒂市（Todi）。迄今为止，还没有哪个获得皇位的人是出生在罗马及周边地区以外的，尽管如此，涅尔瓦很清楚，在选择由谁来统治如此庞大的帝国时，更应该考虑的是能力和美德，而不是出生地。因此，在潘诺尼亚之战大获全胜之际，如某些人所愿（Panvin., Petav., Pagius, Dodwellus, Fabrett., Tillem.），人民在9月18日这天聚集到坎皮多里奥山上，或者如其他人所称，是在10月27或28日这天，涅尔瓦高声宣布收养马库斯·乌尔皮乌斯·涅尔瓦·图拉真为养子，元老院在同一天授予了他"恺撒"和"日尔曼尼库斯"的称号，涅尔瓦还亲手写下诏书，通知他此次选举结果（Plinius, in Panegyrico.）。涅尔瓦推举图拉真为军队最高指挥（Euseb., in Chron.），并授予他保民官权力，就差没有授予他"奥古斯都"的封号了，也就是说，涅尔瓦任命图拉真为帝国的共治者。然而或许像一些人所认为的那样，当时身在科隆的图拉真并没有获知这一消息。也有可能这些是之后发生的。不过至少可以肯定的是，涅尔瓦指定图拉真为下一年的执政官。图拉真曾在公元94年担任过执政官，他的功绩几乎人尽皆知，他的父亲也曾是执政官（不知是哪一年）。所有人对于此次选举都欢欣鼓舞地接受了，罗马城内的暴动与骚乱也停止了。图拉真当时大概44岁，正值壮年，精力旺盛。

年　份　公元98年　小纪纪年第十一年
　　　　艾瓦里斯特教皇第三年
　　　　图拉真皇帝第一年
执政官　马库斯·科克乌斯·涅尔瓦·奥古斯都第四次，马库斯·乌尔皮乌斯·图拉真第二次

据说，这一年7月1日，这两位执政官被另外两位执政官接替，但我们无法确切地得知那两位是谁。贤良的皇帝涅尔瓦没过多久就去世了，或者如一些人认为的那样，他卸去了皇帝之位。有一天，涅尔瓦与一个叫作雷古鲁斯（Regulus）的人大声对质而情绪非常激动（Aurel. Vict., in Epit. Tillem., Mém. Hist. Pagius, Crit.

Bar.），这个雷古勒斯应该是做了什么不道德的事，以至于尽管正值寒冬，涅尔瓦却出了一身汗，从而患上了感冒，并发了烧，这足以让他为此丧命。奥勒留斯·维克多认为涅尔瓦去世的时候是63岁（*Aurel. Victor, in Epitome.*），狄奥尼认为是65岁（*Dio, lib 68.*），欧特罗皮乌斯认为是71岁（*Eutrop., in Breviar.*），尤塞比乌斯则认为是72岁（*Eusebius, in Chron.*）。不管是多少岁，在如此短暂的统治之后，涅尔瓦因他值得赞颂的仁慈智慧之举而留下了光荣的名字，而他却不认为自己做了什么伟大之举，因此即使卸任了皇帝之位，他也无法放心地过着平凡的生活。为他赢得最多声誉和荣耀的是任命了图拉真为帝国的继承人，图拉真后来成为杰出皇帝的楷模。人们为涅尔瓦举办了一场隆重的葬礼，他的尸体或者说是他的骨灰被从元老院带到了奥古斯都陵墓。学者们对于涅尔瓦去世的日期一直有争议。大多数人相信是在这一年的1月27日，奥勒留斯·维克多提到涅尔瓦去世的这一天出现了日食。根据卡尔维西乌斯的说法，日食发生在这一年3月21日，但这与（*Dio, lib. 68. Eutropius, in Brev.*）涅尔瓦在任统治16个月零9天或10天的说法不符合。另外，根据尤塞比乌斯（*Eusebius, in Chron.*）和一些勋章（*Mediobarb., in Numism. imperator.*）及碑文（*Gruter., Thesaur. Insc.*）的记述，元老院下令将涅尔瓦神化，图拉真因被涅尔瓦推举为皇帝而从未停止对这位贤良的君主与国父表示感激，他还根据异教徒的迷信为涅尔瓦建造了一些神庙。当时年轻的普布利乌斯·埃利乌斯·哈德良（Publius Aelius Hadrianus）是图拉真的亲戚，二人关系非常亲密，哈德良很早就被父亲委托给图拉真照顾（*Spartianus, in Hadriano.*）。涅尔瓦去世的消息传到了哈德良那里，彼时哈德良正在上日耳曼行省，他希望第一个把这个消息带给当时身在科隆的图拉真。然而，哈德良的姐夫塞尔维安努斯（Servianus）试图阻止他，便悄悄地将哈德良的双轮马车破坏了，以便写信给图拉真，告诉他继承皇位这一喜讯。但哈德良步行前往科隆，甚至比塞尔维安努斯的信使早到了一步。后来，图拉真（*Dio, lib. 67.*）收到元老院的来信，他亲手给他们写了回信，表达了感激之情。此外，他还承诺永远不会危害正直之人的生命和荣誉，还为此立誓。图拉真还身在科隆的时候，也就是返回罗马之前，把禁军总督埃利亚努斯·卡斯佩里乌斯和附属于他的士兵叫到他那里，假装想让他为共和国服务。涅尔瓦在告知图拉真继承皇位的消息时，还特别委托他对卡斯佩里乌斯和他的军队实施报复，因为他们之前发动了叛乱，对涅尔瓦做出非常冒犯的事情。图拉真接受了这一任务，他杀死了卡斯佩里乌斯和参与那次叛乱的所有禁卫军。然后，图拉真率领着一支强劲的军队，似乎并没有于这一年来到罗马，而是在科隆和其他地区停留，整治罗马帝国的边界地区，恢复各省的平静（Plinius, in Panegyr.）。日耳曼各民族间流传着图拉真已成为皇帝和奥古斯都的消息，那些蛮族人民对他的英勇和见识充满敬意，因此所有人都竞相派遣自己的使者去拜访他，向他请求继续维持和平的局面。日耳曼人过去常常在冬天袭击罗马人，因为那时多瑙河结冰了，他们可以步行跨过河面。然而这一年的冬天，却没有看到日耳曼人的踪影。图拉真当时正在那一地区，尽管他的军队请求越河攻击日耳曼人，但是他没有许可。他在这一时期采取的主要举措之一是重建了古代的军纪，提倡勤劳务实，让罗马军队重新听命于将领。他以礼对待所有的军官和士兵，这为他赢得了比之前更多的爱戴和尊敬。

年　份　公元99年　小纪纪年第十二年
　　　　艾瓦里斯特教皇第四年
　　　　图拉真皇帝第二年
执政官　奥鲁斯·科尔涅利乌斯·帕尔玛（Aulus Cornelius Palma）与盖乌斯·索修斯·塞内乔（Gaius Sosius Senecio）

这两位执政官是当时罗马元老院最优秀的贵族，他们还是图拉真的朋友，受到图拉真的尊敬。前面的一些皇帝习惯于在继任后的第一个1月1日自己出任执政官，因此就没有指定其他执政官（Plinius, in Panegyr.）。而图拉真并不爱慕虚荣，而且他有很多事务缠身，使得他无法在新一年伊始来到罗马，因此他在前一年就拒绝了元老院授予他的执政官的荣耀，并表示希望由上述两个人担任执政官。

在这一年春天，图拉真从日耳曼出发前往罗马，他一路所做的事与多米提安努斯完全不同。多米提安努斯与他的军队所到之处均被洗劫一空；而图拉真尽管由很多军队护送着，但他为士兵的行军和休息制定了严格的军纪和良好的规章制度，以减轻士兵对百姓造成的影响。普林尼记述了图拉真进入罗马的场景。那一天，所有人都为这位贤良皇帝的到来而欢欣鼓舞，图拉真没有像前面一些皇帝那样自豪地坐在一辆凯旋战车上，也没有让侍从们抬着，而是身穿朴素的衣服步行而来。他没有高昂着头，显得盛气凌人，对于到他面前向他问候致意的人置之不理；相反，他拥抱了他们，对所有人致以亲吻，把他们当成自己的同乡和亲兄弟。他先是来到坎皮多里奥山，而后来到皇宫。与他同行的还有他的妻子庞培娅·普洛蒂娜（Pompea Plotina）——一位地位极高的女人，与丈夫一样有很多美德（*Dio, lib. 68.*）。当踏上皇宫的台阶时，她转过身对人民说："无论我是进入皇宫还是在这里，我都希望能够从此离开。"也就是说，她受人欢迎，永远不会做任何不道德的事。事实上，她凭借谦虚与智慧一直活了很久，也获得了所有人的赞扬，特别是她积极参与促进公众福祉，增加丈夫的荣耀（*Aurel. Vict., in Epit.*）的事业。据说，得知税务所的收税员欺压罗马帝国各省，向人们收取高额赋税，榨取百姓的钱财后，她立马抱怨丈夫，说他怎么可以忽视这么重要的事情，允许收税员们做出不道德的事情损毁他的名声。图拉真意识到税务员就像脾脏一样，如果凭它不断生长，其他器官就会日渐消瘦，于是采取了严厉的措施，整治混乱的秩序。根据这一年的钱币上印刻的内容，很可能普洛蒂娜在抵达罗马之后被授予了"奥古斯塔"的封号，而图拉真被授予了"国父"和"大祭司长"的封号。图拉真有一个姐姐，叫作马尔恰娜（Marciana），她与普洛蒂娜皇后一直相处得十分融洽。据阿米阿努斯（*Ammianus, lib. 27.*）和约达尼斯（*Jordan, de Reb. Geticis.*）所述，默西亚的首都马尔恰娜市（Marcianopoli）就取自她的名字。在一些碑文和钱币上写着，马尔恰娜也拥有"奥古斯塔"的封号。马尔恰娜有一个女儿叫作马蒂迪亚（Matidia），马蒂迪亚有两个女儿，一个是哈德良皇帝的妻子茱莉亚·萨比娜（Giulia Sabina），另一个据说也叫作马蒂迪亚。

图拉真抵达罗马后的第一项举措就是以慷慨获得公众的爱戴（*In Panegyr.*）。他早已支付给了军队他们常从新任皇帝那里获得的一半犒赏；而对于贫穷的罗马市民，他则给了他们全部的赠礼，希望缺席者和孩子们也参与其中。这是一笔巨大的花费，但他没有以不道德的手段去抢夺他人的财产，没有像过去那些凶残如虎的君主所做的那样，通过屠杀其他动物喂养自己的孩子。很长一段时间以来，罗马一直时不时地给地位低下的自由市民免费发放大量粮食和其他生活必需品，因为他们也是统治与管理的一部分，但是年龄低于11岁的孩子不享受这种馈赠。图拉真希望这些孩子也包括在公共救济中，因此，正如我们之前说过的，涅尔瓦曾下令意大利各个城市以公共财库养育那些贫穷人家的孤儿，图拉真则向各市分拨财款和收入，以确保这一法令保留下来并得以发展。他还举办了一些竞赛和公共表演来供罗马人民娱乐，但认识到人民对于这些娱乐项目非常有天赋，而他对这些并不怎么感兴趣，他再次将哑剧演员赶出罗马，认为他们与罗马的庄重不匹配。图拉真对于粮食供应特别上心，他消除了所有滥用职权和粮食垄断现象，创建了面包技工学校并赋予它们特权。就这样，不只在罗马，而是在整个意大利都可以见到小麦的丰收，甚至往常是意大利粮仓的希腊，今年由于尼罗河泛滥淹没了几个国家而遭遇饥荒，也能够从意大利获得粮食援助。但是图拉真采取的最令人称颂的举措，是比提图斯和涅尔瓦更加严格地起诉与惩罚那些在多米提安努斯时期造谣诽谤众多无辜者的控诉者。他还废除了叛国罪，这在过去是罗马人民的噩梦，反对政府的每一句微不足道的话，都被认为是一项巨大的罪行。图拉真认为，贤明的君主应该致力于管理得善，而不应该去关心那些控诉者毫无意义的谣言，而暴君因为治理不得善，就会更加希望这些控诉者没有眼睛和舌头，他们不在乎这些惩罚会特别激起人们对他们的嫌怨，激发公众对他们的仇恨。

  这一年，图拉真以一个普通人的身份参与人民大会，在人民大会上选举出下一年的执政官。他被指定为下一年的执政官，但是他不愿意接受这一任命，费了一番口舌之后，令所有人惊讶的是，这位好皇帝公然跪倒在执政官面前向他宣誓——像过去少数人会做的那样，而执政官也没有惊慌失措，让他这么做了。其他补任执政官也被选了出来，我在下一年会讲到。

年　份　公元100年　小纪纪年第十三年

艾瓦里斯特教皇第五年

图拉真皇帝第三年

执政官　马库斯·乌尔皮乌斯·涅尔瓦·图拉真（Marcus Ulpius Nerva Traianus）第三次，马库斯·科尔涅利乌斯·弗朗托（Marcus Cornelius Fronto）第三次

研究执政官年表的学者们（Panvinus, Pagius, Tillemont, Stampa.）对于谁是图拉真的共事者，也就是谁与他一起在1月1日登上执政官之位，一直有巨大争议，迄今为止，仍然没有方法对此予以确定。红衣主教诺丽斯（Noris, Ep. Consul.）先是认为很有可能是塞克斯图斯·尤利乌斯·弗朗提努斯（Sextus Iulius Frontinus）第三次任执政官，弗朗提努斯是一位知名作家，他的作品一直保留至今；后来，他又倾向于认为是马库斯·科尔涅利乌斯·弗朗托第三次任执政官。潘维尼乌斯及之后的巴基神甫也是这么认为的。令人困惑之处在于，这两个姓氏"弗朗托"与"弗朗提努斯"如此接近。可以确定的是，弗朗托是这一年的执政官。而据普林尼所述（Plinius, in Panegyr.），这一年除了图拉真，还指定了另外两位执政官，他们都是第三次任职，因此一些人相信弗朗提努斯也是这一年的执政官，但是对于他们二人具体是在哪一年任职的前两次执政官，就无从得知了。学者们普遍认为，这一年9月1日，盖乌斯·普林尼乌斯·凯基利乌斯·塞昆杜斯（Gaius Plinius Caecilius Secundus）与斯普里乌斯·科尔努图斯·特图鲁斯（Spurius Cornutus Tertullus）接替了执政官之位。凯基利乌斯·塞昆杜斯是科莫人，是一位著名的作家，他接到元老院的命令，为图拉真创作了一篇颂词，在上任的这一天诵读。斯普里乌斯·科尔努图斯也是一位声名显赫的人物。根据潘维尼乌斯和阿尔梅洛文所述，尤利乌斯·费罗克斯（Iulius Ferox）与阿库提乌斯·涅尔瓦（Acutius Nerva）于这一年11月1日继任了执政官之职。但是我发现了一篇所属日期为这一年12月29日的碑文（Thesaurus Novus Inscript., pag. 305, n. 5.），由此得知当时的执政官是卢基乌斯·罗西乌斯·埃利亚努斯（Lucius Roscius Aelianus）与提贝里乌斯·克劳狄乌斯·萨凯尔多斯（Tiberius Claudius Sacerdos）。

图拉真·奥古斯都令人钦佩的才能在罗马广为人知，他登上皇位之后，非常难

得的一件事是他并没有改变这些优秀的品质，而是将它们进行完善，他的位高权重只是用来增加他的美德。图拉真没有像前面许多皇帝那样挥霍奢侈、盛气凌人（*Plinius, in Panegyr.*），而是继续像以前一样亲切和蔼、谦虚朴素、热情有礼。他允许任何有需求的人面见他，对所有人都彬彬有礼。他还特别授予贵族荣誉，主动拥抱亲吻其中的显要人物，而其他的奥古斯都皇帝都是坐在位子上，伸出手让他人来亲吻。他一直坚信这一行为准则：一个君主降低身份并不会贬低自己，反而会为他赢得更多的尊敬与爱戴。他出行时只带着一队朴素的随从，也没有车前的仆从或者是马车夫用棍子为他开路，有时候他甚至会主动在路上停下来，让其他的手推车或马车先行。对于一个皇帝来说，他的餐食非常俭朴。他也会邀请一些有智慧的人前来和他一同用餐（*Eutropius, in Breviar.*），他们之间没有座位等级的高低划分，常常交谈甚欢。他也经常去朋友家中吃饭，参加他们的聚会，看望病人，有时候也会乘坐他们的马车，而他并不觉得这样做有损自己的身份。总之，他尽其所能以礼貌和谦逊的态度对待所有人，不仅是在罗马，在其他各省也是，就好像他不是一位君主，而是一位与他们身份相当的人。他总是这样提醒自己：虽然自己在指挥着别人，但自己也是一个人。一天，他的朋友们警告他，说他对所有人都太过热情有礼了，他却给出了这样令人难忘的回答："当我在思考作为皇帝应该怎么对待子民时，我想的是如果我是一个普通人，我会希望皇帝怎么对待我。"背教者尤利安努斯（Iulianus Apostata, *Julianus, de Caesaribus.*）一直在寻找历任奥古斯都皇帝的污点和毛病，他不得不承认，图拉真在善良与温情上超过了所有皇帝，但这并没有降低他的威严和众人对他的尊敬。就这样，图拉真对所有人都表现出爱意，因此他也受到所有人的爱戴，没有任何人仇恨他，罗马到处都是一片祥和与令人向往的宁静，就像是管理良好的家庭一样。

罗马的宫廷里常常有阿谀奉承者，但是图拉真的宫廷不是这样，因为他很厌恶拍马屁（*Plinius, in Panegyrico.*）。他不喜欢别人给他打造雕像，也不允许其他有奉承意味的行为。但是他很喜欢将自己的名字刻在由他建造或批准的建筑物上，或写在特殊的碑文里。因此，他的名字后来出现在很多地方，以至于有人开玩笑（*Ammianus, lib. 27. Aurelius Victor, in Epitome.*）地称他为"墙上草"——一种老是附着在墙上的草。在授予职位时,他也从来不想受到别人的感谢,就好像他更感激接受职位的人,而不是接受职位的人更感激他。他的日常工作包括接见那些前来寻求公道、提出需求或请求恩惠的人,他会立即处理这些事务,尤其是那些与公众利益有关的事。他懂得如何在惩治坏人、纠正法官的不公正判决和解决各市之间的争端时,将仁慈、可亲与严肃和坚决结合起来。在他的统治之下,对于刑事案件,那些不在场的人不会受到审判,仅仅是怀疑也不行;而在过去,如果对某个人有怀疑,就会给那个人判刑。在《罗马法律汇编》(Digesti, Lege 5. Digestis de Poenis.)这本书中提到了图拉真颁布的一条令人称颂的法令:"宁愿在疑惑中放过一个罪犯,也不误判一个无辜者。"在其他君主统治之下,国库总是能够通过没收罪犯的财产得以丰盈,但是图拉真统治时期不是这样的,即使是反抗他的案件,他也想要公正处理,他从来没有掠夺过他人的财产,也从未下令处死过任何人。在他统治时期,只有一个元老院议员被处死,但这是元老院的判决,图拉真当时不在罗马,对此一无所知,后来他对于元老院做出的这个神圣的判决表示尊重和支持(Plinius, in Panegyr.)。

我们正好可以看看,这一年图拉真作为执政官,是如何在元老院行使这一显要的特权的。在这一年的第一天,图拉真登上公共广场上的主席台,宣誓会遵守法律,这是其他执政官通常会进行的宣誓,但是没有哪个皇帝这么做过。之后他来到元老院,下令所有人都可以自由、坦诚地表达自己的观点,他绝对不会对此心怀芥蒂。其他的奥古斯都皇帝也这么说过,但都不是发自内心的,而且后来他们也表现出这一点。他还下令,在1月3日罗马和各省举行的为皇帝的健康祈福的仪式上加上这一条件:只要他能尽职尽责地统治共和国,为所有人的利益着想。他自己也为此向神灵祈祷,说道:"只要我还健在,我就会继续像我被选举时一样做个贤良的皇帝,使自己配得上元老院的尊敬和爱戴。"于是,他开始耐心地处理公务,倾听诉讼案件的讨论,并且十分谨慎地分配职务,总是提拔那些功劳卓著的人,以至于元老院无法抑制住他们内心的喜悦,为他欢呼,图拉真自己也感动到流泪,脸上泛起了红晕,这也是他谦虚的一个表现。很有可能是在这一时期,元老院授予了图拉真"最佳元首"的称号。普林尼在他的书信中讲到,这一时期元老院有许多诉讼案件，图拉真都在一旁仔细审查诉讼过程，严格监察是否遵守了法律。上帝送给人类的第一个伟大的礼物就是一个生性善良、善解人意且只为别人着想的皇帝。不过还是要说一下，一些历史学家坦白说，尽管图拉真才华十分出众，但他在文学上几乎没有什么杰作，也缺少演说词。但他的才智与判断力，以及一心向善的本质弥补了这一缺憾。虽然他不是文人，但他非常欣赏杰出的文人以及在各个领域十分出色的人才，并对他们予以帮扶。

年　份　公元101年　小纪纪年第十四年

艾瓦里斯特教皇第六年

图拉真皇帝第四年

执政官　马库斯·乌尔皮乌斯·涅尔瓦·图拉真第四次，塞克斯图斯·阿尔蒂科莱乌斯（Sextus Articolaius）

据说，这两位执政官中的一位于3月1日被科尔涅利乌斯·西庇阿·奥尔菲图斯（Cornelius Scipio Orfitus）接替，或者是这两位执政官于3月1日被贝比乌斯·马塞尔（Baebius Macer）和马库斯·瓦莱利乌斯·保利努斯（Marcus Valerius Paulinus）接替，而后在7月1日卢布里乌斯·加卢斯（Rubrius Gallus）和昆图斯·凯利乌斯·伊斯彭（Quintus Caelius Ispone）又接任了执政官之位。我找到一篇碑文（*Thesaurus Novus Veter. Inscript., pag. 316, num. 2.*），上面写的是"马库斯·埃普列乌斯（有可能是阿普列乌斯）·普罗库卢斯·卡皮奥·伊斯彭（Marcus Epuleius [Apuleius] Proculus Caepio Ispone）为执政官"。这个人是不是上述伊斯彭还有待确定。不过我认为应该是的，尽管没有详细写明他担任执政官的年份。

很多历史学家认为，图拉真与达契亚人的第一次交战就是在这一年开始的。然而，极为审慎的红衣主教诺丽斯（*Noris, Epistola Consulari.*）却认为这场战争应该发生在下一年。同样非常严谨的作家蒂勒蒙特（*Tillemont, Mémoires des Empereurs.*）倾向于它是在这一年发生的。在我看来，更加可靠的说法是将其推到下一年，尽管两国关系的决裂是从这一年开始的。我们前面讲过，多米提安努斯与达契亚的国王德西巴卢斯（Decebalo）达成了一个可耻的协议，他每年必须要支付一定的金钱给达契亚作为礼物，实际上就是赋税。图拉真认为这样的协议和条件太过耻辱，他不愿意支付给达契亚人这笔钱（*Dio, lib. 68.*）。因为图拉真拒绝支付金钱，德西巴卢斯开始组建一支强大的军队，以此威胁罗马帝国的领土。或许达契亚人也发动了几次战争行动，因此在下一年，图拉真皇帝亲自率军到边界地区进行支援。于是，正如我所说，第一场达契亚之战开始了。但在还未开战的这一年，图拉真当然不是无所事事。罗马帝国的各个地方都得到他的馈赠，感受到他的慷慨。据欧特罗皮乌斯（*Eutropius, in Breviario.*）所述，他重建了莱茵河另一侧的日耳曼各城市。这有可能发生在下一年。此外，他在罗马帝国的各个城市大力扩建公共工程，如修道路、辟港口、造桥梁及其他工程，或者是出于实际需要，或者是出于其他目的。他还授予这些城市特权和豁免权，并尽可能满足居民的需求。一些特殊的人也获得了他的慷慨馈赠。哪怕交情一般，也可以向他请求恩惠，有的人得到钱财，有的人得到荣誉。如果是他当下无法提供的，他就给他们许下承诺予以安慰。他尤其嘉奖那些功绩更加卓著的人，他们是前面的皇帝们统治时期的正直之人，憎恶奴役，往往直言不讳，因而要么不受皇帝待见，要么遭受被流放或被处死的危险。然而，这些人是图拉真最尊重、最欣赏并且予以高度颂扬的人。尽管他所在家族的贵族属性并不明显，但他很照顾那些来自古代罗马贵族世家的人，并且经常在分配职务时更偏爱他们。过去，皇帝身边的自由奴隶经常将自己视作公众，甚至是宫廷的主人（*Plinius, in Panegyrico.*）。图拉真挑选了其中最优秀的几个，继续为自己所用，并且待他们非常好，但是让他们时刻记得自己的身份，记得自己仍然是奴隶，应该做正直之人以及热爱荣誉的人（*Plinius, lib. 10, ep. 3.*）。他禁止各市用公众的钱给他献礼，他不希望20年前的事重演，以免毁灭许多人，他在给普林尼的回信中写道："因为比起个人的利益，我更关心公众的利益。"他还鼓励各市厉行节俭，多菲内省的维也纳（Vienna，Delfinato）人民选举出来的首席行政官特雷波尼乌斯·鲁菲努斯（Trebonius Rufinus）得知图拉真这个意图（*Idem, lib. 4, epist. 22.*）之后，禁止在该市举行搏击竞赛，因为这一竞赛不仅开销巨大，还有悖良好的民俗风尚——比赛者要当着所有观众的面赤裸着身子进行搏斗，但市民们对此项禁令表示反对。这件事情传到了图拉真那里,他向元老院议员寻求建议。其中尤利乌斯·毛里努斯(Iulius Maurinus)认为应该禁止那个城市举办那种竞赛,并补充说:"上帝希望罗马也可以停止这样的活动。"罗马过去盛行一些类似的可耻的娱乐活动。

年　份　公元102年　小纪纪年第十五年
　　　　艾瓦里斯特教皇第七年
　　　　图拉真皇帝第五年
执政官　盖乌斯·索修斯·塞内乔(Gaius Sosius Senecio)第三次,卢基乌斯·李锡尼·苏拉(Lucius Licinius Sura)第二次

可以肯定的是,苏拉是这一年的执政官,但对于塞内乔就没有那么肯定了。只有卡西奥多鲁斯(Cassiodorus)将其放在了前面,其他古罗马历书对此说法不一。因此我就放上提到次数最多的两位执政官。

这两位是图拉真最亲信的人,他们也值得图拉真的信赖和喜爱,因为他们拥有辅佐一位贤君应该具备的所有美德。图拉真尤其(*Aurelius Victor, in Epitome. Dio, lib. 68.*)喜欢李锡尼·苏拉,对他充满感激,因为图拉真能被涅尔瓦收为养子,李锡尼·苏拉做了很多工作。苏拉因此获得了很多财富和权势,他用自己的钱建造了一座恢宏的体育馆,或者说是面向罗马人民的搏击者学校。当然,他免不了遭到忌妒,这是太过幸运而通常会面对的。不止一个人在图拉真面前诽谤苏拉有意谋反,想方设法让图拉真对他的忠诚产生怀疑。苏拉第一次邀请图拉真共进午餐,图拉真没有带任何护卫就去了。由于眼睛有点儿充血肿胀,于是他让苏拉的医生给他涂了一些舒缓症状的油。他还叫来了苏拉的理发师,给他剃了胡子。他又洗了个澡,然后就坐在餐桌旁愉快地享用午餐。第二天,他对朋友们说他们误解了苏拉:"如果苏拉真的想杀死我,那昨天他就动手了。"图拉真的勇敢也受到钦佩,因为他与那些什么都害怕的懦弱君主完全不一样。狄奥尼还提到图拉真做出的另一英勇智慧之举。在委任禁军总督[据说是萨布拉努斯(Saburanus)]之时,新任的禁军总督腰间要佩带一把剑。而图拉真手中没有拿

任何兵器,他说:"拿着这把剑,如果我的统治是贤明的,就用它守卫我,否则就用它刺死我。"根据尤斯图斯·利普修斯的猜测,这个萨布拉努斯或许就是那个向图拉真请求归隐的人,因为据普林尼(Plinius, in Panegyrico, §. 86.)证实,他是一位把享受生活和宁静看作比所获得的荣誉更重要的人。图拉真不想失去这样一位正直的军官,尽其所能地挽留他。见他心意已决,图拉真不想令他难过,于是答应了他的请求。图拉真陪同萨布拉努斯直到登船,送了他一个礼物,并亲吻了他,眼里含着泪水恳求他尽快返回。

很有可能是在这一年,图拉真带着强大的军队进军达契亚。我们对于这场战争的情况所知甚少。狄奥尼(Dio, lib. 68.)给我们留下了一点关于这场战争的记述。图拉真到达达契亚的边界,德西巴卢斯见到这么庞大的军队,以及一位如此有威望的皇帝亲自率兵来对付他,立即派出特使准备向罗马军队求和。但图拉真并不信任他,另外他非常渴望打赢这场战争,为自己赢得荣耀,并扩张罗马帝国的疆域。于是,他不再听取任何人的建议,直接发起了进攻。双方展开了一场激烈的战争,许多罗马士兵战死沙场,但最终敌军被击溃了。据说,图拉真在战事结束后去察看受伤的士兵是否受到了良好的医治,发现缺少包扎伤口的绷带,他就把自己的衣服撕成碎片,用来包扎伤口。他还为牺牲者举办了非常隆重的葬礼,并建造了一座祭坛,以便将来每年都能够纪念他们。后来,图拉真带着胜利的军队翻山越岭,抵达了达契亚的首都,据说是一个叫作萨尔米杰图撒(Sarmigetusa)的城市,如今被叫作特兰西瓦尼亚(Transilvania)。后来这座城市成了罗马人的殖民地,起名叫乌尔皮亚·特拉亚娜(Ulpia Trajana)(*Thesaurus Novus Veter. Inscription., p. 1121, 7; 1127, 112.*)。与此同时,摩洛族人一位英勇的军官卢基乌斯·奎图斯(Lucius Quietus)屠杀并囚禁了很多达契亚人,军队将领之一马克西穆斯(Maximus)成功地攻下了一座坚实的堡垒,并在堡垒里发现了德西巴卢斯的妹妹。之后就应该发生了佩特鲁斯·帕特里修斯(*Petrus Patricius, de Legationib., Tom. 1, Hist. Byzantin.*)叙述的事情。德西巴卢斯先是派了一些他的亲信到图拉真那里,后来又派了一些主要将领过去恳求议和,表示会归还所有与多米提安努斯作战时所赢得的兵器、战车与技工(*Dio, lib. 68.*)。图拉真接受了这一提议,另外还要求德西巴卢斯必须拆除堡垒,释放逃兵，将占领的地盘归还给周边地区，并与罗马人民保持友好关系。德西巴卢斯拜倒在图拉真面前，恳求他的恩典，希望与他建立友谊。尚不清楚是不是在这一次战争与议和中，图拉真占领了萨尔米杰图撒和他之前征服的其他地区。但可以确定的是，这次胜利令图拉真获得了"达契亚征服者"（Dacico）的封号。据梅扎巴尔巴（*Mediobarbus, Numismat. Imperator.*）所述，图拉真是在下一年获此封号的，然而，从我发现的两篇出自这一年的碑文（*Thesaurus Novus Inscription., pag. 449, 2, 450, 1.*）来看，这一年图拉真已被称作"达契亚征服者"。他的第五次保民官任期也于这一年10月底结束。

年　份　公元103年　小纪纪年第一年

艾瓦里斯特教皇第八年

图拉真皇帝第六年

执政官　马库斯·乌尔皮乌斯·涅尔瓦·图拉真第五次，卢基乌斯·阿庇乌斯·马克西穆斯（Lucius Appius Maximus）第二次

一些学者对这一年的执政官有争议，他们认为图拉真第五次任执政官、马克西穆斯第二次任执政官是下一年的事情（*Noris, Epistol. Consulari.*）。这可以从两三块勋章上推断出来，上面称第七次被授予保民官权力的图拉真第四次为任执政官，第五次为指定执政官。但是古罗马历书中写的是上述执政官，因此可以怀疑那些勋章的合法性，可能是制作时出现了错误。在还没有其他更好的证据之前，我支持潘维尼乌斯、巴基神甫、蒂勒蒙特和其他人的观点，认为图拉真在这一年第五次任执政官，即使那些勋章表明了不同的事实。第二位执政官马克西穆斯很有可能是前一年在达契亚之战中提到的那位将领，因为英勇而被授予执政官这一无上荣誉作为嘉奖。

大获全胜的图拉真已经于前一年返回了罗马（*Dio, lib. 68.*）。作为一位明智、善良的君主，在为自己赢得荣誉时，他也没有忘记元老院的荣誉，在其他条件之外，他还迫使德西巴卢斯派遣使者来罗马，向元老院请求和解以及批准协约。德西巴卢

斯派来的使者可能是在这一年抵达罗马的，他们被引进元老院，放下兵器，伸出双手，像奴隶一样，用简短的几句话表达了他们的请求。元老院的人亲切和蔼地倾听着，批准了和平协约。之后，使者们拿起兵器，返回了他们的国家。图拉真后来庆祝了他在达契亚之战中的胜利。有一块勋章（Mediobarbus, in Numism. Imperat.）被认为记录了这一凯旋仪式，上面写着"第七次保民官权力"，可以说明这场凯旋仪式大概是在这一年最后两个月里举行的。但是在这一勋章上，图拉真被冠以"执政官第四次"的头衔，与他在这一年第五次任执政官的说法不相符。或许有一天会出土一些涉及这一历史和年代的碑文或勋章，能够解开这个谜团。

图拉真在达契亚发现了金嘴狄翁（Dio Chrysostomos）（一位非常善于雄辩的演说家和希腊哲学家，他的演说词保留至今），将其带回罗马，对他表示出极大的尊敬。如果菲洛斯特拉托斯（Philostratos, in Sophist.）所言是真，图拉真还让格里佐斯托莫同他一起坐在凯旋战车上，时不时地转过头来跟他交谈，让公众看出他有多么欣赏他。凯旋仪式之后，他举办了一场角斗士的公开竞技赛，以及一场舞蹈娱乐表演。图拉真两年前将这些舞蹈演员赶出了罗马，现在又将他们召了回来，喜欢上了他们的表演。所有的舞蹈演员中他尤其喜欢一个叫皮拉德（Pilade）的演员，如果他只是偶尔看这些表演消遣，倒也不会妨碍他处理公事。

这位谨慎的皇帝尤其对司法管理十分上心。图拉真在森托切莱（Centocelle）——现今的奇维塔维基亚（Città Vecchia）拥有一座十分漂亮的别墅，他有时候会去那里度假，也会在那里处理一些最为重要的诉讼案件。普林尼（Plinius, lib. 4, epist. 31.）记录过他被叫到那栋别墅中闲适地小住（有可能是在这一年），协助图拉真进行一些审判。图拉真手下的自由奴隶和检察官尤里斯莫斯（Eurhythmius）被控诉部分伪造了尤利乌斯·提罗（Iulius Tiro）的遗嘱附录，但尤利乌斯·提罗的继承人当着图拉真的面似乎不敢追究尤里斯莫斯的责任，因为他毕竟是皇帝宫廷里的官员。公正的皇帝鼓励他们说："他不是波利克莱托（Policleto，尼禄最喜爱的自由奴隶），我也不是尼禄。"

从普林尼那里可知，图拉真在这一时期建造了一座巨大的、形状像圆形剧场的港口。港口左边的支柱已经完成了，正在修建右边的支柱，这时从海上运来了一些巨大无比的岩石。托勒密（Tolomeo，*Ptolomaeus, Geograph.*）谈到过图拉真的港口，也就是今天奇维塔维基亚的那个港口，卢提里乌斯（Rutilius）在他的《旅程路线》（*Itinerario*）中对这个港口做了描述（*Rutilius, in Itinerar.*）。

年　份　公元104年　小纪纪年第二年
　　　　艾瓦里斯特教皇第九年
　　　　图拉真皇帝第七年
执政官　卢基乌斯·李锡尼·苏拉（Lucius Licinius Sura）第三次，普布利乌斯·贺拉提乌斯·马塞卢斯（Publius Horatius Marcellus）

诺丽斯主教、法布莱图斯与梅扎巴尔巴认为上述两位是前一年的执政官，这一年由图拉真·奥古斯都第五次与阿庇乌斯·马克西穆斯担任执政官。在这件事情得到更好的解释之前，我遵循古罗马历史书的说法，潘维尼乌斯、巴基神甫、蒂勒蒙特与其他人也是这么认为的。对于第一位执政官存在一些争议，一些人认为不是苏拉，而是苏布拉努斯（Suburanus）。希望能有一些大理石碑文来解释这个问题。图拉真最可敬的朋友之一就是上述贺拉提乌斯·马塞卢斯（Horatius Marcellus）。

根据一些杰出学者的假设（*Loydius, Pagius, Tillemont et alii.*），这一年开始了第二次达契亚之战。德西巴卢斯对于与图拉真达成的和解不太满意，因为和解协议中有很多苛刻的条件，于是在国家经济调整之后，他开始进行革新，并要求达成新的协议。由于在协议中什么也没有得到，于是他决定再次起兵造反（*Dio, lib. 68.*）。为此，他开始组建军队，巩固城防，收容罗马逃兵，并煽动邻近国家的人民与他们联合起来，按照他的说法，是为了防止一个又一个国家受到罗马军队的压迫。斯基泰人（Sciti），也就是鞑靼人（Tartari），及其他民族和德西巴卢斯他联合在一起。对于那些不愿合作的人，德西巴卢斯就向他们发动战争，他还夺取了贾齐吉人（Jazigi）的部分国土。因此，元老院公开宣布德西巴卢斯为罗马帝国的公敌，图拉真做了一切必要的准备以将其制伏。

如果尤塞比乌斯所述属实（*Euseb., in Chron.*），这一年，罗马的金殿被烧，据说，这是尼禄建造的金殿的一部分，在之前的大火中幸存下来。洛迪奥（Loidio）和蒂勒蒙特认为，大概是在这一年，曾任执政官的小普林尼被图拉真派去管理本都（Pontus）和比提尼亚（Bitinia），但不是作为行省总督，而是作为副司法长官，拥有执政官权力。关于这件事发生的时间尚存在争议，也缺少相关的证据来证明。但我觉得普林尼的这次任职应该发生在更晚些的时候，诺丽斯、巴基、比安奇尼和其他一些人也是这么认为的。

年　份　公元105年　小纪纪年第三年
　　　　艾瓦里斯特教皇第十年
　　　　图拉真皇帝第八年

执政官　蒂贝里奥·尤利乌斯·坎迪杜斯（Tiberius Iulius Candidus）第二次，
　　　　奥鲁斯·尤利乌斯·夸德拉图斯（Aulus Iulius Quadratus）第二次

关于这两位执政官，在我发表的三篇碑文中有相关记述（*Thesaurus Novus Inscription., pag. 316, n. 3 et seq.*）。

据说，图拉真可能是于这一年第二次远征讨伐达契亚国王德西巴卢斯，他觉得这次也有必要亲自对付这个厉害的对手，而不能只靠他的将领们。图拉真的表弟哈德良（后来成为皇帝）原是这一年的平民护民官（*Spartianus, in Hadriano.*），后来担任密涅瓦军团的指挥官，由于他的表现十分优异，于是图拉真赏赐给他一颗钻石，这颗钻石是涅尔瓦赠送给图拉真的（*Dio, lib. 68.*）。图拉真率领着一支英勇善战的庞大军队，德西巴卢斯的武装力量肯定不能与图拉真的军队抗衡，于是达契亚人试图通过其他手段摆脱即将来临的血雨腥风——达契亚人将一些训练有素的逃兵派到图拉真抵达的默西亚，以趁机刺杀他。达契亚人的刺杀阴谋差点儿就成功了，因为图拉真平时在任何时候都会接见来访者，在战争时刻也是如此。不过幸好他注意到其中一人做了一些暗示的动作，于是将其逮捕，进行严刑拷打，最终那人供出了策划的阴谋。这使得其他同谋者顿时惊慌失措，乱了阵脚。德西巴卢斯还做出另外一个怯懦之举。朗基努斯（Longinus）是当时罗马最有经验的军队将领之一,德西巴卢斯告知朗基努斯,他想归顺图拉真皇帝,引诱朗基努斯进行会谈,但是在会谈时他却非常狡诈地将朗基努斯囚禁了起来,想要强迫朗基努斯说出图拉真的计划和秘密。朗基努斯是一个十分正直的人,他坚持什么也不说。德西巴卢斯没有将他捆绑起来,但是派了护卫对他严加看守,之后写信给图拉真,说只要图拉真愿意议和,他就可以放了朗基努斯,否则就会将其杀死。尽管图拉真对他的不耻行为十分愤怒,但还是非常客气地给他回了信,让他不要伤害朗基努斯的人身安全和健康,并愿意花重金换取朗基努斯的生命安全。德西巴卢斯对该怎么处理朗基努斯迟疑不定。朗基努斯以为会在德西巴卢斯的酷刑折磨下被处死,于是买通其手下的一个奴隶,让他给自己弄来一些毒药。为了帮助这个奴隶摆脱主人的控制,朗基努斯以谋求和解为借口,设法将其送到了图拉真那里。之后,朗基努斯服下了毒药,当场死去。德西巴卢斯派与朗基努斯一起被关押的一名百夫长和其他十名囚犯带着朗基努斯的尸体到了图拉真那里,希望图拉真能归还他的奴隶。但图拉真觉得这一提议有失罗马帝国的尊严,便拒绝交还那个奴隶,也没有让那名百夫长回来,因为这违反了万民法。从狄奥尼(*Dio, lib. 68.*)的叙述中似乎可以推断出来,这一年,图拉真并没有在与德西巴卢斯的战争中取得什么卓著之功。

  图拉真在作战之前的准备举措是在多瑙河上建造一座石桥。睿智的军队指挥官认为,这样当他越过多瑙河,如果罗马人受到蛮族人的袭击,他便可以撤退到那里,还可以等待新的援兵到来。但是,图拉真想要确保此类危险事件发生时的安全,并与所统治的多瑙河两侧的国家建立良好的关系,于是如一些人所认为的那样(*Cellarius Georg., Tom. I.*),他想要先在贝尔格莱德(Belgrado)和韦德恩(Widen)之间建一座桥梁。这可以在马西格利伯爵(*Marsilius, in Danubii descriptione.*)对多瑙河的描述中看到。图拉真还完成了一些其他非常宏伟的项目,但在狄奥尼看来,建造石桥是所有项目中最壮观的,狄奥尼并不太懂得欣赏这个建筑物,无法判断哪个建筑物更宏伟,也不清楚这一伟大项目所需要的资金以及大胆的设想。大家都知道这一流域的多瑙河河面非常广阔,就算是选择河宽最窄的一段来建造桥梁,仍然需要建造一座非常长的桥。此外,那个地方由于水域狭窄,所以水流湍急,水也很深，到处都是涡流，这些都增加了建桥的难度。但是，相对于图拉真的力量与意志来说，没有什么是做不到的。由于没有办法降低水位，他就在此处打下了20根巨大无比的大理石方形石柱，高150罗马尺，宽60罗马尺，柱子之间相隔160罗马尺，没有地基，通过拱门和拱顶连接在一起。建筑师是大马士革的阿波罗多洛斯（Apollodorus）（*Procopius, lib. 4, de Ædific.*）。桥的两端还建造了两座坚固的城堡来保护它。然而，这个非凡的建筑物没过几年就被部分拆除了，不是由蛮族而是由图拉真的继任者哈德良拆除的，其借口是蛮族人可以通过这座桥对罗马人造成损害。但是时至那时，罗马的实力还无法捍卫一座桥梁吗？况且这座桥还有两个城堡守卫。除此之外，冬天多瑙河会全部结冰，这对蛮族人来说难道不是越河的巨大桥梁吗？据说，很有可能是由于哈德良无法达到图拉真那样的荣耀，出于忌妒，他宁愿将其璀璨的荣耀摧毁。当时整座桥梁只剩下石柱，到普罗科皮乌斯（Procopius）时期，桥梁已经不复存在了。

这一年，从勋章（*Mediobarbus, Numism. Imperat.*）和狄奥尼的记述（*Dio, lib. 68.*）可知，从前拥有自己国王的阿拉伯佩特拉亚（Arabia Petrea）因叙里亚的行政长官奥鲁斯·科尔涅利乌斯·帕尔玛（Aulus Cornelius Palma，曾在公元99年担任执政官）的英勇，而和其他民族一起归顺于罗马帝国的统治。因此，那一地区的萨摩萨塔（Samosata）、博斯特里（Bostri）、佩特拉（Petra）等城市开始使用新的纪年方式。

年　份　　公元106年　小纪纪年第四年
　　　　　艾瓦里斯特教皇第十一年
　　　　　图拉真皇帝第九年
执政官　　卢基乌斯·凯奥尼乌斯·康茂德·维鲁斯（Lucius Ceionius Commodus Verus）与卢基乌斯·图提乌斯·塞里阿利斯（Lucius Tutius Cerealis）

这两位执政官中的第一位是卢基乌斯·维鲁斯（Lucius Verus）的父亲，卢基乌斯·维鲁斯后来被哈德良皇帝收为养子。第二位执政官在亚历山大（Alessandria）编年史中被称为塞雷塔诺（Ceretano），而不是塞里阿利斯（Cerealis）。蒂勒蒙特

（Tillemont, Mémoires des Empereurs.）认为他与图提乌斯·塞里阿利斯不是同一个人。但是没有充分的证据证明他的观点，正如没有证据证明第二次达契亚之战于上一年结束一样。

狄奥尼清楚地写道（Dio, lib. 68.），图拉真在多瑙河上建造起那座非凡的桥（这一工程无疑花费了很多时间和金钱）之后，就通过桥越过了河，他更想平平稳稳、胜券在握地进行战争，而不是仓促作战，因为他不想冒险战斗，而是想一步步地打入敌国。普林尼（Plinius, lib. 8, Epistol. 4.）用简短的几句话写道，罗马军队在那个多山的国家作战十分艰难，他们只得驻扎在陡峭的山间，将河水引到新的河道，并做出其他看似难以置信、类似神话的行为。狄奥尼（Dio, lib. 68.）补充道，图拉真在这个关头表现出非凡的英勇与智慧，他的表率激励士兵一同勇敢地直面众多危险，发挥出他们的最强实力。其中有一位骑兵在激战中受了伤，被带到帐篷医治，得知没有希望再治愈，他趁自己还有知觉的时候，重新骑上了马，回到了战场上，与敌军拼死搏斗。似乎如其他人所认为的那样，尽管图拉真在这一年取得了很大进展，但并没有结束第二次达契亚之战。奥科内和梅扎巴尔巴发现的所有勋章（Mediobarb., in Numism. imperator.）都指出，这一年德西巴卢斯战败，达契亚归属于罗马帝国的行省，但这并不能说明什么，因为它们也有可能是属于公元107年或是108年的。于是现代有人写道，图拉真返回了罗马，在下令开辟了一条穿过本都沼泽的道路之后，他很快出发去了东方国家，在下一年的前几天出现在安提阿市（Antiochia）。但是，我们从《亚历山大编年史》（Cronicum Paschale, seu Alexandrinum.）中可以得知，这一年，波斯人、哥特人和其他民族发动了对抗罗马帝国的战争，于是图拉真进军镇压他们，暂停了征税，直到他返回。但这也有可能只是传说。当时图拉真比以往任何时候都更需要钱。毫无疑问，罗马与波斯人，或者是帕提亚人的战争发生在更晚些的时候。不过可以肯定那场达契亚之战是于这一年发生的，因为据狄奥尼和约达尼斯所述，那一时期，达契亚人借可特人的名义而来。

潘维尼乌斯（Panvinius, Fast. Consular.）报道了一篇这一年写给卢基乌斯·瓦莱里乌斯·普登斯（Lucius Valerius Pudens）的碑文，他虽然年仅13岁，但是在罗马举办的第六届坎皮多里奥竞赛中战胜了其他拉丁语诗人，取得桂冠。

年　份　公元107年　小纪纪年第五年

艾瓦里斯特教皇第十二年

图拉真皇帝第十年

执政官　卢基乌斯·李锡尼·苏拉（Lucius Licinius Sura）第三次，盖乌斯·索修斯·塞内乔第四次

斯帕提亚努斯（*Spartianus, in Vita Hadriani.*）认为这位苏拉和塞尔维安努斯（Servianus）一起担任这一年的补任执政官。潘维尼乌斯（*Panvinius, Fast. Consular.*）和其他人则认为，这两位一般执政官在7月1日被盖乌斯·尤利乌斯·塞尔维利乌斯·奥尔苏斯·塞尔维安努斯（Gaius Iulius Servilius Orsus Servianus）和苏拉努斯（Suranus，第二次任执政官）接替。塞尔维安努斯是哈德良的姐姐、图拉真的侄女——宝琳娜（Paolina）的丈夫，也是普林尼非常要好的朋友。当然，执政官年表里也存在一些不清楚的地方，因此很容易把补任执政官任职的准确年份弄错。

这一年，图拉真付出了很多努力，高兴地结束了第二次对抗达契亚人的战争。据狄奥尼所述（*Dio, lib. 68.*），图拉真占领了德西巴卢斯的宫殿，或者说是达契亚的首都萨尔米杰图撒（Sarmigetusa）。这表明，在第一次达契亚之战中，图拉真并没有占领该市。德西巴卢斯看到整个国家都被侵占了，他自己也处于被捕的危险中，认为与其落入敌人的手里，不如自己了断，于是他选择了自尽，之后他的头颅被带到了罗马。就这样，整个达契亚都归属于罗马管辖，图拉真将其组建为一个行省，并在萨尔米杰图撒建立了一个殖民地，在格鲁特罗和我（*Gruterus, Thesaur. Inscription.*）发表的碑文中显示它的名字为特兰西瓦尼亚（Transilvania）。此外，据狄奥尼所述，德西巴卢斯发现自己处境不利后，为了不让自己的财富落入罗马人之手，他改变了流经其宫殿附近的萨格齐亚河（Sargezia）的河道，在露出的干涸的河道中间挖了一个巨大的坑，将大量可以保存的金银珍宝埋在其中，然后用土壤和巨大的岩石覆盖其上，重新让河水流经此处。为了防止这一行动中用到的囚犯泄露秘密，德西巴卢斯将他们都杀死了。后来，德西巴卢斯被罗马人比奇利斯（Bicilis）捉捕，他曾是德西巴卢斯最亲信的人，他将这一切报告给了图拉真，图拉真很好地利用了这笔财富。达契亚国如今成了一座空城，图拉真往那里派了许多人居住。除了

上述殖民地，图拉真还建立了其他殖民地，乌尔皮亚诺（*Lege Sciendum ff. de Censibus.*）提到过这些殖民地。就这样，特兰西瓦尼亚成了罗马一个非常繁荣的行省，因此最近两个世纪在那一地区发现了许多罗马碑文，这在格鲁特罗、雷内西奥和我的作品中都可以看到。

年　份　公元108年　小纪纪年第六年
　　　　亚历山大教皇第一年
　　　　图拉真皇帝第十一年
执政官　阿庇乌斯·阿尼乌斯·特雷波尼乌斯·加卢斯（Appius Annius Trebonius Gallus）与马库斯·阿提利乌斯·梅蒂利乌斯·布拉多（Marcus Atilius Metilius Bradua）

有人赋予第一位执政官特雷波尼亚努斯（Trebonianus）的姓氏，但是在潘维尼乌斯发表的两篇碑文（*Panvinius, Fast. Consul.*）中写的是特雷波尼乌斯（Trebonius）。如果我们相信潘维尼乌斯所说的，这一年3月1日，盖乌斯·尤利乌斯·阿非利加努斯（Gaius Iulius Africanus）与克洛狄乌斯·克里斯皮努斯（Clodius Crispinus）继任了执政官之位。但是一篇收藏于维罗纳，由西庇阿·马菲侯爵发表，后来在我的作品中（*Thesaur. Novus Veter. Inscription., p. 317, num. 4.*）也被提到的碑文充分证实，这一年8月23日，阿庇乌斯·阿尼乌斯·加卢斯（Appius Annius Gallus）与卢基乌斯·韦鲁拉努斯·塞维鲁斯［Lucius Verulanus Severus，或者叫塞维利亚努斯（Severianus）］是当时的执政官。

图拉真急忙处理完达契亚的事务，要么是在上一年底，要么是在这一年春天返回了罗马，他举办了盛大的庆典庆祝第二次达契亚战争的凯旋，而且这一年正好是他统治罗马10周年，人们通常会热烈庆祝这　纪念日（*Dio, lib. 68.*）。据狄奥尼所述，图拉真抵达罗马之后，许多蛮族的特使从印度来拜访他，有的是为了自己的需要，有的是特地来向他致敬。罗马举办了4个月的公共表演和娱乐活动，大多数是狮子或其他野兽搏斗，或者是角斗士搏斗。短短几天，上千只野兽被杀死,又过了几天,总数达到上万只。据说,也有上万名角斗士在圆形剧场里互相搏斗,场面非常残酷。

这一时期,图拉真还沿本都沼泽铺设了一条道路,沿路修建了一些宏伟的房屋和桥梁,以为旅客和商业提供便利。当时有很多钱币,要么是低合金的,要么是不足重或伪造的,明智的皇帝下令将这些钱币全部送到造币厂,重新加工,制成一些质量好、重量足的钱币。据说,这一年图拉真第三次施与罗马人民赠礼与奖赏,这在梅扎巴尔巴(Mediobarb., in Numism. Imperat.)提到的一枚勋章上有所记述。

蒂勒蒙特(Tillemont, Mémoires des Empereurs.)和其他一些作家认为图拉真是在这一年出征对抗帕提亚人或者波斯人的,但是这明显比其他人所说的时间早,他们更晚些的时候才讲到这次出征。

根据《大马士革编年史》(Anastas., Bibliothec.)的记述,这一年,艾瓦里斯特教皇光荣殉道,亚历山大继任了教皇之职。

年　份　公元109年　小纪纪年第七年
　　　　亚历山大教皇第二年
　　　　图拉真皇帝第十二年
执政官　奥鲁斯·科尔涅利乌斯·帕尔玛(Aulus Cornelius Palma)第二次,盖乌斯·卡尔维西乌斯·图鲁斯(Gaius Calvisius Tullus)第二次

据信,这两位执政官的职位(有可能是在7月1日)由普布利乌斯·埃利乌斯·哈德良(Publius Aelius Hadrianus,后来成为皇帝)和卢基乌斯·普布利里乌斯(Lucius Publilius),或者是叫普布里奇乌斯·塞尔苏斯(Publicius Celsus)接替。

据斯帕提亚努斯见证(Spartian., in Vita Hadriani.),哈德良在公元107年任罗马的大法官,图拉真曾赠予他200万古罗马银币,据信总额达5万斯库多银币,以便他能够举办任职的庆祝活动——这种庆典通常是由担任此项要职的官员负责的。在上一年,哈德良被派到下潘诺尼亚行省担任大法官特使,或者叫副司法长官。

他整治了那里的萨尔玛提亚人——他们曾在罗马帝国边界发起了几次动乱，恢复了那一地区的军队纪律，还推行其他一系列举措，为此他在这一年被授予执政官之职。图拉真膝下无子，而他的侄子哈德良勤勉认真，善于谋略，足以继任他的皇帝之位，特别是他对待皇后普洛蒂娜十分热心，还与图拉真最宠信的人之一——卢基乌斯·李锡尼·苏拉是好朋友。正是在这一年，苏拉将图拉真打算收其为养子的好消息告知了哈德良。图拉真的朝臣和朋友们也发现了他的这一意图，从前他们对哈德良并不太尊重，甚至还有些轻蔑，但从那以后，他们就开始恭维哈德良，设法与他结交。大概是在这一时期，苏拉去世。图拉真曾委托苏拉替自己向元老院和人民口述演讲词，因为他自己对文学所知甚少，他注意到哈德良是一个有文学修养的人，能够帮他做同样的事，于是将哈德良留在身边。哈德良利用自己的才华与文笔，增加了图拉真对他的喜爱，使得他们二人之间的关系更加亲密。苏拉去世时，图拉真为他举办了隆重的葬礼，并为他打造了一座雕像以表感激（*Dio, lib. 68.*）。图拉真将曾任执政官的索修斯·塞内乔（Sosius Senecio）、帕尔玛（Palma）和塞尔苏斯（Celsus）视为自己最珍贵的朋友，因此在他们去世后，他也为他们做了同样的事。

我们前面讲过，为图拉真写颂词的知名作家盖乌斯·普林尼乌斯·凯基利乌斯·塞昆杜斯（Gaius Plinius Caecilius Secundus）在公元100年任职执政官之后，被派到比提尼亚（Bitinia）和本都担任那里的副司法长官。普林尼在那里写给图拉真的信可以在他的第十本书中读到。但是学者们对普林尼是哪一年被派遣到那里的至今仍有争议。洛迪奥和蒂勒蒙特（*Tillemont, Mémoires des Empereurs.*）认为普林尼是在公元103年去的那里；诺丽斯主教（*Noris, Epist. Consulari.*）则认为是在这一年，或者是下一年，巴基神甫（*Pagius, in Critic. Baron.*）也是这样认为的；尤塞比乌斯（*Eusebius, in Chron.*）将当时身在比提尼亚的普林尼给图拉真写下那些著名信件的时间放在图拉真统治第十年，也就是公元107年；伊达修斯（*Idacius, in Fastis.*）则是在公元112年谈到这些信件的。因为时间存在这样的不确定，读者可以自己选择最可信的说法，而我比较愿意相信诺丽斯、巴基和比安奇尼的观点。这一年，同样不确定的还有图拉真下令铺设的那条图拉真路，梅扎巴尔巴（*Mediobarbus, in Numi-*

smat. Imperat.) 和比安奇尼（*Blanchinius ad Anastasium.*）对此有相关记述。这条路就是狄奥尼在上一年讲到的阿皮亚路（Via Appia），它从罗马通向卡普阿（Capua），是罗马人有史以来铺建的最为宏伟的道路——这是许多世纪以前的作品。由于图拉真对这条路进行了改造，并在路两旁增添了很多桥梁和建筑物，因此他自己或是公众给这条路起名"图拉真路"。据信，这一年，图拉真还致力于马克西穆斯赛场（Circo Maximus）的重建工作，用多米提安努斯水战剧场（*Suetonius, in Domitiano, cap. 15.*）的大理石对其进行修复。

年　份　公元110年　小纪纪年第八年
　　　　亚历山大教皇第三年
　　　　图拉真皇帝第十三年
执政官　塞尔维乌斯·萨尔维迪埃努斯·奥尔菲图斯（Servius Salvidienus Orfitus）与马库斯·佩杜凯乌斯·普里西努斯（Marcus Peducaeus Priscinus）

法布莱图斯、比安奇尼和我发表的碑文可以向我们确保这两位执政官的名字和姓氏是这样的，先前古罗马历史书的解说者没有对此有详细的解释或者解释得不完整。

不清楚为什么梅扎巴尔巴（*Mediobarbus, in Numism. Imper.*）和比安奇尼主教认为，元老院这一年才授予图拉真"最佳元首"的光荣称号——这一称号已在很多前些年的勋章上出现过。普林尼也在公元100年创作的图拉真颂词中谈到过这件事。然而，狄奥尼（*Dio, lib. 68.*）却写道，图拉真是在征服亚美尼亚后才被授予"最佳元首"封号的。不过，上述这些作家认为，图拉真是在今年才接受这一封号的，但并不是因为他的谦虚使得他这么长时间以来不接受这一赞颂，况且这是他应得的。奥古斯都大帝不愿意别人称他为"上帝"，但图拉真很高兴别人授予他这个称号。

据尤塞比乌斯（*Euseb., in Chron.*）所述，罗马著名的万神殿（Panteon），即如今的圆形大厅，当时被闪电烧毁。那座十分著名的建筑物本身没有使用木材，但一个闪电击中了那里，却将它点燃了，没有人知道为什么。在邪恶残忍的尼禄和多米提安努斯的统治时期，神圣的基督教受到迫害并不是一件稀奇的事；但在图拉真统治时期（*Euseb., Histor., lib. 3, cap. 31.*）找到一个受迫害者就会让人十分惊讶了，因为他是一位热爱美德的君主，而基督教的教义是所有美德的典范。然而，毫无疑问的是，在图拉真统治时期，基督教受到了第三次迫害，据巴罗尼奥主教所述，并不是图拉真颁布了什么针对基督徒的特殊法令，而是因为在他看来，基督教面临着占主导的异教信仰的抵制，异教的神甫们对基督徒充满怨言，还有一些反对信仰耶稣基督的人对他们发起抗议，基督徒很难继续发展下去，扩大他们的势力范围。因此，图拉真下令，规定人们严格遵守古代法律，禁止引入新的宗教。于是，各省的行政长官，尤其是东方各国，很可能是从这一年开始施虐于任何信仰基督教义的人，因此可以看到许多强大的勇士用自己的鲜血证实他们这一宗教的真实性。巴罗尼奥主教（*Baron., in Annal.*）、蒂勒蒙特（*Tillemont, Mém. de l'Église.*）、玻兰迪斯蒂（*Acta Sanctorum.*）和其他一些人对此有详细的记述。

或许是在这一年，克拉苏斯（Crassus）策划的反对图拉真皇帝的阴谋被揭穿，只有狄奥尼（*Dio, lib. 68.*）提到过这件事，但他并没有详细地说明其他情况。我们只知道，图拉真将这件事的审理权交给了元老院，元老院对克拉苏斯进行了应有的惩罚，但并不清楚是将他斩首还是流放了。据斯帕提亚努斯（*Spartianus, in Hadriano.*）所述，在图拉真的继位者哈德良统治初期，塔提亚努斯（Tatianus）曾向他建议杀掉拉贝里乌斯·马克西穆斯（Laberius Maximus）和克拉苏斯·弗鲁吉（Crassus Frugi）——他们皆是因为被怀疑觊觎皇位而被流放到岛屿，但哈德良一开始秉持着做一位仁慈的君主的信念，没有对他们做出任何残忍之举。然而，后来因为克拉苏斯没有得到许可就擅自离开岛屿，哈德良的监察官没有等皇帝下达任何命令，就将其杀死了。这个克拉苏斯或许就是狄奥尼提到的那个科拉索。

年　份　公元111年　小纪纪年第九年

亚历山大教皇第四年

图拉真皇帝第十四年

执政官　盖乌斯·卡尔普尔尼乌斯·皮索（Gaius Calpurnius Piso）与马库斯·维提乌斯·博拉努斯（Marcus Vettius Bolanus）

潘维尼乌斯（*Panvin., Fast. Consular.*）发表的一篇碑文上记载着这一年3月1日图拉真第十四次获得保民官权力，盖乌斯·奥尔苏斯·塞尔维安努斯（Gaius Orsus Servianus，第二次任执政官）与卢基乌斯·法比乌斯·尤斯图斯（Lucius Fabius Justus）继任执政官之职。

可以确定普林尼在这一时期管理着本都和比提尼亚，而他写给图拉真关于基督徒的著名信件（*Plinius, lib. 10, epist. 97 et 98.*）可能就是在这一年完成的。基督教不仅在那一地区，而且在东方的其他国家也迅速扩张起来。普林尼接到图拉真的指令，对那些基督教的追随者进行控诉惩罚。普林尼为此做了一个详细的调查，他发现，各个性别、年龄的基督徒的人数比人们想象的要多得多，而且更为重要的是，经过审慎的调查，他发现这个宗教一直以来宣扬的是践行美德、摒弃恶习，于是，他想先把这件事告知给图拉真，看看在这种情况下该如何行动。皇帝在回信中命令普林尼不要再调查基督徒，但如果他们被告发了，并且还坚持他们的信仰，那么就要受到惩罚；对于那些能证明自己不是基督徒的人，只要对众神行祭祀礼，就可以宽大处理。德尔图良（*Tertullianus, in Apologetico, cap. 2.*）深知那些信件的内容，他认为图拉真不愿意将基督徒视为无辜者进行调查，而是希望在他们被控告的情况下对他们进行惩罚，这样的行为是不公正、不道德的。就这样，对基督徒的迫害还是像从前那样继续着，尽管也有一些背教者，但是宁愿勇敢地遭受死刑也不愿给异教神灵祭祀的基督徒还是占绝大多数。

年　份　　公元112年　小纪纪年第十年

　　　　　　亚历山大教皇第五年

　　　　　　图拉真皇帝第十五年

执政官　马库斯·乌尔皮乌斯·涅尔瓦·图拉真·奥古斯都第六次，提图斯·塞克斯提乌斯·阿非利加努斯（Titus Sextius Africanus）

据信，这一年，图拉真推行两项重大的举措：第一项是出征亚美尼亚，历史学家狄奥尼对此有所记述（Dio, lib. 68.）；另一项是在罗马建起一些图书馆，并建造广场，后来被称作图拉真广场，在这座广场上如今还能看到图拉真柱。图拉真为建造这座广场投入了巨资，因为他必须先平整一部分奎里纳尔山（Monte Quirinale），他聘请杰出的建筑师阿波罗多洛斯（Apollodorus）以各种方式用漂亮的柱廊装饰整个广场周边，门厅装饰有高耸宏伟的柱子，上面带有柱顶和柱冠，以及其他镀金青铜的雕像和装饰品，包括骑马者与军事武器的雕像，在门厅中央摆放着图拉真的骑马像。这一工程的其余部分由亚历山大·塞维鲁斯皇帝修缮，看到它的人无不为之着迷惊叹。阿米阿努斯·马尔切利努斯（Ammianus Marcellinus, lib. 16, c. 10.）写道，君士坦提乌斯·奥古斯都皇帝（Costanzo Augustus）来到罗马，当他来到图拉真广场，看到这世界上绝无仅有的建筑和这么多美丽的装饰，甚至神灵也对此叹为观止（一位异教历史学家这么说）时，感到非常震惊。卡西奥多鲁斯（Cassiodorus Var., lib. 7, c. 6.）也写道，在他那个时代，无论来来回回去过图拉真广场多少次，它总是会令人向往，让人觉得如奇迹一般。总之，没有哪项工程比图拉真广场更能显示图拉真无法比拟的天赋与各个方面令人钦佩的品位。据信，这座广场大概是在这一年或是下一年竣工的。

蒂勒蒙特（Tillemont, Mémoires des Empereurs.）相信异想天开、错误百出的作家乔瓦尼·马拉拉（Giovanni Malala）的说法，将图拉真远征亚美尼亚系于公元106年和其后一年。诺丽斯主教、巴基神甫与其他人，以及狄奥尼对这一战争的叙述，提供了充分的理由让我们相信图拉真是在这一年才率军出征亚美尼亚的（Dio, lib. 68.）。除此之外，还有一些勋章（Mediobarbus, in Numismat. Imperator.）上面的内容指出了人们为了图拉真能凯旋而做的祷告、祈愿。图拉真很渴望完成其他一些军事壮举，以增加他的荣耀。现在他面前有了这样一个机会——因为他不是那种只要想要，就会生硬地找一些理由与邻国开战的君主：亚美尼亚的国王过去往往是从罗马皇帝的手中得到王冠的，因此他们会以某种方式承认归属于罗马皇帝的统治，但亚美尼亚的新国王阿克西达瑞斯（Exedares）是从波斯的统治者、帕提亚国王霍斯劳（Chosroes）那里获得王位的，图拉真向霍斯劳表示了他的不满，但霍斯劳好像把图拉真的话当成了玩笑话，或者是因为太过傲慢，他没有给图拉真任何回复，于是图拉真决定采取更有效的方式让他为自己的行为付出代价，那就是用武力。因此，图拉真于这一年率领一支强大的军队前往地中海东部沿岸诸国。仅仅是这一出征的举动就打击了霍斯劳的嚣张气焰，他立即派出特使带着礼物到图拉真那里，希望劝说图拉真放弃作战的念头，他还说已经废除了阿克西达瑞斯，请求图拉真能将亚美尼亚封给帕塔玛西里斯（Partamasiris）——有可能是霍斯劳的弟弟。这些特使发现图拉真已到达雅典，想要劝服他也并没有他们想象的那么容易。图拉真拒绝了特使带来的礼物，对他们说，想要获得友谊就要靠行动，而不是靠言语，并且他正在前往索里亚的路上，在那里他将采取最适合的措施。据乔瓦尼·马拉拉称，在继续陆路行程之后，图拉真于次年1月7日或今年10月进入了索里亚的首都安提阿（Antioch），头上戴着橄榄王冠。

年　份　公元113年　小纪纪年第十一年
　　　　亚历山大教皇第六年
　　　　图拉真皇帝第十六年
执政官　卢基乌斯·普布里奇乌斯·塞尔苏斯（Lucius Publicius Celsus）第二次，卢基乌斯·克洛狄乌斯·普里西努斯（Lucius Clodius Priscinus）

一些人认为，图拉真到达安提阿（Antiochia）的时候，要么是在上一年底，要么是在这一年初。安提阿市的主教圣伊格纳修（Sanctus Ignazio）被带到图拉真面前（*Acta Sanctorum apud Bolland. et apud Ruinartum.*），他被指控为基督徒，是基督教的牧师。这位圣人勇敢地承认了对耶稣基督的信仰，于是图拉真下令将他押送到罗马，放到斗兽场里的野兽面前。据希腊人记载，伊格纳修死于12月20日，他殉道的光荣壮举以及他的书信激发了人们对上帝的钦佩和虔诚的信仰，帮助重建了基督教会。其他人认为伊格纳修的殉道发生在更早些的时候。但对我们来说，如果时间无法确定，那知道的确有这件事情就足够了。

在罗马图拉真柱的基部可以读到一段碑文（*Gruterus, pag. 190, num. 4.*），这段碑文告诉我们，元老院在这一年完成了这座献给图拉真的宏伟纪念柱，但是图拉真没能在去世之前看到这段碑文。法布莱图斯对图拉真柱上的人物形象进行了大量详细的描绘，由此我们可知，上面刻画的是图拉真与达契亚人战争的场景。

与此同时，图拉真继续着行程，率领一支十分强大的军队到达了亚美尼亚边界。亚美尼亚各国的国王（*Dio, lib. 68.*）竞相带着丰厚的礼物去拜访图拉真，这些礼物中有一匹训练有素的马，它会对着自己看中的人跪下来点头。阿布加罗（Abgaro）国王，即美索不达米亚省奥斯陆纳（Osroena, Mesopotamia）市埃德萨（Edessa）的君主给图拉真送去了礼物，希望能与图拉真建交，但是他本人没有来，因为他不想失去帕提亚国王霍斯劳的恩宠，于是派了（*Idem, in Excerptis Valesian.*）自己的儿子阿尔邦多（Arbando）——一个长相非常英俊的年轻人来见图拉真。阿尔邦多非常擅长赢得图拉真的好感，后来图拉真经过埃德萨的时候，阿布加罗前来迎接他，由于儿子阿尔邦多的交涉，阿布加罗很容易就获得了图拉真的宽恕。得益于帕提亚人已经拥有了亚美尼亚，帕塔玛西里斯（Partamasiris）获得了国王的封号，他用这个封号给图拉真写了一封表示归顺的信，但是没有收到回信，于是他又写了一封信，这次没有再称自己为国王，他向图拉真请求派卡帕多细亚（Cappadocia）的行政长官马库斯·尤尼乌斯（Marcus Iunius）前来与他谈判。图拉真派去了尤尼乌斯的儿子，与此同时，他继续行程，占领了所经之处的所有国家，并且没有一个国家反抗。他到达小亚美尼亚的城市萨塔拉（Satala）时，埃尼奥人（Eniochi）的国王安奇亚洛（Anchialo）前来朝拜他，图拉真热情地接待了他，并送了他很多礼物。帕塔玛西里斯考虑到自己的丑陋行径，亦可能是尤尼乌斯的儿子建议他去恳求皇帝的宽大仁慈，他得到许可之后，前去面见了图拉真。图拉真坐在广场中央的王座上接见了他。帕塔玛西里斯走上前去，摘下他的王冠放在脚下，没有说一句话。图拉真周围的士兵见此情景，突然发出一声震耳欲聋的呐喊"万岁！"，帕塔玛西里斯惊恐万分，如果不是看见周围有一大批士兵，他已经逃跑了。后来，帕塔玛西里斯请求与图拉真进行一场特殊的谈话，他希望能像尼禄时期的提里达提斯（Tiridates）一样重新获得王位，但图拉真没有答应——勇敢的图拉真与懦弱的尼禄不一样，帕塔玛西里斯愤怒地离去。但图拉真再次登上王位，将帕塔玛西里斯重召了回来，以便他们之间的谈话能够被公众认可。帕塔玛西里斯抱怨自己被当作囚犯一样对待，他原本自愿而来，恳求从皇帝的手里得到王位，然后对其宣誓效忠。图拉真回答说，亚美尼亚是罗马帝国的附属国，他不想把它授予任何人，他会指定一个行政长官管辖此地。图拉真让帕塔玛西里斯尽快离开，并派了一支骑兵队看守他，以免在他返回的路途中与该国的人民策划什么阴谋。后来还是爆发了战争，我们只知道帕塔玛西里斯养精蓄锐之后，用他手中仅有的兵力与图拉真拼死搏斗，最终被杀死了。于是整个亚美尼亚都归属图拉真皇帝管辖，而皇帝将此地设为罗马帝国的一个行省。

年　份　公元114年　小纪纪年第十二年
　　　　亚历山大教皇第七年
　　　　图拉真皇帝第十七年
执政官　昆图斯·尼尼乌斯·哈斯塔（Quintus Ninnius Hasta）与普布利乌斯·马尼利乌斯·沃皮斯库斯（Publius Manilius Vopiscus）

所有人都认可图拉真是罗马有史以来最光荣的皇帝之一，他在统治时期内政绩卓著，罗马帝国也人才济济。然而，这样一位伟人，却没有关于他一生及其所做之事的详细准确的记述，真是一个很大的遗憾。兰普里迪乌斯（*Lampridius, in Vita Alexandri Severi.*）证实，其实在古世纪并不乏这样的记述，甚至还不止一个作家，马里乌斯·马克西穆斯（Marius Maximus）、法比乌斯·马尔切利努斯（Fabius Marcellinus）、奥勒留斯·维鲁斯（Aurelius Verus）以及斯塔提乌斯·瓦伦斯（Statius Valens）都叙写过图拉真的一生。小普林尼（*Plin., lib. 8, ep. 4.*）还指称，卡尼尼乌斯（Caninius）后来描述了达契亚战争的经过。然而，所有这些作品都惨遭岁月的侵蚀，阿里安努斯（Arrianus）描述帕提亚之战的那些书籍也已经消失不见了。因此，如今我们只有从乔瓦尼·西菲利诺（Giovanni Sifilino）编写的狄奥尼作品纲要中提取出图拉真的事迹，但也只是大概情况，无法从中得出这些事情发生的准确时间。我们只能在不确定中大致将图拉真的这些事迹归到这一年或那一年中，而无法有依据地说出它们的准确年份。

图拉真有可能是在上一年征服了整个亚美尼亚，也有可能是到这一年才完成，不管怎样，可以确定的是，据狄奥尼（*Dio, lib. 68.*）所证，如今图拉真因他的英勇和征服东方国家的壮举而声名远播，周围国家的国王与王亲贵族纷纷臣服于罗马帝国，或者请求与其建交，达成和平关系。图拉真给阿尔巴人民（*Eutrop., in Breviar.*）指定了一个国王，伊比利亚（Iberia）、索罗玛蒂（Sauromati）、博斯普鲁斯（Bosforo）和科尔奇斯（Colchide）的国王都对图拉真宣誓效忠。普林尼还注意到（*Plinius, in Panegyrico, c. 81.*），图拉真有时候想要摆脱繁忙的政务消遣一下，但他不会再玩那些幼稚的游戏，也不会玩其他更加耻辱的游戏，他转向一些比较花力气的娱乐活动，这样也锻炼了身体，有益于健康。骑马、狩猎是图拉真喜欢的消遣活动，如果是靠近海边或河边，他有时候也会划船，并与朝廷官员们比赛谁能更好地乘风破浪，划过海峡。这位明智的皇帝在东方各国也是这么做的，他以身作则地教导士兵们热爱、容忍这种体力活动（*Dio, lib. 68.*）。他徒步行军，并且像士兵们一样，徒步蹚过河流的浅滩。他在行军途中亲自指挥士兵，走在队伍的前头，就像是一位普通的军官。他安排了许多密探来打探敌人的消息，有时候还会散布一些假消息，锻炼士兵们习惯于迅速听从指挥，并始终保持警惕，为所有的危险和事故做好准备。

梅扎巴尔巴和比安奇尼主教认为，图拉真于这一年征服了阿西里亚（Assiria），因为在他的一块勋章上写着:"阿西里亚归罗马人管辖（ASSYRIA IN POTESTATEM POPVLI ROMANI REDACTA）。"但是这一勋章也可能是接下来两年的，上面没有任何特殊的地方表明是在这一年。在我看来，从狄奥尼的记述中可以看出，征服阿西里亚应该发生在更晚些的时候，也就是说，索里亚的这一部分当时仍在帕提亚的统治之下。

年　份　　公元115年　小纪纪年第十三年

亚历山大教皇第八年

图拉真皇帝第十八年

执政官　卢基乌斯·维普斯塔尼乌斯·梅萨拉（Lucius Vipstanius Messala）与马库斯·维吉利安努斯·佩多（Marcus Vergilianus Pedo）

由我作品中提到的一篇碑文（*Thesaurus Novus Inscription., pag. 319, num. 2.*）以及格鲁特罗作品中的另外两篇碑文（*Gruterus, pag. 74 et 1070.*）可知，第一位执政官的名字应该是维普斯塔尼乌斯（Vipstanius），而不是维普斯塔努斯（Vipstanus）。

如果蒂勒蒙特所述是真，在这一年里，图拉真在地中海东部沿岸诸国进行了伟大的扩张之举，而我倾向于在下一年讲他进入帕提亚国，并征服东方各国的壮举。据狄奥尼所述（*Dio, lib. 68.*），这一年，我们只知道图拉真征服了美索不达米亚的首都尼西比（Nisibi），以及辛加拉（Singara）和巴恩（Barne），那周边有很多宜人的城市。这也足以表明，整个富饶的美索不达米亚省都落入了图拉真之手，我们在前面也看到过，当他经过埃德萨（Edessa）的时候，已与统治该地的国王阿布加罗（Abgaro）建交。狄奥尼还讲到了年底在安提阿（Antiochia）发生的可怕地震，之后他描述了图拉真对抗帕提亚人的光荣战绩，因此这应该是发生在下一年，而不是这一年。据梅扎巴尔巴（*Mediobarbus, in Numism. Imperat.*）所述，罗马的乌尔比亚大会堂（Basilica Ulpia）于这一年竣工，这也有可能发生在公元112年或接下来的4年。可以确定的是，这一教堂邻近图拉真广场，宏伟壮观，装饰了图拉真广场。我们知道，罗马人的会堂一般建造得非常奢华，类似许多基督教徒的大教堂，装饰有战利品、雕像和其他顶级装饰品，周围还建有宏伟的拱廊，专供法官们审议案件，另外还有商人们在此谈生意。

这个时候，图拉真正致力于征服美索不达米亚。阿拉伯民族的一个首领马奈特

（Manete）、美索不达米亚省安提米西亚（Antemisia）的亲王斯普拉斯（Sporace），以及那一地区的另一亲王马尼萨雷（Manisare）假装想要臣服于图拉真，还每天找借口来见他，宣称自己效忠于他（*Dio, lib. 68.*）。但图拉真并不信任他们，因为先前阿迪亚波纳（Adiabene）的国王梅巴拉斯佩（Mebaraspe）就借口抵抗霍斯劳，从他这里获得了一支军团，之后却背叛了图拉真，将那些士兵部分屠杀，部分囚禁起来。其中，有一个百夫长叫森提乌斯（Sentius），他与其他人一起被囚禁在一个坚实的城堡里，当图拉真的军队于下一年抵达那一地方附近时，森提乌斯挣断锁链，杀死了堡主，打开门放走了其他的罗马士兵。欧特罗皮乌斯（*Eutrop., in Breviar.*）记录图拉真占领了安提米西亚。这应该是发生在这一年，因为安提米西亚是美索不达米亚的一个省份。我们从狄奥尼那里得知，因为取得的这些胜利，图拉真被授予"帕提亚征服者"（Partico）的封号，但是他更喜欢"最佳元首"这个封号，因为这表示他待人温和，并且拥有所有的美德。

在美索不达米亚的扩张行动结束之后，图拉真（*Joannes Matala, in Chron. Dio, lib. 68.*）带着部分军队来到安提阿过冬。然而，当他们在那里停留之时，那座城市却发生了有史以来最可怕、最具毁灭性的地震。那座大城市的原住民很少，但是随着宫廷人员和大批士兵不断到达那里，该市的人数增加了不少。此外，罗马帝国的人也不断涌入那里，有的是为了交易，有的是为了亲王的需要，有的是为了观看那些盛会。就这样，安提阿成了东方十分著名的大都市。然而，据巴基神甫所述（*Pagius, in Crit. Baron.*），在12月25日这天，该市发生了一场非常剧烈的地震，随后还有闪电和狂风，摧毁了城市的大部分建筑物，许多人被压在废墟下，还有无数人在地震中受伤。附近的科拉西奥山（Corasio）的山顶猛烈地震颤，仿佛要倒在这座城市上；许多地方喷涌出新的喷泉，而那些老的喷泉全部干涸。灾难过去之后，人们开始在废墟中展开搜寻，发现许多人死于饥饿。有一个妇女，她数天来用自己的奶维持自己和孩子的生命，两人都幸存下来，这似乎是一件难以置信的事。图拉真在如此危急之中，从所住宫殿的窗户逃了出去。据说，一个身材不一般、不似平常人的人救了他。然而，这次灾难令他十分恐惧，尽管地震已经停止了，他有一阵子还是想居住在露天开阔的竞技场里。执政官佩多在这场地震中丧生——他结束了前6个月执政官的任职,来到安提阿处理事务。因为不存在另一个佩多在前几年担任过执政官,因此可以确定这个人就是他。

年　份　公元116年　小纪纪年第十四年
　　　　亚历山大教皇第九年
　　　　图拉真皇帝第十九年
执政官　卢基乌斯·埃利乌斯·拉米亚(Lucius Aelius Lamia)与埃利亚努斯·维图斯(Aelianus Vetus)

历史学家狄奥尼清楚地写道(Dio, lib. 68.),在安提阿地震(他认为这次地震发生在这一年,而不是上一年)之后,春天到来,图拉真集结他所有的军事力量与帕提亚王国开战。他们必须越过湍急的底格里斯河(Fiume Tigri),但河流的东岸被敌方军队严密监守着。图拉真早已在冬天用尼西比森林的木材建造了无数艘战船,为了让船驶入底格里斯河,他想到一个十分大胆且耗资巨大的策略——在幼发拉底河和底格里斯河之间开凿一条宽阔的河道,这样就可以通行船只了。有人怀疑幼发拉底河比底格里斯河水位更高,因此幼发拉底河的水会涌入底格里斯河,使底格里斯河的水流更加湍急,航行也会变得非常困难。不过这项工程并没有完成,或者虽然完成了,但图拉真并没有使用它。另一条策略是用货车运载这些未拼好的散架的船只,到底格里斯河河岸再将它们组装起来,放到河里。这样,这些船只就组成了一座桥。这令在对岸列阵的帕提亚人和其他在各个地方威胁罗马军队经过的水军感到困惑不已,帕提亚人怎么也想不明白,一个缺少树木的国家是怎么建造出这么多艘船的,因此他们惊慌失措,四散溃逃。罗马军队顺利地渡过了河,他们先是袭击了阿迪亚波纳(Adiabene)的国王梅巴拉斯佩(Mebaraspe),让整个阿迪亚波纳省都归顺于罗马。之后,图拉真又占领了阿贝拉(Arbela)、高加梅拉(Gaugamela)(亚历山大大帝在此打败达里奥)、尼尼微(Ninive)和苏萨(Susa)。图拉真进入巴比伦(Babilonia),在此地没有遇到任何叛乱及反抗,因为帕提亚人与他们的国王霍斯劳不和,并且过去的多次骚乱与内战也削弱了这个民族的力量。图拉真在城郊观察到一个可以从中提取沥青的湖泊，于是他想用沥青取代石灰，用于黏合巴比伦城墙上的岩石。不过，那个湖散发着恶臭，这恶臭味可以熏死靠近它的动物和鸟类。图拉真从巴比伦进入帕提亚王国当时的首都科泰西丰特（Ctesifonte），在此地缴获了不少战利品，还抓捕了霍斯劳的一个女儿（*Spartianus, in Vita Hadriani.*），而霍斯劳却逃跑了。之后，大获全胜的奥古斯都继续在那一地区扩张行动，征服了塞留西亚（Seleucia, *Eutrop., in Breviar.*）、马科梅迪（Marcusmedi）以及底格里斯河上的一个岛屿——阿塔姆贝洛（Atambilo）当时统治着这座岛，最终抵达大洋海岸。图拉真与军队在那一地区过了冬，那里有一条非常广阔的河流，下游地区汇入幼发拉底河，由于当时暴风雨使河水暴涨，图拉真和他的军队一度面临着各种各样的危险。

图拉真征服各国的消息传到了罗马，令罗马人民充满了喜悦，他们不满足于仅仅是赞颂这位奥古斯都皇帝的英勇壮举，因为罗马帝国从来没有像在他统治下一样扩展到如此大的疆域。元老院授予图拉真"帕提亚征服者"（Partico）的称号，并允许他可以多次以凯旋之礼进入罗马，因为在罗马很多受他统治的人还不认识他。在一些勋章（*Mediobarbus, in Numismat. Imperator.*）上也可以找到，图拉真第九次获封"皇帝"，并被授予了"赫拉克勒斯"（Hercules）的名字。图拉真下令元老院除了授予这些荣誉，再为他建造一座凯旋门。罗马人还准备在他返回罗马时为他举办一场空前的光荣迎接仪式——然而上帝另有安排。图拉真既没有返回罗马，也没能享受凯旋的光荣仪式。此时的他正站在海洋的边缘，看到一艘驶往印度群岛的船，他听说过那一地方有很多神奇的东西，于是他开始打听那一国家的情况，表现出了去那里的强烈愿望。他说，如果他还年轻的话，一定会去那里，他觉得亚历山大大帝很幸运，因为能在很年轻的时候就开始自己的事业。尽管如此，他内心一直有这个渴望，但是下一年突然发生了一些不幸的事，令他放弃了这些幻想，改变了主意。与此同时，图拉真将阿西里亚与美索不达米亚列为罗马帝国的两个行省。从安科纳（Ancona）港口上一段留存至今并被许多学者引用的碑文（*Gruterus, pag. 247, num. 6.*）可知，大概是在这一时期，在图拉真的命令下，安科纳港口建造完成。因为图拉真在为地中海建造了奇维塔维基亚港口（Porto di Città Vecchia）后，也想让亚得里亚海拥有一个港口，于是决定在安科纳建造这样一个港口，那里至今还留有一座凯旋门，以纪念这位贤明的君主。

据尤塞比乌斯（*Eusebius, in Chron.*）所述，大概是在这一年，分布于利比亚与埃及的犹太民族开始到处对抗异教徒，有无数人因此而牺牲。犹太人在亚历山大里亚（Alessandria）的所作所为更甚。根据狄奥尼的说法，那里有22万人丧生，而在昔兰尼（Cirene），这些犹太人以更加难以置信的方式残忍地对待异教徒。

年　份　公元117年　小纪纪年第十五年
　　　　西斯笃教皇第一年
　　　　哈德良皇帝第一年

执政官　昆提乌斯·尼格鲁斯（Quintius Nigrus）与盖乌斯·维普斯塔尼乌斯·阿普罗尼亚努斯（Gaius Vipstanius Apronianus）

根据一些杰出学者的看法，亚历山大教皇在这一年光荣殉教。在他之后，西斯笃继任教皇之位。

图拉真非常渴望去看一看印度，于是他乘船进入了海湾。狄奥尼（*Dio, lib. 68.*）和欧特罗皮乌斯（*Eutropius, in Breviar.*）称这是红海，但从各方面来看，应该是波斯湾。狄奥尼补充说，图拉真一直航行并进入那一地区，据信，亚历山大大帝正是死于此地，为了纪念他还在这里举办了葬礼。但是图拉真最终感到非常失望，因为在听说了关于那个国家许多美好的东西之后，他发现那里除了无稽之谈和一片废墟之外，什么也没有。这个时候传来帕提亚人叛乱的消息，所有在波斯和美索不达米亚征服的领地都丧失了，驻守在那里的士兵要么被杀死，要么被囚禁。图拉真立即派马克西穆斯（Maximus）和卢基乌斯·奎图斯（Lucius Quietus）赶往那里。这两位将军有着不同的命运：马克西穆斯在一场战斗中不幸丧命；而摩洛族人卢基乌斯·奎图斯收复了尼西比（Nisibi），征服了埃德萨（Edessa），将这些城市劫掠一空，并放火烧城。被埃里修斯·克拉鲁斯（Ericius Clarus）和尤利乌斯·亚历山大（Iulius Alexander）征服的塞留西亚市（Seleucia）也遭遇了同样的惩罚。这些变数令图拉真改变了管理那些国家的策略，他发现将它们列为罗马帝国的行省，让罗马的行政官去管辖的方法行不通。于是，他回到科泰西丰特（Ctesifonte），将罗马人和帕提亚人聚集到一个广阔的平原上，然后他登上一个显赫的王座，宣布帕尔塔玛斯帕莱（Partamaspare）为帕提亚的国王——斯帕提亚努斯（*Spartianus, in Vita Hadriani.*）称他为普萨马托西里斯（Psamatossiris），并为他戴上王冠，这一决定受到人民的热烈欢呼与拥护。后来，图拉真经过阿拉伯佩特雷（Arabia Petrea），那里也发生了叛乱。但是他发现这个国家太过破旧，因为无法忍受炎热和许多其他灾难，他连那里的首都阿特拉（Atra）都没有攻下。然而有人认为，图拉真到达了阿拉伯费利克斯（Arabia Felix）。与此同时（*Dio, lib. 68.*），犹太人在美索不达米亚、埃及和塞浦路斯（Cipri）发动前所未有的暴动与叛乱。据尤塞比乌斯（*Euseb., in Chron.*）所述，在塞浦路斯的萨拉米纳（Salamina）市，犹太人大肆迫害异教徒，致使那座城市荒无人烟。但是，塞浦路斯将领阿尔蒂米翁（Artemione）对那里的犹太人进行了沉重的打击，据信，一共有24万名异教徒和犹太人因此丧生。摩洛族人卢基乌斯·奎图斯被派去美索不达米亚对付那些犹太人，他对犹太人进行了一场可怕的屠杀，使得犹太人停止了他们的暴动行为。

然而，图拉真所获得的这些胜利与征服很快就化为了乌有，罗马人还为此付出了惨重代价。图拉真刚从那一地区离开，一切就恢复了原样，罗马人最终一无所有。图拉真不得不离开，因为从7月份他开始感到身体健康状况恶化，他认为是中毒了，但其他人将其归因于痔疮复发（cessazion delle emorroidi），还有人认为他是因身体某一部位受到刺激而引发中风，另外一些人认为他是身体水肿。不管图拉真患上了什么疾病，当时他本来想回到美索不达米亚，但他改变了主意，想要返回意大利，元老院也一直催促他回来，因此，他急忙朝着意大利出发了（*Aurel. Vict., in Epit.*）。抵达索里亚的首都安提阿的时候，他留下了他的侄子埃利乌斯·哈德良，封他为那一地区的行政长官，并将罗马军队分配给他。他继续行路，直到西里西亚（Cilicia）的沿海城市塞利农特（Selinonte）——后来该市被叫作特拉亚诺波利（Trajanopoli），在此地他感到身体极度不适，欧特罗皮乌斯（*Eutrop., in Breviar.*）

称是腹泻。最终，据说是在8月10日这天，图拉真去世，享年61岁，也有人说是63岁。

迄今为止，这些内容让读者看到了图拉真的才华与美德，这使他成为罗马有史以来最光荣的皇帝之一，几乎没有人能与他匹敌，或者超过他。除了在罗马和罗马帝国各地留下的丰功伟绩，包括建造宏伟豪华的宫殿、铺设公路、开辟港口和修筑桥梁，还能找到各个或由他建立，或以他的名字命名的城市。奥勒留斯·维克多将公共流通机构（Corso Pubblico，如今被称作邮局）的建立主要归功于图拉真，实际上它起源于奥古斯都大帝，但是图拉真对其进行了扩张和更好的管理，这样皇帝就可以快速、有规律地得知广阔的罗马帝国的消息，帝国的官员们也能频繁来往。正如戈托弗雷杜斯（*Gothofredus ad Legem 8, Tit. 5, Codic. Theodosiani.*）观察到的那样，邮局仅供行政官与宫廷人员使用，普通人无法使用，并且是由国家财政通过马匹、手推车和马车得到的收入进行维持。但是正如奥勒留斯·维克多（*Aurelius Victor, de Caesarib.*）所叙述的，以及从《狄奥多西法典》中所得知的那样，这一原本值得称赞的机构在暴君的统治下逐渐变成了一个向各省及附属国收取赋税的可怕机构。不过图拉真也不是一点缺点也没有，狄奥尼（*Dio, lib. 68.*）、奥勒留斯·维克多（*Aurel. Vict., de Caesarib.*）、斯帕提亚努斯（*Spart., in Vita Hadriani.*）和背教者尤利安努斯（Iulianus Apostata，*Julian., de Caesar.*）一致认为，他有时候会饮酒过度，但是谁也不知道他是否在喝了太多酒时曾做出过违反职责的事。如果维克多所述是真，图拉真甚至下令不要把他参加宴会后下的指令当真。狄奥尼补充说，图拉真还是一个十分淫荡的人，但是他没有伤害过任何人，也没有处死过任何人。每个异教徒都着迷于他们那虚伪、愚蠢的宗教，他们不认为淫荡是耻辱和罪恶。圣保罗清楚地指出，当时占统治地位的异教简直令人蒙羞，应该受到强烈的谴责。尽管如此，这位奥古斯都皇帝仍然在治国的美德，特别是在仁爱、宽容与明智上称得上是一位出类拔萃的君主，以至于（*Eutrop., in Brev.*）从那以后，元老院在皇帝的加冕仪式上都会这样祝福皇帝：希望您比奥古斯都大帝更加幸运，比图拉真皇帝更加贤明。

罗马和整个帝国在图拉真的统治下获得了从未有过的宁静。当时很多城市都发生了地震，很多地方遭遇了瘟疫和饥荒，罗马也经历了一场台伯河的泛滥，然而这些灾难只是增加了图拉真的荣耀，因为他以各种方式，竭尽全力地弥补灾难带来的损失，并救助有需要的人。在这位声名显赫的皇帝的统治下，许多杰出的人物涌现，因为图拉真与其他更加著名的统治者一样也尊敬文人，促进了文学的发展。科尔涅利乌斯·塔西佗、小普林尼与弗朗提努斯的作品保留至今，还有许多其他在哈德良时期成名的文人作品也得以保存，然而其他作家的作品却不幸遗失。

普洛蒂娜（Plotina）皇后总是会在图拉真每次出行时陪在丈夫身边，图拉真去世后，她没有立即传出他的死讯，而是一直等到确定他的侄子普布利乌斯·埃利乌斯·哈德良会继承皇位，因为图拉真自己没有子嗣。关于这一点有着不同的说法。一些人认为（*Spartianus, in Vita Hadriani.*），图拉真可能想过将皇位留给内拉提乌斯·普里斯库斯（Neratius Priscus），普里斯库斯是当时的法律顾问，有一天图拉真对他说："如果我遭遇不幸，我想将各省托付给你。"其他人认为（*Dio, lib. 69.*），图拉真选定继承皇位的人是哈德良的姐夫塞尔维安努斯（Servianus）。还有人认为是卢基乌斯·奎图斯（Lucius Quietus）。也有人说图拉真本来打算提名10个人，让元老院在他去世后从中选择一个最好的人做皇帝。然而这件事并没有做成。图拉真仅在生命快要结束的时候将哈德良收为养子，并提名他为自己的继承人，而这一切都是普洛蒂娜·奥古斯塔与哈德良的监护人凯利乌斯·塔提亚努斯［Caelius Tatianus，或者叫阿提亚努斯（Attianus）］所策划的，因为图拉真发现哈德良有很多缺点，所以并没有对他表现出任何的喜爱之情。尽管如此，图拉真还是推举哈德良为执政官，但是并没有委任给哈德良任何重要的任务。这与李锡尼·苏拉（Licinius Sura，*Spartianus, in Vita Hadriani.*）在公元109年的表述不一致，苏拉声称图拉真从那时起就打算收哈德良为养子。不过，历史学家们一致认为，普洛蒂娜通过一些手段让身体虚弱的丈夫宣布哈德良为自己的养子和继承人。如果我们相信狄奥尼（*Dio, lib. 69.*）的话，这是因为普洛蒂娜爱上了哈德良，因此我们很容易想象在这一邪恶想法的驱使下，她会夸大渲染哈德良的作为，尤其是那些显著的功绩。甚至有些人认为，收养哈德良完全是普洛蒂娜自己一手策划的阴谋，她没有告知图拉真，也没有得到他的同意，在他去世后，她故意将他的死讯隐瞒了几天，假装由他完成对哈德良的收养。在写给元老院的关于收养一事的信件中，只有普洛蒂娜一人的署名，这更增添了这件事的可疑性。普洛蒂娜还于8月9日派信使紧急通报哈德良关于图拉真收他为养子的消息。8月11日传来了图拉真去世的消息（Dio, ibid.），哈德良立即写信给元老院，称自己为图拉真·哈德良，请求元老院确认由他继任皇位，并宣称他不会要求别的荣誉，并承诺只会做对公众有利的事，不会伤害任何元老院议员。他还立下誓言，如果他没有遵守这些承诺，就会受到可怕的诅咒。哈德良很容易就得到了元老院的批准，因为元老院议员清楚地意识到，哈德良掌握着罗马军队的精锐主力，他动用武力也可以得到皇位，如果拒绝他，那会是一件很疯狂的事。索里亚的军队刚一听说图拉真去世及收哈德良为养子的事情（Spartianus, in Vita Hadriani.），就拥立哈德良为皇帝，哈德良还为此事向元老院道歉。

普洛蒂娜、马蒂迪亚（Matidia，图拉真的外甥女）与塔提亚努斯（Tatianus）带着图拉真的遗体回到了罗马，哈德良离开安提阿——为了再看一眼图拉真。后来哈德良返回了安提阿，以便在他也出发前往意大利之前整顿好东方各国的事务。一辆凯旋战车装载着图拉真的骨灰进入罗马，战车上摆放着一张图拉真皇帝的肖像，罗马人民饱含着悲痛的泪水迎接图拉真的骨灰。后来图拉真的骨灰被放置在图拉真柱下的一个金匣中，过去很少有人有此殊荣，因为在城市里进行埋葬是不合法的（Eutropius, in Breviar.），图拉真是第一位被埋葬在罗马城内的皇帝。哈德良写信给元老院，他希望元老院可以授予图拉真神的荣誉。不仅仅是这一荣誉，元老院还授予了图拉真其他荣誉，如为他修建神庙、设立祭司等。之后很多年，人们为了纪念图拉真，都会举办叫作"帕提亚征服者"的竞赛。

年　份　公元118年　小纪纪年第一年

西斯笃教皇第二年

哈德良皇帝第二年

执政官　埃利乌斯·哈德良·奥古斯都（Aelius Hadrianus Augustus）第二次，蒂贝里奥·克拉迪奥·弗斯库斯·亚历山大（Tiberius Claudius Fuscus Alexander）

据说，图拉真在上一年指定哈德良为这一年的执政官。即使没有这个，根据传统，新任皇帝也要在统治第一年担任执政官。

哈德良出生于公元76年1月24日，斯帕提亚努斯（Spartianus, in Vita Hadriani.）记述了他的一生。哈德良的妻子是茱莉亚·萨比娜（Giulia Sabina），她是图拉真的姐姐马尔恰娜·奥古斯塔（Marciana Augusta）之女。年轻的时候哈德良是一个挥金如土的人，这让已是其监护人的图拉真对他很是不满。然而，哈德良又是那么从容自在、活泼开朗，于是获得了图拉真的喜爱，并从他那里得到很多荣誉。但这些也不能确保哈德良一定会继承皇位，因为明智的图拉真发现哈德良虽然有很多天赋与优点，但他也有不少缺点与恶习，即使他想方设法掩饰，但他的言行透露出了他的野心。他还非常轻浮与反复无常，尤其是特别易怒，报复心极强，让人担心他会走向残暴。但是不可否认的是，哈德良深刻的理解力、敏锐的反应力及尽力和贵族人士交好的行为，帮助了他在宫廷和担任的职务中大放光彩。他的记忆力惊人，凡是读过的东西都能记在脑子里，有时候还能看见他一边写信，一边口述另一封，还一边与朋友们谈话。没有人比他在希腊语和拉丁语的认知上更深入，他在创作散文与诗歌上也非常优秀，甚至有时即兴发挥也很出色（Dio, lib. 69.）。他精通医学、算术与几何；他喜欢弹奏各种乐器，喜欢绘画，喜欢雕塑；他永不满足的好奇心令他想要知道一切，甚至他还对毫无益处的占卜术和残忍的魔法进行了深入的研究。他死后留下了许多散文及诗歌作品。他的老师，或者说是他的学习助手，是卢基乌斯·尤利乌斯·维斯蒂努斯（Lucius Iulius Vestinus），后来在哈德良继位后担任皇帝的文书亲信，在一则碑文中（Thesaurus novus Inscription.）他被称作图书馆的管理员。据菲洛斯特拉托斯（Philostratus, in

Sophist.）所述，哈德良对科学和艺术的热爱使得他统治时期罗马的文学发展十分繁荣，一些专业研究者还获得了荣誉与嘉奖。他的宫廷里有很多语法学家、音乐家、画家、几何学家和其他类似的学者。他尤其喜欢与哲学家、诗人和演说家交谈，对他们进行考验，向他们提一些古怪的问题以让他们思绪混乱，然后半认真半开玩笑似的机智地回应他们。另外，因变化无常的性格，他的天资与品位也很古怪且不稳定。据信，他作为皇帝除了在地位上凌驾于其他人之上，还想要在才能与学识上超过所有人，于是，他忌妒那些似乎懂得比他更多的人，虐待他们，对他们辛苦努力的成果吹毛求疵，甚至对他们进行迫害。他将一个叫安蒂马克（Antimaco）的邪恶诗人的名字置于古希腊诗人荷马（Omero）之前，将恩纽斯（Ennius）置于维吉尔（Virgilio）之前，将卡托（Catone）置于西塞罗（Cicerone）之前，将凯利乌斯（Caelius）置于撒路斯提乌斯（Sallustius）之前，这一举动引得别人在背后嘲笑他。他邪恶善妒的本性让他甚至抹杀了图拉真的功绩，就好像他在判断力和审美上超出了这位伟大的皇帝。到目前为止，关于新任皇帝哈德良的才能与性格，讲这些就足够了。

　　哈德良成为皇帝后，觉得应该将东方各国的事务处理好，恢复各地的平静之后才能离开安提阿（Dio, lib. 69. Spartianus, in Vita Hadriani.）。图拉真将美索不达米亚、阿西里亚与亚美尼亚各省收归罗马帝国的统治，但哈德良并不想让那些省份听命于自己，比起在战役中实践战术，他更擅长在房间里谈论战术，因为他缺少胆量，也没有付出努力的耐心。于是，他转而与帕提亚国王霍斯劳（Chosroes）缔结合约，与帕提亚人民议和，以此保留罗马人民的尊严。实际上，他很长时间以来就不相信能够保留那些被征服的领地。他将阿西里亚与美索不达米亚让给霍斯劳，有可能还授予霍斯劳国王的王冠，以此作为权力的象征；他将罗马帝国在东方的边界紧缩至幼发拉底河，就像从前那样；他撤去了帕尔塔玛斯帕莱（Partamaspare）在帕提亚的国王之位，让其做那一地区某一边界小国的国王；他允许亚美尼亚的人民选举他们自己的国王。他似乎想通过这一切抹杀图拉真的荣耀。据欧特皮罗乌斯（Eutrop., in Breviar.）所述，哈德良一直对图拉真的这些荣耀心怀忌妒。后来，他还出于这个原因，违背所有人的意愿，破坏了图拉真在战神广场（Campo Marzio）

修建的剧院，还差点儿将达契亚归还给蛮族人。图拉真曾将大量罗马市民送到达契亚，让他们在那里定居。为了不让这么多罗马人民落入蛮族人的枷锁，哈德良的朋友们极力阻止他这么做。哈德良起初任命了两位禁军总督：一位是凯利乌斯·塔提亚努斯（Caelius Tatianus），既是感激凯利乌斯在他小的时候曾作为他的监护人，也是因为凯利乌斯是帮助他登上皇位的中间人；另一位是西米莱（Simile），因为他为人谦虚，拥有很多美德，享有极高的声誉。历史学家狄奥尼（*Dio, lib. 69.*）写了一篇关于西米莱的评论文章，他说当西米莱还仅仅是一个百夫长的时候，在皇宫的前厅里等待面见图拉真。当时还有很多其他官衔比西米蒂高的人也在等着见皇帝。图拉真先传召了西米蒂，但是他没有过去，因为他觉得这是违反秩序的，他不应该享有这个殊荣，于是就在前厅继续等着。西米莱做了很大的思想斗争才接受了禁军总督的职位，但是大概两年后，他发现哈德良对他变得冷漠了，于是请求离职并获得了批准。西米蒂退隐到乡下，那里安宁地度过了7年后去世，他的墓志中写道：在世76年，但真正活着的时间只有7年。禁军总督塔提亚努斯是一个十分残暴的人。一开始，他就从罗马写信给哈德良，要求处死（*Spartianus, in Vita Hadriani.*）当时罗马的行政长官贝比乌斯·马库斯（Baebius Marcus），并将拉贝里乌斯·马克西穆斯（Laberius Maximus）与克拉苏斯·弗鲁吉（Crassus Frugi）放逐到岛上，声称他们意欲谋反。哈德良不愿意在他统治初期就做这些残忍的事情。后来哈德良做了其中几件事，还把原因归咎于塔提亚努斯的建议。哈德良撤去了卢基乌斯·奎图斯的摩洛人军团，以此压制这个英勇的将领，因为他怀疑卢基乌斯·奎图斯觊觎皇位。他还派马尔提乌斯·图尔博（Martius Turbo）去平定毛里塔尼亚（Mauritania）发生的一场叛乱。很可能是在这一年的春天，哈德良在赠予士兵其他新任皇帝通常会给予的双倍犒赏后，将索里亚的统治权交给卡提利乌斯·塞维鲁斯（Catilius Severus），之后就开始从陆路前往罗马。元老院已经宣布为他举办凯旋仪式，但是他拒绝了，他希望把这个荣耀授予图拉真，即使他已经不在了。于是他坐在凯旋战车上进入罗马时，战车上还立着图拉真的肖像。之后哈德良开始了他的统治时代，就像其他新任皇帝那样，他起初非常仁慈、温顺，对所有人都尽心尽力。他赠予了罗马人民一个礼物（*Mediobarbus, in Numismat. Imperat.*），似乎在上一年他就赠予过人民两个礼物。他将所有的王冠税交与意大利的各市，也就是人们通常为皇帝取得胜利或者皇帝继位而缴纳的贡税。他还减少了意大利以外各省缴纳的赋税，尽管他一直故作庄重地表示，当时国家有多么需要钱，但他还是决定给他们减免赋税。不过他最令人称颂的举措是免除了过去16年来普通人欠国家财政的债务（*Dio, lib. 69.*），不仅是罗马，整个意大利和附属于罗马帝国的各省都执行这一指令，不知道这一慷慨的指令是否也在元老院统治的各省执行。斯帕提亚努斯谈到过哈德良这一值得纪念的慷慨之举，古代勋章和碑文（*Panvinius, Fast. Consular. Spartianus, in Vita Hadriani.*）上也留有关于这一事件的记述。如果格罗诺维乌斯（*Gronovius de Sestertiis.*）的说法真实可靠，这些免除的债务金额可达2200万斯库多金币，这简直是一件不可思议的事。为了更加突出他的这一杰出举动，也为了使债务人更加放心，他在图拉真广场上焚烧了他们所有的欠条和借据。上述勋章上还显示，哈德良刚成为皇帝就获得了"日耳曼征服者""达契亚征服者""帕提亚征服者"的封号，就好像是从图拉真皇帝那里继承来的一样。他还被称为大祭司长。但对于"国父"的头衔，尽管元老院立马表示想要授予他这一封号，但他起初并不想接受，过了一段时间元老院再次向他授予这一头衔时，他效仿奥古斯都大帝的例子，比较晚的时候才表示愿意接受。

年　份　公元119年　小纪纪年第二年
　　　　西斯笃教皇第三年
　　　　哈德良皇帝第三年
执政官　埃利乌斯·哈德良·奥古斯都第三次，昆图斯·尤尼乌斯·鲁斯提库斯（Quintus Iunius Rusticus）

由于历史学家们没有按照时间顺序记述哈德良和许多其他后世皇帝的事迹，我们只能确定他们所做的事，但是无法确定具体的时间。同时，也缺少这一时期带有纪年标志的勋章，因为上面只是大致表述了哈德良拥有保民官权力和第三次任执政官的经历，这在接下来的几年被反复讲到，因为他自那时起就再也没有任职过执政官。

在生日这天，哈德良为罗马人民提供了许多娱乐消遣活动（或许发生在上一年，这一年也同样如此），包括（Dio, lib. 69.）角斗士搏斗与多场狩猎活动。那几日，上百头公狮与同样多的母狮被屠杀。哈德良在剧院和竞技场里又举办了其他竞赛，同时还将礼物分发给在场的男男女女。当时罗马盛行着一股不良的风气——男女可在同一浴池同时洗浴，哈德良禁止了如此伤风败俗的不耻行为。哈德良在这一年只担任了4个月的执政官（Spartianus, in vita Hadriani.），后来是谁接替了他，我们并不知晓。哈德良专心致志地处理元老院上报的事务，更好地整顿了邮局，以便各省的行政官无须为所需支付运费。他下令自那时起，被判刑者的罚金不再收归税务部门，也就是皇室，而是付给国库。他为整个意大利的贫困孤儿增加了抚养费，扩张了之前由贤帝涅尔瓦和图拉真设立的救助制度。对于元老院议员，他大幅降低了过去获得这一显要职位所要求的资产，并提供给他们丰厚的退休金，直到他们去世。在他的许多贫穷的朋友上任时，他会向他们提供所需要的花费，有时对于一些并不值得帮助的人他也会这么做。他还帮助了许多贵族妇女，因为她们缺乏正当的方式来维持生活。他会挑选元老院中最德高望重的人，与他们一同进餐。除了在他的诞辰之日，他废除了元老院在其他时间为他举办的竞技表演节目。他还向元老院和人民多次郑重表明，在他统治时期，他希望能尽力为公众而不是自己谋取利益。

《亚历山大编年史》写道，这一年哈德良出征耶路撒冷（Chr. Paschale, tom. I Histor. Byzantin.），以平定那一地区犹太人引起的暴乱。如果亚历山大所述属实，哈德良占领了特雷宾托（Terebinto）市，将那里的犹太人卖给公众做奴隶。他推倒了耶路撒冷神殿，在那里建造了两座广场、一座剧院和其他建筑物。他将该城市划分成7个街区，由地方监督官管理，并废除了耶路撒冷这个名字，想要将该市用自己的名字命名为埃利亚（Elia）。尤塞比乌斯（Eusebius, in Chron.）也在这一年谈论过此事；巴基神甫（Pagius, in Critic. Baron.）坚持认为哈德良来过此地，重建了耶路撒冷。狄奥尼和斯帕提亚努斯对于这一时期没有任何相关的记录。但是《亚历山大编年史》的作者并不是一个十分著名的作家，令我们可以立即相信这一历史记述，这个作家显然错将提图斯在此作战时破坏神殿的事情放到了哈德良身上。因此，在我看来，哈德良并没有于这一年来过这里。不过，我们还是可以相信，在这一年，反叛的犹太人进行过几次暴乱行动，但都被击败了。正如圣哲罗姆（Sanctus Hieronymus）（*Hieron., Comment. in Danymus, c. 9.*）所写的那样，尤塞比乌斯也提到过这件事。另外，我们从尤塞比乌斯（*Eutrop., in Breviar.*）那里还得知，哈德良只进行过一次战争，且不是由他亲自上阵，而是由他的一个将领出马的。

年　份　公元120年　小纪纪年第三年
　　　　西斯笃教皇第四年
　　　　哈德良皇帝第四年
执政官　卢基乌斯·卡提利乌斯·塞维鲁斯（Lucius Catilius Severus）与提图斯·奥勒留·弗尔乌斯（Titus Aurelius Fulvus）

据尤利乌斯·卡皮托里努斯（*Julius Capitolinus, in T. Antoninus.*）所述，安东尼努斯·庇乌斯（Antoninus Pius）皇帝原先叫作提图斯·奥勒留斯·弗尔维乌斯或者弗尔乌斯（Titus Aurelius Fulvius o Fulvus），他与卡提利乌斯·塞维鲁斯（Catilius Severus）一起担任执政官。如果卡皮托里努斯没有弄错的话，这一年的第二位执政官应该就是安托尼乌斯。斯达巴主教的年鉴里错误地将第二位执政官的名字写为卢基乌斯·奥勒留斯，但从潘维尼乌斯（*Panvinius, in Fast. Consular.*）引用的一则碑文可知，这位执政官的名字是提图斯·奥勒留斯。

巴基神甫（*Pagius, in Critic. Baron.*）和其他一些人认为，萨尔玛提亚人（Sarmati）和罗索拉尼人（Rossolani）在这一年（而不是像蒂勒蒙特认为的那样在上一年）发起了对抗罗马帝国的战争（*Dio, lib. 69.*）。得知叛乱的消息后，哈德良立即派出了罗马军队，随后他也一同前往，到达梅西亚（Mesia）后，在敌军与罗马军队之间的多瑙河停了下来。塞拉里奥（*Cellario, Cellar., Geogr.*）认为萨尔玛提亚人当时驻守于黑海沿岸，而罗索拉尼人驻守于麦科蒂斯湖（Palude Meotide）附近。我不是很清楚塞拉里奥的作品与这一战争的叙述有什么联系。一天，全副武装的罗马骑兵突然渡过多瑙河，这一非常大胆的举动令蛮族人十分害怕，于是他们请求议和

(*Euseb., in Chron.*)。罗索拉尼的国王抱怨说（*Spartianus, in Vita Hadriani.*），罗马人付给他的抚恤金减少了。哈德良不喜欢战争带来的危险，于是满足了罗索拉尼国王的要求，并同意了蛮族人提出的其他无耻请求。这一年，哈德良将潘诺尼亚和达西亚交给马尔提乌斯·图尔博（Martius Turbo，曾是毛里塔尼亚的行政官）管理，并授予他与埃及行政长官同样的权力。或许也是在这一年，哈德良在梅西亚建立了一座城市，并以他的名字命名为哈德良市（Adrianopoli），现今名为安德里诺（Andrinopoli），仍是一座非常著名的城市。

据斯帕提亚努斯所述，似乎在这一年，哈德良做出了一些残忍之举；狄奥尼（*Dio, lib. 69.*）则把这些事情放在更早的时候，也就是公元118年或119年。哈德良生性多疑，别人对他说什么不好的事，他很容易就会相信，因此他相信了那些指控多米齐乌斯·尼格里努斯（Domitius Nigrinus）的人——那些人控诉多米提乌斯·尼格里努斯有意谋害皇帝的性命。据信，多米提乌斯·尼格里努斯这一罪行（不管是真是假）的同谋者有科尔涅利乌斯·帕尔玛（Cornelius Palma）、卢基乌斯·普布里奇乌斯·塞尔苏斯（Lucius Publicius Celsus）与卢基乌斯·奎图斯（Lucius Quietus），这四位都是声名显赫的人物，曾经担任过执政官。但是狄奥尼与斯帕提亚努斯对这一事情的记述有所不同。狄奥尼写道，他们应该是打算在哈德良狩猎的时候杀了他。而斯帕提亚努斯则认为是在哈德良忙于祭祀的时候。另外，也有可能这件事情发生在哈德良在罗马附近活动的时候，而不是在梅西亚。哈德良就此事写信给元老院。似乎这些人后来逃跑了，但最终还是在元老院的命令下被一一杀死。据说，帕尔玛是在特拉西那（Terracina）被杀，塞尔苏斯在巴哈（Baja）被杀，尼格里努斯在法恩扎（Faenza）被杀，而卢基乌斯则是在逃亡途中被杀。后来，哈德良申明没有下令杀害他们，他还将此事写入他的自传中，不过这本书已经不存在了。不管哈德良怎么说（*Dio, lib. 69.*），人们一致认为元老院是在哈德良的暗示下处死了这些显要的人物，没有人会相信这些享有极高声誉的人会做出谋杀的事情。哈德良本人在某些场合下也不否认自己推动了他们的死亡，后来他将此事归咎于禁军总督塔提亚努斯的建议。

这不是哈德良做出的唯一残忍之举。其他一些贵族和有权势的人因牵扯到上述阴谋中，或出于别的原因而被判有罪，尽管狡猾的皇帝曾发誓他与这些事情无关，但他们还是在不同时间被哈德良下令处死。哈德良在另一年处死了大马士革的阿波罗多洛斯（Apollodorus Damasceno, Dio, ibidem.）。我们前面提到过，阿波罗多洛斯是一位非常杰出的建筑师，他曾经建造了多瑙河上令人惊叹的图拉真桥，宏伟的图拉真广场、罗马音乐厅和竞技场也是他的杰作。一天，图拉真正与阿波罗多洛斯谈论其中一项建筑，当时哈德良也在场，他想充当一个博学者，自认为知道一切，没想到阿波罗多洛斯转头对哈德良说："劳驾您还是去画南瓜吧，您对此根本一无所知。"这句侮辱之语永远无法从哈德良的心头抹去，也导致后来他找了一些理由将这一杰出之人流放了。不过，他没有再对阿波罗多洛斯做出更过分的事，反而还重用了阿波罗多洛斯一段时间。哈德良建造了维纳斯和罗马神庙（Tempio di Venere e di Roma），摆放了维纳斯女神和永恒的罗马的宏伟塑像。为了取笑当时不在罗马（或许是被流放）的阿波罗多洛斯，哈德良给他送去一幅设计图，让他知道，没有他罗马依然可以建造宏伟壮观的建筑物，同时也希望他能说一下他的想法——那一建筑是否设计合理。阿波罗多洛斯回复道，如果要在神圣大道（Via Sacra）上建造一座比其他建筑物宏伟的神庙，那么这座神庙就必须要建得非常高，同时由于人们打算在那里秘密地制造机器，以便其后将它们引入剧院，所以神庙也要建得更深更高。他还补充说，在神庙里放置的雕像不应该做得那么高大，因为这样神就无法起身出去了。听到这些看法，认识到自己没能够修正的错误，哈德良内心充满了愤怒和悲伤，于是他下令处死了阿波罗多洛斯——这位太过坦诚的建筑师，他的英勇也非常值得赞颂。有人惊呼道："噢，哈德良多么残忍啊！"但是只要再等一下，不久之后我们就会看到他的另一面，会在他身上找到很多出色的地方，而这些令他在众多统治者中出类拔萃。

我不是很清楚当上述四位执政官被杀死的惨剧发生时哈德良身在何处，不过可以肯定的是，他当时不在罗马（Spartianus, in Hadriano.）。当得知人们为这四位杰出人物的死亡而愤愤不平、怨声载道，对皇帝充满了憎恨后，哈德良立马急匆匆地回到了罗马，以防发生骚乱。他给人民分发了两倍的赠礼以安抚他们——此前他不在罗马时，就已经给每人分发了3斯库多金币。在元老院陈述了这件事情的理由后,哈德良再次发誓永远不会处死任何元老院议员,除非此人是被元老院判处了死刑。但是以前在暴君的统治下,只要皇帝一点头,就足以让元老院判处那些对他们不利的人死刑。

据尤塞比乌斯(*Euseb., in Chron.*)所述,这一年或者是下一年,尼科米底亚市(Nicomedia)遭遇了一场强烈的地震,周围的所有城市都遭受了巨大的损失。哈德良慷慨地分拨了大量金钱来重建这些城市。

年　份　　公元121年　小纪纪年第四年

西斯笃教皇第五年

哈德良皇帝第五年

执政官　卢基乌斯·阿尼乌斯·维鲁斯(Lucius Annius Verus)第二次,奥勒留斯·奥古里努斯(Aurelius Augurinus)

卢基乌斯·阿尼乌斯·维鲁斯是哲学家皇帝马库斯·奥勒留斯(Marcus Aurelius,也译为马可·奥勒留)的祖父,我们之后会讲到他。

哈德良的一生是不断变化、反复无常的。他有时候残忍,有时候仁慈,有时候严肃认真,有时候又轻浮可笑;他既吝啬又慷慨,既真诚又虚伪;他待人友善,但很容易就会从对人的喜爱变为仇恨。我们已经见过他是如何对待建筑师阿波罗多洛斯的了。然而据斯帕提亚努斯所述,他不会报复在他还是普通人时曾经是敌人的那些人,成为皇帝后,也仅仅是对他们冷眼相待。据斯帕提亚努斯证实,帕尔玛和塞尔苏斯一直是哈德良成为皇帝之前的敌人,我们已经看到了他们的结局。这一年,哈德良对于凯利乌斯·塔提亚努斯(Caelius Tatianus)厌烦到极致,他曾提拔塔提亚努斯为禁军总督,但他似乎忘记了塔提亚努斯曾是他的监护人,也是帮助他登上皇位的重要人物,他很想将塔提亚努斯从身边调走。他无法再忍受塔提亚努斯颐指气使的傲慢神气,曾多次想过将塔提亚努斯砍成碎片。但是他没有这么做,因为他对那四位执政官被杀给他招来仇恨的事情仍记忆犹新。他以充满恶意的眼光看着塔提亚努斯,希望他能主动请求卸任职位。他在塔提亚努斯耳边说，这样做是最好的。在塔提亚努斯刚请求离职后，哈德良就将禁军总督的职务授给了从潘诺尼亚和达西亚传召来的马尔提乌斯·图尔博（Martius Turbo），任命塔提亚努斯为元老院议员，还授予他执政官的荣誉，说自己没有别的更好的东西奖赏他了。另一位禁军总督西米莱（Simile）也请求了辞职，塞普提基乌斯·克拉鲁斯（Septicius Clarus）继任了他的职位。图尔博与克拉鲁斯都是功绩卓著的人，但随着时间的推移，他们也体会到哈德良皇帝的喜欢和恩惠有多么不稳定。这次官员更换之后，哈德良感觉生活更加安心了，于是决定去坎帕尼亚散散心，他在那里做出了许多对那些城市有利的事，并结交了最为可敬的朋友。

　　回到罗马之后，哈德良会在执政官和大法官面前介入有争议的诉讼案件的讨论，就好像一个普通人。他会出席朋友们的宴会，如果有人生病了，他会一天去看望他们两三次。他不仅如此对待元老院议员，还会去看望那些身体虚弱的罗马骑士，甚至是出身自由奴隶的人，他带着友善的建议宽慰所有人，并帮助任何有需要的人。他总是会邀请很多朋友与他一同进餐。对于他的岳母马蒂迪亚·奥古斯塔（Matidia Augusta，图拉真的外甥女），他授予了她各种荣誉，为她举办角斗士表演。他对于图拉真的妻子普洛蒂娜·奥古斯塔（Plotina Augusta）总是充满崇高的敬意——是她帮助他获得了皇位，在普洛蒂娜去世的时候，哈德良为她举办了一场隆重的葬礼。他对执政官们也表现出极大的尊敬，甚至在竞技表演结束后还邀请他们到家中做客。与身份地位最低的人讲话时，他也表现得非常谦逊，他憎恶那些因自己地位尊贵而不愿意解决人民问题、满足人民需求的君主。他的这些谦虚节俭、宽厚仁慈的行为（*Dio, lib. 69.*）为他赢得了人民的爱戴；同时，他持续关注贤明统治，建造了许多辉煌的建筑，为有需要的人提供帮助，特别是在维持人民生活富足方面，他得到了人民的广泛称颂。他非常憎恶战争，因为战争会耗费附属国很多财力。如果发生了战争，他会想方设法通过协商解决矛盾，而不是动用武力。他从来不会通过不道德的手段没收他人的财产，他以将自己的财产送给其他人为荣，而不是将其他人的财产据为己有。事实上，他对许多元老院议员和骑士都十分慷慨，不需要等他们来请求他，只要看到他们有需要，就会主动去帮助他们。人们可以自由地跟他讲话，不用担心他会因此而愤怒。有一位妇女向他寻求公道，他回答说没有时间听她说。那个妇女喊道："为什么您这样的人还能当皇帝？"哈德良于是停下来，耐心地听她诉说，满足了她的要求。一天，在角斗士表演时，观众们因不喜欢那个节目而无礼地向皇帝大喊要求换个节目。哈德良命令他身边的通报官严肃地告诉公众保持沉默，就像多米提安努斯经常会做的那样。但通报官向人民传话时必须以统治者的名义，于是他只说了句："现在表演的节目是皇帝喜欢的。"哈德良没有因通报官违反他的命令以这样温和的方式与人民讲话而生气，反而称赞了他。

据信，哈德良于这一年在罗马建造了一座竞技场。蒂勒蒙特（Tillemont, *Mémoires des Empereurs.*）写哈德良在公元120年开始了意大利境外的巡游，巴基（*Pagius, Crit. Baron.*）认为是在公元121年。我将此事留到下一年再讲。

年　份　公元122年　小纪纪年第五年
　　　　西斯笃教皇第六年
　　　　哈德良皇帝第六年
执政官　马尼乌斯·阿西利乌斯·阿维奥拉（Manius Acilius Aviola）与盖乌斯·科尔涅利乌斯·庞萨（Gaius Cornelius Pansa）

对于哈德良开始巡游的具体年份，并没有充足的史料可以予以确定。一些勋章上有提到他这次旅程，但也没有关于时间的记录。奥科内和梅扎巴尔巴（*Mediobarbus, in Numism. Imperat.*）将这些勋章归于不同的年份，但不能解释这么做的原因。因此，我认同梅扎巴尔巴和比安奇尼（*Blanchinius, ad Anastasium.*）的看法，认为哈德良是于这一年开始旅程的。

部分是出于好奇，部分是想让自己声名远扬，哈德良产生了想要巡游整个广阔的罗马帝国的想法——这是任何前任皇帝都没有做过的事。于是，他在这一年从意大利出发，经过高卢时（*Spartianus, in Hadriano.*），对那些有需要的人施以了慷慨的援助。他的这种慷慨惠及他所到的各省（*Dio, lib. 69.*）。他就好像一位监察官，通过自己的眼睛和对事情的严密调查来了解行政官是否尽到了他们的职责，或者办事是否公正，以及有没有滥用职权的现象，从而进行补救；同时，他在降职和惩罚罪犯方面采取的行动与措施也同样非同凡响。他还了解了各市的收入与赋税，视察了所有的防御工事，查看这些地方是否防守得当、装备齐全，为各市提供了其所缺乏的东西，拆毁了他不喜欢的地方。另外，他还下令如果有需要的话，在其他地方建造一些新的堡垒要塞。之后，他从高卢来到日耳曼地区。在这一边界驻扎着罗马军队最精锐的主力，随时准备对付不愿归顺的日耳曼人——他们是罗马人最敬畏的民族。哈德良比其他任何人都要精通军事战术，似乎他还写过一本书，我在其他地方提到过（Antiquit. Italicar., tom. 2, Dissert. 26.）。然后，他没有浪费时间，随即投入到对重要战略地方的巡查中，他仔细检查了防御工事、武器和其他军事器械，就好像战事即将来临一样。他又看望了所有军团，奖赏并提拔有功的人到更高的职位，还对所有士兵进行了训练。他发现由于前任君主和将领们的疏忽，军队里有很多滥用权力的现象，于是他进行了严厉的整治，恢复了古代罗马军纪。他对军官们的各种工作和他们的各种费用做出了十分明确的规定。他清除了士兵住处（当时士兵必须住在战地的帐篷里）的门廊、藤架、小饭馆和其他娱乐场所，并规定任何士兵没有正当理由不得离开军营。他颁布指令：成为百夫长需要拥有好的声誉与健壮的身体，只有年轻力壮且谨慎小心的人才可以担任军官，军官不可以向士兵要求或收受礼物和金钱。对于士兵，他仔细地检查了他们的武器、行李，了解了他们的年龄，以确保没有雇用低于17岁或高于30岁的人，同时通知士兵，如果不想从军，也可以不再留在军队里。他要求每一个人都严格遵守军纪，并以身作则。他在公开场合用餐，吃的也不过是普通士兵吃的那些肥肉、奶酪和醋水（醋和水的混合物）。有时候，他会携带武器步行20罗马里，而且经常穿着朴素的衣服，与士兵穿的几乎没什么不同。他的铠甲上没有金子装饰，皮带上没有宝石，只有他的剑柄是用象牙制作的。他会看望生病的士兵，描绘扎营地点，尤其关注军队。单从这些就可以看出古代罗马人在整治军队方面的智慧。

据信在同一年，也是我猜测的，哈德良从日耳曼匆匆离开后，来到了大不列颠（Spartianus, in Hadriano.），这里也有很多违法乱纪的现象，于是他进行了整治。

罗马人占据了大不列颠岛的很大一部分，但在图拉真统治初期，这里发生过几次叛乱与暴动。大不列颠的北部地区不愿归顺罗马帝国，因此，哈德良为了防御那些凶残可怕的蛮族侵入，下令修建了一道长80罗马里的城墙，将罗马边界与蛮族的领地分割开来。英国学者们认为，这道城墙位于诺森伯兰（Northumberland），至今仍保留着遗迹。哈德良仍然在使用一些密探，不过不是为了知道人们在宫廷外所做的一切，而是为了调查他的官员和朋友们的特殊事情。关于这一方面，据说有一个妇女在写给骑士丈夫的信中抱怨丈夫总是长时间在外面，沉迷于浴场和其他的玩乐，哈德良知道了此事，在这个骑士过来告别的时候，对他说："离开后就别再去浴场和其他的地方玩乐了。"骑士不知道哈德良用了什么手段发现了他的事情，回答说："难道我的妻子不仅给我写了信，也给您写了信吗？"如今哈德良接到消息称，苏埃托尼乌斯——《罗马十二帝王传》的作者，当时在宫廷任书信文书一职——与禁军总督塞普提基乌斯·克拉鲁斯（Septicius Clarus）以及其他一些人，和皇后萨比娜来往太过亲密，毫不顾忌对皇帝家族该有的尊重。哈德良仅仅凭此就撤去了他们的职位。有人补充说，哈德良对自己的妻子萨比娜充满厌恶，因为他觉得她是一个刻薄挑剔的女人。他在别处说，如果他是一个普通人，他就会抛弃她。

这一年，埃及发生了几场骚乱事件。埃及人民一直信仰阿皮斯神（Apis），他的形象是一头长有斑点的牛，这头牛死后，他们就再寻找一头有同样斑点的牛。许多年后，他们找到这样一头神牛，于是各个城市之间为了能够在自己的神庙里供奉神牛而展开了竞争，甚至发起了战争。得知这个令人不安的消息后，哈德良从不列颠回到了高卢，来到了普罗旺斯的尼姆（Nimes, Provenza），他下令在这里建造一座辉煌的教堂，以纪念图拉真的妻子普洛蒂娜·奥古斯塔（Plotina Augusta）。那里还建造了一座圆形剧场（部分仍然存在）和一座桥，以及其他一些古建筑，这些也是由哈德良建造的，也有可能是安托尼乌斯建造的。自那之后，哈德良来到了西班牙，在塔拉戈纳（Tarragona）度过了冬天。

年　份　公元123年　小纪纪年第六年

西斯笃教皇第七年

哈德良皇帝第七年

执政官　昆图斯·阿普留斯·佩蒂努斯（Quintus Aprius Petinus）与卢基乌斯·维努莱乌斯·阿普罗尼亚努斯（Lucius Venuleius Apronianus）

研究执政官年表的大部分学者认为第二位执政官的名字是盖乌斯·文提狄乌斯·阿普罗尼亚努斯（Gaius Ventidius Apronianus）。我基于现今仍存在于古罗马神殿博物馆（*Thesaurus Novus Inscription., pag. 321, num. 6.*）的一块瓦片或是砖头上的文字记述，将其称为卢基乌斯·维努莱乌斯（Lucius Venuleius）。但是据另一块砖头上的文字记述，法布莱图斯（*Fabrettus, Inscription., pag. 509.*）在他的作品中提到，他的名字为提图斯，而不是卢基乌斯。似乎在涅尔瓦皇帝统治期间，开始在砖头和其他一些烧制材料上印上砖窑的名字，还印上当年执政官的名字，这一用法延续了很多年。

哈德良在塔拉戈纳（Tarragona）过冬，在那里他遭遇了一起危险的事故。一天，他正在一个公园里散步，突然那个房子主人的一个仆人拿着一把剑愤怒地朝他刺来。哈德良身手矫健，制伏了那个人，将他交给了护卫军（*Spartian., in Hadriano.*）。仁慈的皇帝发现那个人脑子有问题，于是让医生给他医治，并不想伤害他。在塔拉戈纳，哈德良自费修缮了奥古斯都神庙；他下令征兵时，遇到了一些困难，但是凭着谨慎与机智，他设法赢得了那些人民的心，达成了自己的目的。然而，令人非常惊讶的一件事是，他在西班牙的时候没有去参观他的故乡伊达利卡（Italica）。尽管如此，他还是为他的故乡做了很多好事。

奥鲁斯·格利乌斯（Aulus Gellius, *Gellius, lib. 16, cap. 13.*）引用了他在元老院发表的一次讲话，当时伊达利卡、尤蒂卡（Utica）和其他一些享有自治特权的城市要求成为罗马的殖民地，这似乎有些奇怪，因为自治城市的条件要优于殖民地。

这一年，阿非利加省的毛里塔尼亚（Mauritania）发生了几次骚乱，哈德良平定了这些骚乱。从一些勋章（*Mediobarbus, Numism. Imper.*）上可以推断出，哈德良还亲自去了毛里塔尼亚省。蒂勒蒙特（*Tillemont, Mémoires des Empereurs.*）认为这事发生在这一年，但是巴基（*Pagius, in Crit. Baron.*）则认为这事发生在更晚些的时候。斯帕提亚努斯还写道（*Spartianus, in Hadriano.*），这一年爆发了与帕提亚人的战争，随后哈德良与帕提亚国王霍斯劳进行了一次面谈，不久之后，战争就结束了。有人推断，在那之后，哈德良离开西班牙和毛里塔尼亚，去了索里亚。这一跨度在我看来有些太大了。还有人认为，哈德良之后去了雅典，在那里度过了下一个冬天。这一猜测似乎与尤塞比乌斯（*Eusebius, in Chron.*）的记述相一致，尤塞比乌斯写雅典人民向哈德良请求立下新的法律，哈德良于是摘录了德拉古（Draco）、梭伦（Solon）和其他立法者的法律，将这部法律摘要交给了他们。

年　份　公元124年　小纪纪年第七年
　　　　西斯笃教皇第八年
　　　　哈德良皇帝第八年
执政官　马尼乌斯·阿西利乌斯·格拉布里奥（Manius Acilius Glabrio）与盖乌斯·贝利基乌斯·托尔夸图斯（Gaius Bellicius Torquatus）

由于缺少史料，关于哈德良一生的自传，我们无法准确地捋清这位皇帝的行程，只能根据推测大致确定他每经一处的年份。因此，据猜测，哈德良在这一年的冬天身居雅典，随后发生了尤塞比乌斯在他的编年史中所写的内容，也就是基菲索斯河（Cefiso）的河水上涨，溢出了河床，淹没了埃莱夫西（Eleusi），或者叫埃莱夫西纳（Eleusina），哈德良在那条河上建造了一座桥，很可能他还筑起了一些防护堤，这样河水就不能再轻而易举地溢出来了。然后，似乎哈德良又去了比提尼亚（Bitinia）、马其顿（Macedonia）、卡帕多细亚（Cappadocia）、西西利亚（Cicilia）、弗里吉亚（Frigia）、潘菲利亚（Pamfilia）、利西亚（Licia）、亚美尼亚（Armenia）以及亚细亚（Asia）和邻近岛屿的国家。有一些省份的勋章将哈德良称为他们的复兴者，因为哈德良每到一个地方，都会留下一些福利与好处，要么是免除赋税、授予特权，要么是下令建造一些非凡的建筑。狄奥尼（*Dio, lib. 69.*）证实，哈德良慷慨地帮助和美化他到访的城市，有的是给予金钱，有的是修建下水道或港口，有的是建造神庙和其他公共建筑，或者是给城市增添荣誉。《亚历山大编年史》的作者（*Chron. Paschale. Histor. Byzantin.*）写道，在上一年，哈德良建造了尼科米底亚（Nicomedia）广场和尼西亚（Nicea）广场，以及正对着比提尼亚的城墙。另外，他还建造了锡济库斯（Cizico）神庙，并用大理石铺设了那座城市的广场。他同样慷慨地在其他著名城市建起了许多神庙。狄奥尼补充说，哈德良在大部分城市建造了剧院，每年会在剧院举办一些竞技表演。就这样，哈德良的名字和声望传遍了各地，所有人都视他为共同的恩主。许多碑文也证实了此事，我在其他作品中也提到过（*Thesaurus Novus Inscript., tom. 1.*）。不太可信的说法是，这一年底哈德良重新回到了雅典，这是他最喜欢的城市，他在这里度过了冬天的几个月，又对这一城市施加了很多恩惠。他还想担任雅典公共竞赛与搏斗的主席。过去许多希腊人总是身上带着刀，甚至去神庙的时候也这样，但现在，或是因为接到了命令，或是出于对哈德良的尊重，再也没有人带着刀了。

年　份　公元125年　小纪纪年第八年
　　　　西斯笃教皇第九年
　　　　哈德良皇帝第九年
执政官　普布利乌斯·科尔涅利乌斯·西庇阿·亚细亚提库斯（Publius Cornelius Scipio Asiaticus）第二次，昆图斯·维提乌斯·阿奎利努斯（Quintus Vettius Aquilinus）

根据猜测，哈德良这一年冬天待在雅典，随后发生了斯帕提亚努斯所讲到的事情——哈德良想要介入（*Spartianus, in Hadriano.*）埃莱夫西纳（Eleusina）市的克瑞斯女神节。因为那些祭司非常神秘，他们为崇拜克瑞斯女神而举行的仪式和庆典是秘密进行的，公众无法参与。很少有人能被允许参与到这样的迷信活动中。哈德良曾想要参与到赫拉克勒斯（Hercules）和马其顿腓力（Filippo il Macedone）的祭拜仪式中，把自己列为虔诚的教徒。后来，哈德良离开雅典，来到了西西里（Sicilia），在那里他也是慷慨地广施恩惠，从一块勋章上我们得知，他被称作"西西里的复兴者"。他想要参观那里的埃特纳（Etna）火山，以目睹太阳的诞生，据说那实际上说的就是彩虹。在游览了这么多地方之后，哈德良终于回到了罗马。

  年 份 公元126年 小纪纪年第九年
        西斯笃教皇第十年
        哈德良皇帝第十年
  执政官 卢基乌斯·阿尼乌斯·维鲁斯（Lucius Annius Verus）第三次，埃吉乌斯·安比布卢斯（Eggius Ambibulus）

  可以肯定第一位执政官阿尼乌斯·维鲁斯是皇帝马库斯·奥勒留斯的祖父，不过，不太确定的是他的名字是不是马库斯。根据现存于古罗马神殿博物馆的一则碑文，我在作品中（*Thesaurus Novus Inscript., p. 323, n. 2.*）称第二位执政官为埃吉乌斯·安比布卢斯。诺丽斯主教（*Noris, Espistol. Consular.*）从雷内西奥解释的两则碑文推断，他的名字应该是卢基乌斯·瓦里乌斯·安比布卢斯（Lucius Varius Ambibulus）。但是雷内西奥的碑文上没有说卢基乌斯·瓦里乌斯·安比布卢斯是执政官，因此他与我上面提到的碑文并不冲突。

  巴基神甫（*Pagius, Critic. Baron.*）用大量篇幅记述了皇帝5周年、10周年、15周年时的许多活动，他认为哈德良返回罗马是为了在这一年庆祝皇帝统治10周年。据尤塞比乌斯（*Eusebius, in Cron.*）所述，这一年，元老院授予了哈德良"国父"的称号，授予了他的妻子茱莉亚·萨比娜"奥古斯塔"的封号。《亚历山大编年史》的作者和保卢斯·奥罗修斯（Paulus Orosius）也赞同这一说法。但是这件事情是值得怀疑的，因为可以发现一些碑文（*Gruterus, Thesaur. Inscript.*）和勋章（*Mediobarbus, in Numismat. Imp.*）显示，哈德良在这一年之前就被冠以了"国父"的头衔。

  我们从斯帕提亚努斯（*Spartianus, in Hadriano.*）那里得知，哈德良仍然想要巡游罗马帝国的所有省份，在罗马停留了一段时间后，他就出发去了阿非利加。在那里，他像对待之前的城市一样，慷慨地对阿非利加的那些城市施以恩惠与救助。在一些勋章（*Mediobarbus, in Numismat. Imp.*）上，哈德良被阿非利加、毛里塔尼亚和利比亚人民称作他们的复兴者。对那些省份的视察结束后，哈德良回到了罗马，在这里度过了冬天。

年　份　公元127年　小纪纪年第十年

圣福禄教皇第一年

哈德良皇帝第十一年

执政官　提提安努斯（Titianus）与加利坎努斯（Gallicanus）

迄今为止，没有确切的史料可以确定这两位执政官的名字。当时罗马人习惯用姓氏来区分贵族。仅仅用姓氏也足以分清两位执政官分别是谁了。

不过，相对可靠的说法是，这一年，圣西斯笃教皇光荣殉教，在圣彼得大教堂继任教皇之职的是泰莱斯福鲁斯（Telesphorus，又译圣福禄）。

没有人知道哈德良在罗马停留了多长时间。似乎可信的是，每一次他返回罗马，都会赠予人民一笔赏金和许多礼物，这令人民十分高兴。一些勋章（*Idem, ibid.*）上记录了哈德良每次的慷慨之举，这样的举动一共有7次。斯帕提亚努斯（*Spartianus, in Hadriano.*）写道："永不疲倦的皇帝后来又踏上了旅程，为了再次视察希腊和亚细亚，可能是想要看一看由他下令在各个城市建造的建筑有没有完成。"发现雅典的建筑物已经完工，哈德良就在那里举办了庆祝落成的仪式。这些宏伟的建筑包括雅典朱庇特奥林匹克神庙（Tempio di Giove Olimpio），似乎这座建筑于公元134年才建成，我在后面会讲到。在一些由我发表的碑文（*Thesaurus Novus Inscript., p. 235.*）中，哈德良被称作哈德良·奥林匹克（Hadrianus Olimpio）。似乎希腊人还想拍哈德良的马屁，所以授予他朱庇特·奥林匹克的封号。如果真是这样，那就有点儿忘乎所以了，不管是给予这一封号的人，还是接受这一封号的人。除此之外，从上述碑文中得知，哈德良身居雅典的时候，向各个城市派去了大使，以热烈庆祝他的回归。而且哈德良似乎爱上了雅典这座城市，在这里度过了接下来的整个冬天。哈德良非常喜欢与哲学家和文学家们待在一起，雅典学院中有许多这样的人物，其中在哈德良宫廷中最享有盛名的包括爱比克泰德（Epictetus）——

位杰出的斯多葛派哲学家，他的手稿、精悍短诗和许多文章被收录在他的门徒阿里安努斯（Arrianus）的书中，保留至今。还有一位是诡辩家，或者说是演说家法沃里努斯（Favorinus），他既精通拉丁语，又精通希腊语。奥鲁斯·吉利乌斯（*Spartianus, in Hadriano.*）讲过许多关于法沃里努斯的事情。据他所述（*Aulus Gellius, Noct. Attic.*），一天，喜欢在文学上自吹自擂的哈德良指责法沃里努斯在一些著作中使用的一个单词，在短暂的对立争执之后，法沃里努斯做了让步，承认哈德良是对的。后来，他的朋友责备他太过胆小，因为那是一个好单词，一些十分有名望的作家都很喜欢使用它，法沃里努斯笑了，回答说："他手下有30个军团，你们不是希望我会觉得我比他更博学吧？"但最终他还是失去了哈德良的恩宠，因为这位任性善变的皇帝无法长时间忍受自己所谓博学多识在别人面前黯然失色。法沃里努斯也觉察到了这一点，在与哈德良讨论一起案件时，他请求免去他在家乡高卢阿尔勒（Arles，Gallia）的职务。他非常清楚哈德良要给他判刑，因此在人们觉得他做了相反的事情，为他的请求辩护时，他只是说晚上梦到他的老师［有可能是金嘴狄翁莫］告诫他不要让自己遗憾做了其他同乡所做的事情。雅典人曾为这位哲学家竖立了一座雕像，得知他已不再受哈德良的宠爱，他们就跑去毁坏了雕像（*Philostratus, in Sophistis.*）。这一消息传到了法沃里努斯那里，他毫不慌张地回答说："苏格拉底倒是非常希望雅典人这样轻薄地对待他。"还有诡辩家狄俄尼修斯·达·米利都（Dionysius da Mileto），也曾享受过一段时间哈德良的恩宠，但是有一天，他不经意间跟皇帝的文书亲信赫利奥多罗斯（Heliodorus）说："皇帝会赠予你丰厚的荣誉与财富，但不会让你成为雄辩家。"自那以后，哈德良就对他怀恨在心。此外，正如我上面所说，这位皇帝精通艺术与科学，他还留下了许多他写的书，书中通常都是些矫饰做作、晦涩难懂的语句。他还写了一本关于自己生平的书，但都以他的自由奴隶的名字出版，其中一个是弗列贡（Phlegon）。弗列贡有一部关于奇妙事件的短文作品流传至今，同时他还创作了许多其他的书。

年　份　公元128年　小纪纪年第十一年

圣福禄教皇第二年

哈德良皇帝第十二年

执政官　卢基乌斯·诺尼乌斯·阿斯普雷纳斯·托尔夸图斯（Lucius Nonius Asprenas Torquatus）第二次，马库斯·阿尼乌斯·利博（Marcus Annius Libo）

据尤利乌斯·卡皮托里诺（Capitolinus, in Marcus Aurelius）所述，这位阿尼乌斯·利博（Annius Libo）是后来的皇帝马库斯·奥勒留斯的叔叔。

根据斯帕提亚努斯（Spartianus, in Hadriano.）留下的关于哈德良旅途的少量描述，我们可以认为，哈德良于这一年离开雅典，去了亚细亚，以视察那里是否还在执行他的命令，即他第一次视察时指定的那些建筑工程和工作是否完成。他在那里举办了很多神庙的献祭仪式，这些神庙都被取名为哈德良神庙。之后他去了卡帕多细亚（Cappadocia），在那里招募了大批仆人，或者说是奴隶，但不是让他们参军，而是让他们服侍军队。哈德良将他到来的消息通知给所有邻国的国王和蛮族亲王，表示与他们的友好关系。许多国王都前来拜见哈德良，哈德良热情地接待了他们，并赠予他们丰厚的礼物，这使那些没有办法前来朝拜哈德良的人感到非常遗憾。特别是伊比利亚（Iberia）的国王法拉斯曼（Farasmane），他曾以傲慢的态度拒绝与哈德良见面。尽管如此，据斯帕提亚努斯所述，哈德良还是给那些没能前来的国王送去了丰厚的赠礼，且与大部分国王达成了和平协议。哈德良尤其对伊比利亚的国王最为慷慨，除了丰厚的礼物，还赠予他一头大象和一个500名士兵组成的军团。法拉斯曼也给哈德良送去了一些上等好礼，其中包括金绸裁制的衣裳。但是哈德良为了对他送的礼物嘲弄一番，下令300名被判死刑的罪犯穿着那些金绸衣服在圆形剧场里搏斗。哈德良还邀请了帕提亚的国王霍斯劳，将他那被图拉真拘押的女儿归还给他，并向他承诺会归还他的王位，但是后来哈德良并没有遵守诺言。哈德良在整个视察的旅程中尽显虚荣之心。

我们从阿里安努斯（Arrianus, de Pont.）那里得知，哈德良还给拉齐人（Lazii）、阿巴斯吉人（Abasgi）、萨尼基人（Sanigi）和祖吉人（Zughi）分别指定了国王，这些城邦全部位于黑海沿岸地区。后来，哈德良继续在亚细亚各罗马行省进行巡察，他发现那里很多官员滥用他们的职权危害百姓，于是对他们施与了严厉的惩罚，还将很多人判处了死刑。他又来到索里亚，不知什么原因，他尤其憎恶安提阿的人民，甚至想把腓尼基（Fenicia）与索里亚分割开来，以使安提阿无法在将来做其他众多国家的首领。巴基神甫（Pagius, in Critic. Baron.）根据一些古代勋章推断，哈德良的确将腓尼基从索里亚分离了出去，他也确实在这一年来到了索里亚。安提阿人一直以他们的语言为荣，或许就是出于这个原因，哈德良才对他们冷眼相看。后来，哈德良想要参观卡西欧山，那里坐落着一座著名的朱庇特神殿。他于夜晚登上山，想要欣赏第二天黎明的日出，但是突然发生了一场暴风雨，他被大雨淋湿，就在他准备献祭的时候，一道闪电正击中他面前的祭祀品。不久后，哈德良就离开索里亚去了埃及。

年　份　公元129年　小纪纪年第十二年
　　　　圣福禄教皇第三年
　　　　哈德良皇帝第十三年
执政官　昆图斯·尤利乌斯·巴尔布斯（Quintus Iulius Balbus）与普布利乌斯·尤文提乌斯·塞尔苏斯（Publius Juventius Celsus）第二次

塞尔苏斯是当时著名的法律顾问。潘维尼乌斯（Panvinius, in Fastis Consul.）根据一则古代碑文推断，上述两位执政官后来由盖乌斯·内拉修斯·马塞卢斯（Gaius Nerasius Marcellus）与格奈乌斯·洛利乌斯·加卢斯（Gnaeus Lollius Gallus）接替了职位。另一则由戈里乌斯牧师发表的碑文（Gorius, in Inscript. Etrur.）显示，这一年的执政官为第二次任职的尤文提乌斯与同样第二次任职的马塞卢斯。因此可以怀疑，巴尔布斯可能在他任期结束之前就去世了，或者是他先于同事尤文提乌斯离职。斯帕提亚努斯写道（Spartianus, in Hadriano.），由于哈德良三次任执政官，他也提拔了许多人三次登上执政官之位，以及无数人两次任执政官。不过，这有点儿像斯帕提亚努斯的夸张之词。

巴基神甫（*Pagius, in Critic. Baron.*）根据一些埃及城市在哈德良统治第十一年打造的勋章推断，哈德良在上一年来到埃及，然后在这一年不知疲倦地游览该地的各个城市。他还于这一年游历了阿拉伯（Arabia），从那里回到了佩卢基乌斯（Pelusio），并在此重建了宏伟的庞培大帝陵墓。在尼罗河航行的时候，他最喜欢的宠侍安蒂诺斯（Antinoos）去世。安蒂诺斯是一个出生于比提尼亚、长相十分俊美的年轻人，据信，他是因所有人对他的憎恨而招来杀身之祸。尤塞比乌斯在他的编年史中也将安蒂诺斯的死亡时间归到这一年。哈德良散布谣言称，安蒂诺斯是因为失足跌入尼罗河而溺死的。但是据斯帕提亚努斯（*Spartianus, in Hadriano.*）和狄奥尼（*Dio, lib. 69.*）证实，大家一致认同的说法是，安蒂诺斯是以他的死献祭神灵，以满足哈德良残忍的好奇心或是满足他的迷信心理，因为哈德良痴迷于魔法，或者是痴迷于异教的那些诡计（*Aurelius, in Epitome.*），他希望可以通过献祭这个年轻人来延长自己的寿命。又或者根据萨尔马西奥（Salmasio）的说法，哈德良是想通过安蒂诺斯的内脏预测未来。不管是哪种说法，据斯帕提亚努斯所述，哈德良为安蒂诺斯的死而悲伤痛哭，就像小妇人一样，后来为了安慰自己，补偿去世的安蒂诺斯，哈德良让希腊人将安蒂诺斯神化。这一决定不仅让异教徒觉得疯狂可笑，当时的基督徒更是认为此举荒唐至极，他们利用这件亵渎神灵的可笑之事侮辱愚蠢的异教宗教。在圣朱斯蒂诺（Sanctus Giustino）、德尔图良（Tertullianus）、奥利金（Origene）和其他基督教捍卫者的书中可以看到与之相关的内容。但是就没有人阿谀奉承吗？人们为了赢得哈德良的好感，接受了这个新的神灵，在整个罗马帝国为安蒂诺斯竖立雕像，还为他修建了许多神庙，专门为他指定祭司，而祭司们也开始假装安蒂诺斯做出了一些回应，并将那些回应视为神谕。占卜师在天空中观察到一颗新的星星，于是他们厚颜无耻地说那是升上天堂的安蒂诺斯。哈德良本人也声称在那里看见了安蒂诺斯，一些智慧之人对此嘲笑不已。后来，哈德良在安蒂诺斯死去的地方建立了一座城市，将安蒂诺斯安葬于此，还给这座城市取名安蒂诺波利斯（Antinopoli），如今这座城市在埃及已经没有什么痕迹了。

年　　份　公元130年　小纪纪年第十三年

圣福禄教皇第四年

哈德良皇帝第十四年

执政官　昆图斯·法比乌斯·卡图利努斯（Quintus Fabius Catullinus）与马库斯·弗拉维乌斯·阿斯佩尔（Marcus Flavius Asper）

哈德良不太可能愚蠢到为了纪念安蒂诺斯而在埃及度过这一年的冬天。他已经视察了罗马帝国的所有行省，并对其施与恩惠，其中也包括犹太行省。佩塔维乌斯神甫（*Petavius, in Chronol.*）认为，哈德良在这一年（而不是之前）重建了被摧毁的耶路撒冷，并以他的名字将这座城市命名为埃利亚卡皮托利纳（Elia Capitolina）。这是从斯帕提亚努斯的作品里推断出来的，但斯帕提亚努斯并没有提到这件事，他只记录了（*Spart., in Hadriano.*）哈德良身在安提阿的时候（很有可能，如我们猜测的，在公元128年），犹太人因一部禁止他们阉割的法令而造反。据信，这一法令相当于禁止了他们的耶稣割礼节，他们无法忍受如此违背其教义的禁令，于是发起了叛乱。据狄奥尼所述（*Dio, lib. 69.*），哈德良重建了耶路撒冷后，不仅换了它的名字，还在原先供奉上帝的神庙所在地建造了一座供奉朱庇特的神庙，并在那一城市开拓了一处罗马异教的殖民地。看到外族人来到他们的地盘定居，并当着他们的面建起一座供奉异教神灵的神庙，犹太人彻底失去了耐心，他们忍无可忍，最终发起了反叛行动。当哈德良在邻近地区，也就是在埃及和索里亚停留时，犹太人还不敢贸然起兵造反，他们只是积蓄着心中的愤怒，等待着更合适的时机点燃导火索。

巴基神甫认为耶路撒冷是在公元119年重建的，直到公元155年才被更改了名字。显然，巴基神甫与狄奥尼的说法不一致。圣埃皮法尼乌斯（Sanctus Epiphanius）（*Epiphanius, de Mensuris.*）写道，哈德良去过埃及之后，又来到了巴勒斯坦（Palestina）并视察了该地。但不太可能的说法是，哈德良从索里亚到埃及的途中，或者是从埃及返回索里亚的途中，参观了那一行省。沃皮斯库斯（*Vopiscus, in Saturn.*）在关于萨图尼努斯（Saturninus）一生的传记中保留了一封哈德良于公元134年写给他的姐夫塞尔维安努斯（Servianus）的信，信中他根据在埃及的观察,描述了埃及人的风俗习惯,特别是将亚历山大里亚的人民描述成暴躁不安、变化无常,时刻准备着叛乱与谋反的民族。如果他的描述属实,那么当时的异教徒在那里崇拜耶稣基督,基督徒在那里崇拜塞拉比斯(Serapis),他们都仅仅是喜欢新鲜事物的人。所有的犹太人、撒马利亚人和基督教徒都热衷占卜术,热衷预言。但萨尔马西奥(Salmasio)认为,应该以另一种方式解读这些话——基督教徒、犹太人和异教徒只承认一个上帝,很可能说的是利益。亚历山大里亚人才济济,经济富庶,没有一个人是无所事事的,就连盲人和那些患足痛风和手痛风的人也会工作。哈德良曾赋予他们一些特权,如今又增添了一些新的特权。然而,哈德良刚一离开,他们就开始说他和他最亲信的人的坏话。然而,就算犹太人和基督教徒都崇拜塞拉比斯,他们都是迷信的人,我们也不能完全相信异教徒哈德良的判断。我们可以从此了解到的是,那一城市的基督教徒人数可能不断增长,而哈德良只是让他们安稳地在那里生活。兰普里迪乌斯(*Lampridius, in Alexandro Severo.*)后来写道,哈德良内心想要接受耶稣基督为上帝,于是他建造了许多没有神像的神庙。但是卡索邦(Casaubon)和巴基认为这是百姓间的谣言。这与斯帕提亚努斯(*Spartianus, in Vita Hadriani.*)所说的也不相符,斯帕提亚努斯说哈德良对罗马的宗教圣事表现出极大的虔诚与热忱,对其他宗教充满了蔑视。

年 份 公元131年 小纪纪年第十四年
　　　　圣福禄教皇第五年
　　　　哈德良皇帝第十五年
执政官 塞尔维乌斯·奥克塔维乌斯·莱纳斯·庞提安努斯(Servius Octavius Laenas Pontianus)与马库斯·安东尼乌斯·鲁菲努斯(Marcus Antonius Rufinus)

在一则由格鲁特罗(*Gruterus, Thesaurus Inscription., p. 337.*)提到的碑文中,第二位执政官被叫作阿尼乌斯·鲁菲努斯(Annius Rufinus)。这是一个错误。我在不止一个同样碑文的古代副本中找到了安东尼乌斯·鲁菲努斯(Antonius

Rufinus）这个名字。

根据《尤塞比乌斯编年史》，大概是在这一时期，哈德良下令在罗马建造的维纳斯和罗马神庙竣工，他为此举办了一场献祭仪式。这是当时罗马帝国最宏伟的建筑之一，是用数量众多、精美绝伦的大理石建造和镶嵌而成的，顶部用青铜瓦覆盖。后来在霍诺里乌斯一世（Honorius I）皇帝统治时期，这些青铜瓦被用来覆盖圣彼得大教堂的顶部。其他人认为这座神庙的落成是在下一年，也就是在建筑师阿波罗多洛斯去世的这一年，正如我在公元120年提到的那样。

据尤塞比乌斯（*Euseb., in Chron.*）所述，这一年颁布了由著名法律顾问萨尔维乌斯·尤利安努斯（Salvius Iulianus）汇编的永久法令。萨尔维乌斯·尤利安努斯也是哈德良身边的主要顾问之一，因为（*Spartianus, in vita Hadriani.*）哈德良有一个值得称赞的习惯，就是当他去审理与评判案件和争端时，他不仅会让朋友和朝臣在身边辅佐他，还会请最好的法律顾问做助手，不过他们首先要得到元老院的批准。哈德良主要任用的顾问包括萨尔维乌斯·尤利安努斯，还有尤利乌斯·塞尔苏斯（Iulius Celsus）和内拉提乌斯·普里斯库斯（Neratius Priscus）。当时在各个行省的审判过程中出现了巨大分歧，有人以这种方式审理，有人用另一种方式。哈德良为了使各地保持统一，想让尤利安努斯完成一部各种法律与法令的汇编，认为这样就足以公平地评判各种案件。在狄俄尼修斯·戈托弗雷杜斯（Dionysius Gothofredus）编写的学说汇纂中可以看到这一永久法令的一些条款。

哈德良似乎在这一年离开了埃及，经过索里亚和亚细亚，回到了他非常喜爱的城市雅典。据尤塞比乌斯所述，哈德良在雅典度过了接下来的冬天。由于没有其他更加出色的历史学家可以为我们提供哈德良行程的清晰线索，因此遵循尤塞比乌斯的说法也无可厚非。

年　份　公元132年　小纪纪年第十五年

圣福禄教皇第六年

哈德良皇帝第十六年

执政官　森提乌斯·奥古里努斯（Sentius Augurinus）与阿利乌斯·塞维利亚努斯（Arrius Severianus）第二次

在各种古罗马历书中，第二位执政官被称作塞尔吉亚努斯（Sergianus），而不是塞维利亚努斯，因此他的真实姓氏仍然是存在争议的。

哈德良（Euseb., in Chron.）在雅典度过了整个冬天，有可能也度过了这一年剩下的日子，他还在此庆祝了他统治15周年纪念日（Blanchinius, in Anastasium.）。据尤塞比乌斯所述，哈德良再次莅临埃莱夫西纳市（Eleusina）的克瑞斯女神节，在雅典建造了许多建筑物，并在那里举办了多场奢华的竞赛活动，其中有一场是使用了上千只野兽的狩猎竞赛。特别是哈德良还在那里建成了一座当时世界上藏书最为丰富、装饰最为美丽的图书馆。

哈德良（Dio, lib. 69.）在犹太附近停留的时候，也就是在索里亚和埃及的时候，犹太人尽管由于在耶路撒冷建造朱庇特神庙而充满怒气，但出于害怕，他们还是在表面上保持着平静，但暗中却部署着在某个时候发动叛乱。他们进行着军事准备，将各个地点加固设防，还挖掘了地下通道，以在需要的时候避难。他们还秘密地向罗马帝国的各个城市派去使者，希望他们可以给予援助，或者也起兵造反。他们还不忘鼓动其他民族拿起武器，令那些民族心怀希望，他们因此获得了不少好处和收益。当他们见哈德良离犹太很远时，就开始公开表示不愿意服从罗马行政官的命令，但他们不敢挑起战斗，只是时刻提防着罗马军队。尤塞比乌斯认为，这场战争是在这一年开始的。

年　份　公元133年　小纪纪年第一年

圣福禄教皇第七年

哈德良皇帝第十七年

执政官　马库斯·安东尼乌斯·伊贝鲁斯（Marcus Antonius Iberus）与努米乌斯·西塞纳（Nummius Sisena）

一篇由多尼乌斯（Donius, Inscription. Antiquar.）发表的碑文向我们揭示了执政官伊贝鲁斯的姓氏。

我无法准确说出哈德良这一年身在何处，关于他是否返回罗马这一点没有在任何史料中出现过。蒂勒蒙特（Tillemont, Mémoires des Empereurs.）说哈德良这一年在埃及，下一年在索里亚。但这与狄奥尼（Dio, lib. 69.）的说法不一致，狄奥尼认为，自从哈德良去了离犹太很远的地方，犹太人就起兵造反了，而这件事情应该发生在上一年。但哈德良可能仍然在雅典，正如我猜测的那样，或者他出发去了亚细亚，不过可以相信的是，他不会仅仅在一个地方停留，因为他非常渴望旅行，并用他的方式赢得所有人民的爱戴与盛誉。

我们从斯帕提亚努斯（Spartianus, in Vita Hadriani.）那里得知，哈德良在雅典的时候希望成为最高执政官之一。在托斯卡纳，尽管他已经是皇帝了，但是他还担任了行省总督的职位。在拉齐奥，他想要担任该市的专政者、营造司长和"两头政治"中的行政官。在那不勒斯，他想要担任平民护民官，或者说是人民的首领。在他的故乡——西班牙的伊达利卡（Italica, Ispagna），他兼任5年行政官。他还在其祖先发源的地方——阿德里亚（Adria）兼任5年行政官。

起初，罗马地方行政官（Dio, lib. 69.）对犹太人的活动并没有太在意，但自从觉察到整个犹太行省已经烧起叛乱的火苗，在罗马帝国的其他地区，犹太民族聚众集会，进行威胁，甚至做出其他更甚之举，哈德良认为必须采取行动，镇压犹太人的大胆行为，粉碎他们的计划。于是，他给犹太的行政长官特尼乌斯·鲁弗斯（Tenius Rufus）派去了几支军队，并让他身边最杰出的将领前去指挥作战。其中一位将领是尤利乌斯·塞维鲁斯（Iulius Severus）。据尤塞比乌斯（Eusebius, in Chron.）所述，犹太人洗劫了巴勒斯坦，他们的指挥官叫作科切巴斯（Cochebas）或者巴科切巴斯（Barcochebas），是一个残暴的人。科切巴斯尽其所能地诱导基督教徒也拿起武器对抗罗马人，但基督教徒遵循他们神圣的教义，即使面对暴君，他们也只会保持忠诚，而不愿与其对立。因此，残忍的犹太人不仅对抗罗马人，而且开始将基督徒视为自己的敌人，他们抓捕了无数基督徒，对其施加酷刑直至死亡，以发泄他们的怒气。但是罗马军队抵达之后，面对更加强大的军事力量，犹太人无法再那样为所欲为了。

年　份　公元134年　小纪纪年第二年
　　　　圣福禄教皇第八年
　　　　哈德良皇帝第十八年
执政官　盖乌斯·尤利乌斯·塞尔维安努斯（Gaius Iulius Servianus）第三次，盖乌斯·维比乌斯·瓦鲁斯（Gaius Vibius Varus）

这一年的执政官塞尔维安努斯是哈德良的姐夫，即哈德良的姐姐宝琳娜（Paolina）的丈夫。

我们在公元130年讲到过，这一年，哈德良给塞尔维安努斯写了一封信，描述了亚历山大里亚人民和埃及人民的风俗习惯，这封信可以在沃皮斯库斯（*Vopisc., in Saturn.*）的作品中见到。从信中可知，哈德良去过埃及，在这一年的前几个月居住在离罗马很远的地方，有可能他还去视察了希腊各城市和岛屿。在上一年，尤利乌斯·塞维鲁斯开始了与犹太人的战争，到这一年，战争结束。尤塞比乌斯（*Euseb., in Chron. et lib. 4, cap. 6 Historiae Ecclesiasticae.*）在他的编年史中也将这场战争的结束归到这一年。据狄奥尼（*Dio, lib. 69.*）对此事的叙述，想要在短时间内熄灭战火似乎不太可能，他写道，英勇警觉的将领尤利乌斯·塞维鲁斯从未想过与那帮犹太人进行殊死搏斗，从未想过利用自己人数的优势与他们展开一场激烈的战斗。塞维鲁斯指挥军队分头袭击犹太人，拦截他们的生活必需品，将他们一步步围困起来。在保证万无一失的情况下，对犹太人进行了一场可怕的大屠杀，很少有犹太人能保住自己的性命。据信，尤利乌斯·塞维鲁斯连女人、小孩和老人都没放过。如果狄奥尼所言属实，有58万犹太人死于这场屠杀，这还不包括那些饿死、被大火烧死和因疾病而死的人。这个数目简直令人难以置信。50座犹太人的堡垒被罗马人攻占，985座市镇和城堡全部被夷为平地，以致整个巴勒斯坦沦为一个被废弃的国度。罗马人在这场战争中也损失惨重，大概有上千名战士牺牲。因此，哈德良在这一年写给元老院的信中（这表明当时他不在罗马），没有用到书信中惯常的开头，也就是这些话："如果你们和你们的子女健健康康，那我将倍感高兴，至于我和军队，我们都健康无恙。"对犹太人的这场毁灭式打击结束之后（*Euseb., lib. 4, cap. 6 Histor. Hieronymus in Isaiam, cap. 6.*），哈德良颁布了一条法令：任何犹太人都不得进入，也不得靠近耶路撒冷，否则就会被判死刑。但是在继任皇帝们的统治下，这条法令并没有被遵守。同时，哈德良为了奖赏尤利乌斯·塞维鲁斯的功绩，授予他比提尼亚（Bitinia）的管理权，尤利乌斯·塞维鲁斯在掌权期间表现出公正、审慎和高尚的风度，比起个人事务，他更关心国家的公共事务。出生于比提尼亚的狄奥尼证实说，在他所处的时期，人们还一直在缅怀尤利乌斯·塞维鲁斯。

没过多久，地中海东部沿岸诸国就发生了另一场骚乱事件——阿兰尼人［Alani，也被称作马萨杰蒂人（Massageti）］在他们的国王法拉斯曼（Farasmane）的煽动下洗劫了梅迪亚（Media）与亚美尼亚，直到卡帕多细亚（Cappadocia）。弗拉维乌斯·阿里安努斯（Flavius Arrianus）是当时卡帕多细亚省的行政长官，或许他就是那位有几部作品流传至今的阿里安努斯。沃洛加索斯（很可能是亚美尼亚的国王）献给阿兰尼人的礼物，以及对阿里安努斯带领的罗马军队的恐惧，使得阿兰尼人没多久就停止了他们的敌对行动和抢劫行径。

据狄奥尼所述，哈德良这一时期在雅典，修建了朱庇特奥林匹克神庙（Giove Olimpio），神庙中还放置了哈德良的雕像和圣坛，以及一座从印度运来的巨龙雕像。哈德良还在雅典隆重庆祝了酒神节，他身着雅典执政官的衣服出席节日盛典。此外，哈德良允许奉承他的希腊人在雅典代表整个希腊为他建造一座神庙，即把他视为神一般。为了给这座非凡的建筑增添荣耀，哈德良举办了一些竞赛与表演，不仅赠送给雅典人民一笔丰厚的赏金和丰裕的粮食，还将凯法利尼亚岛（Cefalonia）送给了他们。总而言之，哈德良给雅典带来非常多的利益与好处，使得雅典几乎成了一座新的城市。在这一切做完之后，哈德良终于离开了这座心爱的城市，在这一年或者下一年初返回了意大利。

年　份　公元135年　小纪纪年第三年
　　　　圣福禄教皇第九年
　　　　哈德良皇帝第十九年
执政官　庞提安努斯（Pontianus）与阿提里亚努斯（Atilianus）

关于这两位执政官的名字，至今都无人知晓，有人将第二位执政官的姓氏写为阿特拉努斯（Atelanus），而不是阿提里亚努斯。

巴基神甫（Pagius, Critic. Baron.）从格鲁特罗（Grutero）和法尔科涅里（Falconieri）作品中引用的碑文推断，哈德良在5月3日之前返回了罗马，因为他有一封第十八次获得保民官权力的诏书就是于那一天在罗马发布的。哈德良随即举办了一些演出活动以供人民娱乐。在马车竞赛中，一位马车夫的表现赢得了热烈的掌声，他是某个罗马贵族的奴隶（Dio, lib. 69.）。人民高声呼喊请求皇帝赐予这个奴隶自由。哈德良回复说："对罗马人民来说，向皇帝要求给他人的仆人以自由，或者强迫主人给他的仆人以自由，这不是件体面的事。"

哈德良在罗马又过起了惯常的生活。他经常去公共浴场，和人民群众一起洗浴（Spartianus, in Hadriano.）。有一天，他注意到一位非常有名的退伍将军正靠在浴场的大理石上擦洗自己的背和身体的其他部位。哈德良询问他为什么这么做，他回答说："因为我没有仆人可以给我擦洗身体。"于是，哈德良就赠予了他几个仆人，还有一笔生活费。听说这件事后，第二天许多老兵也来到浴场做同样的事，希望能得到相同的待遇，但是哈德良下令让他们互相给对方擦洗。此外，他立下许多贤明的法令，包括：禁止元老院议员直接或间接地私自征收赋税；禁止主人杀害他们的仆人，也就是奴隶（这在过去的罗马是被允许的），如果有人犯了此项罪行，就会被法官判刑；允许为普通奴隶和自由奴隶安排私人监狱；除了晚上，元老院议员在公共场合要一直穿着宽长袍。哈德良拒绝那些不认识的人留给他的遗产，即便认识，如果他们仍有子嗣在世，他也会拒绝接受这些遗产。他非常喜欢狩猎，有几匹马和几只猎狗深受他的喜爱，他甚至给它们修了坟墓。有时候他在狩猎中表现得非常敏捷熟练，能够杀死巨熊和狮子。他不希望宫廷中的自由奴隶拥有任何权力，也不希望他们与自己有任何关系，因为他认为他们是之前奥古斯都皇帝统治时期发生的大部分骚乱事件的罪魁祸首。有一次他观察到，有一名自由奴隶走在两位元老院议员之间，便马上命他的一个仆人给了那自由奴隶一巴掌，对议员说："提防与你同行的人，因为将来你有可能成为他们的奴隶。"哈德良的谦虚似乎也令人十分钦佩，因为尽管他在整个罗马帝国下令建造了无数建筑，但除了献给图拉真的神庙，他一般不愿意用自己的名字命名任何建筑。他在罗马重建了万神庙、战神广场的围栏、海神教堂，以及许多神庙，还有奥古斯都广场和阿格里帕浴场。在他的命令下，所有这些建筑都仍以原来建造者的名字命名。他还在台伯河上建造了一座名为哈德良的桥，现在被称作圣天使桥（Ponte sant'Angelo）。他的坟墓位于靠近台伯河的地方，如今这个地方被称作圣天使堡（Castello sant'Angelo）。此外，他重建了古罗马女神庙（Tempio della Buona Dea），还在富奇诺湖（Fucino）上修建了一道排水渠。尽管所有这些事迹分属于不同的年份，但我还是将它们全部放在这一年来讲，以便让大家更加清楚地认识到哈德良是一位怎样的皇帝。

年　份　公元136年　小纪纪年第四年
　　　　圣福禄教皇第十年
　　　　哈德良皇帝第二十年
执政官　卢基乌斯·凯奥尼乌斯·康茂德·维鲁斯（Lucius Ceionius Commodus Verus）与塞克斯图斯·维图莱努斯·西维卡·庞培安努斯（Sextus Vettulenus Civica Pompeianus）

第一位执政官卢基乌斯·凯奥尼乌斯是哈德良的养子，后来被指定为皇位继承人。关于他是在哪一年被哈德良收为养子的，至今仍存在争议。不过，在古罗马历书和碑文中，他的名字为卢基乌斯·凯奥尼乌斯·康茂德，也就是说，在这一年初他仍然使用着他自己家族原本的名字，这充分说明他当时还不是哈德良的养子。他被哈德良收养后，才改名为卢基乌斯·埃利乌斯·康茂德（Lucius Aelius Commodus），并被授予"恺撒"的姓氏。因此一些人认为，哈德良是在这一年将其收为养子；但是有一些人认为是在上一年，因为在哈德良写给他的姐夫塞尔维安努斯的信中，说亚历山大里亚人在背后诋毁他的儿子维鲁斯。斯帕提亚努斯在他的作品中称卢基乌斯·埃利乌斯的姓氏为维鲁斯，据信这就是哈德良谈到的这个维鲁斯。然而我对此持怀疑态度，因为我了解到，他的儿子卢基乌斯·维鲁斯（后来成为罗马皇帝）是从马库斯·奥勒留斯那里获得的维鲁斯的姓氏，而不是从他父亲那里。而巴基神甫（Pagius, in Critic. Baron.）认为，哈德良早在公元130年就将上述卢基乌斯·凯奥尼乌斯收为养子，但没有授予他"恺撒"的封号，也没有指定他为继承人，直到这一年哈德良才正式封他为"恺撒"，并指定他为自己的继承人。似乎斯帕提亚努斯（Spartianus, in Hadriano et in AElio Vero.）也赞同这种说法。但是，让人无法理解的是，如果卢基乌斯·凯奥尼乌斯·康茂德在之前就已经被哈德良收为养子，进入埃利乌斯家族，那为什么在公文中没有出现埃利乌斯的名字，却在下一年的公文中看见他这个名字。可以肯定的是，斯帕提亚努斯对于这件事的叙述是有一些矛盾的，很可能是错误的。我们暂且将这些争论搁置一旁，只要知道凯奥尼乌斯·康茂德被哈德良收为养子，并且自那以后就被称作卢基乌斯·埃利乌斯，拥有"恺撒"的封号，未来会继承罗马帝国的皇位就可以了。我认为这些事情都是在这一年发生的。

哈德良想要隆重庆祝这次收养行为，如果古代钱币上的内容属实，那么他赠送给了罗马人民一份奖赏，并送给士兵们一份礼物，总价值可达750万银币。他还在竞技场中举办了赛马和其他娱乐项目，以增添人民的喜悦。除此之外，他还指定埃利乌斯·恺撒为下一年的执政官。斯帕提亚努斯说这位王子刚被收养，就被任命为大法官，后来去管辖潘诺尼亚。但这一说法有很多令人困惑之处，因为据巴基神甫所述，卢基乌斯·埃利乌斯是在公元130年任大法官之职，与斯帕提亚努斯所述其他内容也有不同之处。似乎是因为斯帕提亚努斯生活的年代距这一时期很远，他并不太清楚整件事情，又或许描述哈德良功绩和卢基乌斯·埃利乌斯一生的历史学家并不是斯帕提亚努斯。不过，我们确切知道的是，这位王子身体虚弱多病，此外，他还有一些非法的爱好，不过他富有学识，并且外表十分英俊，因此讨厌哈德良的人认为，他收养卢基乌斯为养子是因为其英俊的外表，而不是其所具备的美德。不仅卢基乌斯·埃利乌斯身体虚弱，哈德良也开始感到身体一天不如一天。狄奥尼（Dio, lib. 69.）和斯帕提亚努斯（Spartianus, in Hadriano.）都写道，哈德良正是因为感到身体不适，才选定了这个养子，打算让他做自己的继承人。

年　份　公元137年　小纪纪年第五年
　　　　圣福禄教皇第十一年
　　　　哈德良皇帝第二十一年
执政官　卢基乌斯·埃利乌斯·恺撒（Lucius Aelius Caesar）第二次，卢基乌斯·凯利乌斯·巴尔比努斯·维托里乌斯·庇乌斯（Lucius Caelius Balbinus Vitulius Pius）

正如我前面所说的，哈德良皇帝的身体每况愈下，一些人认为这是因为他在旅途中经常遇到下雨和寒冷天气，而且他习惯任何时候都将头露在外面。他时不时会流鼻血，并且这一症状越来越严重。不过最让他感到不安的是看到他的养子卢基乌斯·埃利乌斯的身体也很虚弱。甚至有些人说，哈德良没过多久就后悔将希望寄托在卢基乌斯·埃利乌斯身上，让他做自己的继承人了。人们多次听到他说："我们靠在一个摇摇欲坠的墙上，并且浪费了近1000万银币。"因为这些钱是为了庆祝他收养养子而赠送给人民和士兵的。那些叙写哈德良一生的作家们认为，他已经知道这个养子不会比他活的时间长，且是通过他十分热衷的占卜术知道的——哈德良在世的时候会每天写下发生的事情。我们可以完全不相信这种谣言，如果哈德良早已知道卢基乌斯·埃利乌斯会比他先去世，还指定其为自己的继承人，这是不可理解的。尽管如此，那些作家还补充说，哈德良曾多次预测到卢基乌斯·埃利乌斯的死亡，于是在考虑另立继承人。与此同时，哈德良的医生也没有治疗其疾病的方法，便建议他换一换空气，哈德良于是退隐到蒂沃利（Tivoli），希望那里的新鲜空气能够改善他的健康状况。如果斯帕提亚努斯所述属实，哈德良派卢基乌斯·埃利乌斯·恺撒去管理潘诺尼亚行省，卢基乌斯·埃利乌斯在那里赢得了颇高的声望。但是谁会相信，此时身患疾病的哈德良会让同样身体虚弱，将来还会继承他皇位的养子去那么远的地方。很有可能斯帕提亚努斯将事件发生的时间弄混了。卢基乌斯·凯奥尼乌斯在被收养之前就担任罗马大法官之职，随后管理潘诺尼亚行省；在成为恺撒之后，他就致力于管理罗马。斯帕提亚努斯还写道，卢基乌斯·凯奥尼乌斯被收为养子之后，深受哈德良的宠爱，他想要的任何东西，只要给皇帝写封信或者跟皇帝说一声，就可以轻而易举地获得。事实上，据奥勒留斯·维克多（*Aurelius Victor, in Epitome.*）所述，哈德良退隐到蒂沃利之时，允许卢基乌斯·埃利乌斯留在罗马。我们从维克多那里得知，哈德良在蒂沃利的时候，在那里建造了一些宫殿和其他建筑，并给它们取名为学术园、哲学园、圣火堂等。他还举办了一些盛大的宴会，以及雕塑展和画展，他甚至还沉迷于淫欲，也许是效仿提贝里乌斯皇帝。不过更糟糕的是，他还效仿提贝里乌斯做出一些残忍之举。这些事情，我认为发生在下一年。